影印翻刻対照

若州管内寺社由緒記・若州管内寺社什物記

刊行にあたって

若狭路文化研究所々長　多仁照廣

本書では、「若州管内寺社由緒記　上下」と「若州管内寺社什物記」の三冊を、上段に冊子の見開き影印を載せて、それに対照できるように、下段に相当部分の翻刻文を掲載し、巻末に杉本泰俊氏の解題を加えた。

「若州管内寺社由緒記　上下」と「若州管内寺社什物記」は、小浜藩第二代藩主酒井忠直の命によって、若狭国と越前国敦賀郡の一部の寺社の由緒と什物を書き上げさせたものである。原本は失われていて、おおい町本郷の村松喜太夫家からおおい町立郷土史料館へ寄託された写本が残っている。今回、写本所有者の村松家および現在保管されているおおい町郷土史料館のご協力を得て、全てを高精細デジタルカメラで撮影した。「若州管内寺社由緒記　下」は虫損などの傷みが酷く、修復してから撮影すべきであるが、今回は現状のまま撮影した画像を使用した。

「若州管内寺社由緒記」と「若州管内寺社什物記」では、筆跡が異なる。前者には、写本についての事情は記載されていない。後者には、巻末に写本の由来が記録されている。それによれば、酒井忠直の仰せによって処々から書き上げさせたものから、寛文七年五月に写したとある。さらに、この写本を借りて「大谷氏」の蔵本となっていた原本を謄写したが、写し誤りが頗る多く、これに校訂を加えて、寛延二年九月四日に、東海の僧月山叟の援助をうけて、下中郡甲崎村の草舎において写本を制作したことが記され、「村松喜太夫」の印が捺されている。「若州管内寺社什物記」巻末の記事から「若州管内寺社由緒記」の写本制作の事情を推し量ることしかできないが、同時期に制作されたと考えてよいように思われる。

「若州管内寺社由緒記　上下」と「若州管内寺社什物記」は、昭和三十三年十月に、『若州管内社寺由緒記　上下　同　寺社什物記　全』（編集人堂谷憲勇　山口久三　発行所　若狭地方文化財保護委員会）として、A5版二百五十二頁で刊行されている。刊行されてから六十五年が経過し、入手が困難な図書となっていることや、難読なことからの読み誤りもあり、今回若狭路文化研究所から改めて刊行することとした。刊行に際して、昭和三十三年の刊本の表題が「若州管内社寺由緒記」となっているのを「若州管内寺社由緒記」と改めた。その理由は、表紙写真によって示されるように、題簽が失われていたので近代になって仮題として『若州管内社寺由緒記』とした事情と、什物記は題簽が残っていて「若州管内寺社什物記」とあり、本来は「社寺」ではなく「寺社」で統一されていたものと判断したことによる。

翻刻文については、なるべく原文に忠実にし、異体字や俗字などはそのままとした。上段の原文と対照しやすいように翻刻文を原文の行ごとに下段に示した。また、「若州管内寺社什物記」には返り仮名が原文には付記されているが、本書では省略した。昭和三十三年の本には翻刻文が記載されているが、今回写真撮影をしたときには、その箇所が失われてしまっていた場合は、現状に即して空欄とした。

杉本泰俊氏の解題で明らかにされるように、記載のない村もあるが、天正の太閤検地以前の寺社の様子がわかる貴重な史料であることを、本書の校訂と校正に加わることで改めて認識した。同時に、堂谷憲勇氏・山口久三氏という先人の方々の努力に対して敬意を表したい。

本書の刊行にあたっては、（公財）げんでんふれあい福井財団の協賛を得ることができた。若狭路の歴史と文化を解明する上で、本書には基本となる情報が満載されていて、今後の研究に寄与するところは大きい。財団の協賛を受けて本書が刊行できたことに感謝したい。

なお、小浜語り部の会から、「若州管内寺社由緒記」に掲載される、現在小浜市域の寺社についての現代語訳をした『現代語訳　若州管内寺社由緒記小浜市編』が、令和五年度中の刊行をめざして編集作業が進められている。本書の校正中に語り部の会の方々が研究所に訪ねてみえた。史料の画像と翻刻文が印刷された再校をお見せして、できるだけの協力をさせていただいた。語り部の会の皆様の長年にわたる努力に対して賛辞を付記しておきたい。

令和五年十二月

目次

若州管内寺社由緒記　下

大飯郡

遠敷郡

三方郡

下中郡

若州管内寺社什物記 全

大飯郡

下中郡

上中郡

三方郡

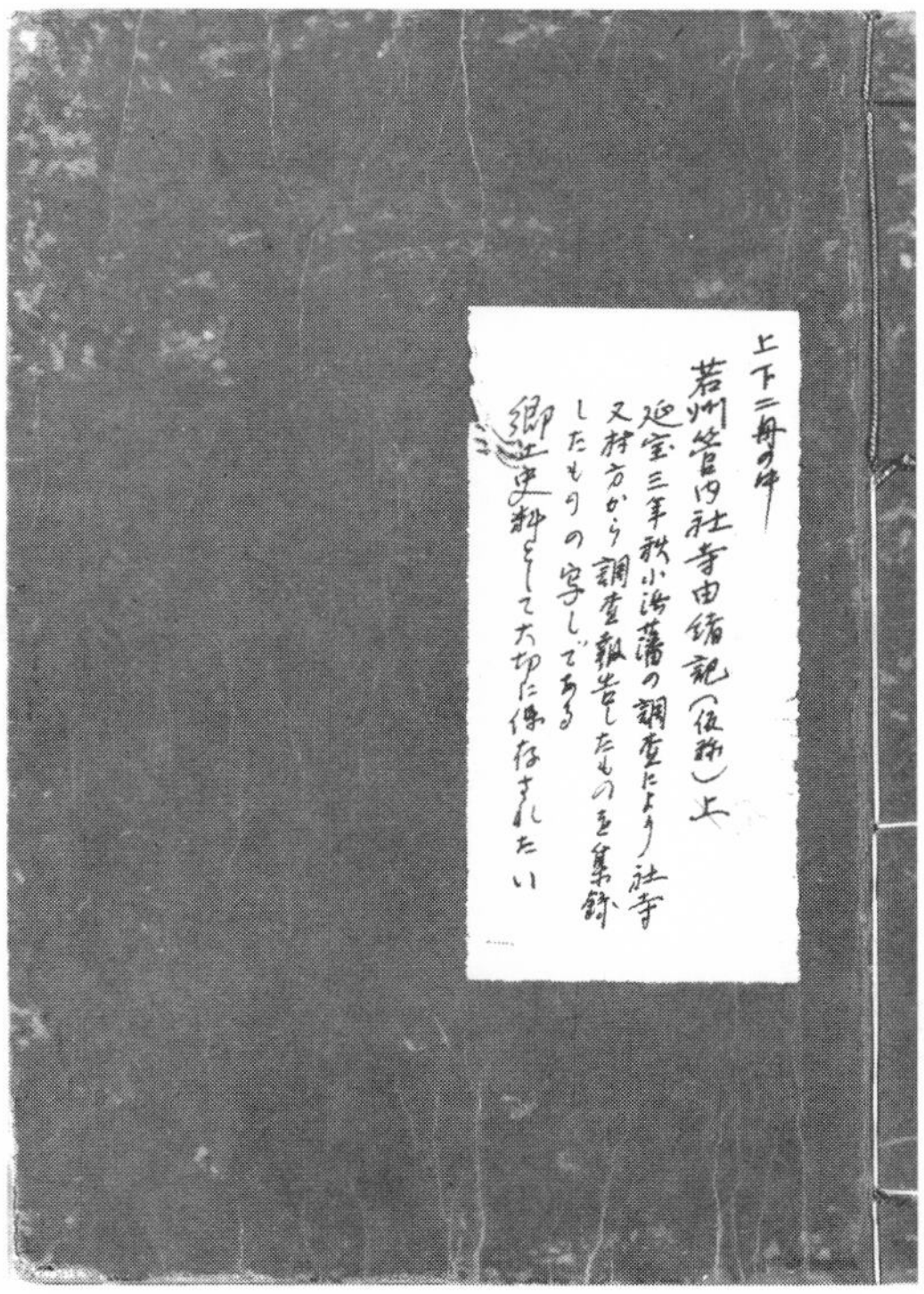
上下二冊の中
若州管内社寺由緒記（仮称）上
延宝三年秋小浜藩の調査により社寺
又村方から調査報告したものを集録
したものの写しである
郷土史料として大切に保存されたい

若州管内寺社由緒記　上

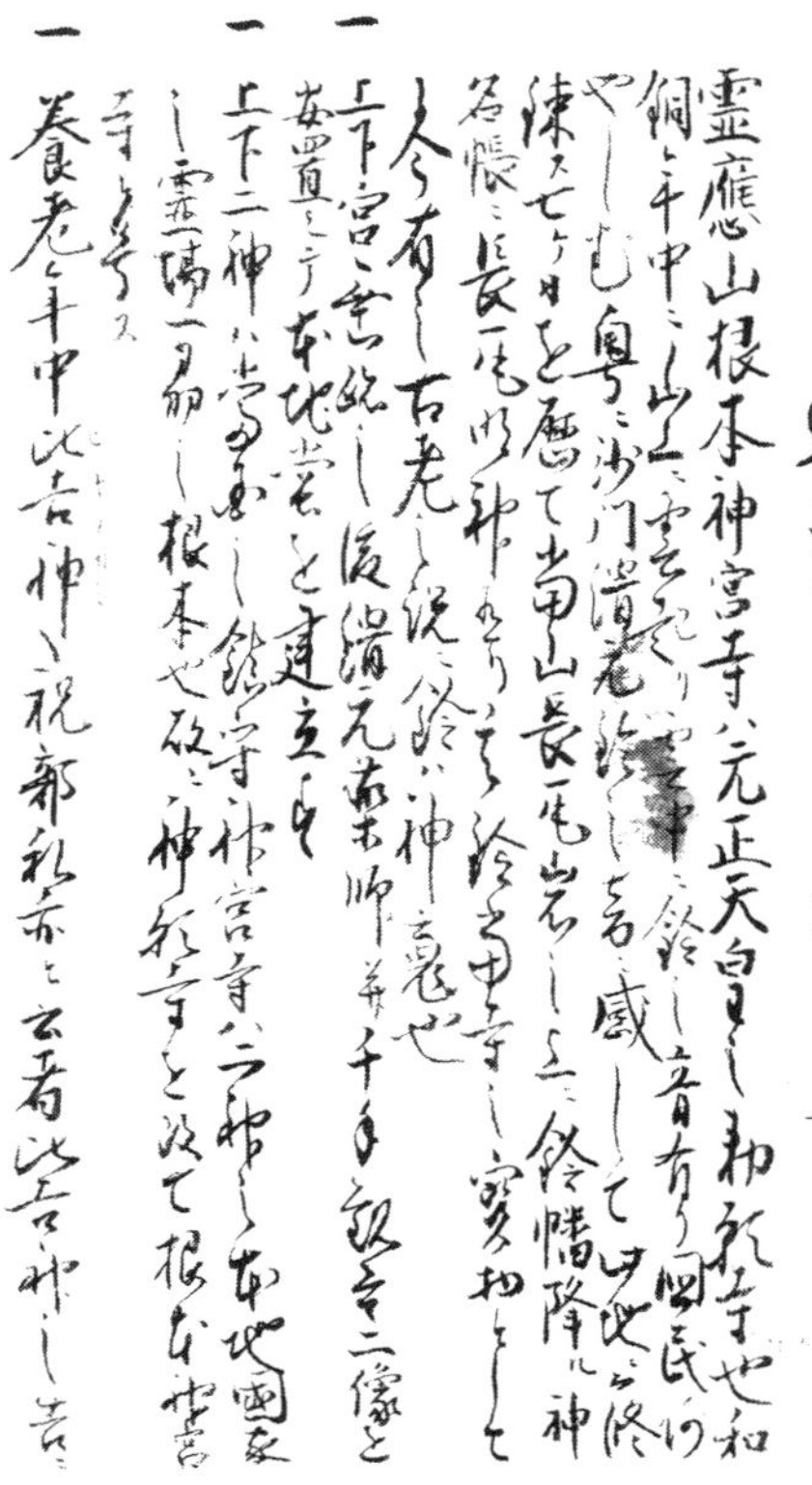

神宮寺村　天台宗江州坂本西教寺末
遠敷　神宮寺
霊應山根本神宮寺ハ元正天皇之勅願寺也　和
銅年中ニ山上ニ雲起リ雲中ニ鈴之音有リ國民あ
やしむ　粵ニ沙門滑元鈴之音に感して此地ニ而修
錬ス　七ヶ日を歴て当山長尾岩之上ニ鈴幡降ル神
名帳ニ長尾明神有り　其鈴当寺之寶物として
于今有之　古老之説ニ鈴ハ神魂也
一上下宮垂跡之後滑元薬師并千手観音二像を
安置シテ本地堂を建立す
一上下二神ハ當国之鎮守　神宮寺ハ二神之本地　国家
之霊場一劦之之根本也　故ニ神願寺を改て根本神宮
寺と号ス
一養老年中比吉（ヒキノカミ）神之祝部私赤と云者比吉神之告ニ

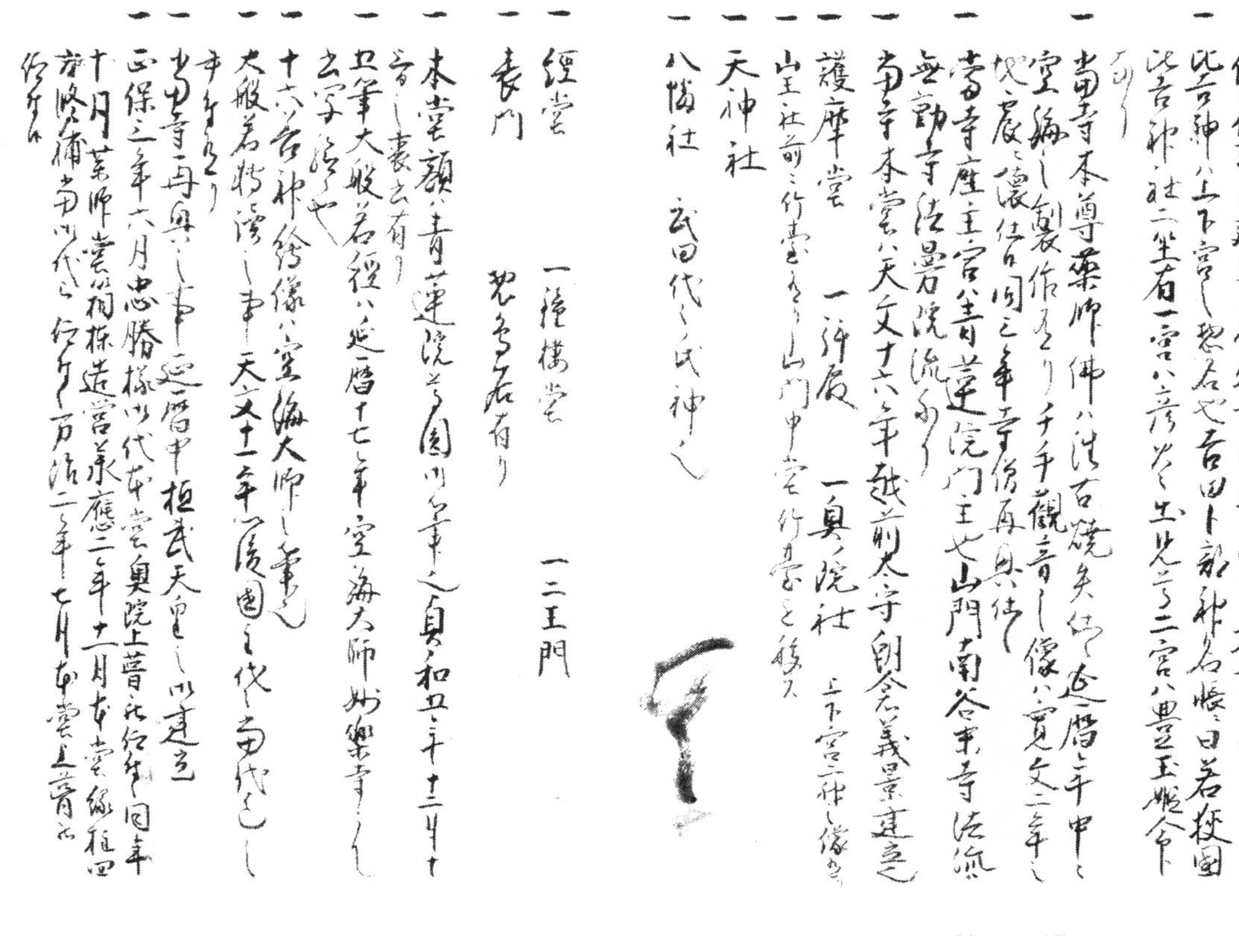

依而伽藍を建立ス　神願寺是也　元亨釈書ニ見へ申候
一比吉神ハ上下宮之惣名也　吉田卜部神名帳ニ曰若狭國
比吉神社二坐有　一宮ハ彦火々出見尊二宮ハ豊玉姫命
なり
一当寺本尊薬師佛ハ往古焼失仕候　延暦年中ニ
空海之製作有リ　千手観音之像ハ寛文二年之
地震ニ壊仕候　同三年寺僧再興仕候
一當寺座主宮ハ青蓮院門主也　山門南谷末寺法流ハ
無動寺法曼院流なり
一当寺本堂ハ天文十六年越前太守朝倉義景建立也
一護摩堂　一拝殿　一奥ノ院社　上下宮二神之像有リ
一山王社前ニ竹臺有リ　山門中堂竹臺を移ス
一天神社
一八幡社　武田代々氏神也
一経堂　一鐘楼堂　一二王門
一表門　惣鳥居有リ
一本堂額ハ青蓮院尊圓御筆也　貞和五年十二月十
三日之裏書有り
一五筆大般若経ハ延暦十七年空海大師妙樂寺ニて
書写給候也
一十六善神繪像ハ空海大師之筆也
一大般若轉讀之事　天文十一年以後國主代々当代迠之
書付有リ
一当寺再興之事　延暦中桓武天皇之御建立
一正保三年六月忠勝様御代本堂奥院上葺被仰付候　同年
十月薬師堂箱棟造営　承應二年十一月本堂縁柱四
方修補　当御代被仰付候　万治二年七月本堂上葺被
仰付候

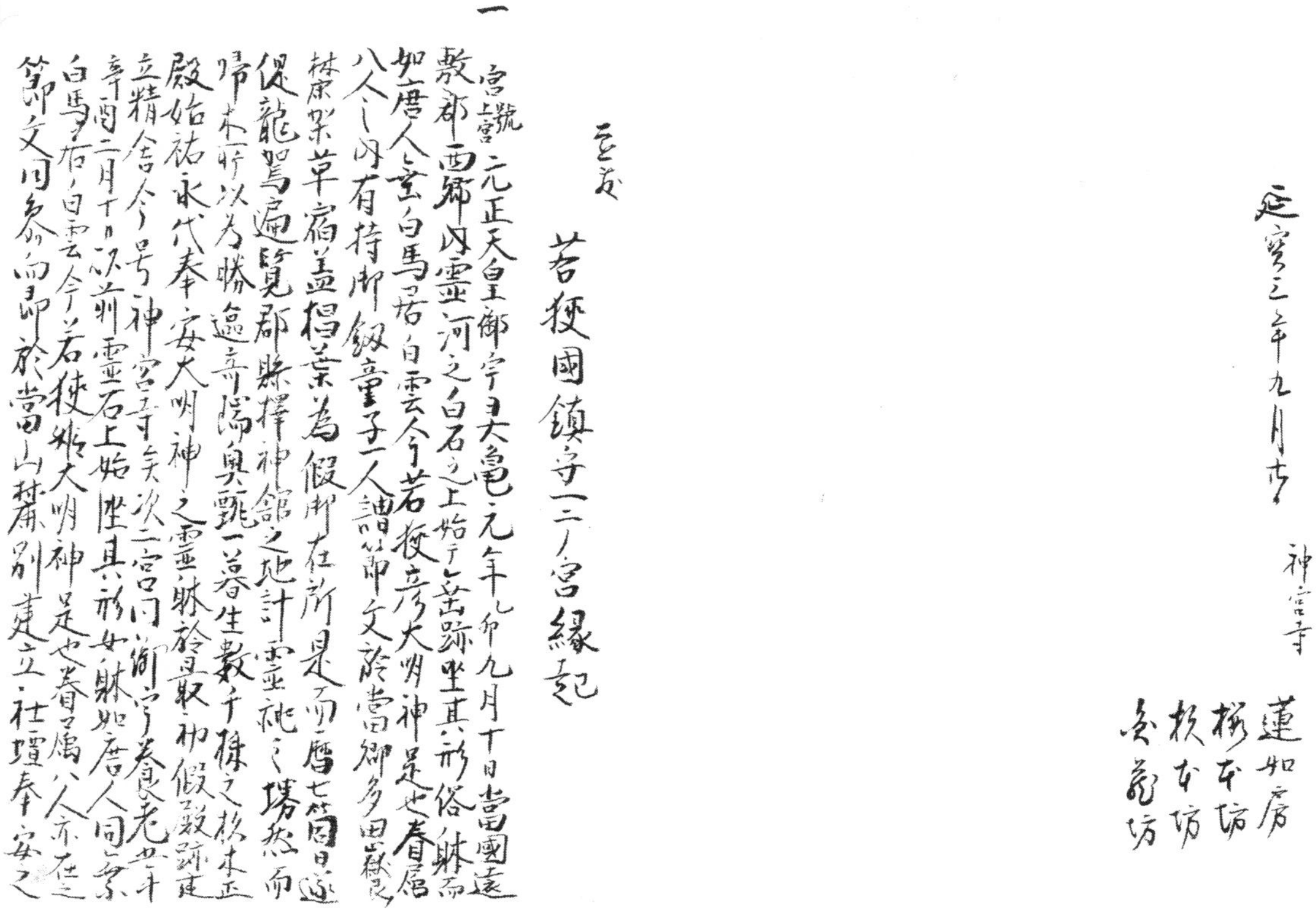

延寳三年九月廿日　神宮寺

蓮如房
桜本坊
杉本坊
圓蔵坊

遠敷

若狭國鎮守一二ノ宮縁起

一宮（上宮號）元正天皇御宇灵亀元年乙卯九月十日當國遠
敷郡西郷内霊河之白石之上始テ垂跡坐　其形俗躰而
如唐人乗白馬居白雲　今若狭彦大明神是也　眷属
八人之内有持御劔　童子一人謂節文　於當郷多田獄艮ノ
麓架草宿蓋梠葉為假御在所　是而暦七箇日遂
促龍駕遍覧郡縣擇神舘之地計霊秘之堺　然而
帰本所以為勝遹奇瑞奥瓢一暮生數千株之杉木正
殿始祐永代奉安大明神之霊躰於最初假殿跡建
立精舎　今号神宮寺矣　次二宮同御宇養老五年
辛酉二月十日以前霊石上始坐　其形女躰如唐人同乗
白馬居白雲　今若狭姫大明神是也　眷属八人亦在之
節文同参向即於當山麓別建立社壇奉安也

彼二神盟約曰　以節文子孫永為社務神主一代為神一代
為凡以笠字可為氏姓迨于後世因改此儀云云　然後節
文天平神護二年丙午忽彰神霊号黒童子神子
孫奕世為社務官改故　老相傳曰　一宮者天照太神
彦彦火々出見尊顕化也　二宮老同太神姪豊玉姫
應化也　亦謂節文ハ同出見尊顕孫彦五瀬命垂
跡也　本地宮毘羅大将云々　然則被成下正一位勲三
等若狭姫太明神ノ輪旨　為一州三郡之鎮守一宮者
本地薬師如来故有十二夜（スカ）又云神将二宮者本地千
手観音故有二十八龍之使者云々又有二八使者号之
吉祥其形躰霊亀養老呈之彼威験澆風季末
尤掲焉　以卯酉日為両社縁日依為最初降臨ノ年
辰也　以二九ノ月為両社祭月依根本垂跡之要期也
為恐後代之失墜為傳吾神之徳輝天永二年辛卯
季夏已夘七代社務朝散大夫笠景正振舊記誌
梗概矣
従霊亀元乙卯歳至延寶三乙卯年凡九百六十三年
従養老五辛酉歳至延宝三凡九百五十七年
延宝三乙夘九月十八日　従黒童子神二十七代社務
鉾久式部大輔　末文

上下宮末社

一中宮玉依姫大明神
一惣社権現　金屋村
一玉守明神　遠敷村
一山王権現　同

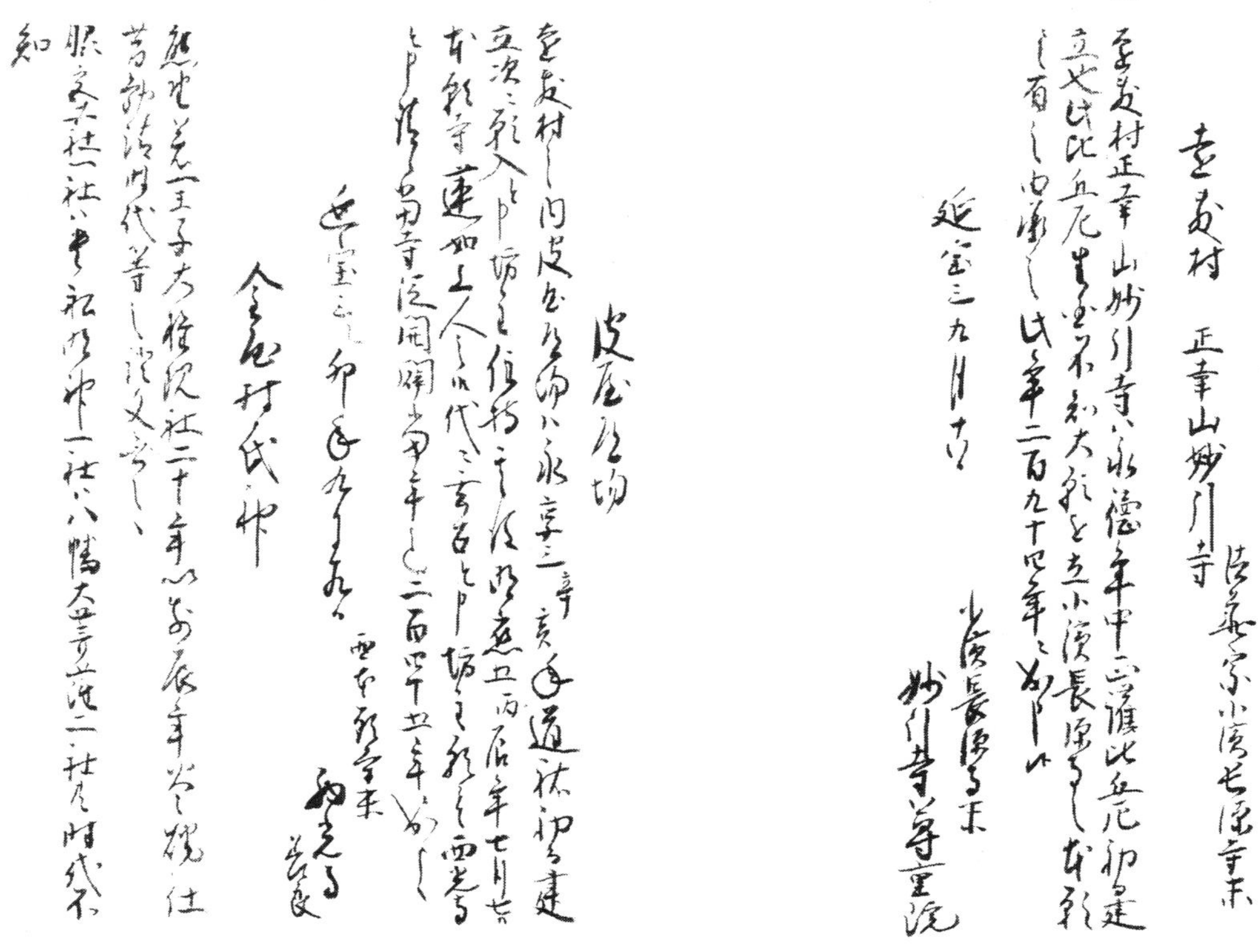

一馬場堂　　同右　自是上下宮競馬執行也

以上

法華宗小濱長源寺末

遠敷村　正幸山妙引寺

一遠敷村正幸山妙引寺ハ永徳年中正護比丘尼初而建
立也　此比丘尼生国不知　大願を立小濱長源寺之本願
ニて有之由承之　此年二百九十四年ニ成申候

延宝三九月十八日　　小浜長源寺末

妙引寺　尊重院

皮屋道場

一遠敷村之内皮屋道場ハ永享三辛亥年道祐初而建
立　次ニ願入と申坊主住持　其後明應五丙辰年七月七日
本願寺蓮如上人之御代ニ玄古と申坊主願ニて西光寺
を申請候　当寺従開闢當年迄二百四十五年ニ成申候

延宝三乙夘年九月十九日　　西本願寺末

西光寺　善良

金屋村氏神

一熊野若一王子大権現社二十年以前辰年炎焼仕
昔勧請時代等之證文無之候

一脇宮二社　一社ハ貴船明神　一社ハ八幡大菩薩　二社共時代不
知

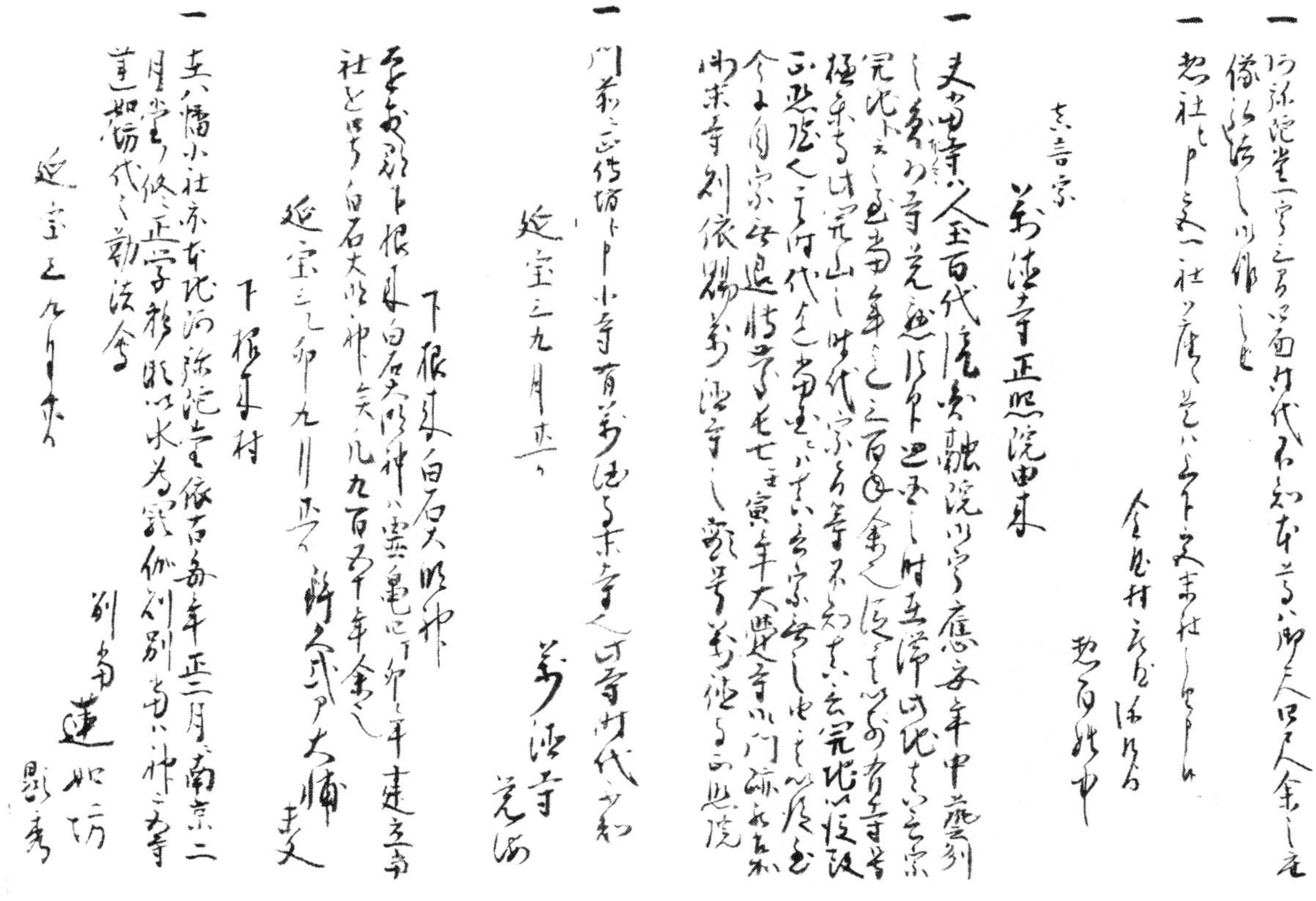

一阿弥陀堂一宇三間四面　時代不知　本尊ハ御尺四尺余之座
像 弘法之御作之由
一惣社と申宮一社御座候　是ハ上下宮末社之由申候
金屋村　庄屋弥左衛門
惣百姓中

真言宗
萬徳寺 正照院由來
一夫当寺ハ人王百代後圓融院御宇應安年中藝州
之圓明寺（本ノママ）覺應法印廻国之時在滞此地　真言宗
開地ト云々　至当年迠三百年余也　従其以前有寺号
極楽寺　此開山之時代宗旨等不知　真言開地以後改
正照院也　其時代迠当国ニハ真言宗無之由 其以後至
今于自宗無退轉　慶長七壬寅年大覺寺御門跡被召加
御末寺　則依賜萬徳寺額号　萬徳寺正照院
一門前ニ正傳坊ト申小寺有　萬徳寺末寺也　此寺時代不知
延宝三九月廿一日　萬徳寺
覚海

下根來 白石大明神
遠敷郡下根來白石大明神ハ霊亀四丁卯年建立当
社を号白石大明神矣　凡九百五十年余也
延宝三乙卯九月廿一日　鉾久式部大輔
末文

下根來村
一在八幡小社亦本地阿弥陀堂 依古毎年正二月ニ南京ニ
月堂ノ修正学　鵜ノ瀬以水為閼伽　則別当ハ神宮寺
蓮如坊代々勤法會
延宝三　九月廿日　別当顕如坊
顕秀

上根來村

一氏神之御社之事
　祇園牛頭天王之由　昔ヨリ申傳候
　神勧請之時分不明
一在堂本尊地蔵尊也
　右地蔵安地之時代不知
　　老人口傳云　上下宮白石影向後宮居堂
　建立之由　正二月毎年勤修正会於祇園
　宝前毎年五月五日大般若転読ス
　　　　　　　　　別当神宮寺櫻本坊
　　　　　　　　　　　　　　秀俊
　　延宝三九月廿日

中畑村

一氏神之小社有之
　北野天満天神宮之由　往古ヨリ申傳候　勧請時
　分不知
一在堂　聖観音　為本尊
　　開基時分不明
　上下宮影向以後堂社造立仕候由　老人申傳候
　　今年正二月勤修正会　　　　櫻本坊
　　　　　　　　　　　　　　　　秀俊

中野村氏神由来

一八幡宮
一吉野権現
一牛頭天王

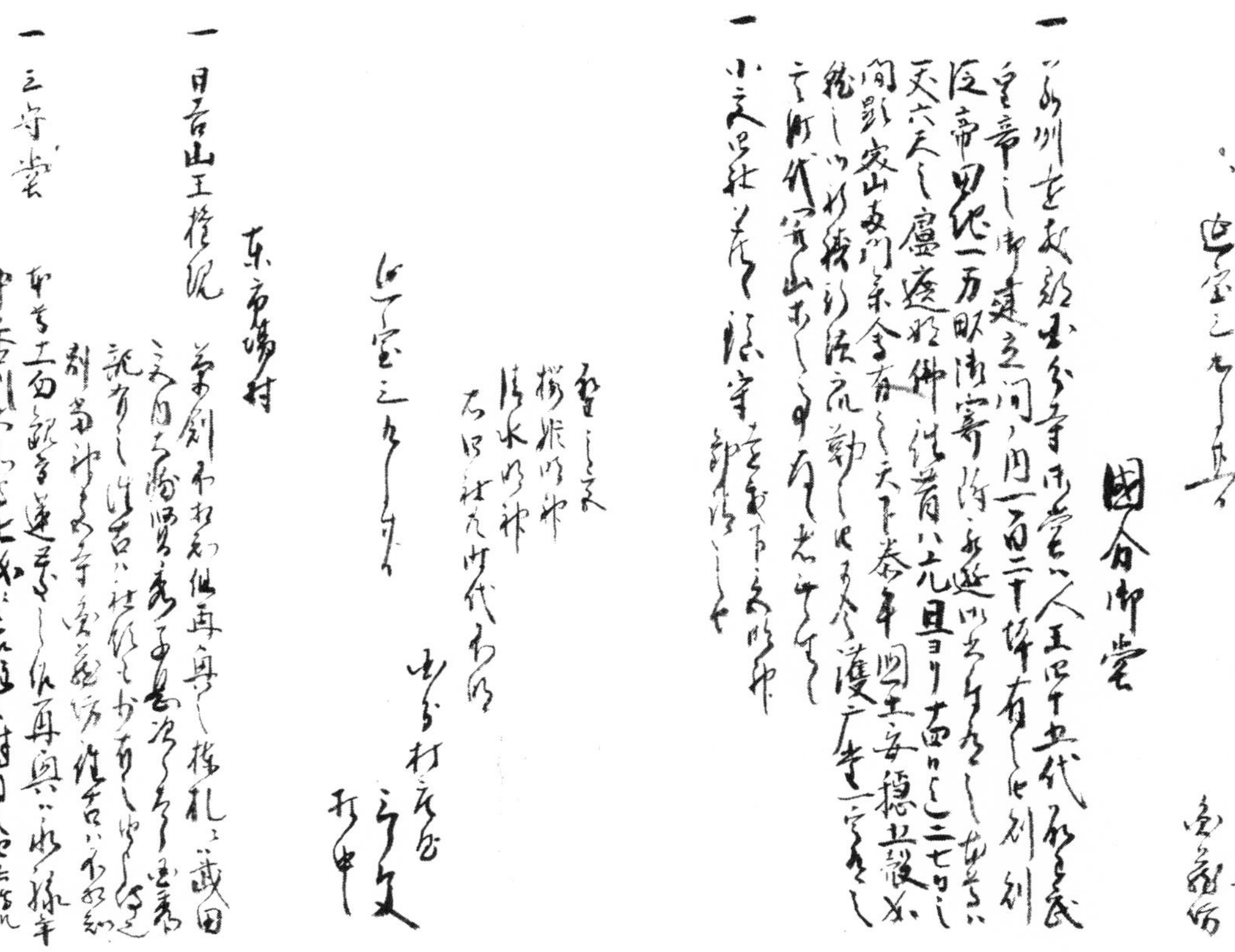

右三社共年代不成分明
延宝三九月廿一日　　別当 神宮寺
圓蔵坊

國分御堂

一若州遠敷郡国分寺御堂ハ人王四十五代聖武
皇帝之御建立　間ノ内一百二十坪有之由　則（ママ）則
従帝田地一万畝御寄附被遊御書付有之　本尊ハ
一丈六尺之盧遮那佛　往昔ハ元旦ヨリ十四日迨二七日之
間顕密両門参會有之　天下泰平國土安穏五穀成
就之御祈祷行法衆勤之由　于今護摩堂一宇有之
其時代開山等之事存候者無御座候

一小宮四社御座候　鎮守　遠敷下宮明神
勧請之由
聖之宮
櫻姫明神
清水明神
右四社共時代不明

延宝三　九月廿日　　国分村　庄屋
三郎大夫
村中

東市場村

一日吉山王権現　草創不相知　但再興之棟札ニハ武田
宮内大輔賢秀子息次郎太郎国秀ト
記有之　往古ハ社領も少有之由申傳也
別当神宮寺圓蔵坊　往古ハ不相知

一三守堂　本尊十一面観音 蓮（ママ）慶之作　再興ハ永禄年
中香川大和守出城ニ居住之時有之由云傳ル耳

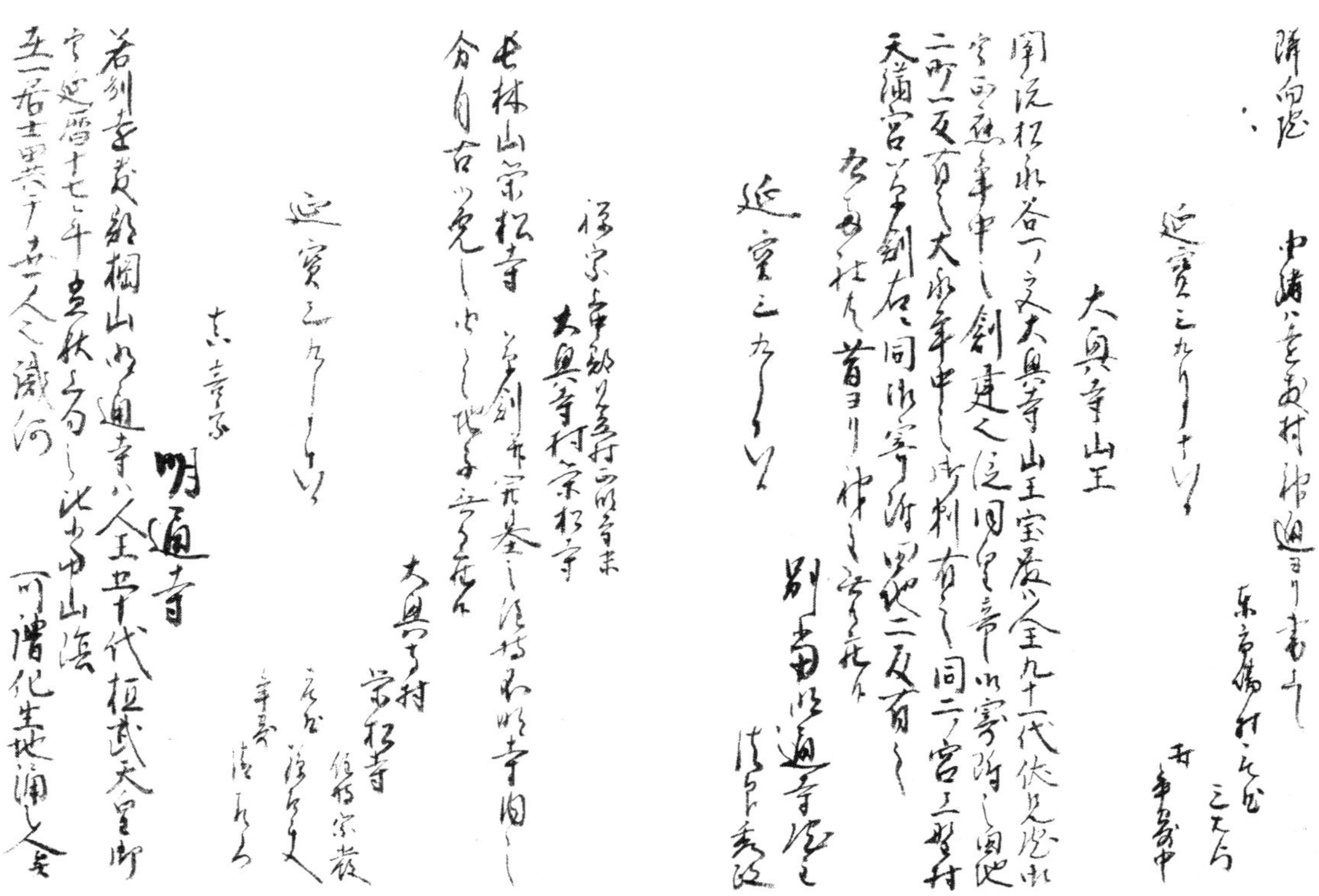

一隣向院 由緒遠敷村神通ヨリ書上候

延宝三　九月十八日

東市場村　庄屋

三右衛門

村年寄中

大興寺山王

聞説 松永谷一ノ宮大興寺山王宝殿ハ人王九十一代伏見院御
宇　正應年中之創建也　従同皇帝御寄附之田地
二町一反有之　大永年中之御判有之　同二ノ宮上野村
天満宮草創右ニ同御寄附田地二反有之
右両社共昔より神主無御座候

延宝三　九月十八日

別当　明通寺　院主

法印秀政

禅宗上中郡日笠村正明寺末

大興寺村　栄松寺

一長林山栄松寺　草創并開基之住持不明　寺内之
分自古御免之由ニて地子無御座候

大興寺村　栄松寺　住持　宗厳

庄屋　孫太夫

年寄　清左衛門

延宝三　九月十八日

真言宗 明通寺

一若州遠敷郡棡山明通寺ハ人王五十代桓武天皇御
宇　延暦十七年孟秋上旬之頃　当山陰
在一居士異テ世人也　識何　可謂化生地涌之人矣

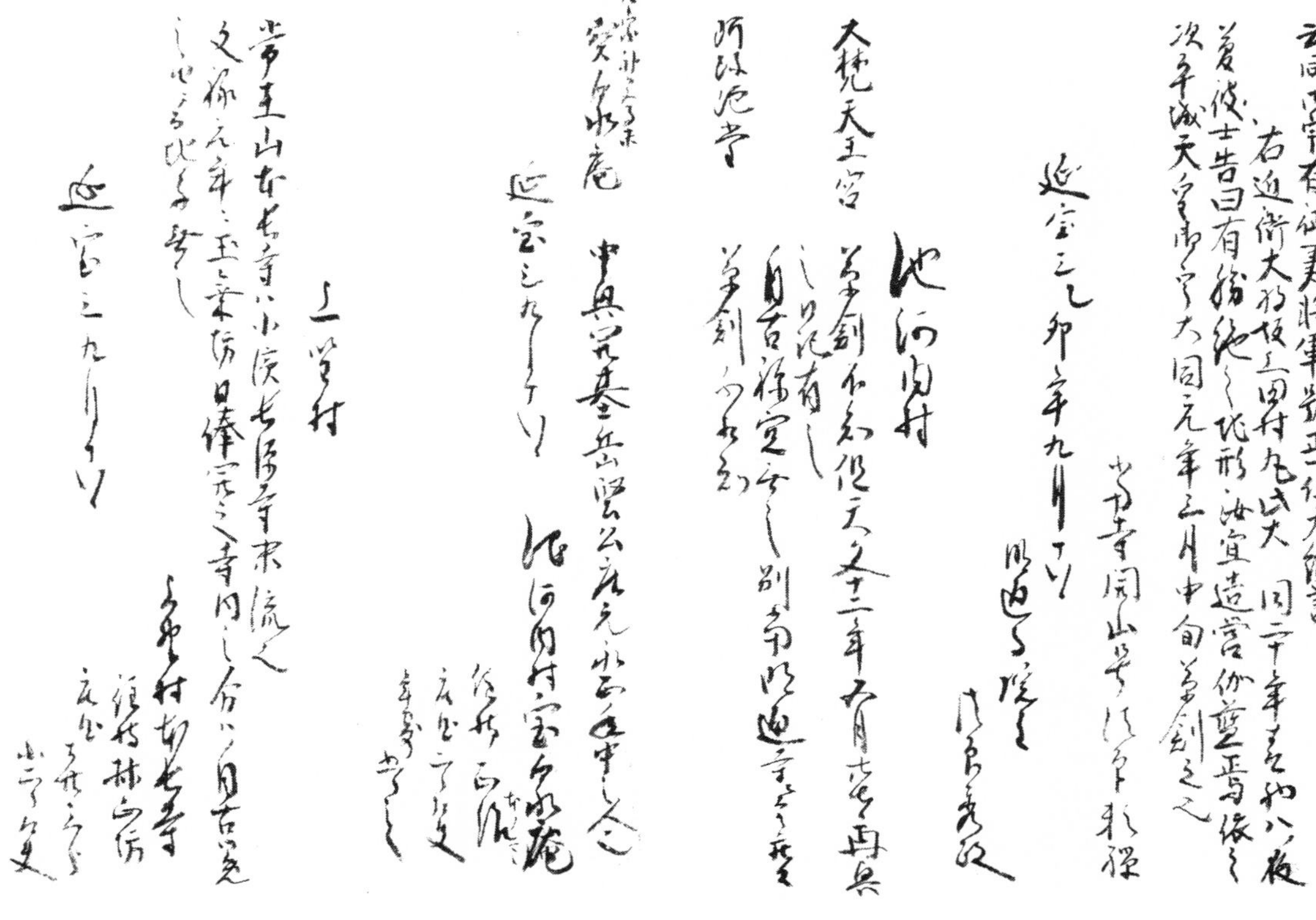

云同御宇有征夷将軍號正一位大納言
右近衛大将坂上田村丸此大　同二十年春初八之夜
夢彼士告曰　有勝絶之地形汝宜造営伽藍焉　依之
次平城天皇御宇大同元年三月中旬草創之也
当寺開山号法印頼禅
延宝三乙夘年九月十八日
明通寺　院主
法印秀政

池河内村
一大梵天王宮　草創不知　但天文十二年五月廿七日再與之日記有之
一阿弥陀堂　自古祢宜無之　別当明通寺ニ而御座候
草創不相知
天台宗神宮寺末
一宝泉庵　中興開基岳堅公座元　永正年中之人也
延宝三九月十八日
池河内村　宝泉庵
住持　正　治（本ノママ）
庄屋　二郎太夫
年寄　五郎兵衛

上野村
一常在山本長寺ハ小濱長源寺末流也
文禄元年ニ玉乗坊日俸開之　寺内之分ハ自古御免之由ニ而地子無之
延宝三九月十八日
上野村　本長寺
住持　林正坊
庄屋　喜三郎
小二郎太夫

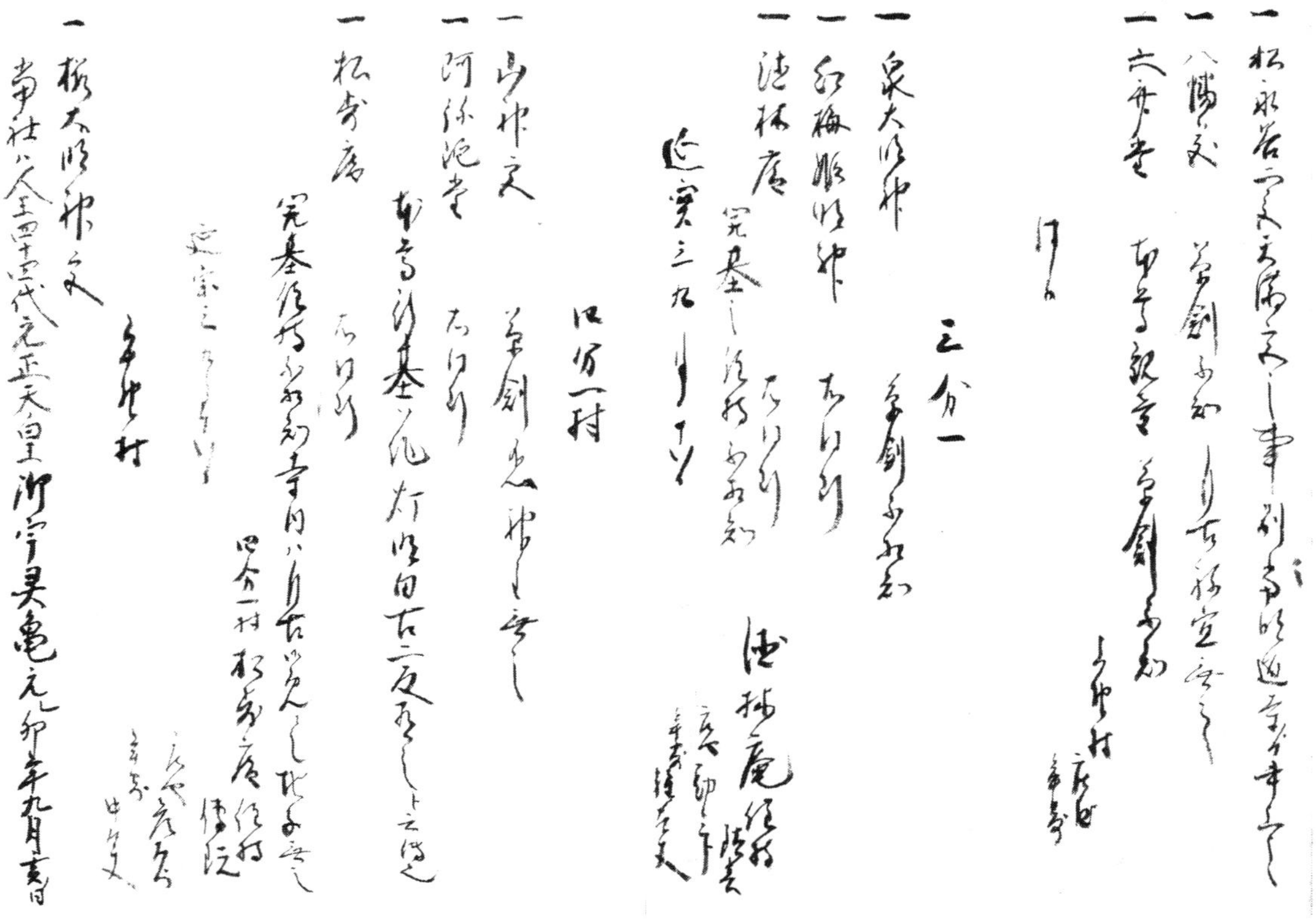

一松永谷二宮天満宮之事　別当明通寺ゟ書上之
一八幡宮　草創不知　自古祢宜無之
一六斎堂　本尊観音　草創不知

同日　上野村　庄屋
年寄

三分一

一泉大明神　草創不相知
一紅梅姫明神　右同断
一徳林庵　右同断

開基之住持不相知

延宝三九月十八日　徳林庵　住持
鎮春
庄屋　勘三郎
年寄　権太夫

四分一村

一山神宮　草創不知　神主無之
一阿弥陀堂　右同断

本尊行基御作　灯明田古二反有之ト云傳也

一松歩庵　右同断

開基住持不相知　寺内ハ自古御免ニて地子無之

延宝三九月十八日　四分一村 松歩庵　住持
傳阮
庄屋　彦右衛門
年寄　中太夫

平野村

一桜大明神宮
当社ハ人王四十四代元正天皇御宇　灵亀元乙卯年九月亥ノ日

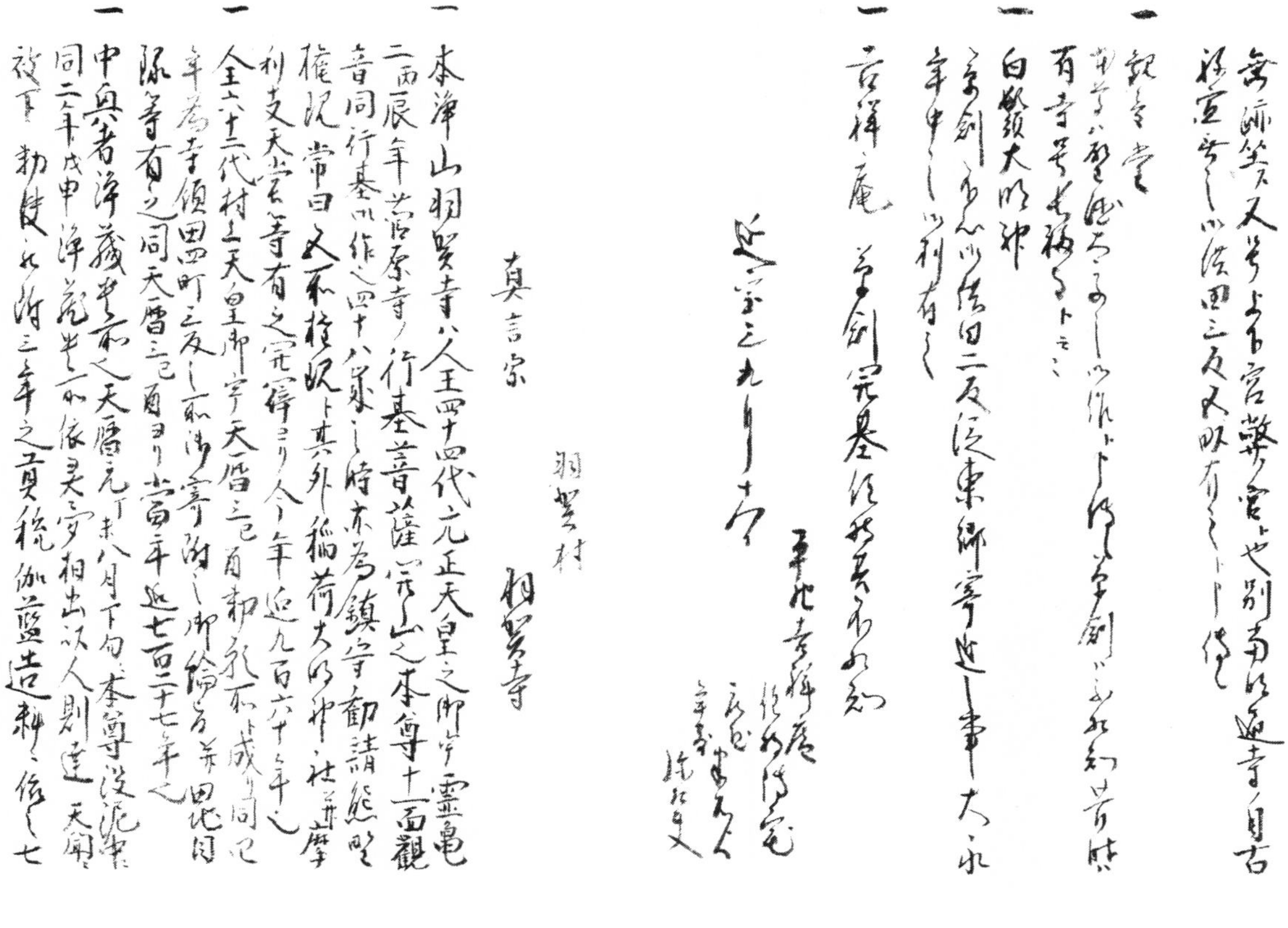

垂跡坐ス　又号上下宮幣ノ宮ト也　別当明通寺　自古
祢宜無之　御供田三反五畝有之ト申傳候
一観音堂
本尊ハ聖徳太子之御作ト申傳候　草創ハ不相知　昔時ハ
有寺号長福寺ト云々
一白鬚大明神
草創不知　御供田二反　従東郷寄進之事　大永
年中之御判有之
一吉祥庵　草創開基往持共不相知

延宝三九月十八日

平野吉祥庵　住持　傳宅
庄屋　半右衛門
年寄　弥太夫

羽賀村

真言宗　羽賀寺

一本浄山羽賀寺ハ人王四十四代元正天皇之御宇霊亀
二丙辰年菅原寺ノ行基菩薩開山也　本尊十一面観
音同行基御作也　四十八歳之時亦為鎮守勧請熊野
権現　常曰五所権現ト　其外稲荷大明神社并摩
利支天堂等有之　開闢ヨリ今年迠九百六十年也
一人王六十二代村上天皇御宇天暦三己酉勅願所ト成リ　同四
年為寺領田四町三反之所御寄附之御論旨并田地目
録等有之　同天暦三己酉ヨリ當年迠七百二十七年也
一中興者浄蔵貴所也　天暦元丁未八月下旬ニ本尊没泥中ニ
同二年戊申浄蔵貴所依炅夢相出以人則達天聞ニ
被下　勅使被附　三年之貢税伽藍造料ニ依之七

堂伽藍并寺中十八坊有之　其繪圖于今有之事
一建久元庚戌右大将家有所願之事被立三重之
塔同国留之於庄中御寄附之田地有之今ハ無之　則
自是御祈願所也　此時之帝後鳥羽院御宇建久
元庚戌ヨリ当年迠四百八十六年也
一永亨七乙卯奥州十三湊日ノ下ノ将軍安倍康季依
本尊ノ奇瑞感之再興伽藍今ノ本堂是也　永亨七
ヨリ今年二百四十一年也
一大永四年甲申被成下御綸旨始而本尊開帳也　此時帝
後柏原院御宇時之院主頼舜謹而排両戸ヲ云々
開闢ヨリ経八百余歳　寺僧并諸人新拝尊　閉帳ハ
同六丙戌千部経讀誦ス　自八月九日始同十八日結願也
時之院主光慶謹而納両戸ト云々
一武田伊豆守信豊天文九庚子年当寺御祈願所同
大膳大夫元光両公共定ル御祈願所ト　数通之御判等有之
一竹原天満宮ハ従往古羽賀寺之依為末寺神前勤
行祭礼等当寺之衆僧悉ク令勤仕所也　依之武
田信豊元光之両公ハ本末之諸法度天神御寄
附之田地等当寺之衆僧へ被下置　御判等有之
一帷住五郎左衛門長秀当国之御守護天正六戊寅年
当寺之寺領之儀ニ付而被成下御綸旨　并御奉書
夫レヨリ当年迠九十八年ニ至ル
一當国守護御代々山林竹木御免除并御寄附之
料等有之
一文禄乙未本堂上葺等之修理安倍康季第八代末
孫秋田安倍之實秀公也云々　自是打続而破損之
料等毎年之御寄附有之
一当寺之縁起ハ陽光院贈大上天皇御諱誠仁（サネヒト）之

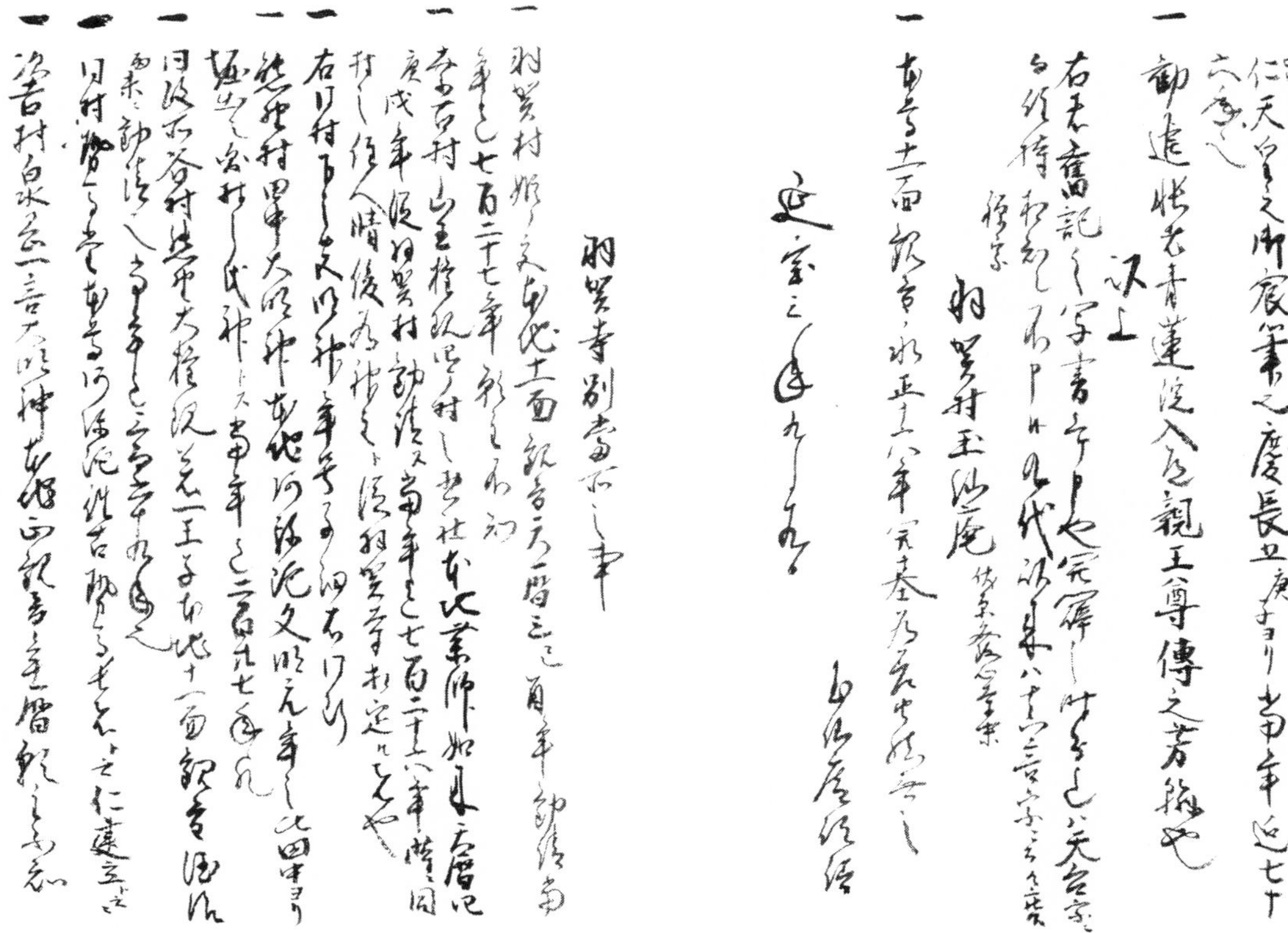

御宸翰也　同御奥書ハ人王百八代後陽成院御諱周(チカ)
仁(ヒト)天皇之御宸筆也　慶長五庚子ヨリ当年迠七十
六年也
一勧進帳者青蓮院入道親王尊傳之芳翰也
以上
右者旧記之写書上ヶ申也　開闢之時分迠ハ天台宗ニ
而住持相知レ不申候　九代以來ハ真言宗ニテ御座候
禅宗
羽賀村　玉仙庵　伏原發心寺末
一本尊十一面観音　永正十六年開基　為差由緒無之
延宝三年九月十九日　玉仙庵 住僧

羽賀寺別當所之事

一羽賀村　姫ノ宮本地十一面観音天暦三己酉年勧請当
年迠七百二十七年　願主不知
一奈古村　山王権現　四ヶ村之惣社　本地薬師如来　天暦四
庚戌年従羽賀村勧請ス　当年迠七百二十六年時ニ同
村之住人晴俊為神主ト従羽賀寺相定ル者也
一右同村　下之宮明神　年号子細右同断
一熊野村　田中大明神　本地阿弥陀　文明元年之比田中ヨリ
堀出シ則村之氏神トス　当年迠二百廿七年欤
一同政所谷村　熊野大権現若一王子　本地十一面観音　徳治
丙未ニ勧請也　当年迠三百六十九年也
一同村　勢馬堂　本尊阿弥陀　往古勢馬長者ト云仁建立ト云々
一次吉村　泉岡一言大明神　本地正観音　年暦願主不知

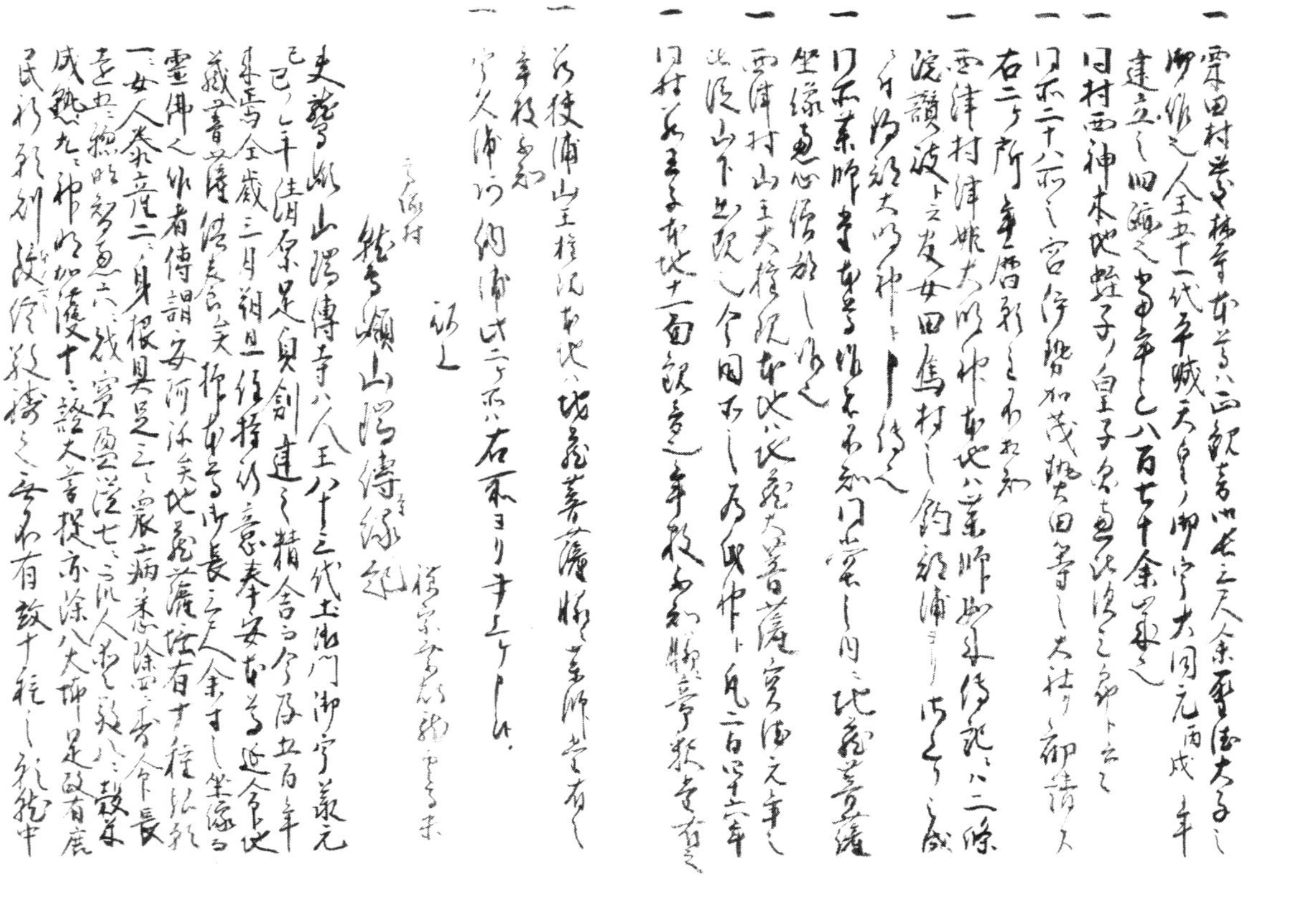

一栗田村　慶林寺　本尊ハ正観音　御長三尺余聖徳太子之
御作也　人王五十一代平城天皇ノ御宇　大同元丙戌年
建立之旧跡也　当年迠八百七十余歳也
一同村　西神　本地蛭子ノ皇子　則恵比須三郎ト云々
一同所　二十八所之宮　伊勢加茂勢田等之大社ヲ勧請ス
右二ヶ所　年暦願主不相知
一西津村　津姫大明神　本地ハ薬師如来　傳記ニハ二條
院讃岐ト云官女田烏村之釣部浦ヨリ御上リ被成
ニ付　釣部大明神ト申傳也
一同所薬師堂　本尊作者不知　同堂之内ニ地蔵菩薩
坐像恵心僧都之作也
一西津村　山王大権現　本地ハ地蔵大菩薩　宝徳元年之
比従山下出現也　今同所之為氏神ト　凡二百四十六年
一同村　若王子　本地十一面観音也　年数不知　脇ニ帝釈堂有之
一若狭浦　山王権現　本地ハ地蔵菩薩　脇ニ薬師堂有之
年数不知
一宇久浦阿納浦此二ヶ所ハ右所ヨリ書上ヶ申候

以上

高塚村　禅宗奈胡龍雲寺末

鷲嶺山瑞傳寺縁起

夫鷲嶺山瑞伝寺ハ人王八十三代土御門御宇　兼元
己巳ノ年　清原是貞創建之精舎而　今及五百年
來焉　仝歳三月朔旦住持行意奉安本尊延命地
藏菩薩供養矣　抑本尊御長三尺余寸之坐像而
霊佛也　作者傳謂安阿弥矣 地藏薩埵有十種弘願
一ニ女人泰産　二ニ身根具足　三ニ衆病悉除　四ニ寿命長
遠　五ニ聰明智恵　六ニ財宝盈溢　七ニ衆人愛敬　八ニ穀米
成熟　九ニ神明加護　十ニ證大菩提亦除八大怖　是故有庶
民祈願則 改(本ノママ) 信敬祷之無不有效十種之願就中

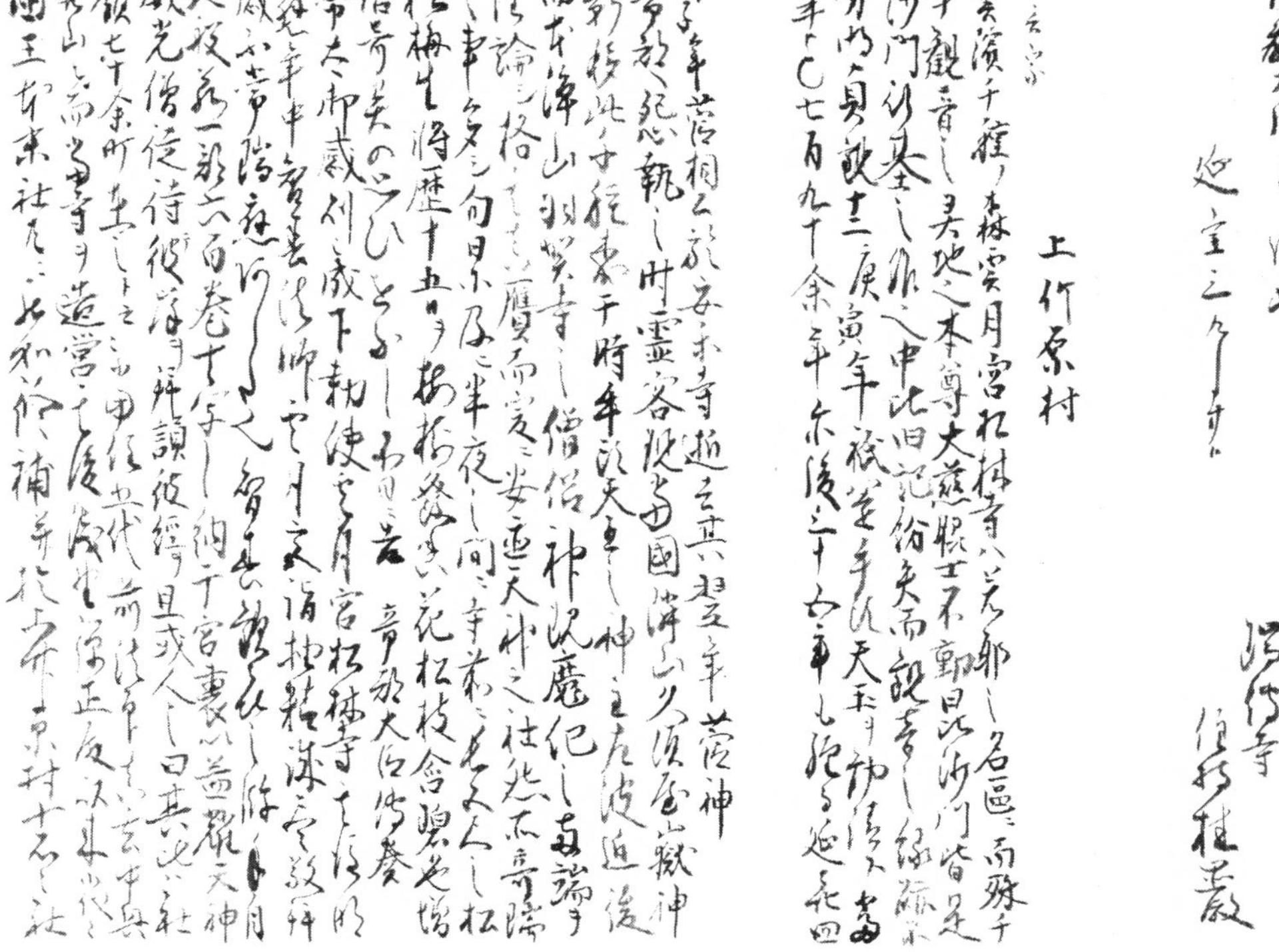

女人泰産之願ハ人家多有之故　臨于産時則來而祈之
奇哉　無難産之苦祈者僉得泰産也　自古至于今
当村土婦人無母子難産之愁　依之世云子安地
藏矣　脇ハ不動明王毘沙門天也　毘沙門ハ天台
傳教大師之作也

延宝三九月廿日　瑞傳寺

住持　桂巖

上竹原村

真言宗

一雲濵千種ノ森　雲月宮松林寺ハ若耶之名區ニ而殊千
手観音之灵地也　本尊大慈脇士不動毘沙門皆是
沙門行基之作也　中比旧記紛失而観音之縁跡不
分明　貞観十二庚寅年祇園牛頭天王ヲ勧請ス　當
年迄七百九十余年　尓後三十五年も経る 延喜四
甲子年菅相公於安楽寺逝去　其翌年菅神
帝都へ怨執之時霊客(容カ)現当國隣山久須屋獄神
影移此千種森　于時牛頭天王之神主左波近俊
向本浄山羽賀寺之僧侶神現魔化之両端ヲ
詮論シ格其真贋而爰ニ安置天神之社　然所奇瑞
之事多シ　旬日に及ヒ半夜之間ニ寺前ニ長五尺之松(ママ)
松梅生将歴十五日ヲ梅樹發香花松枝含碧色増
俗奇奚の思ひをなし　不日ニ告　帝都大臣傳奏
帝太御感　則被成下勅使雲月宮松林寺　其後明
應年中智春法師雲月宮詣抽精誠尽敬拝
感不常瑞應あらた也　智春観㐂之餘手自
大般若一部六百巻書写し納于宮裏以益輝天神
威光僧徒待テ彼岸ヲ拝誦　彼経ヲ且或人之曰其比ハ社
領七十余町在之ト云々　当住五代前法印真玄中興
開山ニ而当寺ヲ造営　其後浅野弾正殿以來御代々
国主本末社共ニ被加修補并於上竹原村十石之社

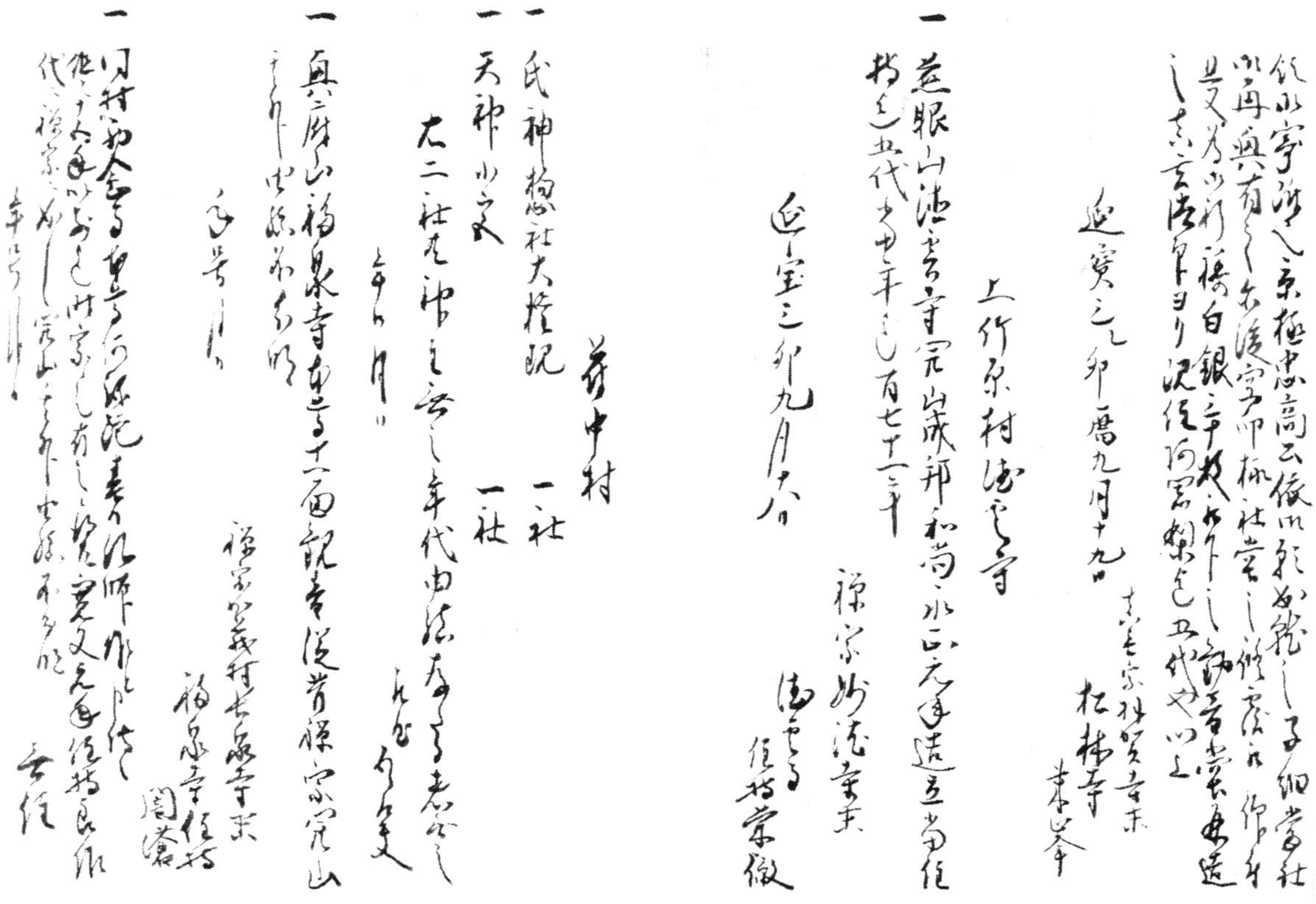

領御寄附也　京極忠高公依御願成就之子細當社
御再興有之　尓後空印様社堂之修覆被仰付
且又為御祈祷白銀三十枚被下之　観音堂再造
之真玄法印ヨリ現住阿闍梨迠五代也　以上

真言宗羽賀寺末

延寶三乙夘暦九月十九日　　松林寺

乗峯

上竹原村　德雲寺

一慈眼山德雲寺　開山成邦和尚　永正元年造立　当住
持迠五代　当年迠百七十一年

禅宗妙德寺末

延宝三夘 九月十八日　　德雲寺

住持栄徹

府中村

一氏神惣社　大権現　　一社

一天神小宮　　一社

右二社共神主無之　年代由緒存たる者無之

年号月日　　庄屋 五郎太夫

一興府山福泉寺　本尊十一面観音　従昔禅宗開山
其外由緒不分明

年号月日　　禅宗加茂村長泉寺末

福泉寺　住持

闍滄

一同村西念寺　本尊阿弥陀　春日仏師作と申傳候
但シ十五年以前迠時宗ニて有之候得共　寛文元年住持良作
代ニ禅宗ニ成申候　開山其外由緒不分明

年号月日　　無住

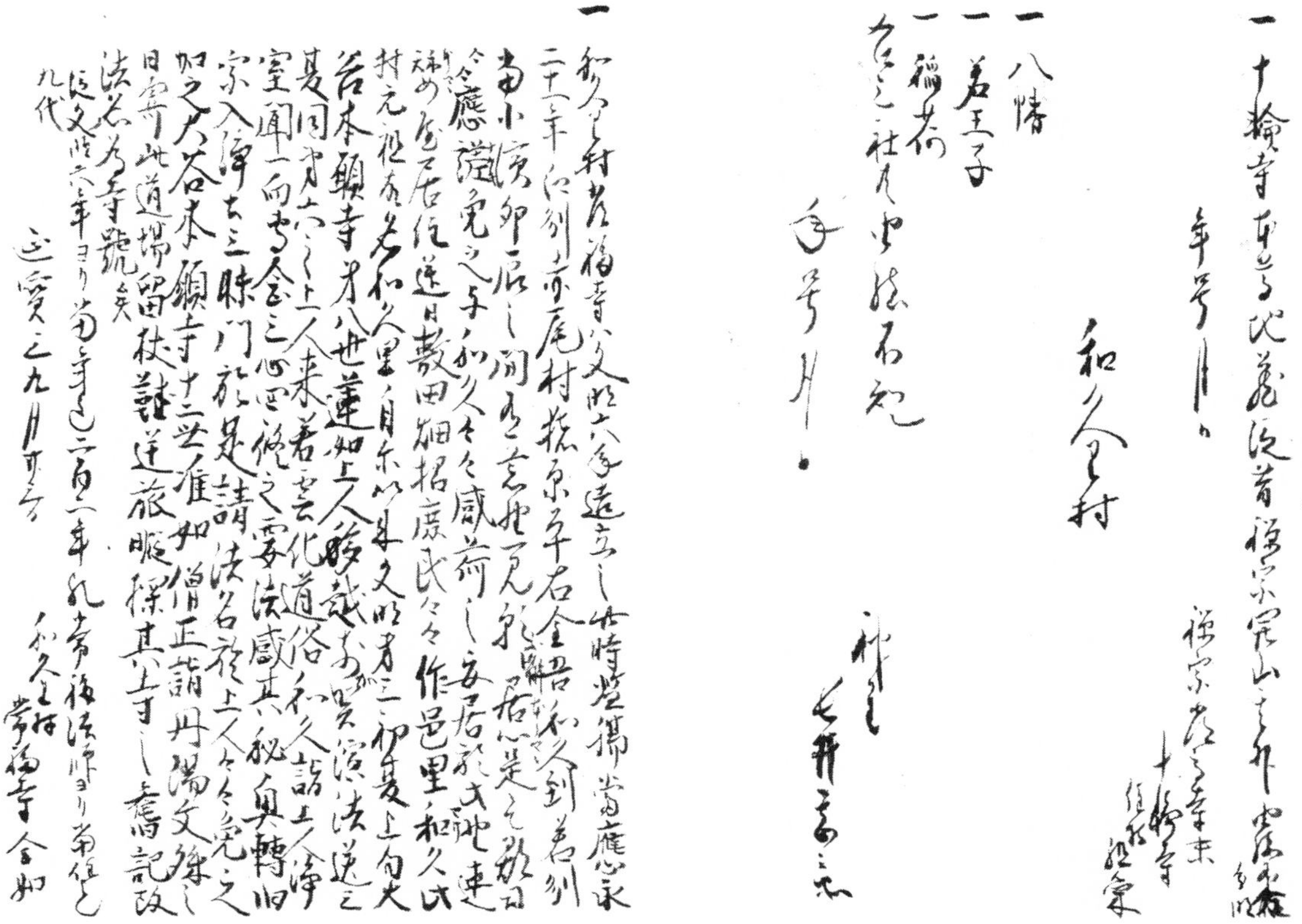

右同村

一十輪寺　本尊地藏　従昔禅宗　開山其外由緒不分明

年号月日　禅宗常高寺末

十輪寺

住持　組栄

和久里村

一八播

一若王寺

一稲荷

右三社共由緒不知レ

年号月　日　神主　長井甚兵衛

一和久里村　常福寺ハ文明六年造立之　此時濫腸　當應永
二十一年江州赤尾村猪原平右金吾和久到若州
当小濱夘辰之間有荒野一見願居心（如件本ノママ）　是ニて郡司
々々應諾（ナゲキ）免之与和久々々感荷之安居於此野連
矮（本ノママ）屋居住送日敷田畑招庶民々々作邑里和久（マサ）此
村元祖故名和久里　自尓以来文明第三初夏上旬大
谷本願寺第八世蓮如上人移越前加賀演法送三
夏同第六之上人来若雲化道俗和久詣上人浄
室聞一向専念三心四修之要法感其秘奥轉旧
宗入浄土三昧門於是請法名於上人々々免之
加之大谷本願寺十二世准如僧正詣丹陽文殊之
日寄此道場留杖鞋逆旅暇探其寺之舊記改
法名為寺號矣

九代

従文明六年ヨリ当年迠二百二年欤 常福法師ヨリ当住迠

延寶三九月廿三日　和久里村 常福寺　全如

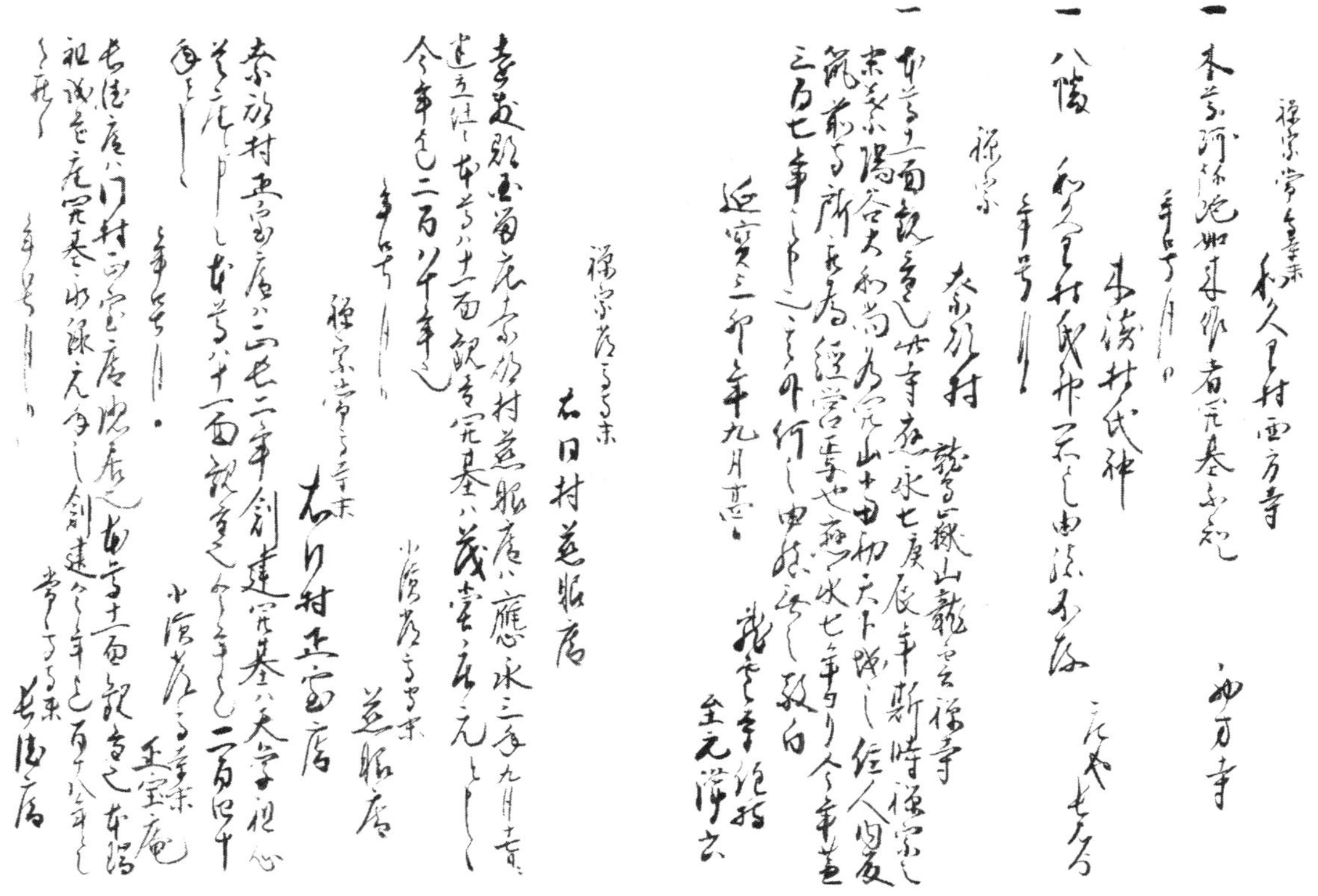

禅宗常高寺末
和久里村　西方寺
一本尊阿弥陀如来　作者開基不知レ　西方寺
年号月日
木崎村氏神
一八幡　和久里村氏神一所ニて由緒不存　庄屋　長右衛門
年号月日
禅宗
奈胡村　禅宗　鷲嶽山　龍雲禅寺
一本尊十一面観音也　此寺應永七庚辰年斯時禅宗之
末葉陽谷大和尚為開山　当初天下城之住人内藤
筑前守所被為經営焉也　應永七年ヨリ今年蓋
三百七年と申也　其外何之由緒無之　敬白
延寶三夘年九月廿四日　龍雲寺　住持
至元　謹書

禅宗常高寺末
右同村　慈眼庵
遠敷郡国富庄奈胡村慈眼庵ハ應永三年九月十七日ニ
建立仕候　本尊ハ十一面観音　開基ハ茂堂庄元と申候
今年迨二百八十年也
年号月日　小濱常高寺末
慈眼庵

禅宗常高寺末
右同村　正宝庵
奈胡村正宝庵ハ正長二年創建　開基ハ天学祖心
首座と申候　本尊ハ十一面観音也　今年迨二百四十
年と申候
年号月日　小濱常高寺末
正宝庵

長徳庵ハ同村正宝庵隠居也　本尊十一面観音也　本瑞
祖誠首座開基　永禄元年之創建　今年迨百十八年ニて
御座候
年号月日　常高寺末
長徳庵

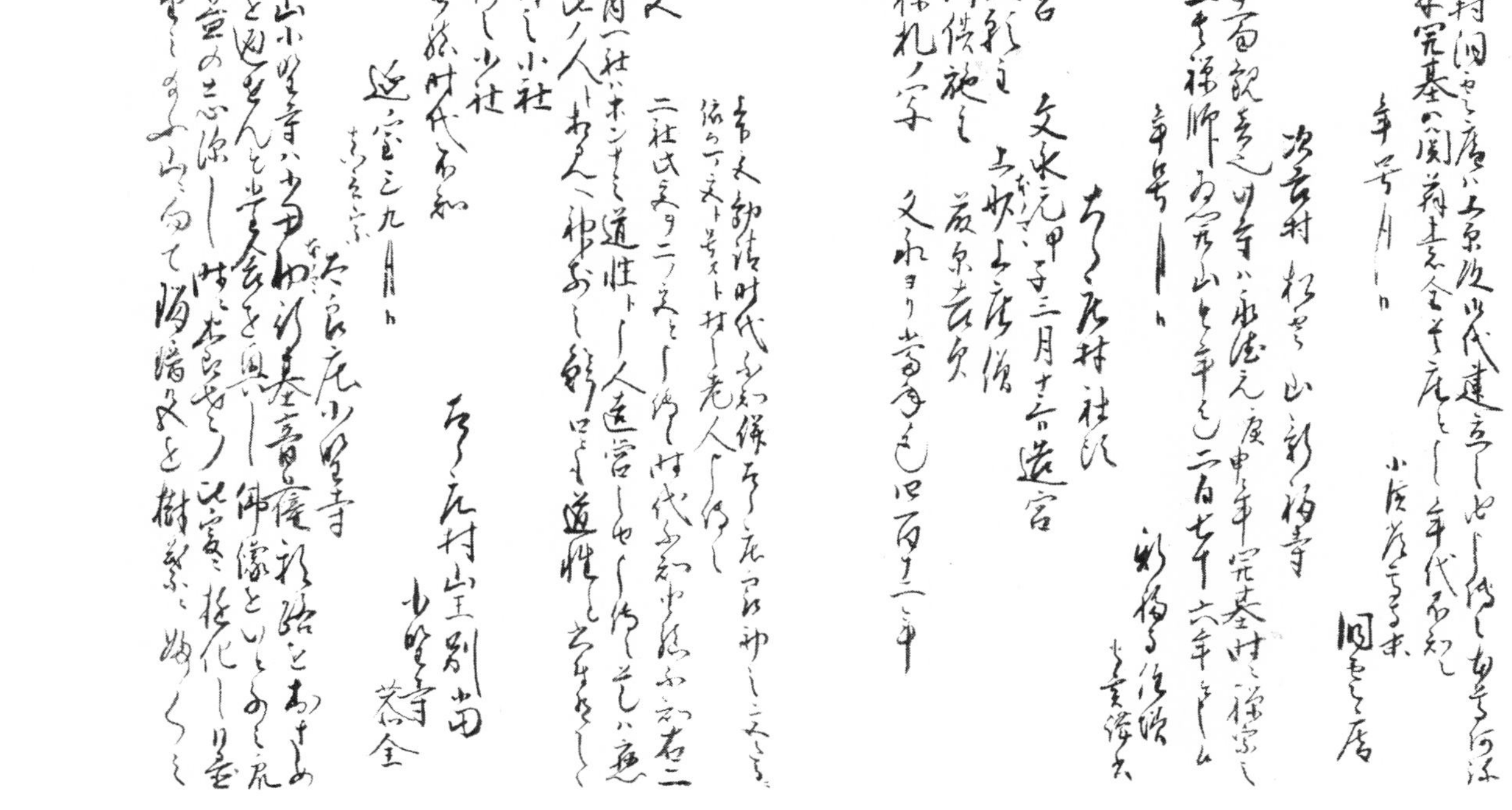

奈胡村洞雲庵ハ上原殿御代建立之由申傳候　本尊阿弥
陀如来　開基ハ関翁素全首座と申候　年代不知レ
年号月日　　　小濱常高寺末
洞雲庵

次吉村　松雲山　新福寺
一本尊十一面観音也　此寺ハ永徳元庚申年開基　時ニ禅宗之
末葉一貴禅師為開山　今年迠二百七十六年と申候
年号月日　　　新福寺　住僧
守玄謹書

太良庄村　社頭
一山王宮　文永元甲子三月十三日造宮
大願主 上妙（本ノママ）上座僧
御供施主 藤原吉　員（貞カ）
右ハ棟札ノ写　文永ヨリ當年迠四百十二年
一一ノ宮　上下宮勧請時代不知　併太良庄寂初之宮たるニ
依而一ノ宮ト号スト　村之老人申傳候
一八幡宮　二社此宮ヲ二ノ宮と申傳候　時代不知　由緒不知　右二
社之内一社ハホンナミ道性と申人造営之由申傳候　是ハ應
永之比ノ人と相見へ神前之鰐口ニも道性と書付有之候
一天神之小社
一稲荷之小社
右二社由緒時代不知
延宝三九月日　　太良庄村　山王別当
小野寺恭全

真言宗
太良庄　小野寺
一日置山小野寺ハ当初（本ノママ）行基菩薩邪路をおさめ
正法を通せんと堂舎を興し佛像をいとなみ衆
生化益の志深し　時ニ養老ノ比爰に遊化し日置
山ニ望み給ふ　山ニ向て瑠璃色を樹葉にふくみ

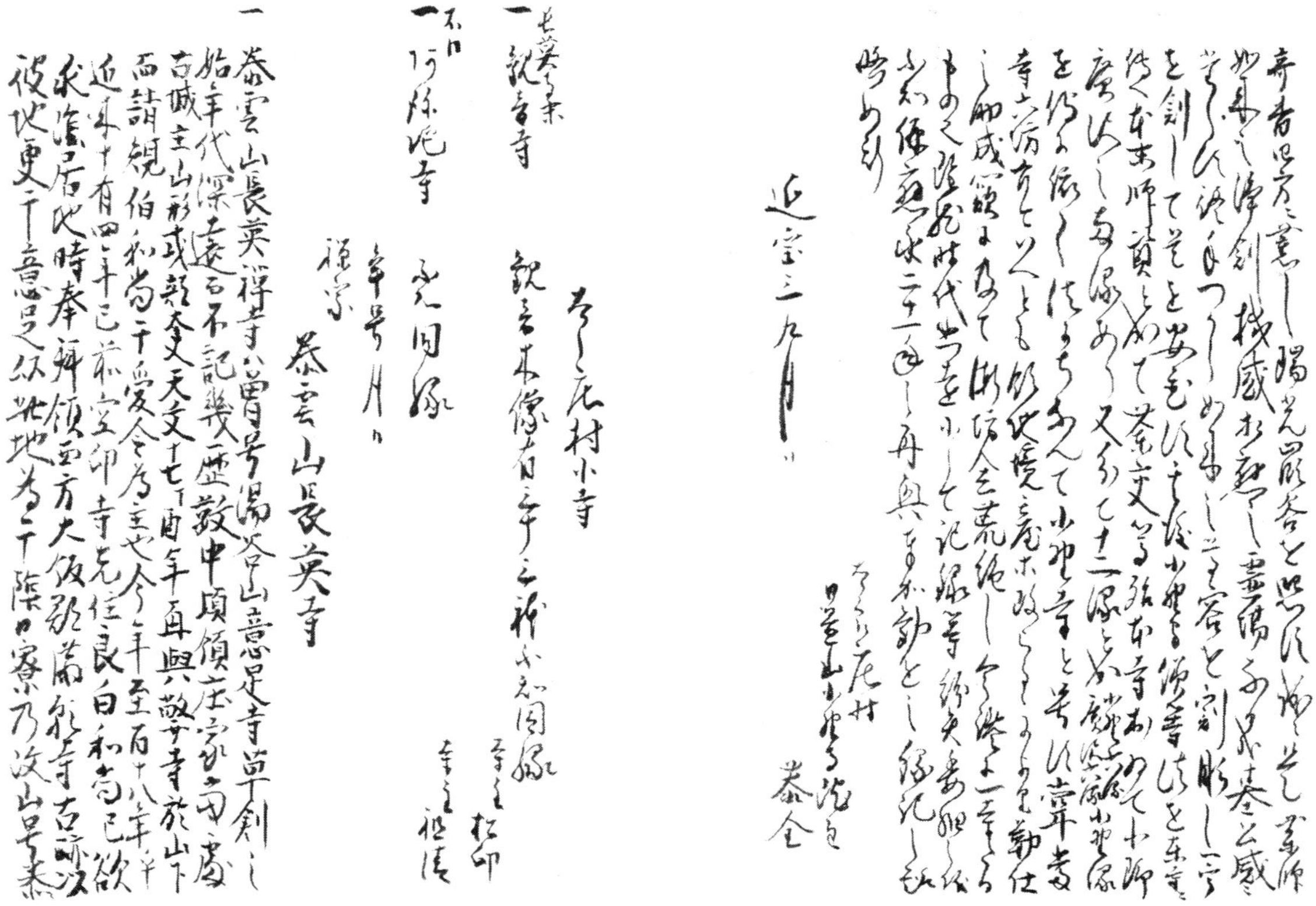

奇香四方ニ薫し瑞光嶺谷を照す　誠ニ是薬師
如來之浄創相機感應之霊場なる哉　基公感ニ
たらす　終手つから如來之尊容を割彫し一宇
を創して是を安置す　其後小野寺僧等法を東寺ニ
傳へ本末師資と成て茶交等殆本寺おゐて小野
廣沢之両流あり　又分て十二流と成（小野六流 廣沢六流）小野流
を傳に　依之法にちなんで小野寺と号す嘗当
寺六坊有といへとも領地境臺等改らる、により勤仕
之助成窮に及て漸坊舍荒絶し今讒に一寺たる
もの也　雖然時代幽遠にして記録等紛失委細之儀
不知　併應永二十一年之再興奉加勧進之縁起之趣
略如斯

延宝三九月日　太良庄村
日置山小野寺院主
恭全

長英寺末
太良庄村小寺
一観音寺　観音木像有三十三躰　不知因縁
寺主　松卯

右同
一阿弥陀寺　不知因縁
寺主　祖清
年号月日

禅宗
泰雲山　長英寺
一泰雲山長英禅寺ハ曽号湯谷山意足寺草創之
始年代深遠而不記幾歴数　中頃領庄家当處
古城主山形式部大夫天文十七丁酉年再興弊寺於山下
而請親伯和尚于爰令為主也　今年至百十八年乎
近來十有四年巳前空印寺先住良白和尚已欲
求陰居地時奉拝領西方大飯郡満願寺古跡以
彼地更于意足以此地為于陰日寮乃改山号泰

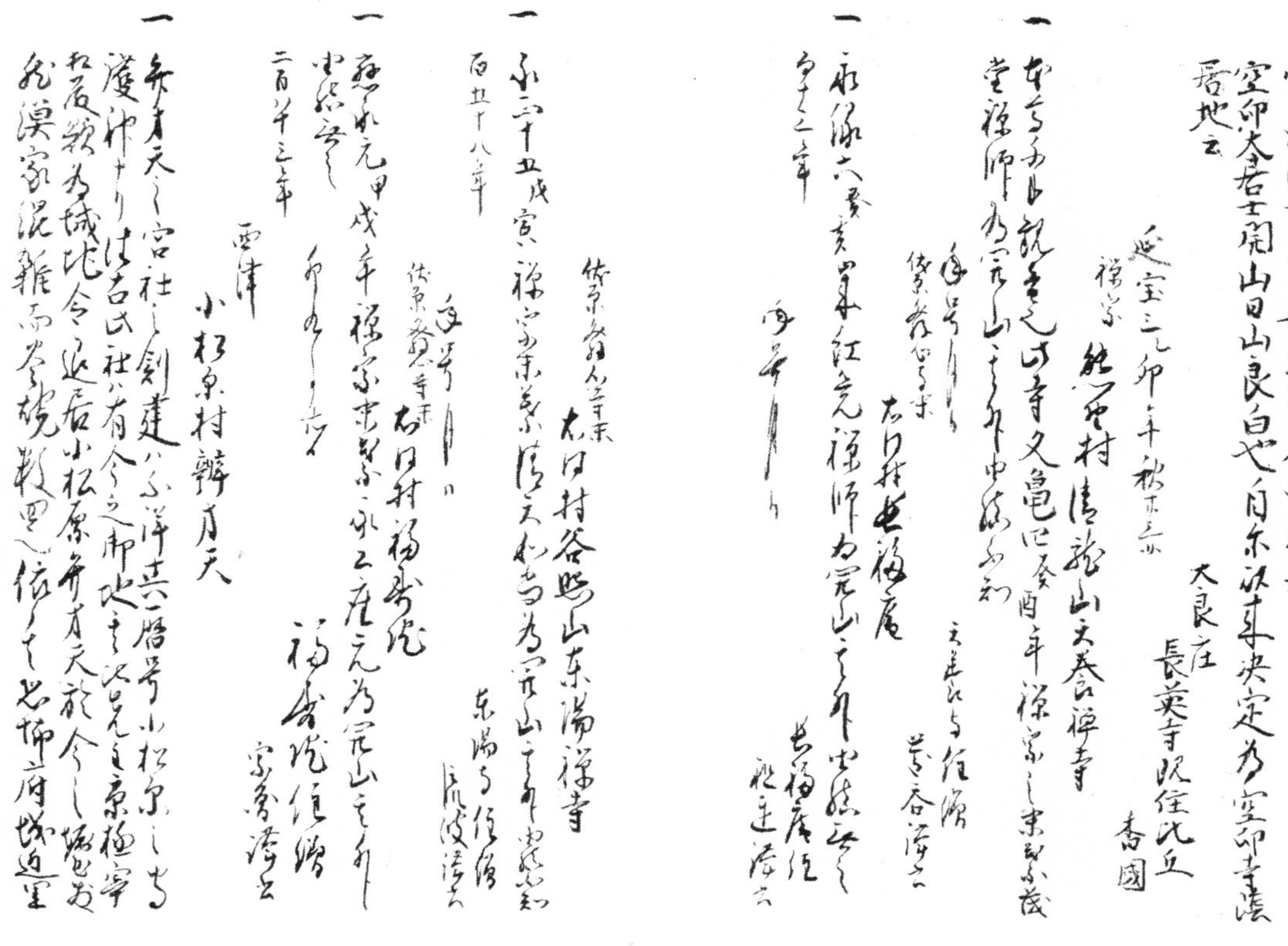

雲山改寺号長英寺今也　開基
空印大居士　開山日山良白也　自尓以來決定為空印寺陰
居地云
太良庄
長英寺現住　比丘
香國
延宝三乙卯年秋廿三日
禅宗　熊野村清龍山天養禅寺
一本尊千手観音也　此寺文亀四癸酉年禅宗之末葉茂
堂禅師為開山　其外由結不知
年号　月　日　天養寺住僧
慶呑謹書
伏原發心寺末
右同村　長福庵
一永禄六癸亥歳紅覚禅師為開山　其外由緒無之
百十三年
年号　月　日　長福庵住
祖迎謹書
伏原發心寺末
右同村　谷照山　東陽禅寺
一永正十五戊寅禅宗末葉清天和尚為開山　其外由緒不知
百五十八年
年号　月　日　東陽寺住僧
流波　謹書
伏原發心寺末
右同村　福寿院
一應永元甲戌年禅宗末葉永公座元為開山　其外
由緒無之
二百八十三年　卯　九月廿日　福寿院住僧
宗圓　謹書
西津
小松原村辨才天
一弁才天之宮社之創建ハ不詳　其暦号　小松原之守
護神ナリ　往古此社ハ有今之御地　其比先主京極宰
相殿欲為城地令退居小松原弁才天於今之堀屋敷
然漁家混雑而炎焼数回也　依其恐怖府城近里

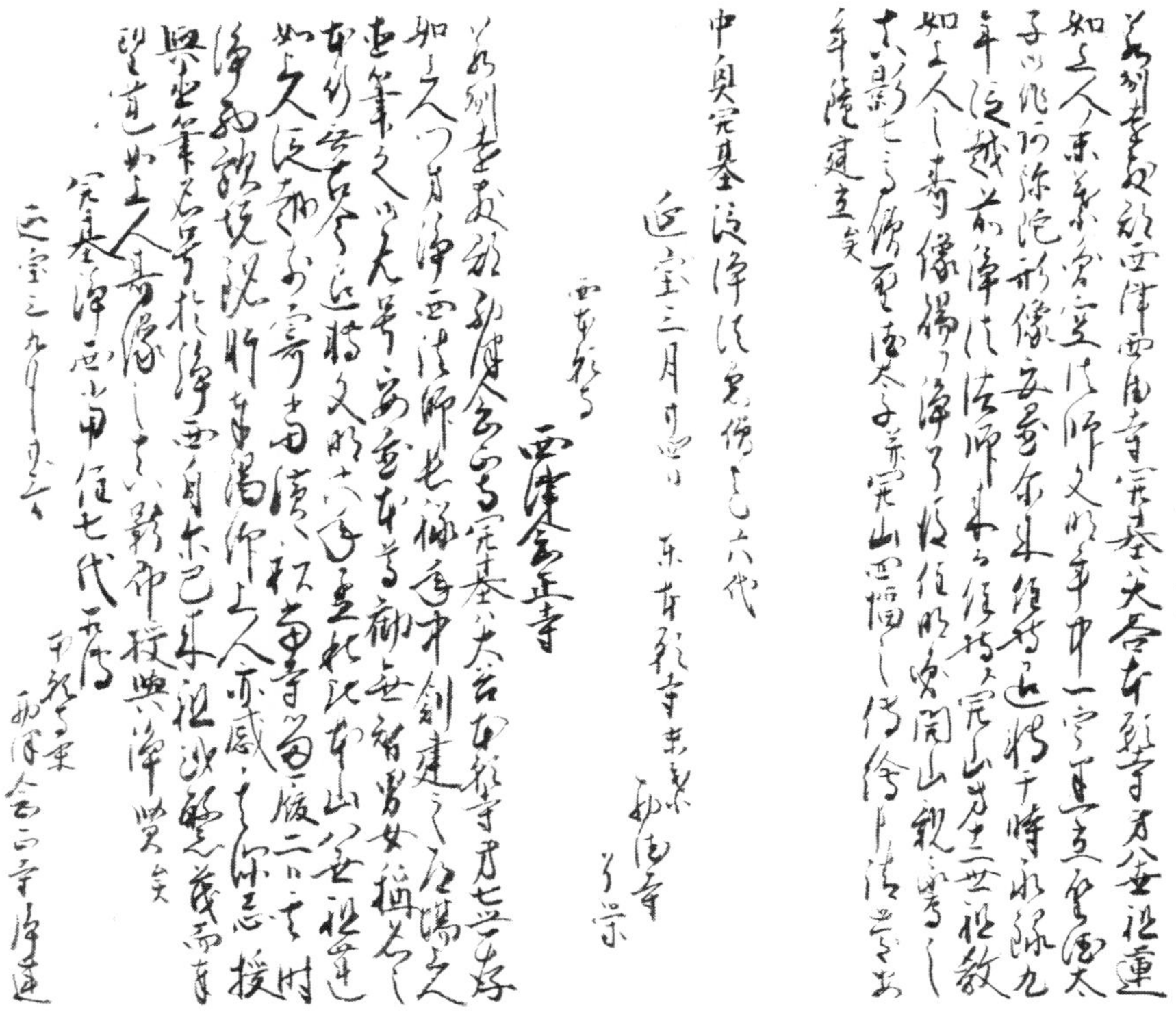

之災火小松原弁才天之宮社退處　今於此乎　夫是
弁才天は依為　御城之本社先主代々令造営宮
社今代空印様も為国家長久御願被成造立　当社
者也矣

延宝三　九月念三日

西津小松原
弁才天領主松福寺旲弥記之

一向宗東
西津　西徳寺

若州遠敷郡西津西徳寺開基ハ大谷本願寺第八世祖蓮
如上人ノ末葉圓空法師　文明年中一宇建立　聖徳太
子御作阿弥陀形像安置　尓來住持退轉于時永禄九
年従越前浄法法師来而住持ス　開山第十二世祖教
如上人之寿像賜リ浄了　後住明圓開山親鸞之
真影七高僧聖徳太子弁開山四幅之傳繪申請　慶安
年鐘建立矣
中興開基従浄法　愚僧迨六代

延宝三月廿四日　東本願寺末葉
西徳寺
了栄

西本願寺
西津　念正寺

若州遠敷郡西津念正寺　開基ハ大谷本願寺第七世存
如上人門弟浄西法師　長禄年中創建之道場　上人
直筆之御名号安置　本尊勧無智男女稱名之
本行無古今退轉　文明六年孟秋比本山八世祖蓮
如上人従越前寄当濱へ舩　当寺留履二日其時
浄西歓悦銘肝奉渇仰上人亦感甚深志授
與直筆名号於浄西自尓已來祖越繁茂而奉
望蓮如上人寿像之真影即授與浄賢矣
開基浄西当住七代相傳

延宝三九月廿三日　本願寺末
西津　念正寺　浄蓮

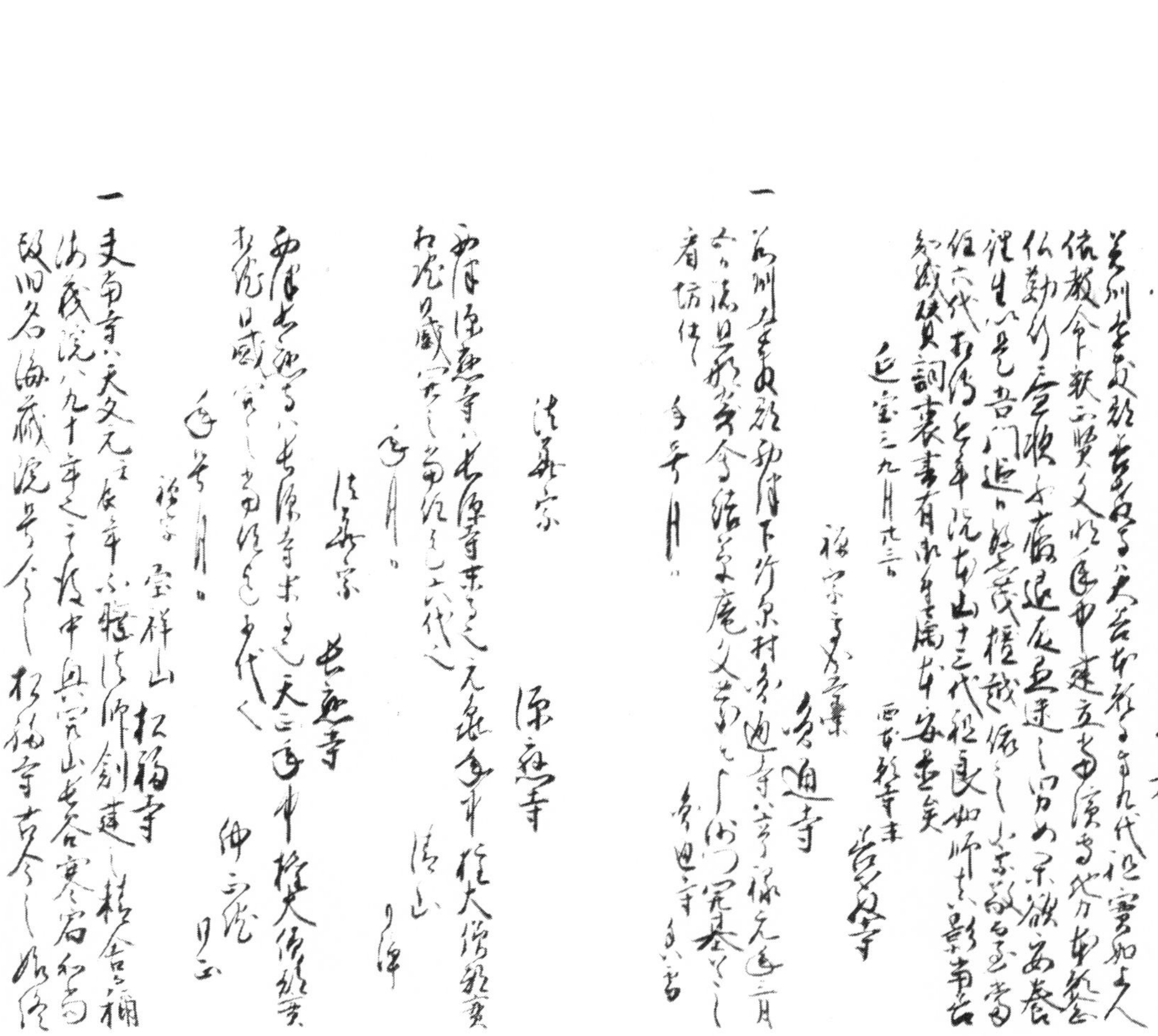

西津西本願寺末
善教寺
若州遠敷郡善教寺ハ大谷本願寺第九代祖實如上人
依教命釈正賢　文明年中建立　当濱専他力本願念
佛勤行昼夜不廢退故　愚迷之男女閑欲安養
往生以是吾門追日繁茂檀越　依之崇敬而至當
住六代相傳近年既本山十三代祖良如師真影当善
知識賛詞裏書有　御付属本安置矣
延宝三　九月廿三日　　西本願寺末 善教寺

禅宗高成寺末
圓通寺
一若州遠敷郡西津下竹原村圓通寺ハ亨禄元年三月
五日諸旦那寄會結草庵　文慶と申沙門開基いたし
看坊仕候
年号月日　　圓通寺　香雪

法華宗　源應寺
西津源應寺ハ長源寺末寺也　元亀年中権大僧都實
相院日感開之　当住迠六代也
年号月日　　清山　日浄

法華宗　長應寺
西津長應寺ハ長源寺末寺也　天正年中権大僧都實
相院日感開之　当住迠五代也
年号月日　　仲正院　日正

禅宗　宝祥山 松福寺
一夫当寺ハ天文元壬辰年不睡法師創建之精舎而稱
海蔵院ハ九十年也　其後中興開山長谷寒宿和尚
改旧名海蔵院号　今之松福寺古今之始終

今年迠百四十五年也

延宝三夘九月念三日　　松福寺住持
旲源稿

右之外当村弁才天代々当寺奉扉仰法之鎮守
於何處令安置　寺前之左右者也

禅宗發心寺末
松原山清巌寺

一夫当寺開山天巌善朔大和尚發心寺在住之時深
有隠處之志　折節先主京極若狭守殿有平日寵
敬　依之奉拝納西津山王之隣山平地旧名山之
寺則松原山清岩寺隠栖恰及三四年也　然時執政多
賀越中興開山天岩有不和之故障越中為遂
其遺恨奉告主君曰　彼所清岩之境ハ当御城
之鬼門　謂不祥之寺令退去　是哀哉勢不同
不足論　是非傳聞　其鬼門者創建寺安置社　依茲
天岩返旧地空退去　雖然先主之尊敬豈何薄為
其代地而為何方之山林平地可有望之旨再三有之
然開山漸纔受今境地安住終身者也　依夫竹林
寺内代々御免許ニ御座候

延寳三乙夘九月念二日　　清岩寺第三世
住持 円之稿

禅宗高成寺末
法林庵

一若州遠敷郡小濱西津中塩屋村法林庵ハ　開基永
禄二年恵慶と申沙門資所之百姓庵を取立住庵仕候
年号　月　日　　法林庵住 宗圓

禅宗高成寺末
瑞宵山 亀泉庵

一若州遠敷郡小濱西津北塩屋村瑞宵山海福寺ハ
高成寺末ニて天慶五年壬刁寅年開基仕　観音別当亀泉

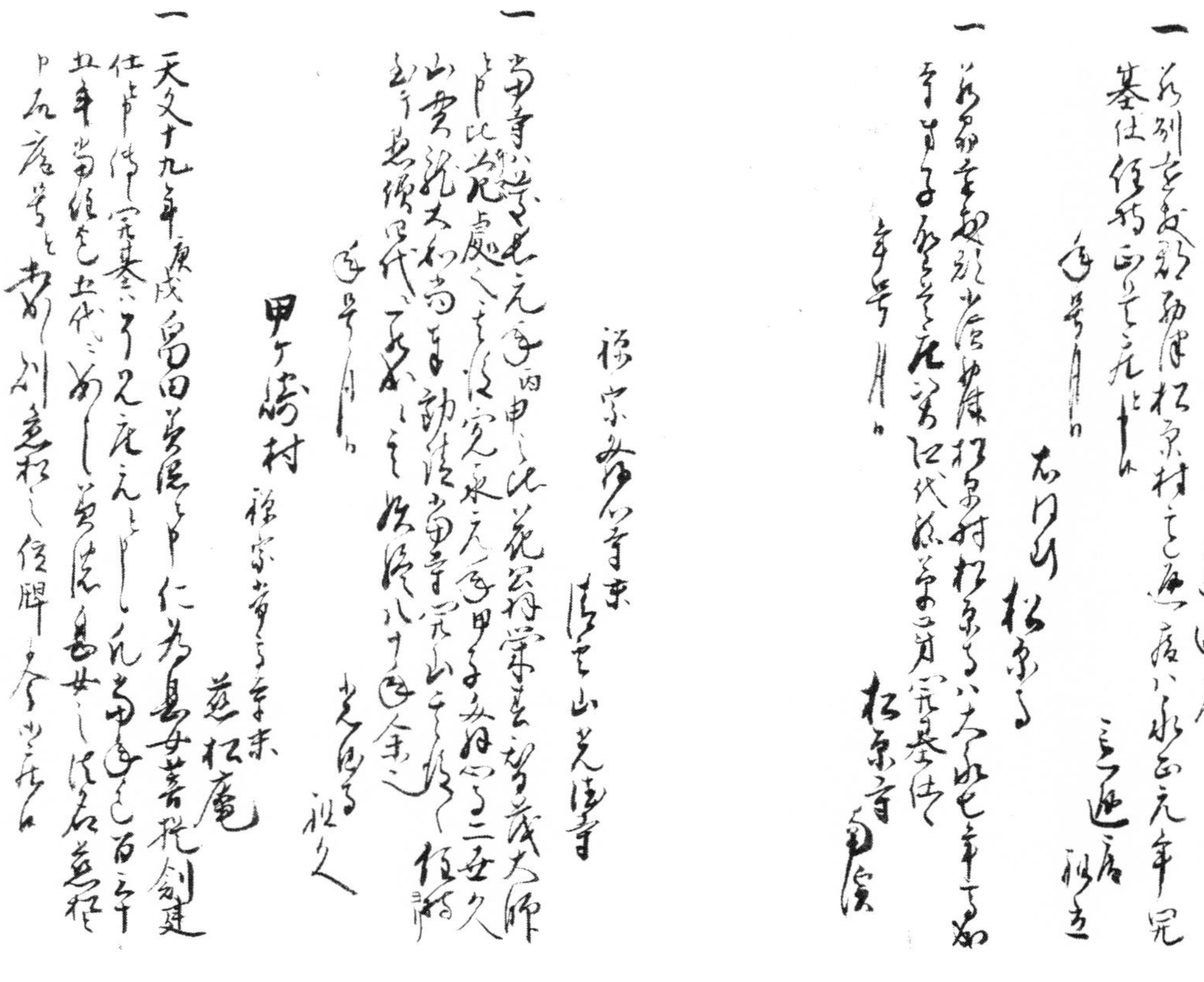

庵と申候　則観音縁起御座候

年号日　　　今福昌寺

亀泉庵　永久

禅宗高成寺末

意通庵

一若州遠敷郡西津松原村意通庵ハ永正元年開
基仕　住持正首座と申候

年号月日　　意通庵　祖立

右同断

松原寺

一若州遠敷郡小浜西津松原村松原寺ハ大永七年高成
寺弟子聖首座資四代鎮草弟開基仕候

年号月日　　松原寺　南溪

禅宗發心寺末

清雲山 光徳寺

一当寺ハ慶長元年丙申之比　花翁栄春智茂大師
と申比丘尼（本ノママ）處也　其後寛永元年甲子發心寺二世久
山貫龍大和尚奉勧請当寺開山　其後之住持ヨリ
至テ愚僧四代ニ罷成候　其始終八十年余也

年号月日　　光徳寺 祖久

甲ヶ崎村　禅宗常高寺末

慈松庵

一天文十九年庚戌畠田美濃と申仁為息女菩提創建
仕と申傳候　開基ハ了見座元と申候　凡当年迠百三十
五年　当住迠五代ニ成申候　美濃息女之法名慈松と
申故庵号と相成候　則慈松之位牌于今御座候

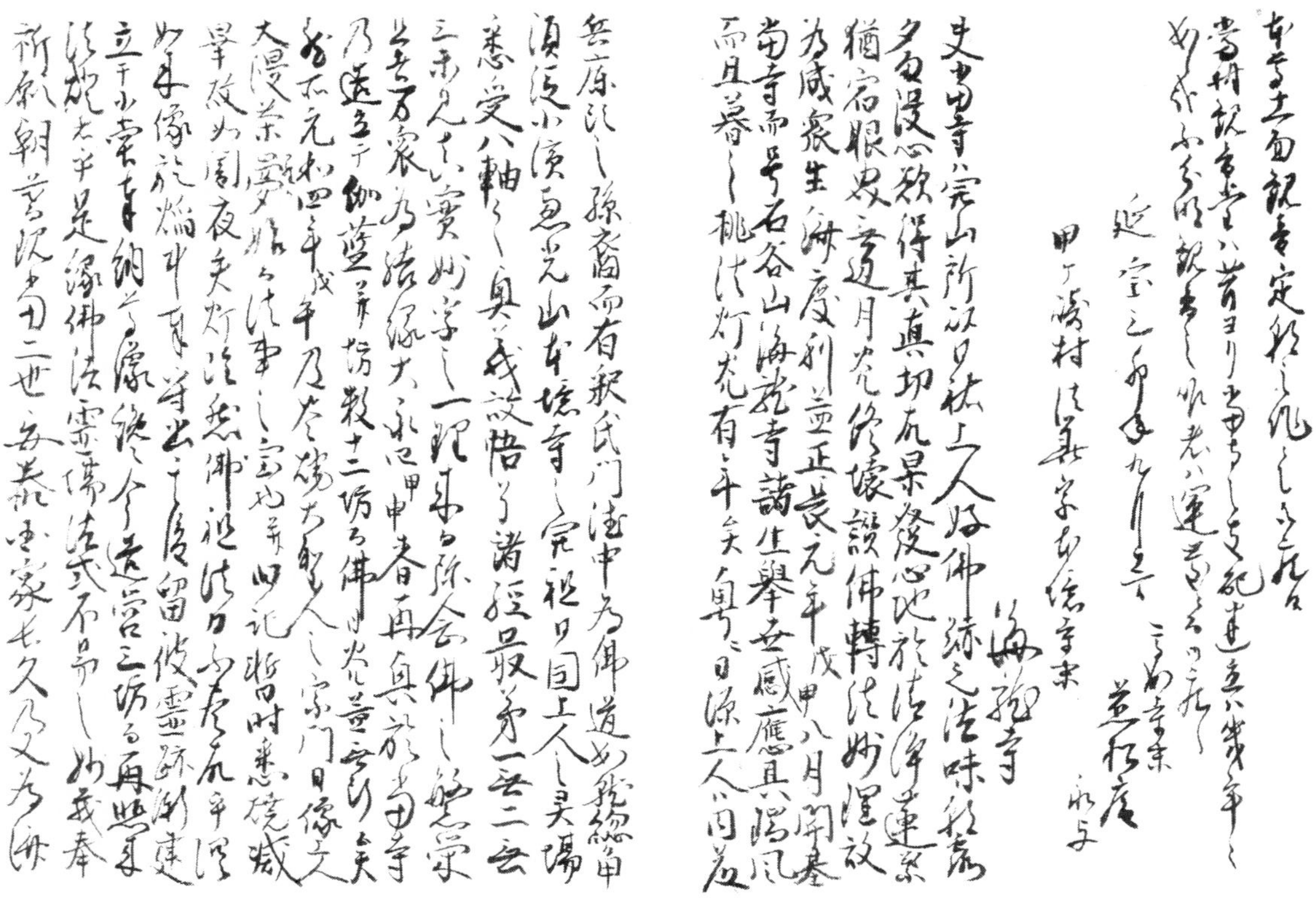

一本尊十一面観音　定朝之作にて御座候
一當村観音堂ハ昔ヨリ当寺之支配　建立ハ幾年ニ
成候哉不分明　観音之作者ハ運慶ニ而御座候
延宝三夘年九月十二日　高成寺末
慈松庵　永与
甲ヶ村崎　法華宗本境寺末
海龍寺
夫当寺ハ開山所以日祐上人好佛跡也　法味朝露
夕雨没心欲得其真功故　果發心地於清浄蓮葉
猶宿眼界無辺月光終懐中讃佛轉法妙理故
為成衆生済度利益　正長元年戊申八月開基
当寺而号石谷山海龍寺諸生舉世感應其瑞凨
而旦暮之挑法灯光有年矣　粤ニ日源上人ハ内藤
兵庫頭之孫裔而有釈氏門徳中為佛道成就　總甬
頂従小濱恵光山本境寺之開祖日囧上人之灵場
悉受八軸之奥義故悟了諸経最第一無二無
三未見真實妙字之一理來而弥念佛之繁栄
且者万衆為結縁　大永四甲申春再興於当寺
乃造立テ伽藍并坊数十二坊而佛日光益無断矣
然所元和四戊午年及炎焼大聖人之宗門日像上人
大漫荼夢（羅カ）始而法事之宝物并旧記暫時悉焼滅
畢故如闇夜失灯　雖然佛祖法力不尽故乎　源
如来像於焔中奉守出　其後留彼霊跡漸建
立テ小堂奉納尊像　纔今造営三坊而再照來
法燈者乎　是縁佛法霊場法式不易之妙義奉
祈願朝暮現當二世安泰国家長久乃又為済

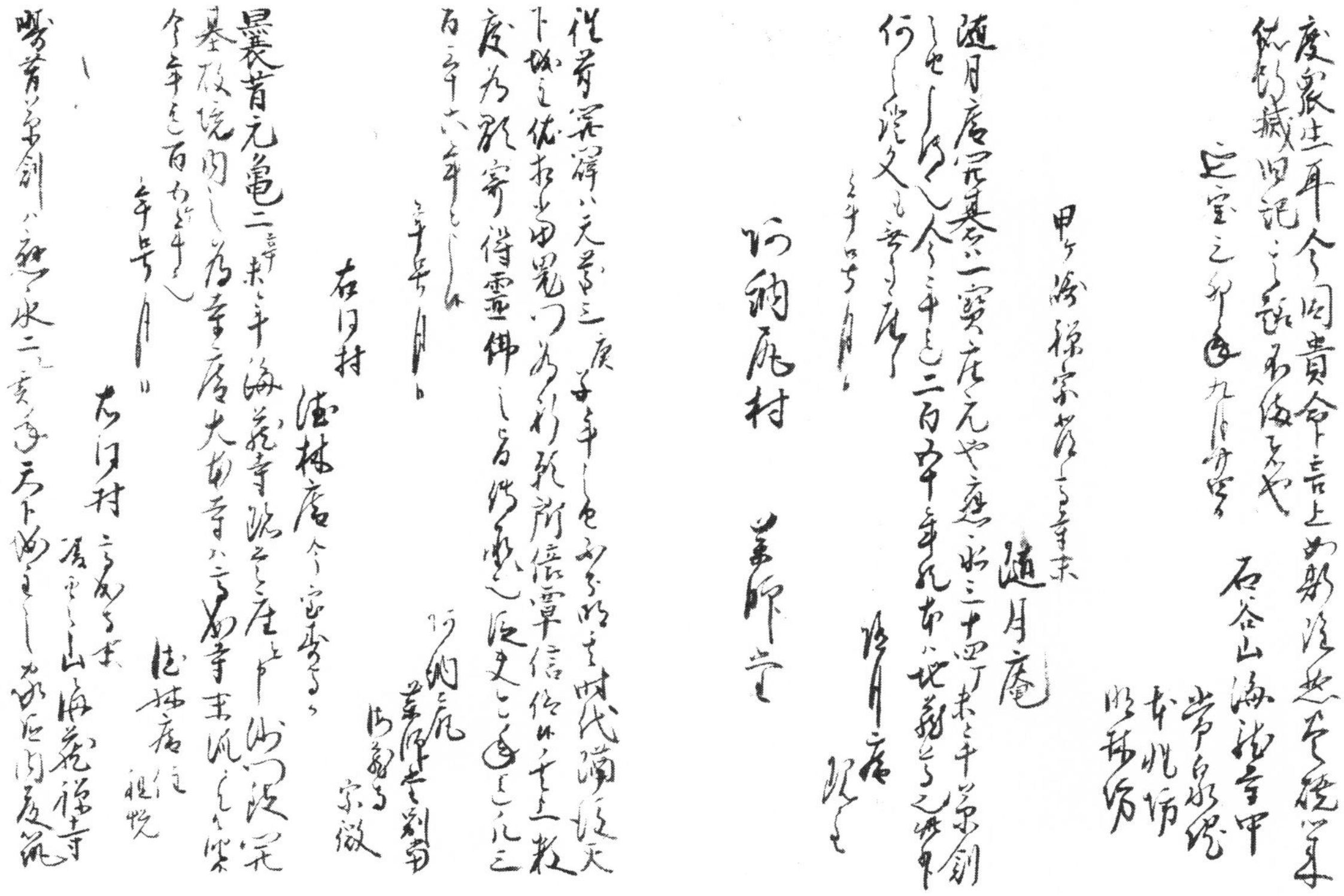

度衆生耳　今因貴命言上如斯　雖然炎焼以來
依所滅旧記　其趣不備者也
　延宝三夘年九月廿四日　石谷山海龍寺中
　常泉院
　本性坊
　明林坊

甲ヶ崎村禅宗常高寺末
　随月庵
随月庵開基ハ一寶座元也　應永三十四丁未年草創
之由申傳也　今年迨二百五十年欤（尊脱）本ハ地藏尊也　此外
何證文も無御座候
　年号月日　随月庵　現主

阿納尻村　薬師堂
往昔開闢ハ天慶三庚子年之由不分明　其時代隔後天
下城主依相当鬼門為祈願所倍覃（マヽ）信仰候　其上数
度為顕寄得霊佛之旨傳承也　従夫今年迄凡三
百三十六年と申候
　年号月日　阿納尻
　薬師堂別当
　海藏寺　宗微

右同村
　徳林庵今宝寿寺カ
曩昔元亀二辛未年海蔵寺跡首座と申沙門致開
基故　境内之為寺庵大本寺ハ高成寺末派ニて御座候
今年迨百五ヶ年也
　年号月日　徳林庵住　祖悦

右同村　高成寺末
　凌雲山海蔵禅寺
疇昔草創ハ應永二乙亥年天下城主之家臣内藤筑

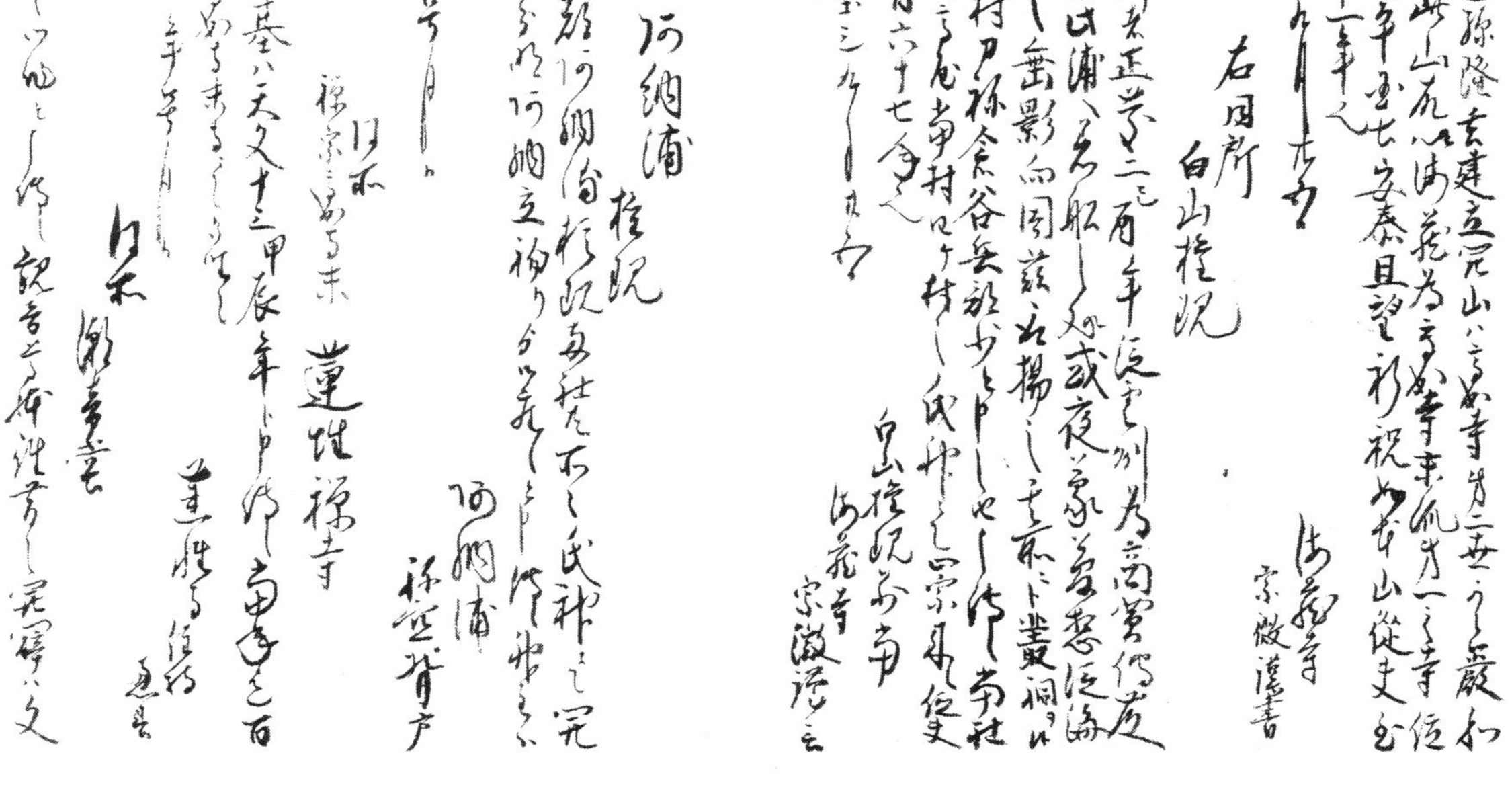

前守隆之遠孫隆玄建立　開山ハ高成寺第二世空(雲カ)巖和
尚隠居之此山故　以海蔵為高成寺末流第一之寺位
則為天下太平国土安泰且望祈祝如本山　従夫至
當年二百八十一年也

夘九月廿五日　海蔵寺
宗微　謹言

右同所　白山権現

往昔草創者正慶二巳(癸)酉年従雲州為商買傳藤
左衛門ト申者　此浦へ着船之処　或夜蒙夢想従海
中此湿地之垂影向　因茲取揚之其所ニト叢祠ヲ候
其時之同村刀祢倉谷兵部少と申之由申傳候　当社
ハ甲ヶ崎古津高屋当村四ヶ村之氏神ニて崇来候　従夫
当年迠三百六十七年也

延宝三九月廿五日　白山権現別当
海蔵寺 宗微　謹言

阿納浦　権現

若州遠敷郡阿納浦権現両社共所々氏神ニて開
闢ハ時代不分明　阿納立初リ㝡御座候と申傳候　神主ハ
背戸仕候

年号月日　阿納浦 祢宜　背戸

同所
禅宗高成寺末　蓮性禅寺

蓮性寺開基ハ天文十三甲辰年ト申傳候　当年迠百
三十二年　代々高成寺末寺ニて御座候

年号月日　蓮性寺住持　恵春

同所潮音堂

本尊ハ春日之御作と申傳候　観音尊躰往昔之開闢ハ文

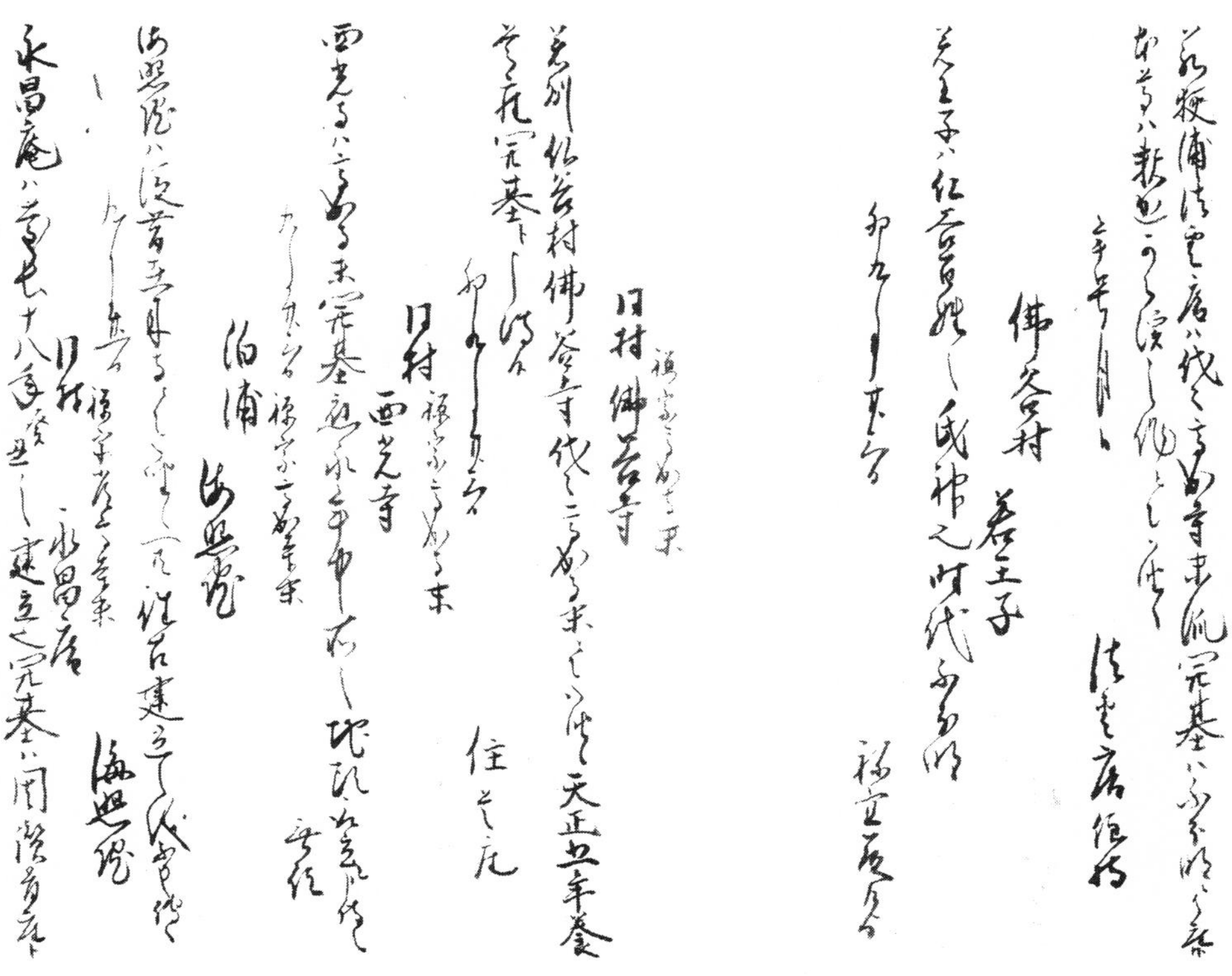

和元壬辰年今年迠三百二十四年と申候
年号月日　　　　　蓮性寺住僧　恵春
若狭浦　禅宗高成寺末
法雲庵
若狭浦法雲庵ハ代々高成寺末派　開基ハ不分明ニて御座候
本尊ハ釈迦雲渓之作にて御座候
年号月日　　法雲庵住持
佛谷村　若王子
若王子ハ仏谷百姓之氏神也　時代不分明
夘九月廿三日　　祢宜藤左衛門
禅宗高成寺末
同村　佛谷寺
若州仏谷村佛谷寺代々高成寺末ニて御座候　天正五年養
首座開基と申傳候
夘九月廿三日　　住首座
禅宗高成寺末
同村　西光寺
西光寺ハ高成寺末開基　應永年中所之地頭取立と申傳候
九月廿三日　　無住
禅宗高成寺末
泊浦　海照院
海照院ハ従昔在來寺ニて御座候へ共　往古建立之儀不申傳候
九月廿一日　　海照院
禅宗常高寺末
同村　永昌庵
永昌庵ハ慶長十八癸丑年之建立也　開基ハ周讃首座ト

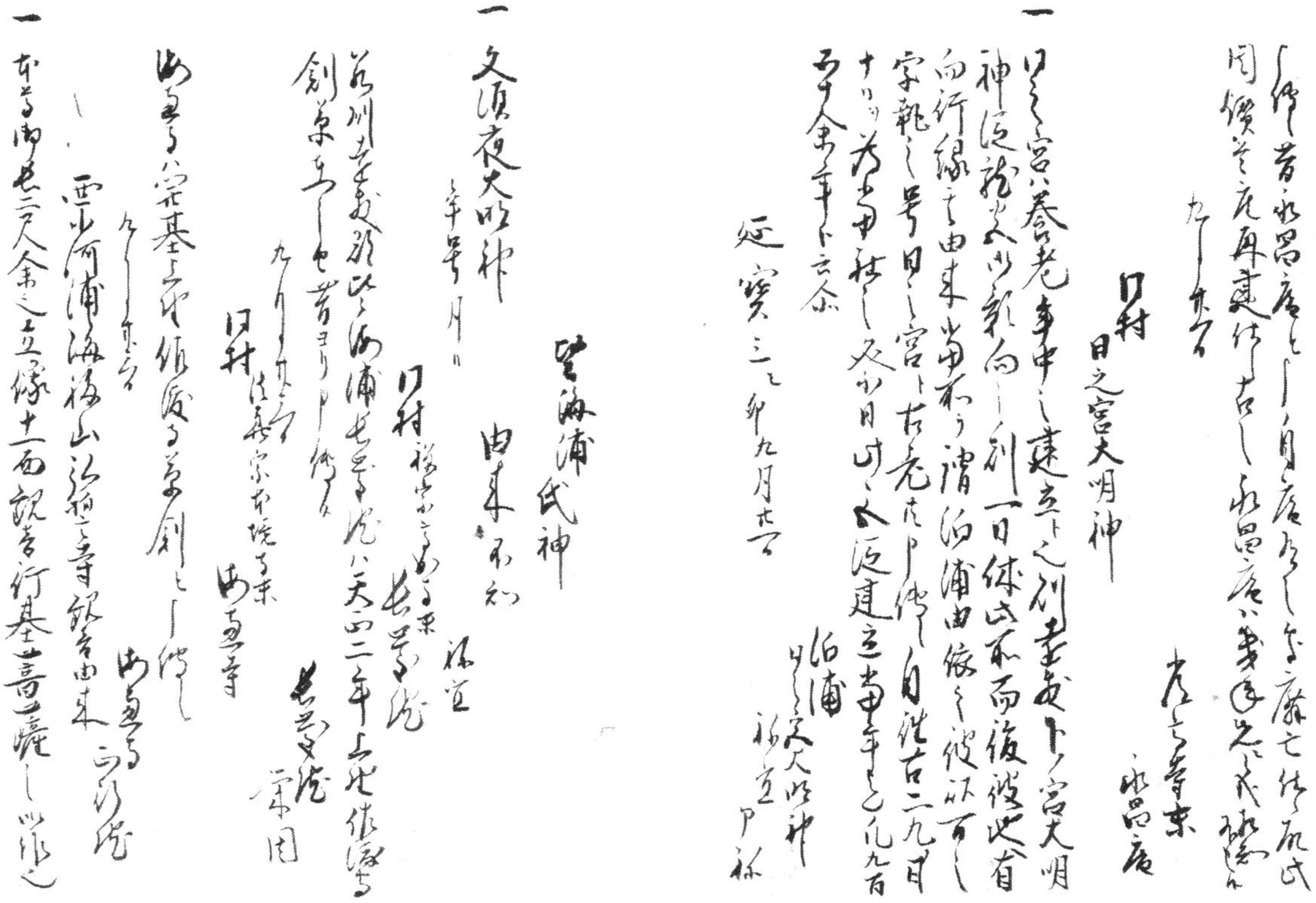

申傳候　昔永昌庵と申自庵有之處廃亡仕候故此
周讃首座再建仕候　古之永昌庵ハ幾年先ニ候哉相知不申候
九月廿一日　　常高寺末　永昌庵

同村 日之宮大明神

一日之宮ハ養老年中之建立ト也　則遠敷下ノ宮大明
神従龍宮御影向之刻一日休此所而後彼地へ有
向行縁其由来当所を謂泊浦由　依之彼以一日之
字執之号日之宮と古老共申傳候　自往古二九ノ月
十日ヲ為当社之祭日　此宮従建立当年迠凡九百
五十余年ト云尓

泊浦
延寳三乙夘九月廿一日　日之宮大明神
祢宜　刀祢

堅海浦　氏神

一久須夜大明神 由来不知
年号月日　祢宜

禅宗高成寺末
同村　長慶院

若州遠敷郡堅海浦長慶院ハ天正二年上野佐渡守
創草在之由　昔ヨリ申傳候
九月廿三日　長慶院
栄周

法華宗本境寺末
同村　海恵寺

海恵寺ハ開基上野佐渡守草創と申傳候
九月廿三日　海恵寺
正行院

西小河浦　海福山弘誓寺観音由來

一本尊御長二尺余也　立像十一面観音行基菩薩之御作也

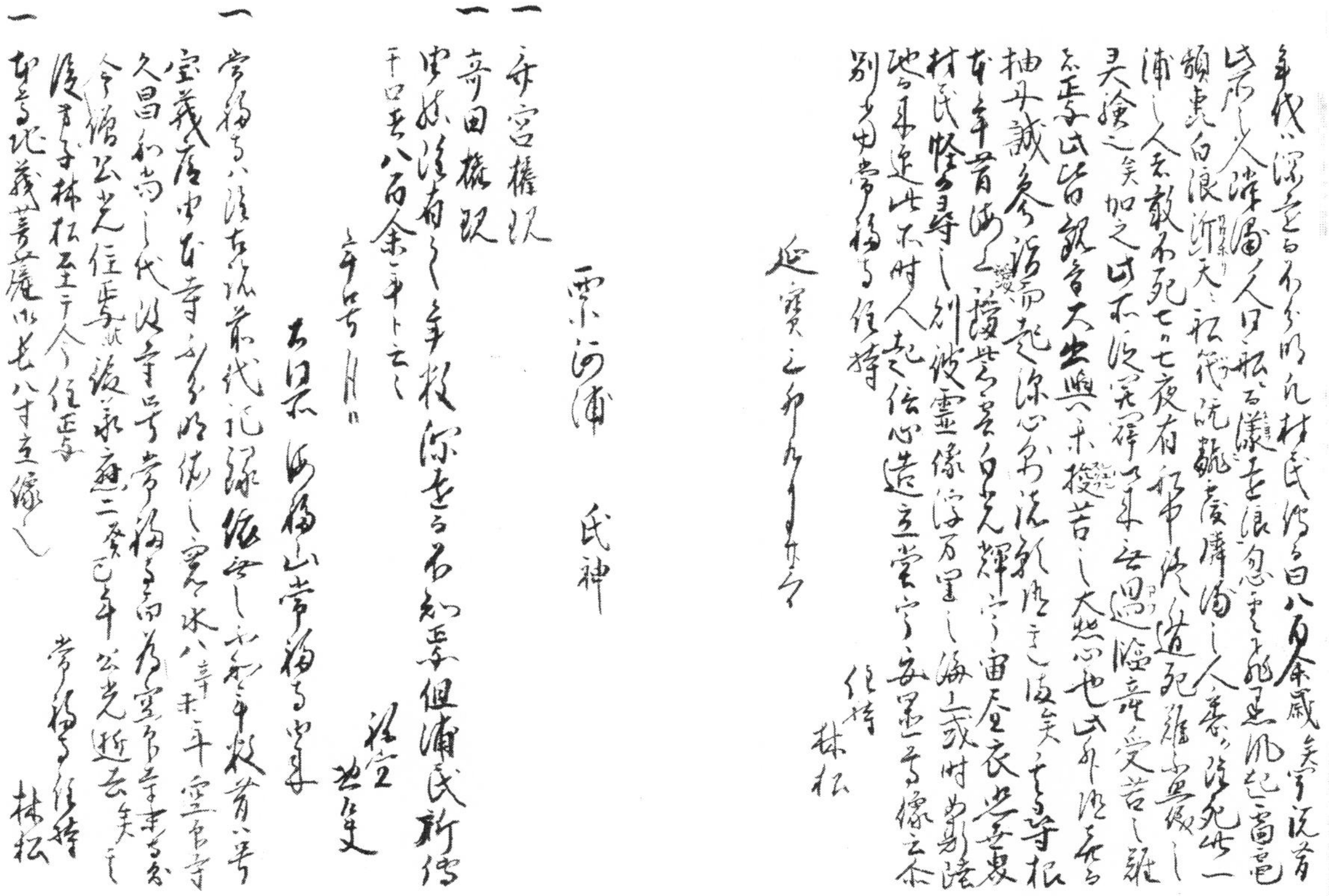

年代ハ深遠而不分明　凡村民伝而曰八百余歳矣　聞説昔
此所之人隣浦ノ人同船ニ而　漾(タヽヨフ)遠浪忽雲飛黒風起雷電
頻轟白浪　泝(サカノボル)天ニ船筏(バツ)既翻覆隣浦之人悉ク雖死　此一
浦之人者敢不死七日七夜有船中終遁死難不思議之
灵験也矣　加之此所従開闢以來無遇(アツ)臨産受苦之難
者焉　此皆観音大悲與楽援(シュン スクフ)苦之大悲心也　此外随喜而
抽丹誠参詣而起深心則諸願随意満矣　其尋根
本年昔海上靉靆紫雲白光輝宇宙昼夜照世界
村民怪而尋之　則彼霊像浮万里之海上或時如斯陸
地而來迎　此所時人起信心造立堂宇安置尊像云尓
別当常福寺住持
延寶三夘九月廿三日　　住持　林松
西小河浦　氏神

一斎宮権現
一竒田権現
由緒雖有之年数深遠而不知焉　但浦民所傳
于口者八百余年ト云々
年号月日　　祢宜　惣太夫

右同所　海福山常福寺由來
一常福寺ハ雖古跡前代記録依無之不知年数　昔ハ号
宝義(蔵カ)庵由本寺不分明　依之寛永八辛未年空印寺
久昌和尚之代改寺号常福寺而為空印寺末寺則
今僧公光住焉　依後承應二癸巳年公光逝去矣　其
後弟子林松至テ今住焉
一本尊地蔵菩薩御長八寸立像也　　常福寺住持
林松

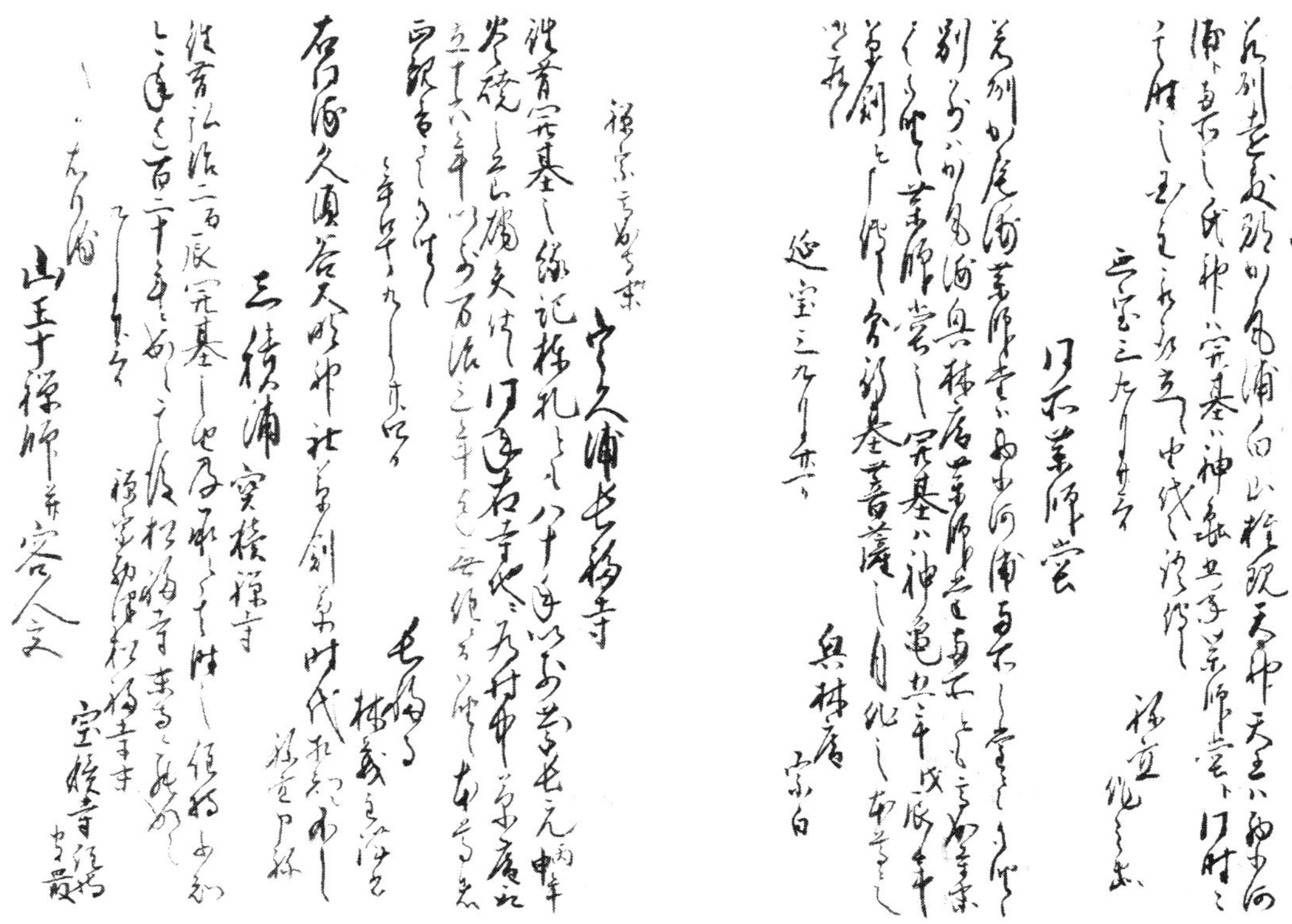

九月廿三日

加尾浦　氏神

若州遠敷郡加尾浦白山権現天神天王ハ西小河
浦ト両所之氏神ハ開基ハ神亀五年薬師堂ト同時ニ
其時之国主被取立候由代々語傳候

延宝三九月廿三日　祢宜　作兵衛

同所　薬師堂

若州加尾浦薬師堂ハ西小河浦両所之堂ニて御座候
別(当カ)別ハ加尾浦興林庵薬師堂両所とも高成寺末
ニて御座候　薬師堂之開基ハ神亀五年戊辰年
草創と申傳候　則行基菩薩之自作之本尊ニて
御座候

延宝三九月廿一日　興林庵　宗白

禅宗高成寺末

宇久浦　長福寺

往昔開基之縁起棟札とも八十年以前慶長元丙申年
炎焼之節焼失仕候　同年右寺地ニ為村中草庵取
立十六年以前万治三年迠無住ニ而御座候　本尊者
正観音ニ而御座候

年号九月廿四日　長福寺

林蔵主　謹書

一右同浦久須谷大明神社草創時代相知レ不申候

祢宜　刀祢

志積浦　寳積禅寺

往昔弘治二丙辰開基之由及承候　其時之住持不知
今年迠百二十年ニ成候　其後松福寺末寺ニ罷成候

九月廿三日　禅宗西津松福寺末

宝積寺住持　守厳

右同浦　山王十禅師并客人宮

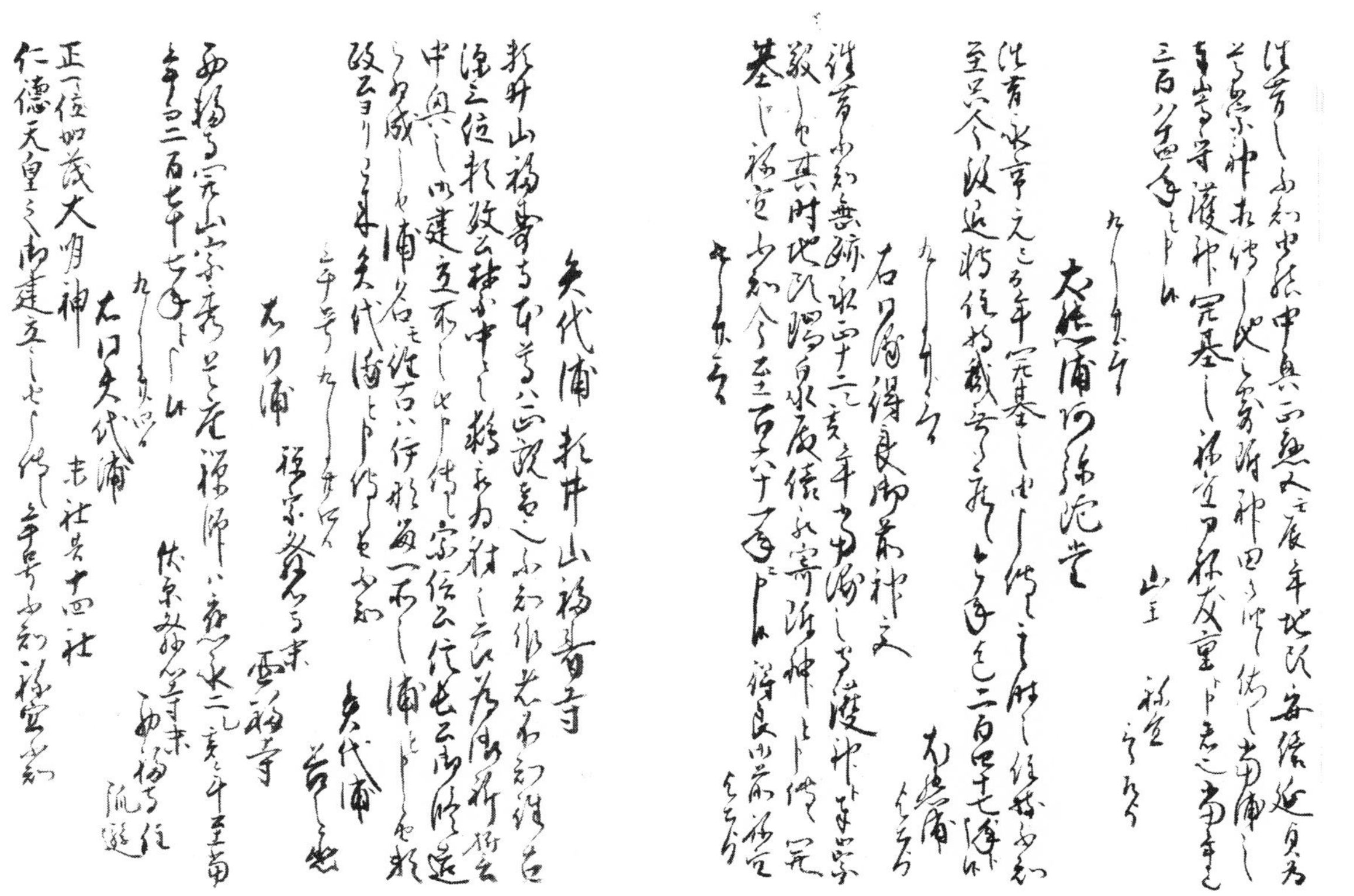

往昔之不知由緒　中興正應五壬辰年地頭安倍延貞為
尊崇神相傳之地之寄附神田御座候　依之当浦之
奉嵩守護神開基之祢宜刀祢友重ト申者也　当年迠
三百八十四年と申候
九月廿三日　　　　山王祢宜　三郎左衛門

犬熊浦　阿弥陀堂
往昔永亨元己酉年開基之由申傳候　其時之住持不知
至只今致退轉住持職無御座候　今年迠二百四十七年ト申候
九月廿三日　　　　犬熊浦　与右衛門

右同浦　得良御前神宮
往昔不知垂跡　永正十二乙亥年当浦之守護神ト奉崇
敬之由　其時地頭瑞泉殿俵被寄附神と申傳候　開
基之祢宜不知　今至百六十一年ニ申候
九月廿三日　　得良御前祢宜　与右衛門

矢代浦　頼井山福寿寺
頼井山福寿寺本尊ハ正観音也　不知作者不知往古
源三位頼政公禁中にて鵺被為射之節為御祈誓
中興之御建立所之由申傳候　宗信公信長公御修造
被為成候由浦名モ往古ハ伊那留一所之浦と申候由頼
政公ヨリ己来矢代浦と申伝候由不知
年号九月廿四日　　　　矢代浦　善之丞

右同浦　　禅宗發心寺末
西福寺
西福寺開山宗秀首座禅師ハ應永二乙亥年至当
年而二百七十七年と申候　　伏原發心寺末
九月廿四日　　　　西福寺住　弧遊

右同　矢代浦
正一位加茂大明神　末社共十四社
仁徳天皇之御建立之由申傳候　年号不知　祢宜不知

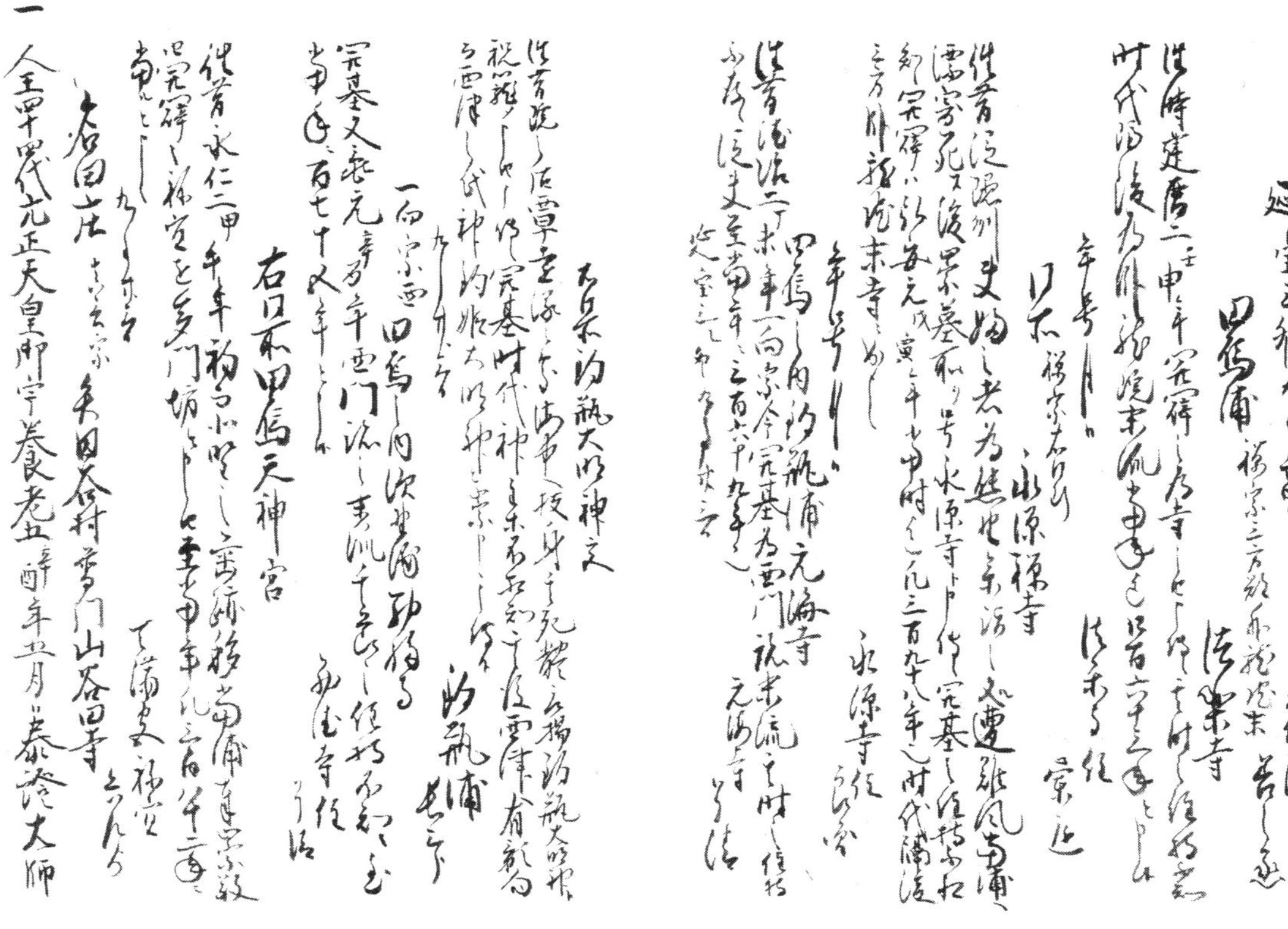

延宝三乙卯九月廿四日　矢代浦 善之丞
禅宗三方郡臥竜院末
田島浦　法楽寺
往時建暦二壬申年開闢之為寺之由申傳候　其時之住持不知
時代隔後為臥龍院末流　当年迠四百六十三年と申候
年号月日　法楽寺住　蘭庭
禅宗右同断
同所　永源禅寺
往昔従隠州夫婦之者為熊野参詣之処遭難風当浦へ
漂寄死ス　後崇墓所ヲ号永源寺ト申傳候　開基之住持不相
知候　開闢ハ弘安元戊寅年当時迠凡三百九十八年也　時代隔後
三方臥龍院末寺ニ成申候
年号月日　永源寺住　良圓
田烏之内釣瓶浦　元海寺
往昔徳治二丁未年一向宗今開基為西門跡末流　其時之住持
不存候　従夫至当年ニ三百六十九年也
延宝三乙卯九月廿三日　元海寺　了清
右同所　釣瓶大明神宮
往昔院之后覃遠流之屡海中へ投身其死體取揚釣瓶大明神ト
祝籠メ申由申傳候　開基時代神主等不相知　其後西津へ有影向
而西津之氏神釣姫大明神と崇申候申傳候
九月廿三日　釣瓶浦　長三郎
一向宗西　田烏之内須野浦　西福寺
開基文亀元辛酉年西門跡之末派　其節之住持(ママ)不知候　至
当年百七十五年と申候　西徳寺住　了清
右同所　田烏天神宮
往昔永仁二甲午年初而北野之垂跡移当浦奉崇敬
由　開闢之祢宜を多門坊と申由　至当年凡三百八十二年ニ
当ルと申候
九月廿三日　天満宮祢宜　兵左衛門
名田庄　真言宗　矢田谷村　普門山谷田寺
一人王四十四代元正天皇御宇　養老五辛酉年五月日泰澄大師

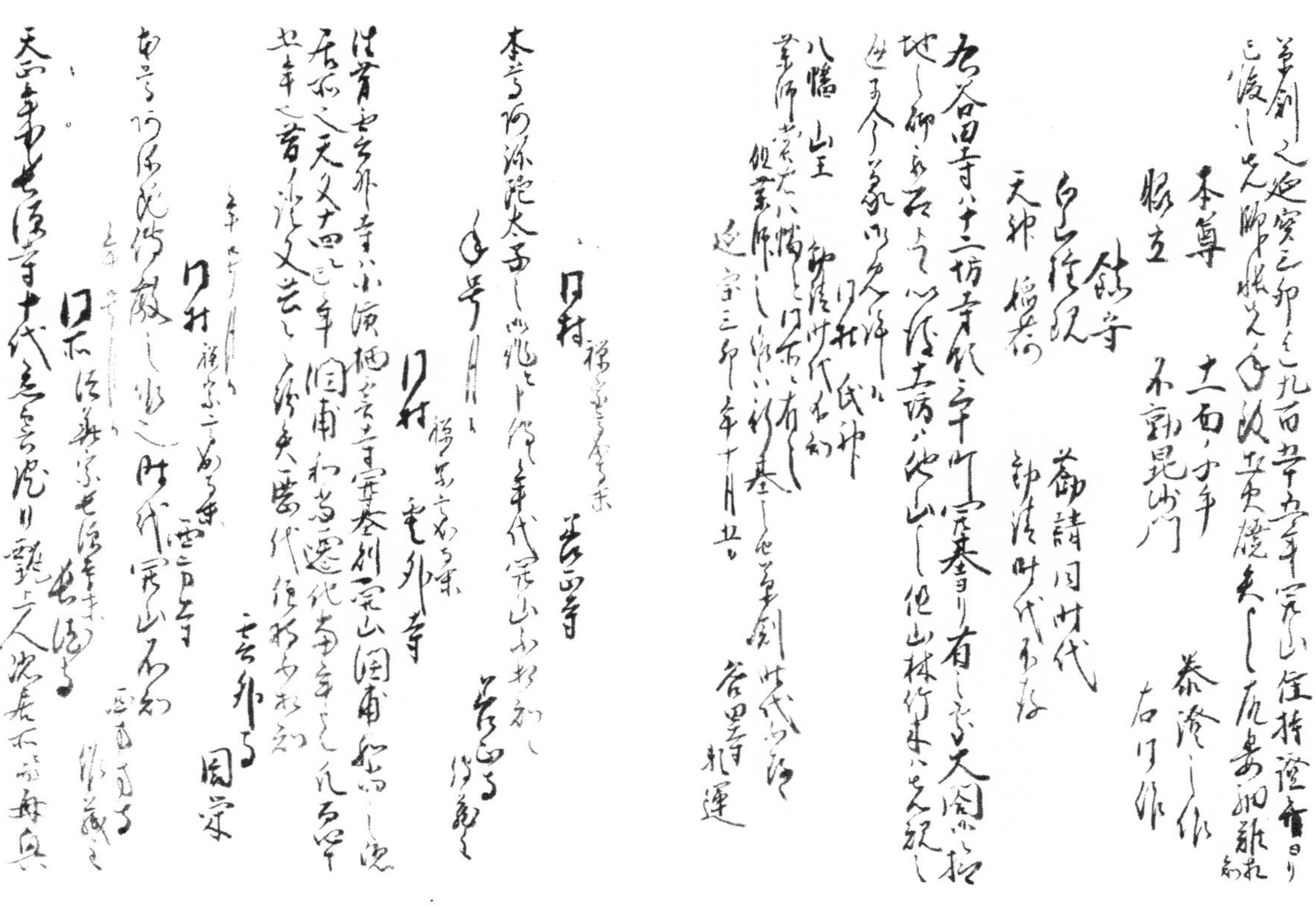

草創也　延寶三夘迠九百五十五年　開山住持證文ヨリ
巳後之先師帳先年致出火焼失申候故　委細難相知
本尊　十一面千手　泰澄之作
脇立　不動毘沙門　右同作
鎮守
白山権現　勧請　同時代
天神稲荷　勧請　時代不存
右谷田寺ハ十二坊　寺領三十町　開基ヨリ有之處太閤御検
地之砌被召上候　以後十一坊ハ他山申候　但山林竹木ハ先規之
通于今蒙御免許候
同村　氏神
八幡　山王　勧請時代不知
薬師堂右八幡と同所ニ有之
但薬師之作ハ行基之由　草創時代不存候
延宝三夘年十月五日　谷田寺　頼運

禅宗高成寺末
同村　善正寺
本尊阿弥陀太子之御作と申傳候　年代開山不相知候
年号月日　善正寺　傳蔵主

禅宗高成寺末
同村　雲外寺
往昔雲外寺ハ小濱栖雲寺開基則開山潤甫和尚之隠
居所也　天文十四乙巳年潤甫和尚遷化　当年迠凡百四十
五年也　昔之證文共令紛失　歴代住持不相知
年号月日　雲外寺　園栄

禅宗高成寺末
同村　西方寺
本尊阿弥陀傳教之作也　時代開山不知
年号月日　西方方寺（ママ）　作藏主

法華宗長源寺末
同所　長德寺
天正年中長源寺十代慈雲院日飄上人隠居所ニ而再興

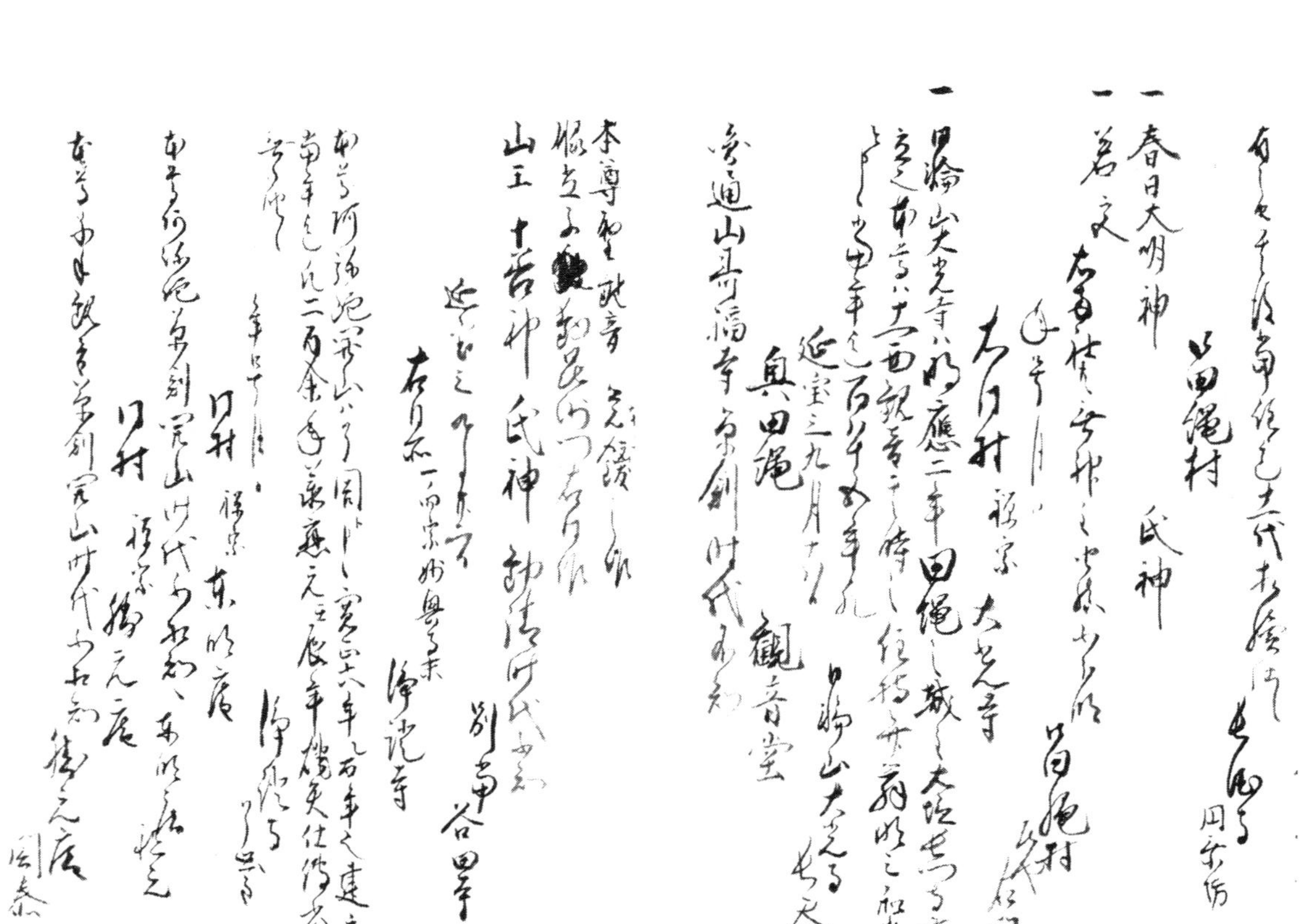

有之由　其後当住迠十一代相續仕候　　長徳寺　円乗坊

口田縄村

一春日大明神　　氏神

一若宮

右両社共無神主　由緒不分明

年号月日　　口田縄村　庄や　右門

右同村　禅宗　大光寺

一日輪山大光寺ハ明應二年田縄之城主大塩長門守建

立也　本尊ハ十一面観音　其時之住持弁翁明三和尚

と申候　当年迠百八十年欤

延宝三九月十八日　　日輪山大光寺　長呑

奥田縄　観音堂

圓通山寿福寺　草創時代不知

本尊聖観音　覚（ママ）鏤之作

脇立不■動毘沙門　右同作

山王　十善神　氏神　勧請時代不知

延宝三九月廿二日　　別当　谷田寺

一向宗妙興寺末

右同所　浄證寺

本尊阿弥陀　開山ハ了周ト申候　寛正六年乙酉年也　建立

当年迠凡二百余年　兼應元壬辰年焼失仕傳書共

無御座候

年号月日　　浄證寺　了慶

同村　禅宗　東明庵

本尊阿弥陀　草創開山時代不相知候

東明庵　祖元

同村　禅宗　勝元庵

本尊千手観音　草創開山時代不相知

勝元庵　　闇泰

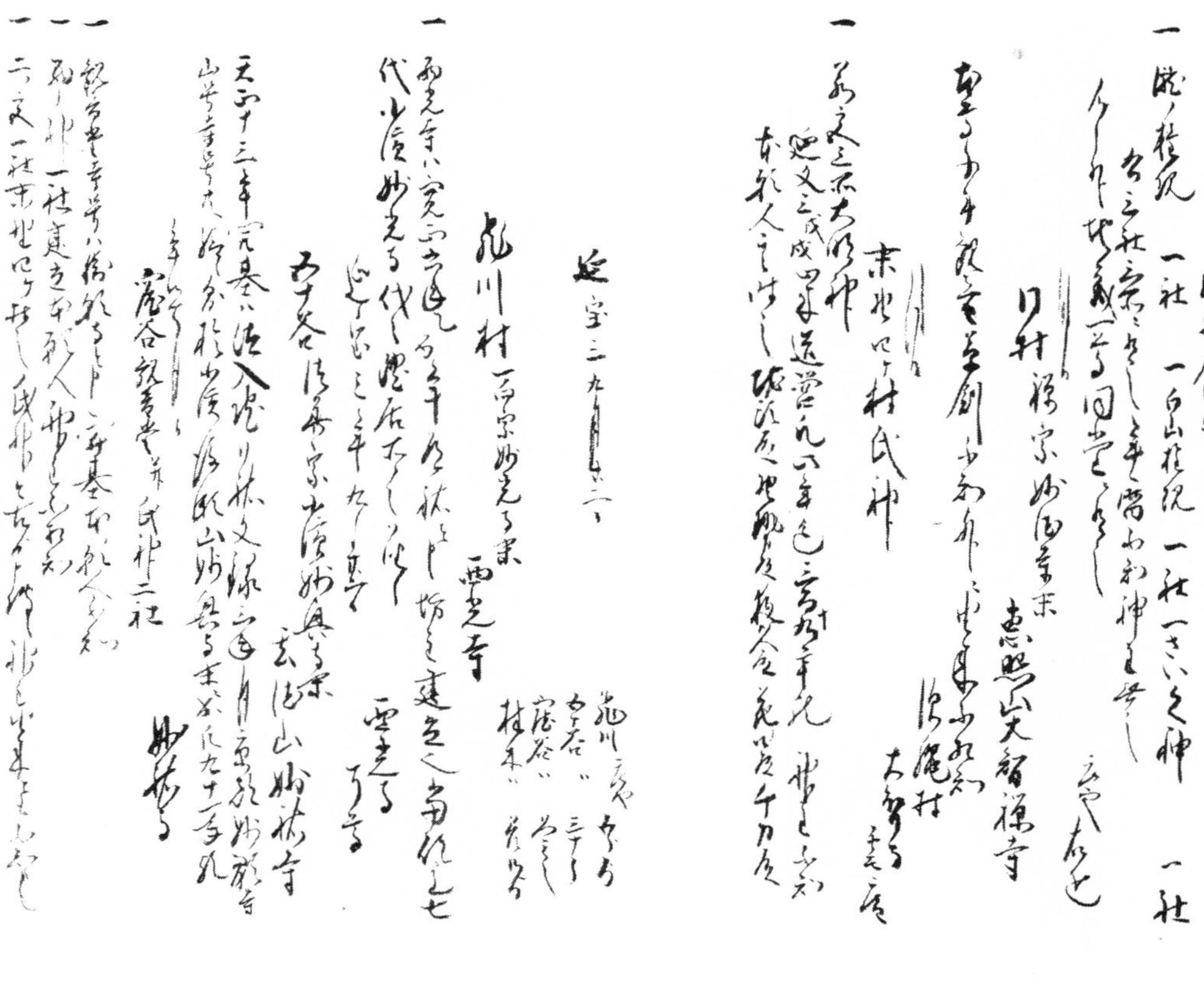

須縄村　長滝寺

本尊十一面観音　同所鎮守熊野之社有　由緒不知　今ハ寺無之

同村鎮守

一瀧ノ権現一社　一白山権現一社　一さい之神　一社

右三社三所ニ有之　年暦不知　神主無之

右之外地蔵一尊同堂ニ有之

月　日　　　　庄屋　右近

禅宗妙徳寺末

同村　恵照山大智禅寺

本尊千手観音　草創不知　外ニ由來不相知

月　日　　須縄村 大智寺　雲庵

末野四ヶ村　氏神

一若宮三所大明神

延文三戊戌歳造営凡此年迠三百十九年欤 神主不知

本願人其時之地頭殿野勢殿夜久殿花田殿千力殿

延宝三　九月廿二日　　飛川　庄や　五郎右衛門

五十谷　同　三十郎

窪谷　同　久兵衛

桂木　同　善左衛門

一向宗妙光寺末

飛川村　西光寺

一西光寺ハ寛正六年乙酉年道祐と申坊主建立也　當住迠七

代小濱妙光寺代々隠居所ニて御座候

延宝三年九月廿二日　　西光寺　了尊

法華宗小濱妙興寺末

五十谷　　玄徳山妙祐寺

天正十三年開基ハ法入院日祐　文禄三年自京都妙顕寺

山号寺号共給候　則於小濱後瀬山妙興寺末ニ成　凡九十一年欤

年号月日　　妙祐寺

窪谷　観音堂并氏神二社

一観音堂寺号ハ勝願寺と申候　開基本願人不知

一西ノ神一社　建立本願人神主不知

一二ノ宮一社　末野四ヶ村之氏神と古ゟ申傳候　神主由來とも不知申候

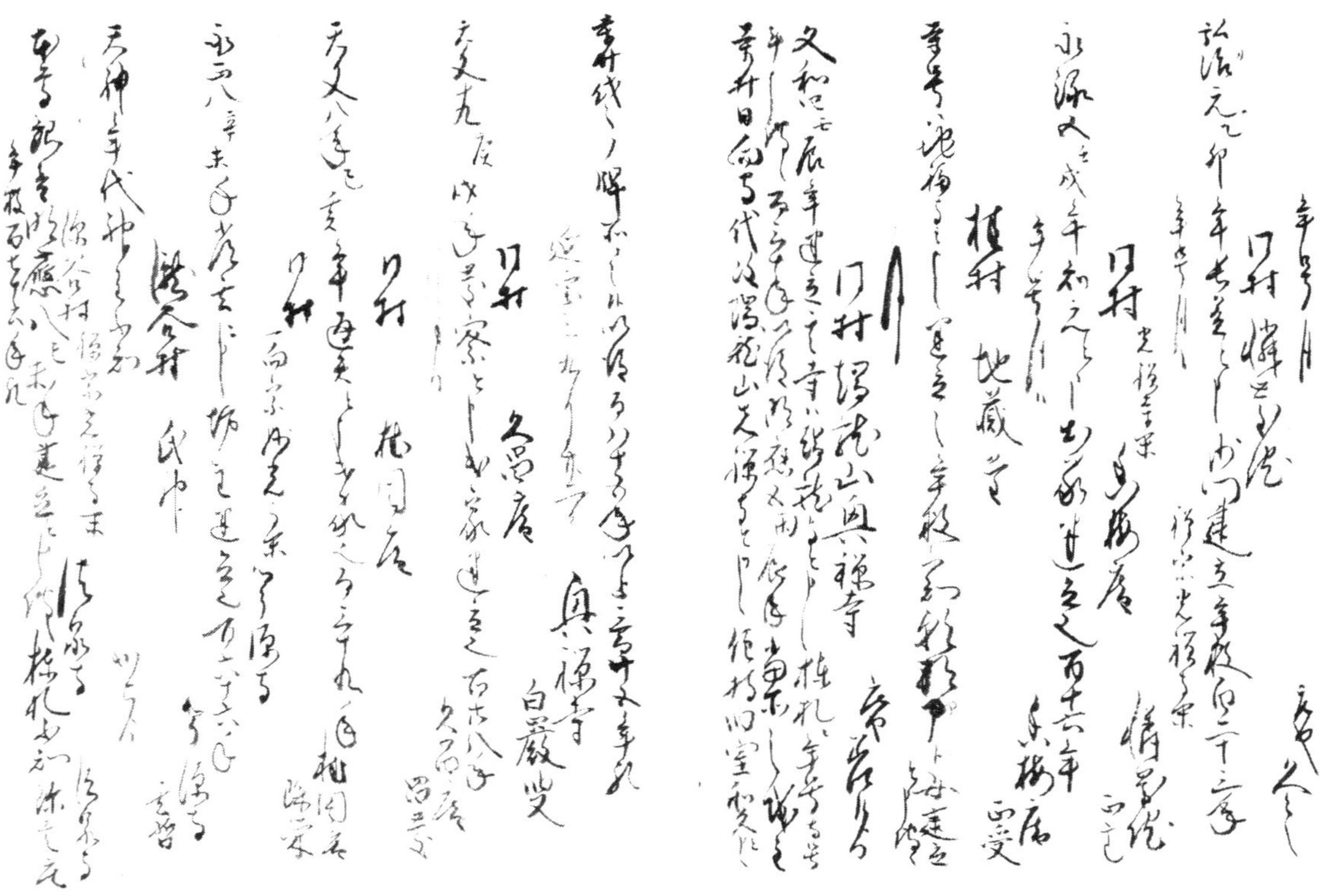

年号月日　　　　庄や　久兵衛
同村　憐慶院
弘治元乙夘年長益と申沙門建立　年数百二十三年
年号月日　　禅宗光禅寺末　憐慶院　正意
光禅寺末
同村　　香梅庵
永禄五壬戌年知元と申出家建立也　百十六年
年号月日　　　香梅庵　正受
桂村　地蔵堂
寺号ハ地福寺と申候　建立之年数不知朝頼部ト女建立と申傳候
月　　　　庄や　善左衛門
同村　端龍山　興禅寺
文和四壬辰年建立　其寺ハ端龍寺と申候棟札ニ年号寺号
斗申傳候　百三十年以後明應五丙辰年当所之城主
寺井日向守代改端龍山先禅寺と申候　住持旧室和久と申候
寺井代々之牌所ニて候　以後百八十五年以上三百廿五年欤
延宝三九月廿二日　　　興禅寺　白巖叟
同村　久昌庵
天文十九庚戌年慶察と申出家建立也　百廿八年
月日　　　　久昌庵　昌慶
同村　桂周庵
天文八年己亥年通矢と申出家也　百三十九年
桂周庵　珠栄
一向宗妙光寺末
同村　了源寺
永正八辛未年常玄と申坊主建立也　百六十六年
了源寺　玄哲
瀧谷村　氏神
天神　年代神主不知　　加右衛門
禅宗光禅寺末
瀧谷村　法泉寺
本尊観音　明応八己未年建立と申傳候　棟札不知
年数百七十六年歟　法泉寺　珍首座

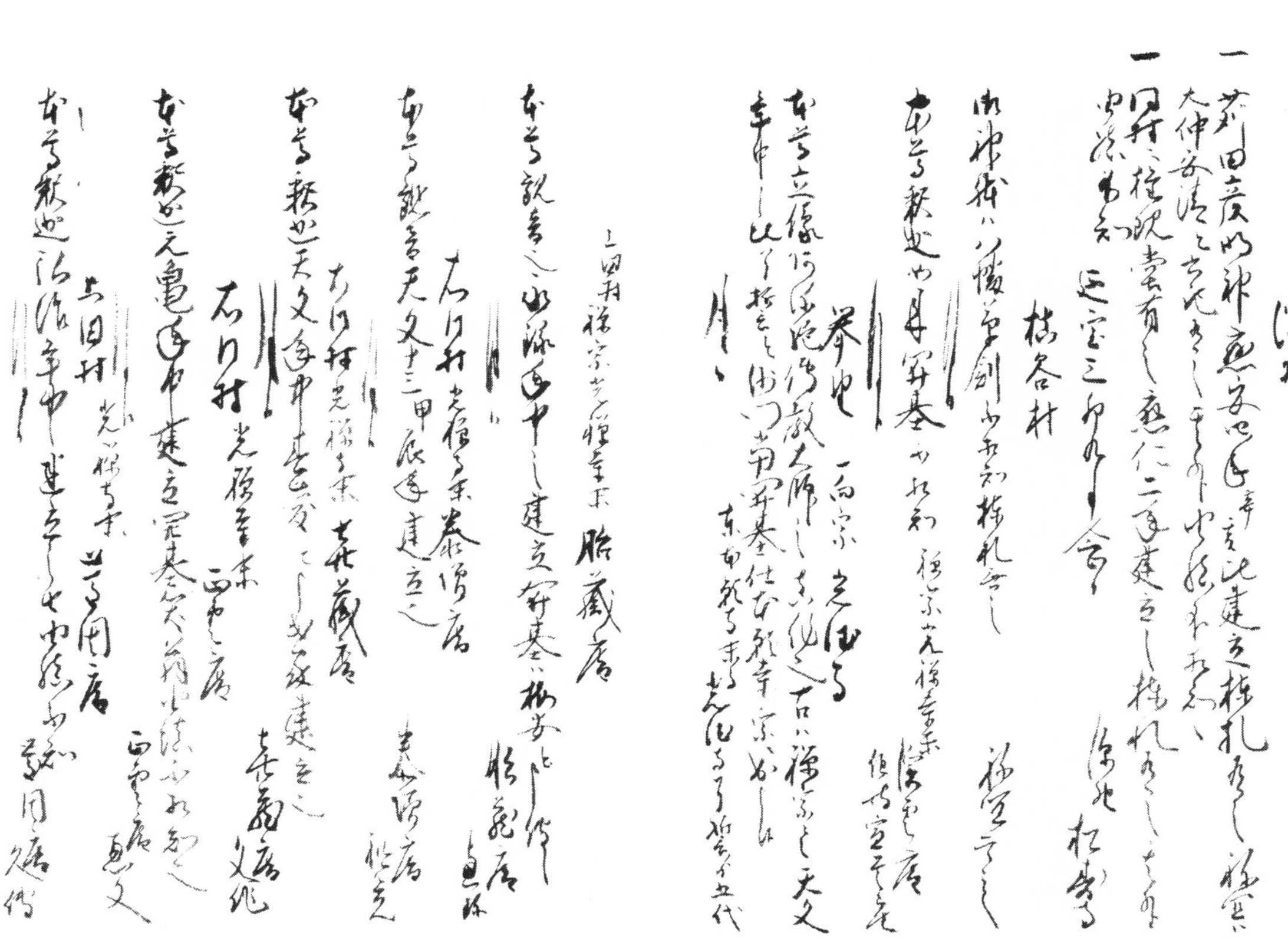

深野

一莇田彦明神　應安四年辛亥比建立棟札有之祢宜ハ
大仲安清と書記有之　其外由緒不相知候
一同村ニ権現堂有之　應仁二年建立之棟札有之　其外
由緒不知
　延宝三夘九月念日　　深野　松寿寺

槙谷村

御神体ハ八幡草創不相知棟札無之
　月日　　祢宜　二郎兵衛
本尊釈迦如来　開基不相知
　月日　　禅宗光禅寺末　渓雲庵
　　　　　住持　宣首座

挙野　一向宗　光徳寺

本尊立像阿弥陀　傳教大師之真作也　古ハ禅宗ニて天文
年中之比了誓と沙門當開基仕　本願寺宗ニ成申候
　月日　　東本願寺末寺 光徳寺了誓ゟ五代

上田村　禅宗光禅寺末　胎蔵庵

本尊観音也　永禄年中之建立　開基ハ梅安と申傳候
　月日　　胎蔵庵　恵珍

右同村　光禅寺末　泰増庵

本尊観音　天文十三甲辰年建立也
　月日　　泰増庵　祖覚

右同村　光禅寺末　㐂蔵庵

本尊釈迦　天文年中春慶と申出家建立也
　月日　　㐂蔵庵　文作

右同村　光禅寺末　正雲庵

本尊釈迦　元亀年中建立開基笑翁由緒不相知也
　月日　　正雲庵　恵文

上田村　光禅寺末　慶周庵

本尊釈迦　弘治年中建立之由由緒不知
　月日　　慶周庵　久傳

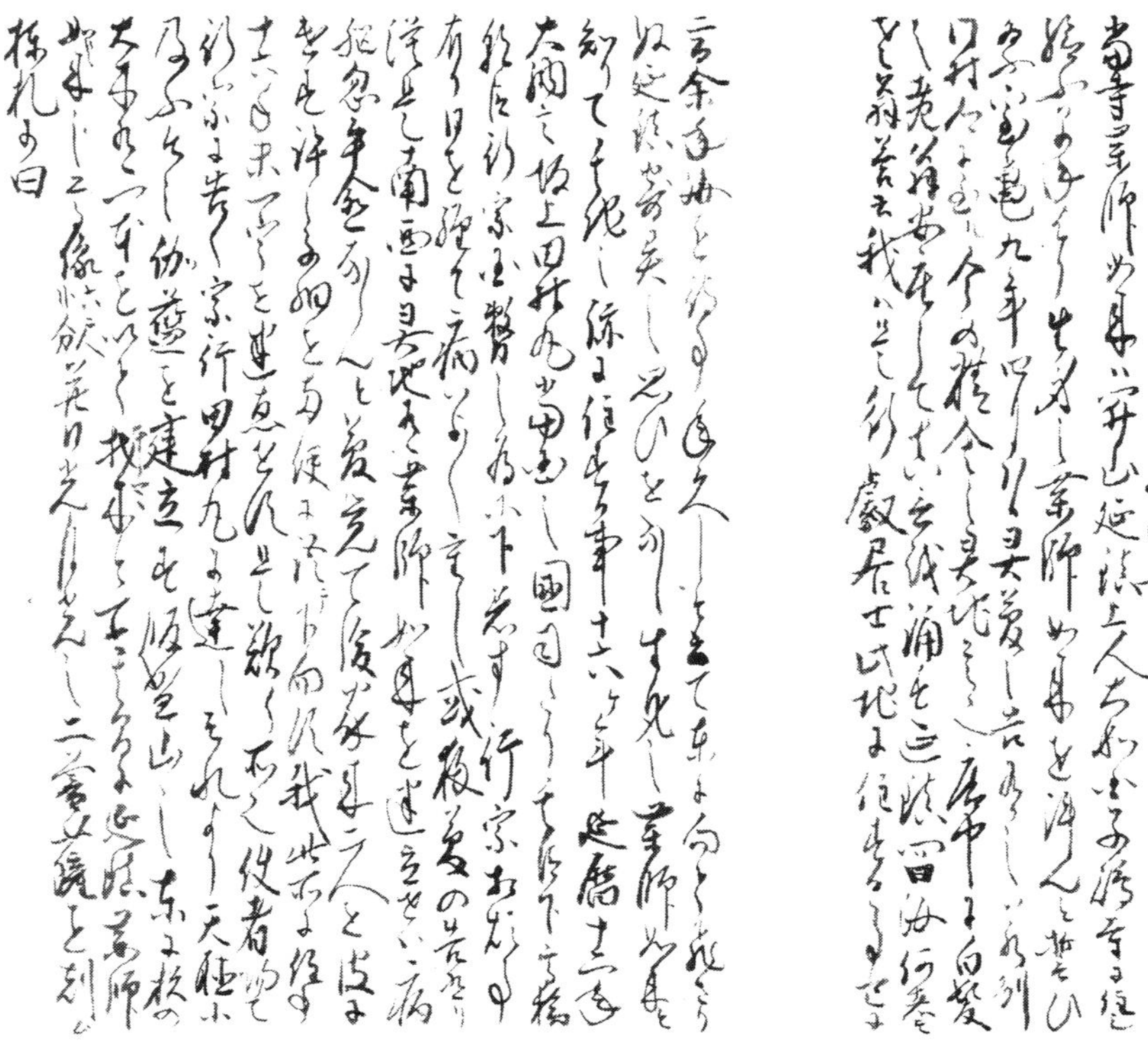

同村　玉林庵
本尊馬頭観音　永正六年己巳五月十日山城国住人三十歳ニて
造立と申傳候　　光禅寺末
月日　　玉林庵　永隆
下田村
高雲庵　本尊地蔵　　高雲庵　住持
徳雲庵　本尊薬師　　徳雲庵　住持
月

同村　光禅寺末　長田寺

当寺薬師如来ハ開山延鎮上人大和国子嶋寺に住シ
給ふ　早年より生身之薬師如来を拝んと誓ひ
給ふ　宝亀九年四月八日灵夢之告有之若州
同村郷に至ル　今の精舎之灵地其也　庵中に白髪
之老翁安座して真言を誦す　延鎮問曰汝何者ぞ
老翁答云我ハ是行叡居士此地に住する事已に
二百余年汝を待事年久しと云て東に向て飛さり
ぬ　延鎮奇灵の思ひをなし生身之薬師如來と
知りて其地之跡に住する事十六ヶ年延暦十二年
大納言坂上田村丸当国之國司たり　其臣下高橋
朝臣行宗国務之為に下着す行宗相煩事
有り日を経て病いよ〳〵重し或夜夢の告有リ
従是南西に灵地有薬師如來を建立せハ病
脳忽平愈ならんと夢覚て後家來二人を彼に
遣す許之子細を両使に語テ下向す我此所に住事
十六年未一宇を建立せず是歎く所也　使者帰て
行宗に告て宗行田村丸に達しそれより天聴に
及ふ　今之伽藍を建立す　飯盛山之東に杉の
大木有一本を以て材木とす　其間に延鎮薬師
如來之尊像六尺二分并日光月光之二菩薩を刻む
棟札に曰

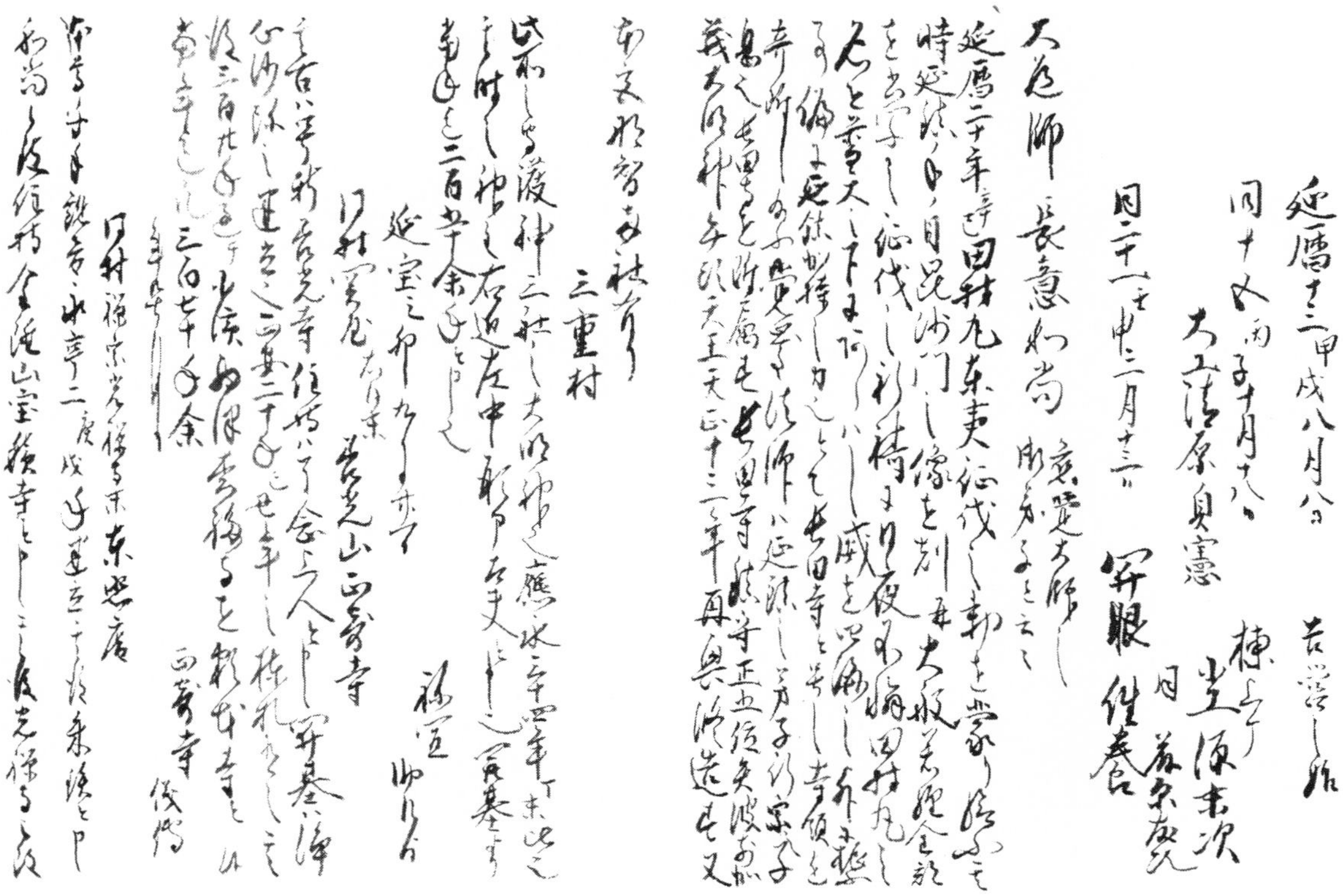

延暦十三甲戌八月八日　告営之始
同　十五丙子十月十八日　棟上ケ
大工 清原貞憲　小工源末次
同　藤原友次
同二十一壬申三月十三日 開眼供養
大導師　長意和尚 慈覺大師之御弟子と云々
延暦二十年辛巳田村丸東夷征伐之勅を蒙り給ふ其
時延鎮手自毘沙門之像を刻并大般若経全部
を書写し征伐之祈禱に日夜不懈田村丸之
名を普天之下にあらハし威を四海之外に振ふ
事偏に延鎮加持之力也とて長田寺と号し寺領を
奇附し給ふ　覺慶法師ハ延鎮之弟子行宗之子
息也　長田寺を附属す長田寺鎮守正五位矢波別加
茂大明神午頭天王天正十三年再興修造す　又
本宮那智両社有り

三重村

此所之守護神三社之大明神也　應永三十四年丁未比也
其時之神主右近左中刑部太夫と申也　開基より
当年迠二百五十余年と申也
延宝三夘九月廿一日　祢宜　助左衛門
同村関屋　右同末　善光山　正奇寺
其古ハ号新善光寺　住持ハ了念上人と申候　開基ハ浄
心沙弥之建立也　正安二十年己丑年之棟札有之　其
後三百廿年過て小濵西津松福寺を頼本寺と候
当年迠凡三百七十年余
年号月日　正奇寺　儀傳
同村　禅宗光禅寺末　東照庵
本尊千手観音　永亨二庚戌年建立　其後朱鉄と申
和尚被致住持金陞山宝積寺と申其後光禅寺被改

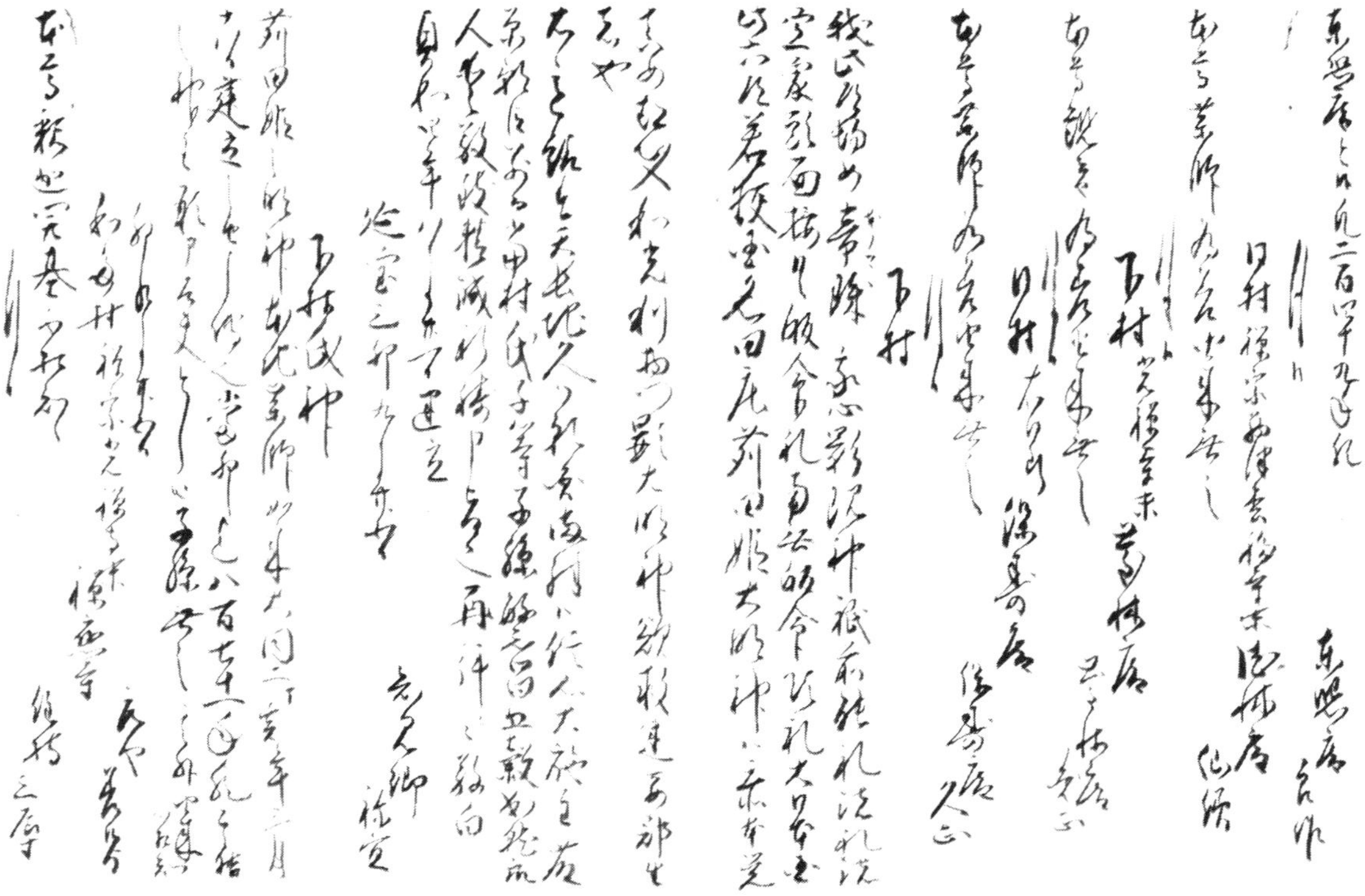

東照庵と候　凡二百四十九年欤
月日　東照庵　良作
同村　禅宗西津枩福寺末　徳林庵
本尊薬師　為差由来無之　仙僧
月日
下村　光禅寺末　慶林庵
本尊観音　為差由来無之
月日　慶林庵　圓正
同村　右同断　保寿庵
本尊薬師　為差由来無之
月日　保寿庵　久正
下村
我此道場如帝（本ノママ）珠我心影現神祇前能礼諸礼諸
定衆頭面接具皈命礼南無皈命頂礼大日本国
此六道若狭国名田庄苅田姫大明神ハ忝本覚
真如起心入和光利物門顕大明神欲救迷妄邪生
者也
右意趣者天長地久御願圓満殊ハ信心大施主藤
原朝臣別而当村氏子等子孫繁昌五穀成就衆
人愛敬致精誠祈祷申旨也　再拝々々敬白
貞和四年八月廿一日建立
延宝三夘　九月廿五日　知見郷　祢宜
下村氏神
苅田姫之明神本地薬師如来　大同二丁亥年三月
十八日建立之由申傳也　當夘迠八百七十一年欤　其時
之神主刑部太夫と申由　子孫無之　其外由来不相知
夘九月廿五日　庄屋　善左衛門
禅宗光禅寺末
和多村　禅應寺
本尊釈迦　開基不相知候
月日　住持　三辱

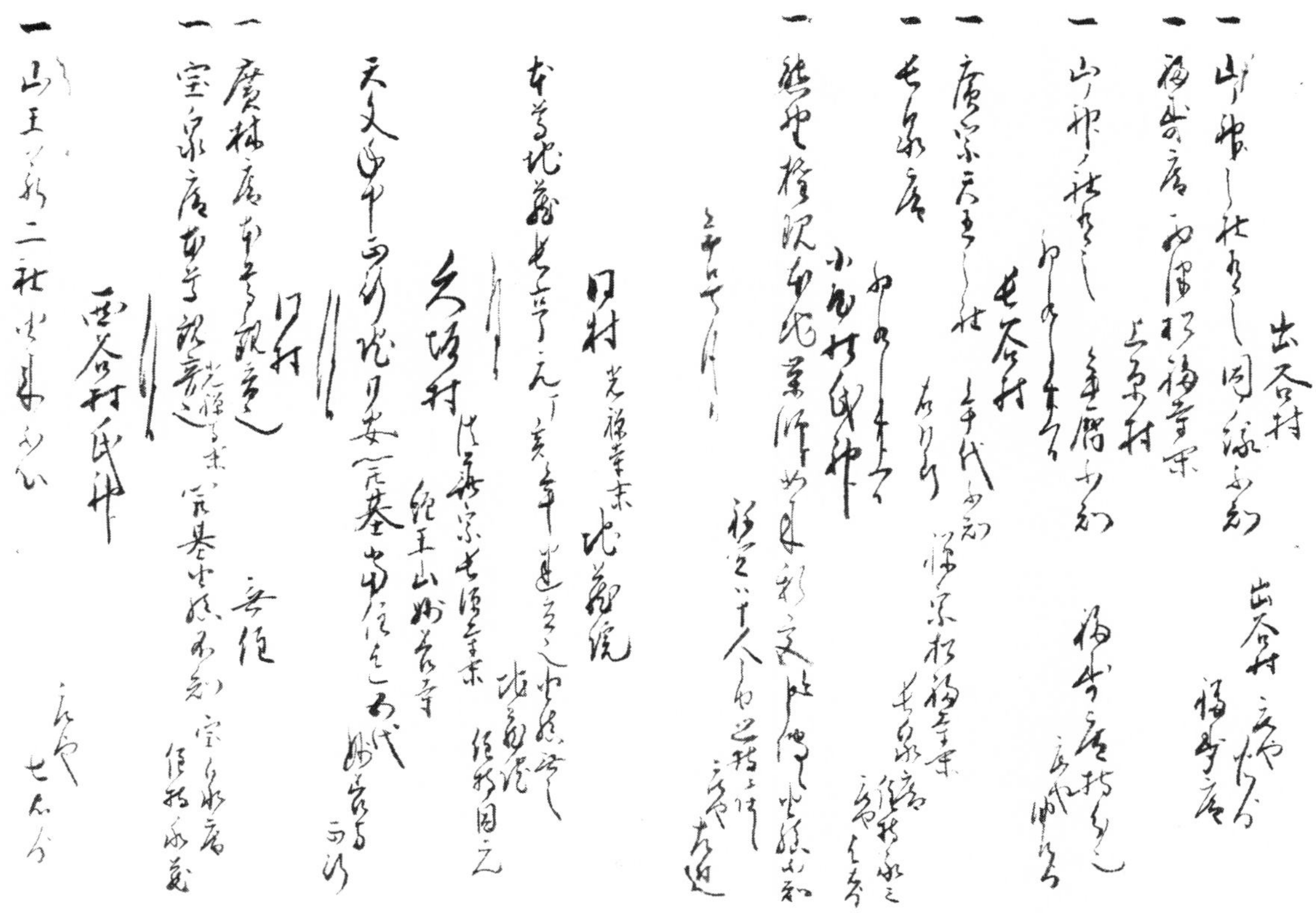

出合村

一山ノ神之社有之　因縁不知　　出合村庄や　忠右衛門

一福寿庵 西津松福寺末　　福寿庵

上原村

一山ノ神ノ社有之　年暦不知　福寿庵持分也

卯九月廿一日　　庄や　助左衛門

長谷村

一廣宗天王之社　年代不知

禅宗松福寺末

一長泉庵　右同断　　長泉庵　住持　永三

夘九月廿一日　　庄や　与右衛門

小屋村　氏神

一熊野権現本地薬師如來　新宮と申傳候　由緒不知

祢宜八十人之由廻持ニ仕候

年号月日　　庄や　左近

同村　光禅寺末　地蔵院

本尊地蔵　長亭元丁亥年建立也　由結無之

月日　　地蔵院住持　因元

久坂村　法華宗長源寺末　経王山妙善寺

天文年中正行院日安開基当住迠五代

月日　　妙善寺　正行

同村

一廣林庵　本尊観音也　無住

一宝泉庵　本尊観音也　光禅寺末　開基由緒不知

月　日　　宝泉庵　住持永蔵

西谷村　氏神

一山王若二社由來不知　　庄や　七右衛門

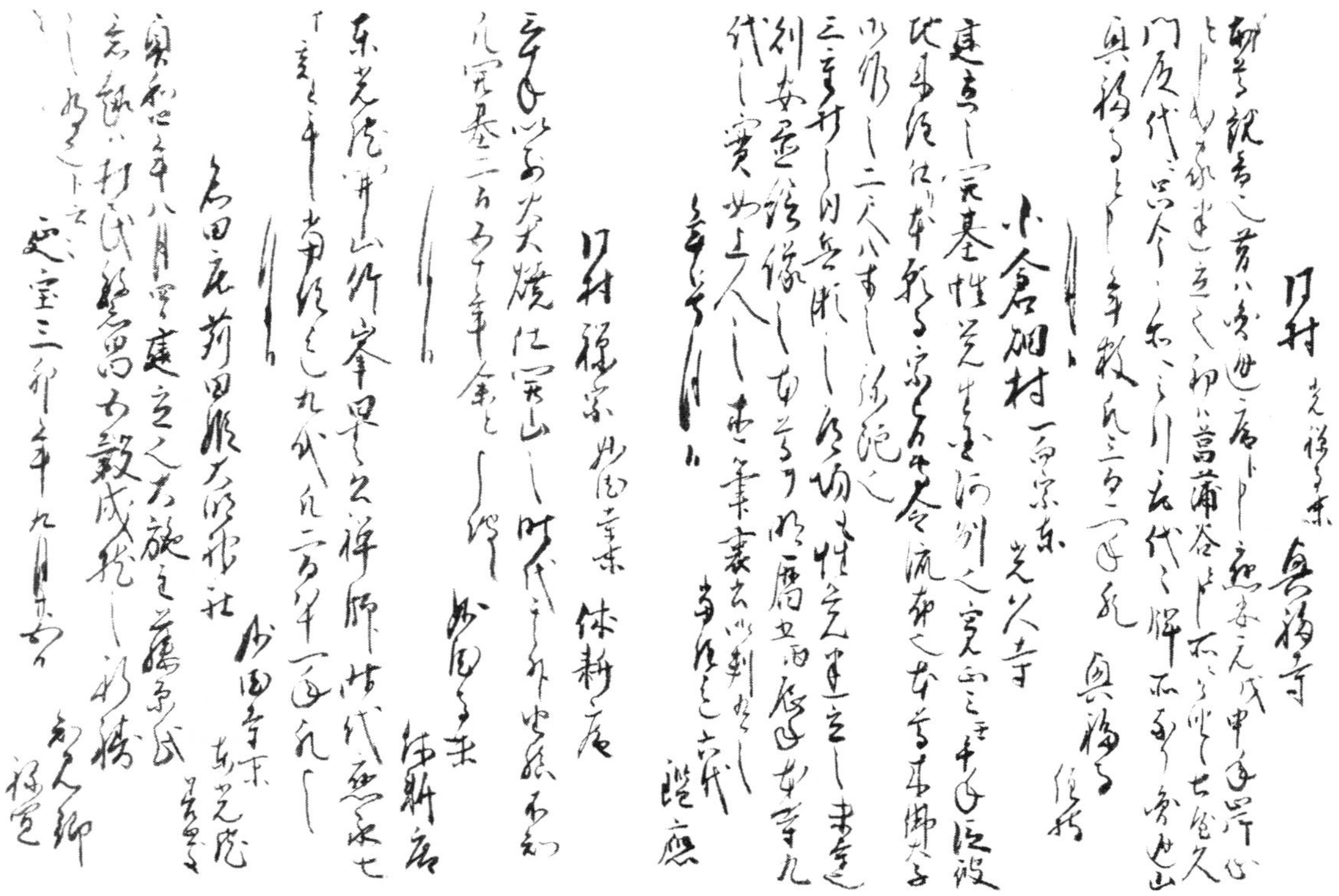

同村　光禅寺末　興福寺

本尊観音也　昔ハ圓通庵と申應安元戊申年岸心
と申出家建立也　初ハ菖蒲谷と申所ニ御座候　土屋久
門殿代ニ只今之所へ被引取代々牌所なり　圓通山
興福寺と申　年数凡三百二年欤

月日　　興福寺　住持

小倉畑村　一向宗東　光久寺

建立之開基性覚生国阿州也　寛正三壬午年従彼
地來住仕リ本願寺宗旨専令流布也　本尊木佛大子
御作之二尺八寸之弥陀也
三重村之内兵瀬之道場も性覚建立之末寺也
則安置絵像之本尊ヲ明暦五丙辰年本寺九
代之實如上人之直筆　裏書御判有之

当住迠六代

年号月日　　鑑應

同村　禅宗妙徳寺末　休耕庵

三十年以前炎焼仕開山之時代其外由緒不知
凡開基二百五十年余と申傳候

月日　　妙徳寺末　休耕庵

東光院　開山竹峯曇公禅師　時代應永七
丁亥年　當住迠九代凡二百八十一年欤申候

月日　　妙徳寺末　東光院善慶

名田庄　苅田姫大明神社

貞和四年八月四日建立也　大施主藤原氏
意趣ハ村民繁昌五穀成就之祈祷
之為也ト云々

延宝三夘年九月廿五日　　知見郷　祢宜

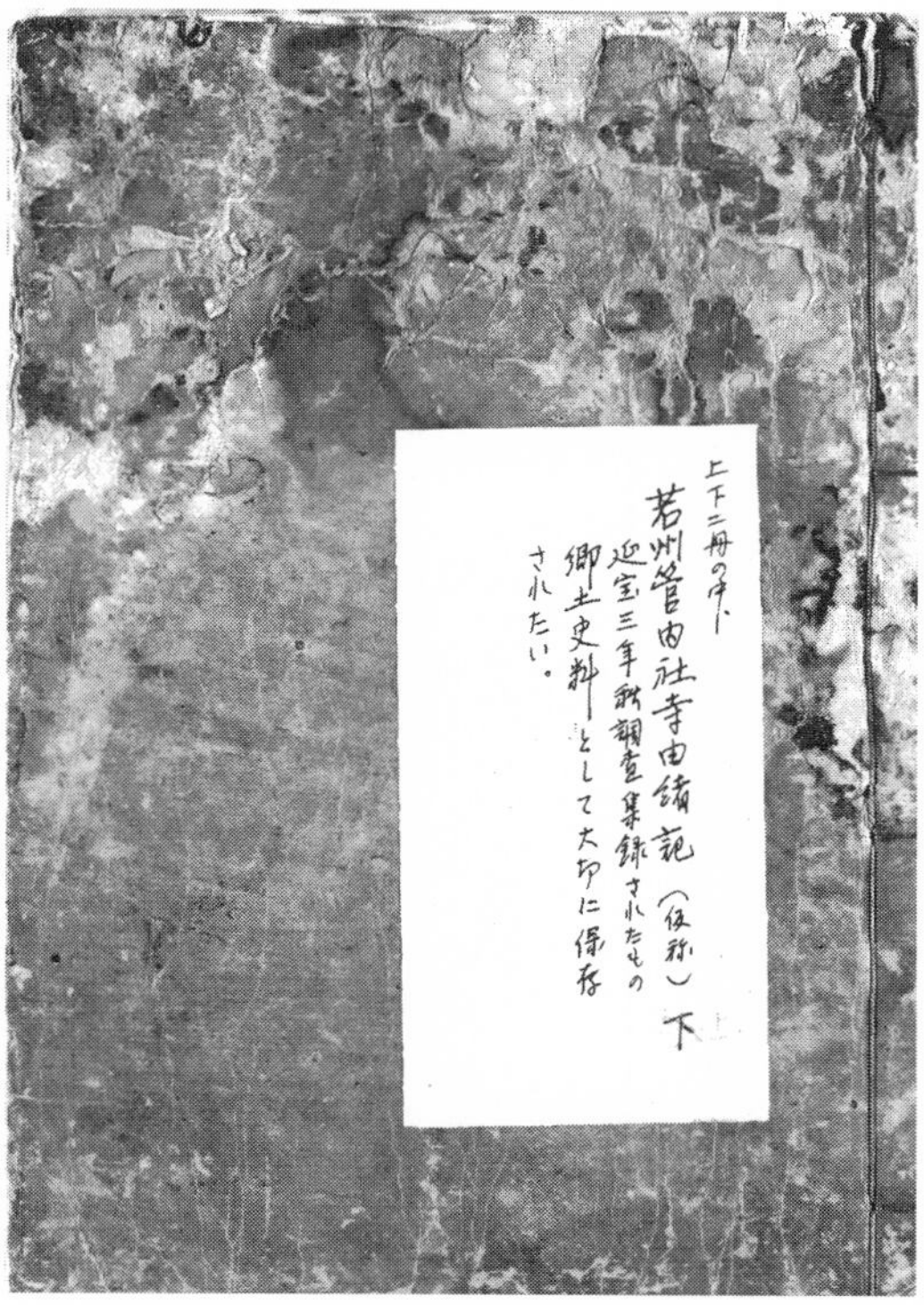
上下二冊の中下
若州管内社寺由緒記（復刻）下
延宝三年秋調査集録されたもの
郷土史料として大切に保存されたい。

若州管内寺社由緒記　下

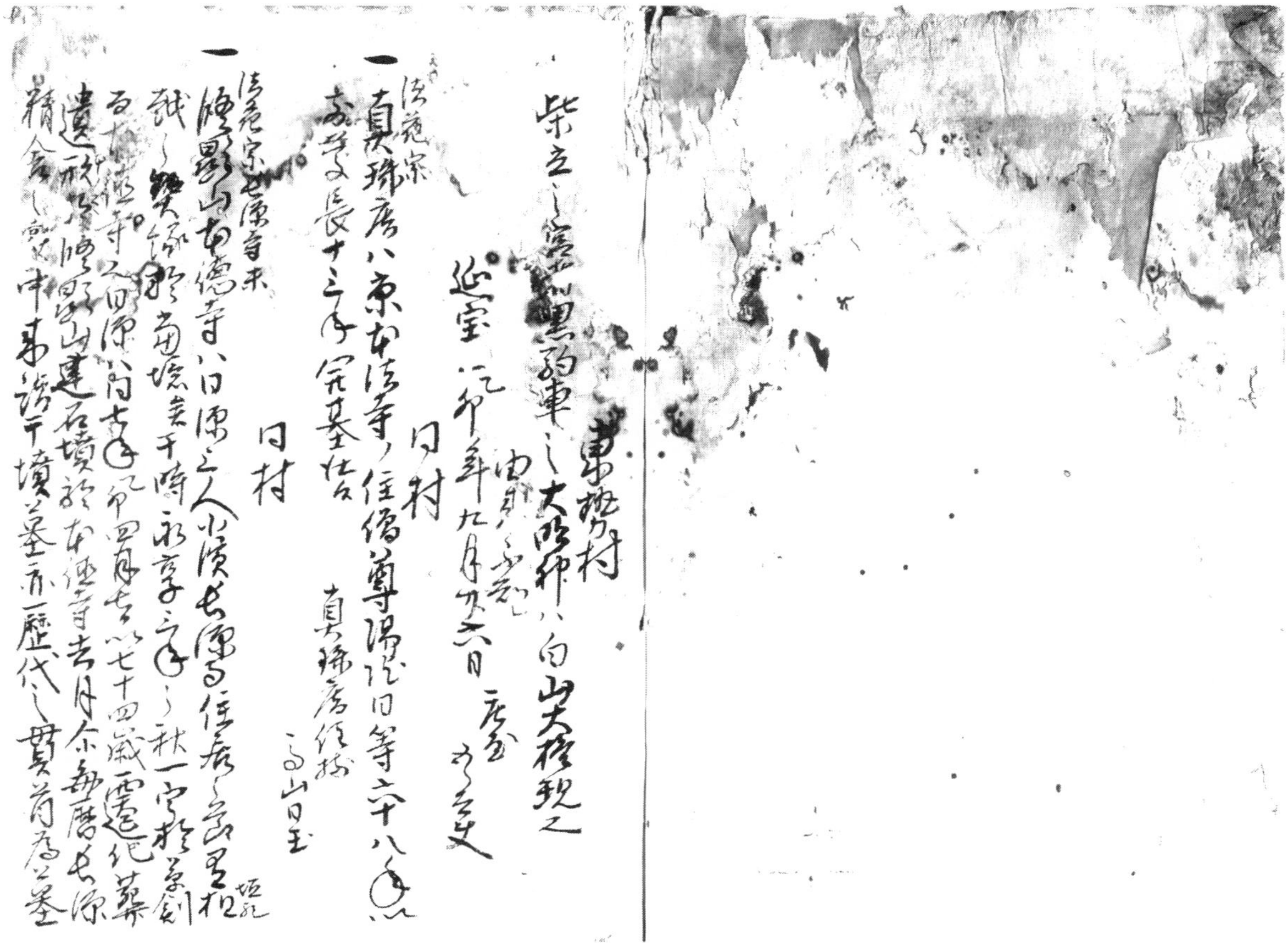

東勢村

柴立之宮者黒駒車之大明神ハ白山大権現也

由來不知

延宝三乙夘年九月廿六日　　庄屋　五郎太夫

法花宗　　同村

一真珠庵ハ京本法寺ノ住僧尊陽院日等六十八年以

前慶長十三年開基仕候　　真珠庵住持　馬山日玉

同村

法花宗長源寺末

一修顕山本德寺ハ日源上人小濱長源寺住居之節有担〔垣坎〕

越之契縁於当境矣　于時永享三年之秋一宇於草創

而為本德寺也　日源ハ同七年乙夘年四月七日以七十四歳遷化葬

遺形於修顕山建石墳　於本德寺去月尔每暦長源

精舍之衆中來詣于墳墓亦歴代之貫首為墓

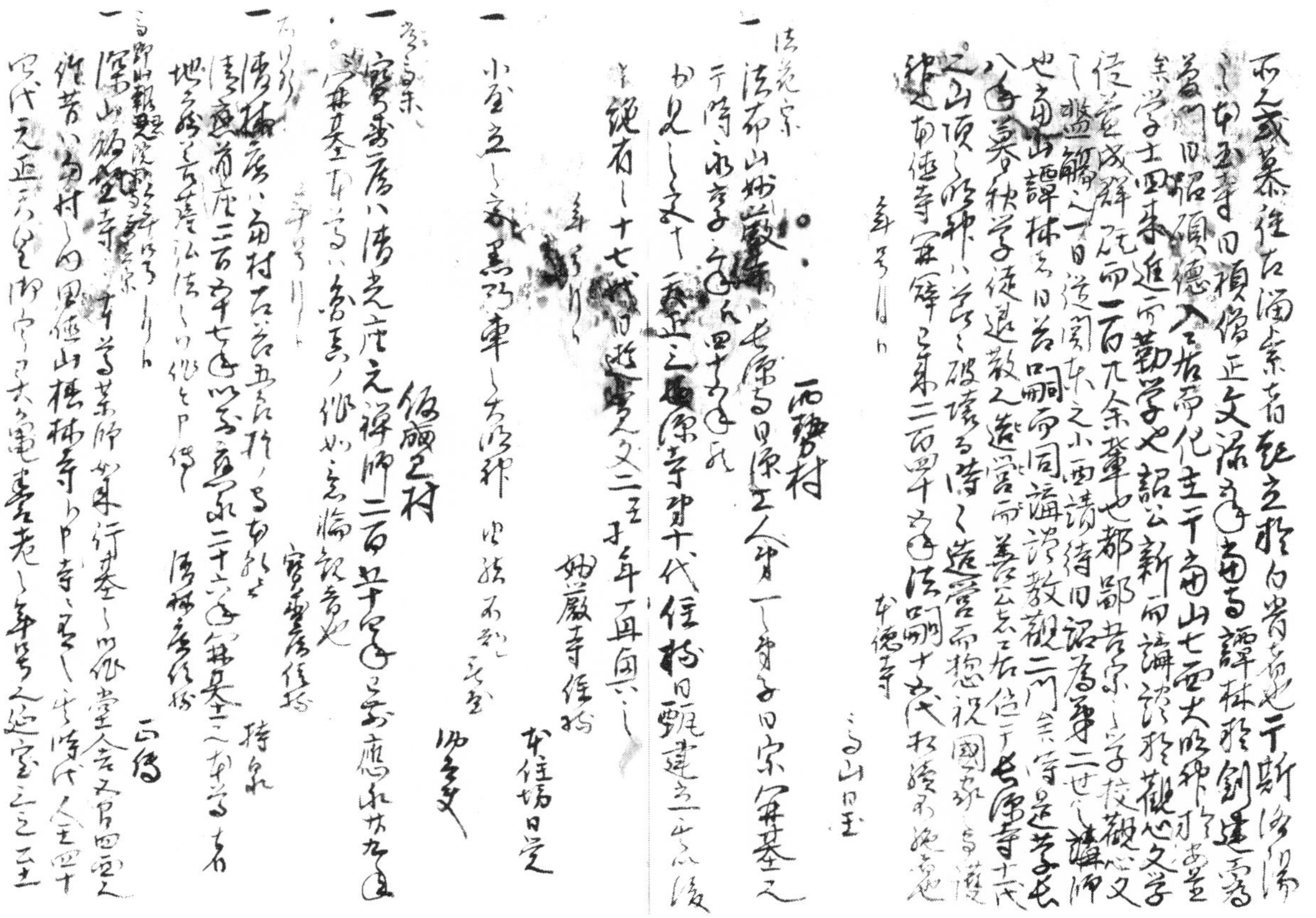

所也　或慕往古溜素者起立於白骨者也　于斯洛陽
之本玉寺日禎僧正文禄五年当寺譚林於創建而為
夢門日詔頌徳入居而化主于当山七面大明神於安置
矣　学士回來進而勤学也　詔公新而講談於觀心文学
徒益成群　既而一百廿余輩也　是都鄙吾宗之学校觀心文
之濫觴也　一日從関東之小西請待日詔為第二世之講師
也　当山譚林者日善嗣而同講談教觀二門矣　時是慶長
八年暮秋学徒退散也　造営而善公者居位　于長源寺十一代
也　山頂之明神ハ節々破壊而時々造営而惣祝國家之守護
神也　本德寺開闢已来二百四十五年　法嗣十五代相續不絶者也
年号月日　　本德寺　高山日玉

西勢村

法花宗
一法布山妙厳寺ハ長源寺日源上人第一之弟子日宗開基也
于時永享三年凡四十五年欤
一妙見之宮は天正三長源寺第十代住持日甄建立　其以後
は絶有之　十七代日遊寛文二壬寅年再興之
年号月日　　妙厳寺住持　本住坊日覚
一小屋立之宮　黒駒車之大明神　由緒不知レ
庄屋　助太夫

飯盛村

常高寺末
一宝寿庵ハ清光座元禅師二百五十四年已前応永廿九年
開基本尊ハ圓真ノ作　如意輪観音也
年号月日　　宝寿庵　住持　持泉

右同断
一清林庵ハ当村古谷五郎権ノ守本願ニ而
清應首座二百五十七年以前應永二十六年開基也　本尊者
地蔵菩薩弘法之御作と申傳候
年号月日　　清林庵住持　正傳

高野山報恩院末寺真言宗
一深山飯盛寺本尊薬師如來行基之御作　堂舎五間四面也
往昔ハ当村之内田徳山椿林寺ト申寺ニ有之　其時代人王四十
四代元正天皇御宇　靈亀養老之年号也　延宝三迠至

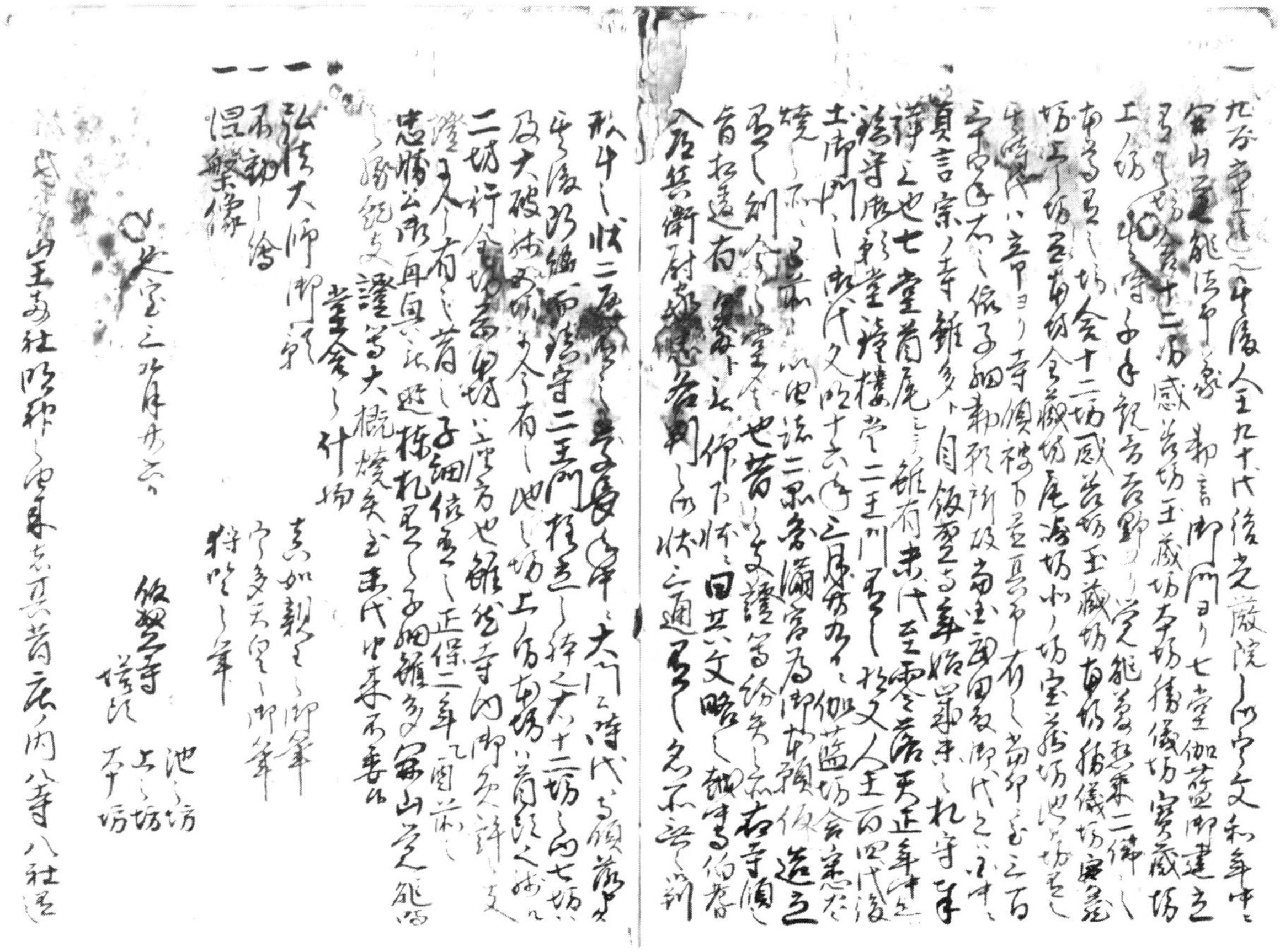

九百六十一年也　其後人王九十代後光厳院之御宇　文和年中ニ
開山覚能法師蒙勅言御門ヨリ七堂伽藍御建立
有之坊舎十二坊感善坊玉藏坊本坊勝儀坊寶藏坊
上ノ坊　其時千手観音吉野ヨリ覚能夢想來二佛之
本尊有之　坊舎十二坊感善坊玉蔵坊本坊勝儀坊實蔵
坊上之坊岡本坊全藏坊尾崎坊北ノ坊宝藏坊池ノ坊有之
其時代ハ帝ヨリ寺領被下置其印有之　当夘至三百
三十四年右之依子細勅願所故当国武田殿御代迠八国中ニ
真言宗之寺雖多自飯盛寺年始歳末之札守奉
謹上也　七堂首尾シテ雖有末代至零落天正年中迠八
鎮守御影堂鐘楼堂二王門有之　将又人王百四代後
土御門之御代　文明十六年三月廿九日ニ伽藍坊舎悉炎
焼之所ニ已前之以由緒二品圓満宮為御本願仮造立
有之　則今之堂舎也　昔之支證等紛失之所右寺領之
旨相違有間敷ト被仰下　状ニ曰其文略之越中守伯耆
入道兵衛尉家忠各判之御状三通有之　名所無之御判
形斗之状二通有之　慶長年中ニ大閤公時代ニ寺領落申候
其後断絶而鎮守二王門柱立之躰也　右十二坊之内七坊ハ
及大破　残五坊于今有之　池之坊上ノ坊本坊ハ首頭也　残ル
二坊行全坊岡本坊ハ座方也　雖然寺内御免許之支
證于今有之　昔之子細依有之　正保二年乙酉前之
忠勝公御再興被遊棟札有之子細雖多開山覚能時
之縁起支證等大概焼失　至末代由來不委候

堂舎之什物

一弘法大師御影　真如親王之御筆
一不動之繪　宇多天皇之御筆
一涅槃像　狩野之筆

延宝三九月廿六日　飯盛寺
塔頭　池之坊
上之坊
本坊

（黒駒カ）□□山王両社明神之由來者　其昔庄ノ内八寺八社有之

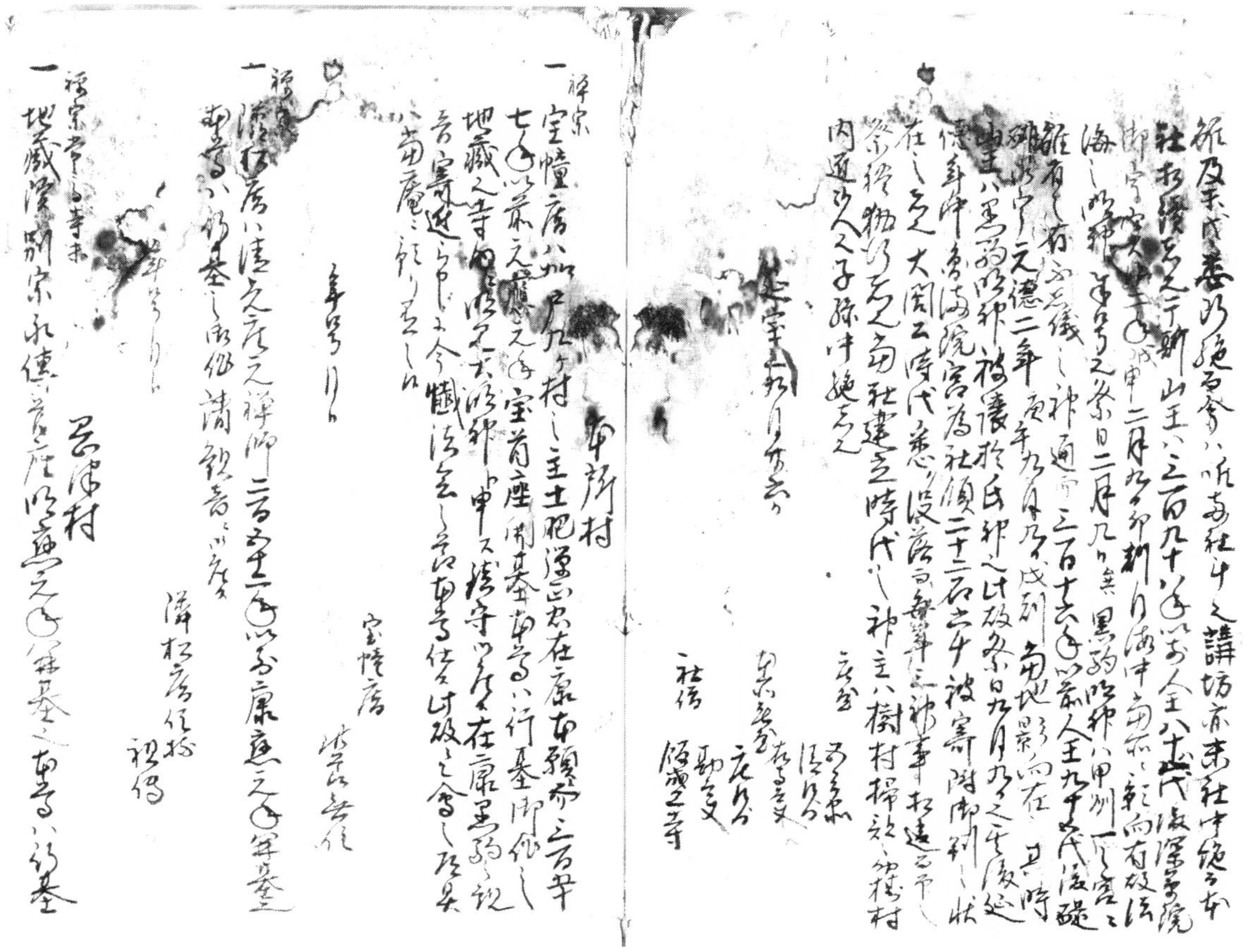

雖及末代悉断絶而今ハ唯両社斗也　講坊亦末社絶而本
社相續者也　于斯山王ハ三百九十八年以前人王八十八代後深草院
御宇寶治二年戊申二月九日夘刻自海中當所ニ影向有故法
海之明神奉号也　祭日二月九日矣　黒駒明神ハ甲州一之宮ニ
雖有之右不思議之通而三百十六年以前人王九十五代後醍
醐御宇　元徳二年庚午九月九日戌刻当地影向在之　其時
山王ハ黒駒明神被譲於氏神也　此故祭日九月九日也　其後延
徳年中圓満院宮為社領二十二石六斗被寄附御判之状
在之者也　太閤公時代悉ク没落而毎年之神事相違而印之
祭禮執行者也　當社建立時代之神主ハ樹村掃部之助樹村
内匠弐人也　子孫中絶者也

延宝三九月廿六日　　庄屋　五兵衛
　　　　　　　　　　　　　清左衛門
　　　　　　　　　　　　　右馬太夫
　　　　　　　　本所庄屋　庄左衛門
　　　　　　　　　　　　　勘太夫
　　　　　　　　社僧　　　飯盛寺

本所村

禅宗
一宝幢庵ハ加戸九ヶ村之主土肥弾正忠在康本願ニ而三百五十
七年以前元應元年宝首座開基　本尊ハ行基御作之
地蔵也　寺内ニ明見大明神ト申ス鎮守御座候　在康黒駒之観
音寄進被申候　于今懺法会之節本尊仕候　此故ニ二會之道具
ハ当庵ニ預リ有之候

年号月日　　宝幢庵　此節無住

禅宗
一隣松庵ハ清元座元禅師（マヽ）ニ百五十ニ年以前康應元年開基也
本尊ハ行基之御作 請 観音ニ御座候

年号月日　　隣松庵住持
　　　　　　　祖傳

岡津村

禅宗常高寺末
一地蔵院別宗永傳首座明應元年開基也　本尊ハ行基

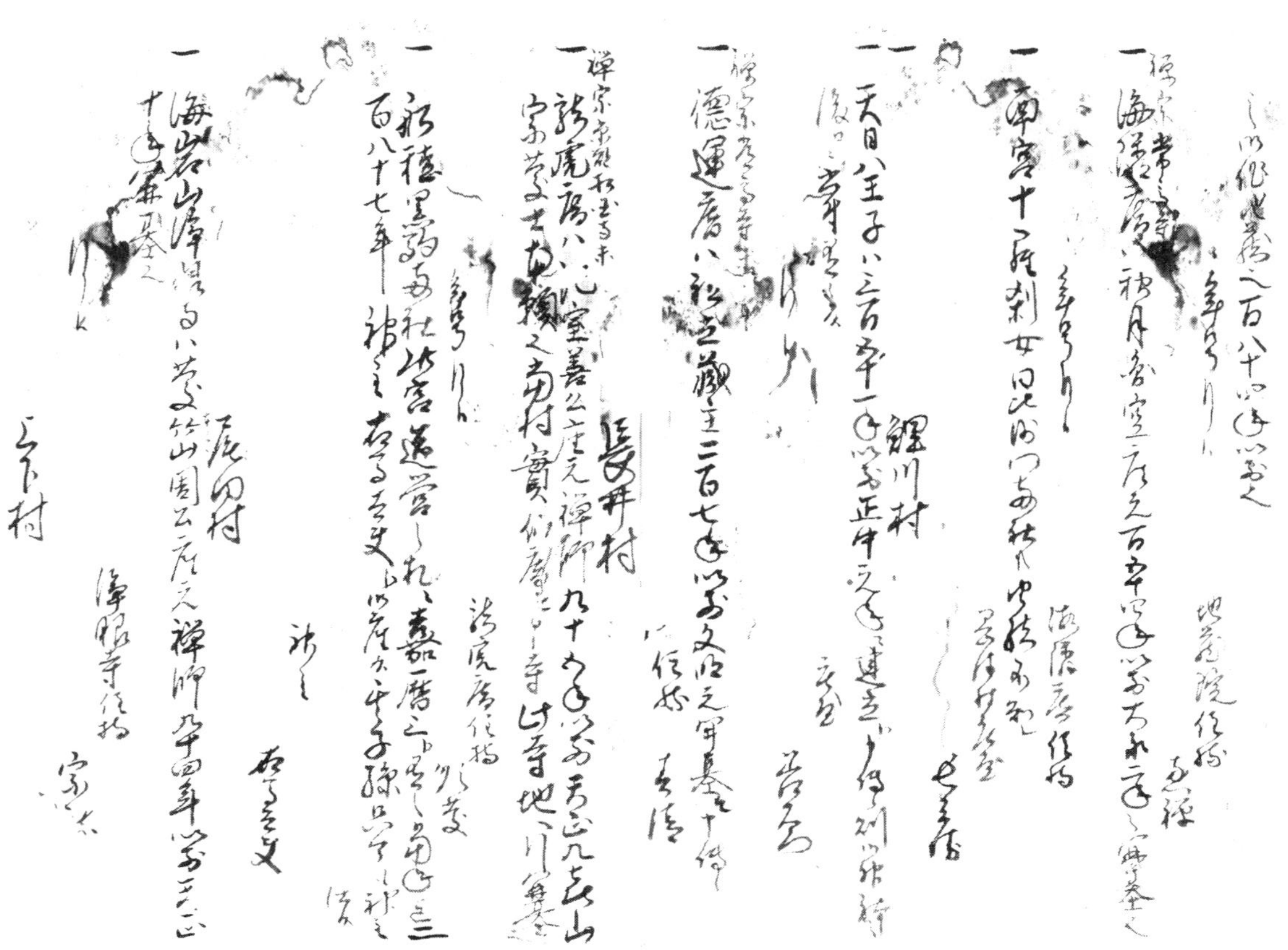

之御作地藏也　百八十四年以前也
年号月日　地藏院住持　惠禅

禅宗常高寺末
一海隣庵　秋月圓空座元百五十四年以前大永二年之開基也
年号月日　海隣庵　住持

一南宮十羅利女昆沙門両社共由緒不知レ
月日　岡津村庄屋　長兵衛

鯉川村
一天日八王子八三百五十一年以前正中元年ニ建立ト申傳候　則御神躰
後ロニ書付有之候
月日　庄屋　善右衛門

禅宗常高寺末
一徳運庵は祖立蔵主二百七年以前文明元開基と申傳候　住持　春清

長井村
禅宗京都相国寺末
一龍虎庵は□室善公座元禅師九十五年以前天正九戌山
宗慶士本願也　当村實仙庵と申寺此寺地へ引開基也
年号月日　龍虎庵住持　順慶
一舩穂黒駒両社此宮造営之札ニ嘉暦三ト有之当年迠二
百八十七年　神主右馬太夫ト御座候　其子孫只今も神主仕候
神主　右馬太夫

尾内村
一海岩山浄眼寺は慶（ママ）竹　山周公座元禅師九十四年以前天正
十年開基也
月日　浄眼寺住持　宗口（祐カ）

上下村

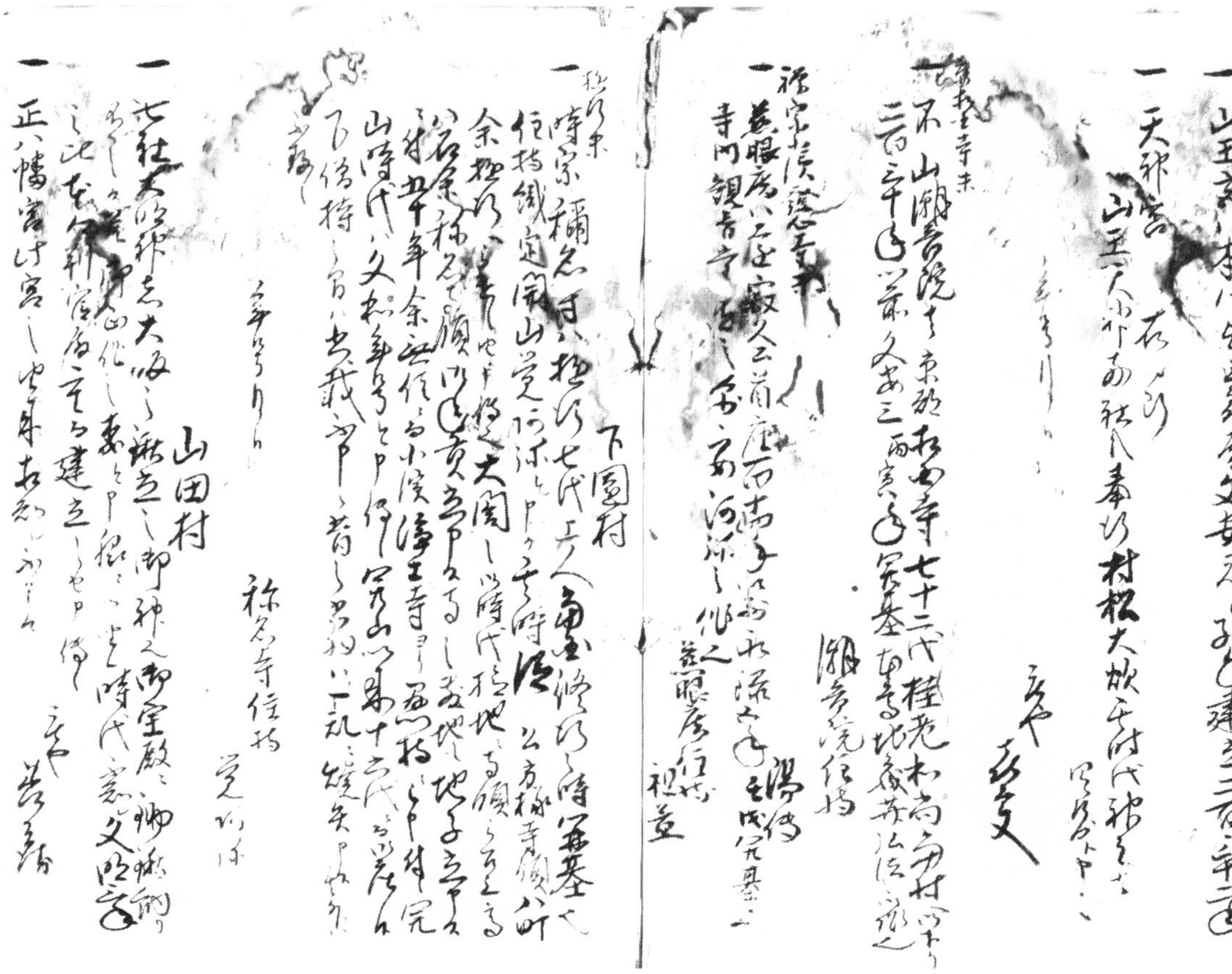

一山王宮ハ本郷与三郎殿文安元甲子年建立二百三十二年
一天神宮　右同断
山王天神両社共奉行村松大炊　其時代神主ハ四郎左衛門と申候
年号月日　庄屋　㐂太夫

京相国寺末
一不□(済)山潮音院ハ京都相国寺七十二代桂老和尚当村へ御下り
二百三十年以前文安三丙寅年開基　本尊地蔵菩薩弘法之御作也
潮音院住持
陽傳

禅宗小濱發心寺末
一慈眼庵ハ遠寂久公首座百十四年以前永禄五年壬戌開基也
寺内観音堂有之　則安阿弥之作也
慈眼庵住持 祖益

下園村

遊行末
一時宗称名寺ハ遊行七代上人当国修行之時開基也
住持織定開山覚阿弥と申候　其時従　公方様寺領八町
余遊行へ被遣候由申傳也　太閤之御時代検地ニ寺領被召上高
八石余称名寺領御年貢立申候　寺之敷地も地子立申候
ニ付五十年余無住ニ而小濱浄土寺ヨリ懸持ニ被申付候　開
山時代ハ文和年号と申傳候　開山以來十六代ニ而御座候
下僧持之間ハ書載不申候　昔之書物ハ一乱ニ焼失申候　其外ハ
不存候
年号月日　称名寺住持　覚阿弥

山田村
一七社大明神者大飯之鍬立之御神也　御宝殿ニ鋤鍬納り
有之候　并御正作之森と申脇ニ御座候　時代不知レ　文明三年
之比本郷判官殿重而建立之由申傳候
一正八幡宮　此宮之由來相知レ不申候
庄屋　善兵衛

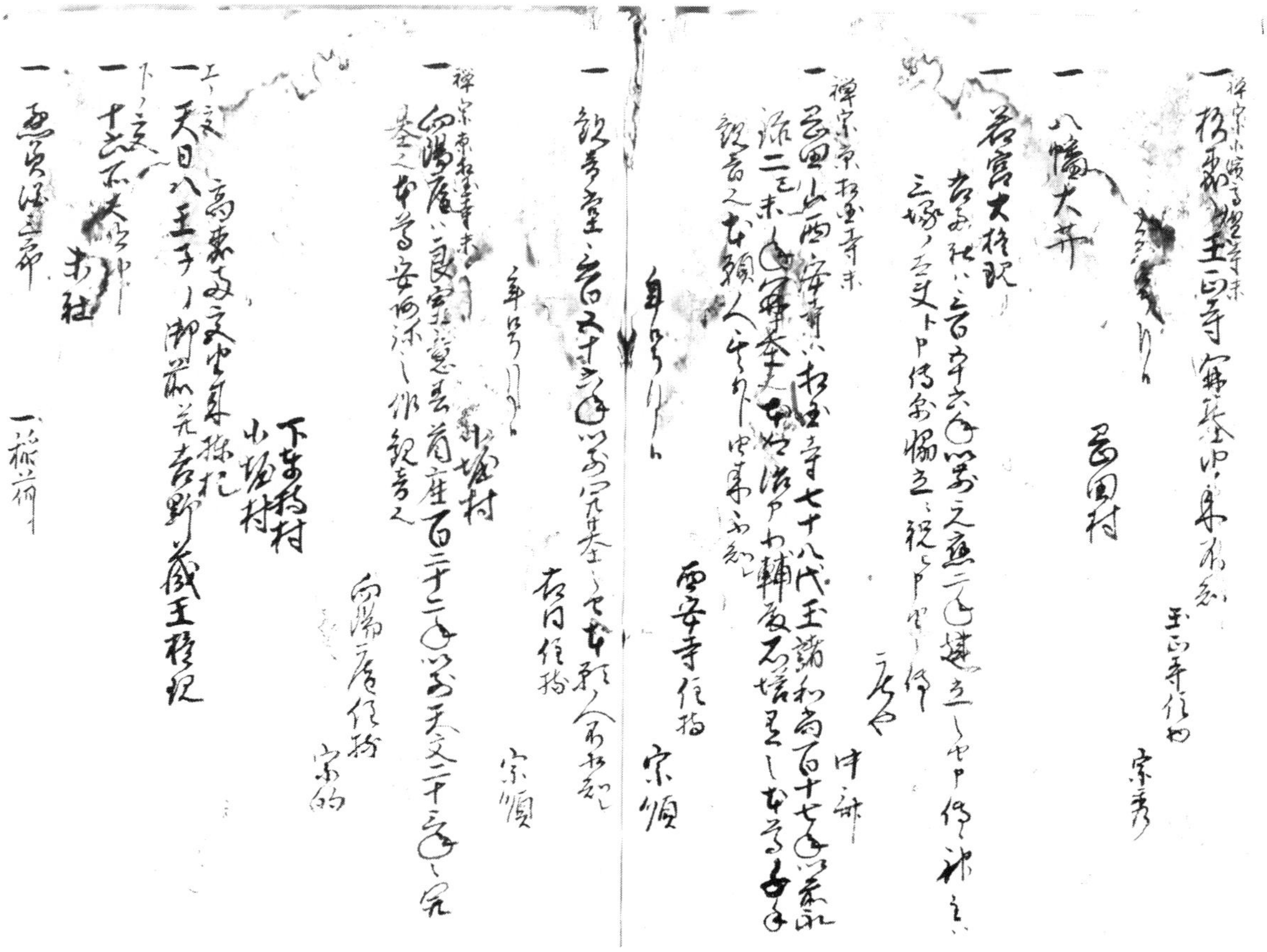

禅宗小濱高盛(成)寺末
一杉森山玉正寺開基　由來不知
年号月日　　玉正寺住持　宗秀
岡田村
一八幡大菩薩
一若宮大権現
右両社ハ三百五十六年以前元應二年建立之由申傳候　神主ハ
三塚ノ太夫ト申伝　則脇立ニ祝ヒ申由申傳候
庄や　中斉
禅宗京相国寺末
一岡田山西安寺ハ相国寺七十八代玉諸和尚百十七年以前永
禄二乙未年開基也　本郷治部少輔殿石塔有之　本尊千手
観音也　本願人其外由來不知レ
年号月日　　西安寺住持　宗順
一観音堂三百五十六年以前開基之由　本願人不相知レ
年号月日　　右同住持　宗順
小堀村
禅宗京相国寺末
一向陽庵ハ良室意春首座百二十二年以前天文二十三年之開
基也　本尊安阿弥之作観音也
向陽庵住持　宗的
下車持村
小堀村
高森両宮由来棟札
上ノ宮
一天日八王子日御前并吉野蔵王椎権現
下ノ宮
一十六所大明神
末社
一恵美須三郎　　一稲荷

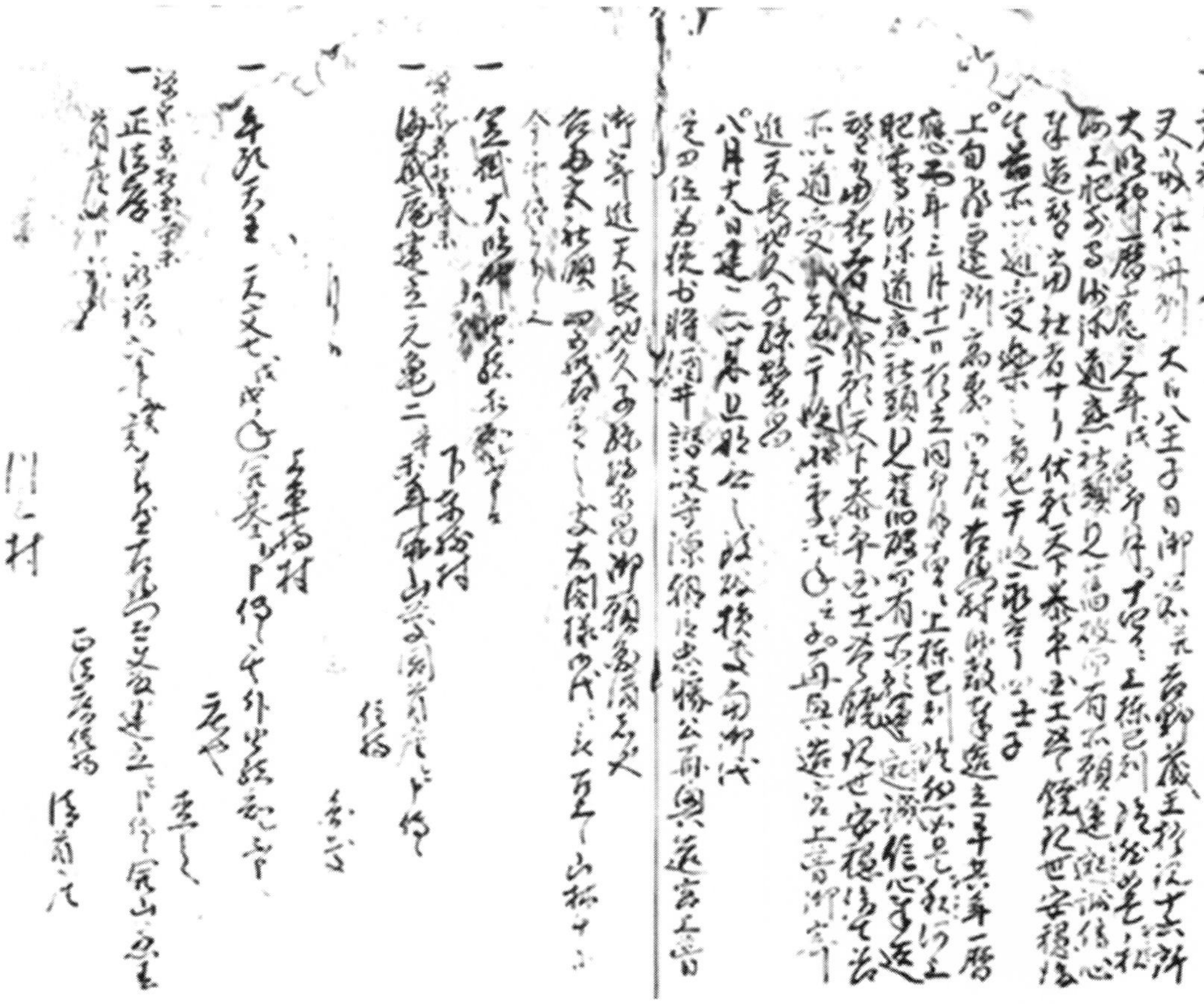

一瘡神　　　　一　御與
一荒神
夫当社ハ丹州天日八王子日御前并吉野蔵王権現十六所
大明神　暦應元年戊寅夘月上棟巳剋　雖然如是私(本ノママ)
河上肥前守沙弥道應社頭見舊破而有所願運　遊(本ノママ)　誠信心
奉造替両社ナリ　伏願天下泰平国土豊饒現世安穏後
生善所以道受楽之者也　于時永亨四壬子
上旬飛遷所高森ニ御座候　右衛門尉助教奉造立早　其年暦
應二年三月十一日柱立同夘月十四日に上棟巳刻雖然如是私(本ノママ)河上
肥前守沙弥道應社頭見舊破而有所願運　遊(本ノママ)　誠信心奉造
替当社者也　伏願天下泰平国土豊饒現世安穏後生善
所以道受之者也　于時永亨(本ノママ、)四　年壬子○再興造営上葺御寄
進天長地久子孫繁昌
○八月十八日建立以來旦那無之致破損處当御代
従四位若狭少将酒井讃岐守源朝臣忠勝公再興造宮上葺
御寄進天長地久子孫繁昌御願圓満者也
右両宮社領百五拾石有之候處太閤様御代ニ被召上候　山林斗于
今其侭被下候也
一笠掛大明神　由緒相知レ不申候
下車持村
禅宗京相国寺末
一海蔵庵建立元亀二辛未年開山慶周首座と申傳也
月日　住持　圓慶
上車持村
一午頭天王天文七戊戌年開基と申傳候　其外由緒知レ不申候
庄屋　杢兵衛
禅宗京相国寺末
一正法庵　永祿六年癸亥青屋右衛門太夫殿建立と申傳候　開山ハ恵春
首座と申傳候
正法庵　清首座
川上村

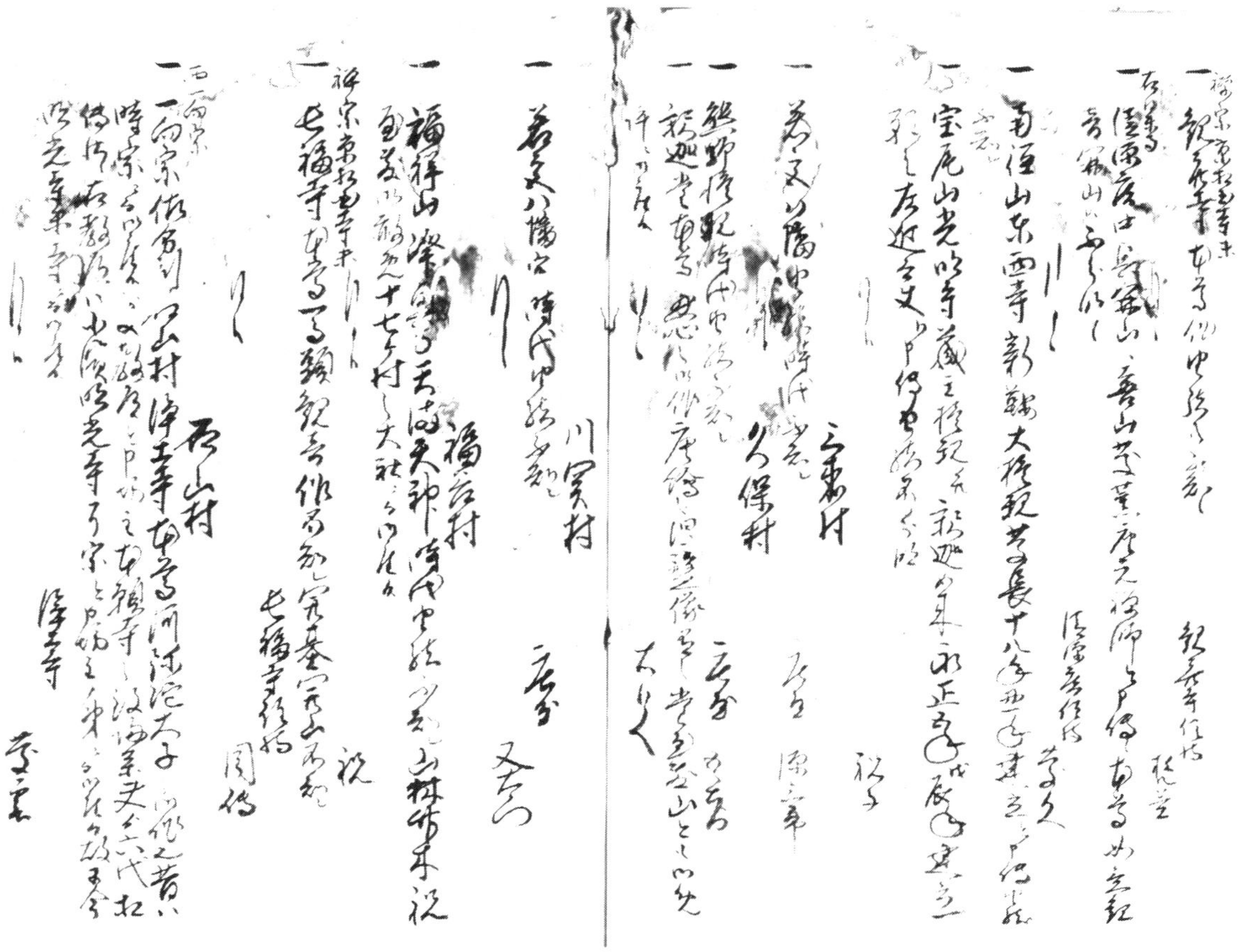

禅宗京相国寺末
一観𡺸寺　本尊作由緒共不知候
　　月日　　　　観𡺸寺住持　凭益
右同末寺
一清源庵　中興開山ハ喜山慶薫座元禅師と申傳候　本尊如意観(輪脱カ)
音　開山は不分明候
　　月日　　　　清源庵住持　慶久
一南徳山東西寺新鞍大権現　慶長十八年丑年建立と申傳　由緒
不知レ
一宝尾山光明寺蔵王并釈迦如來永正五年戊辰年建立
願主左近太夫ト申傳　由緒不分明
　　月日　　　　祝子
　　三森村
一若宮八幡由緒時代不知レ
　　月　日　　　　庄屋　源三郎
　　久保村
一熊野権現　時代由緒不知レ　　庄屋　五郎右衛門
一釈迦堂本尊恵心之御作　唐繪之涅槃像有之　堂屋敷山とも御免
許ニ御座候
　　月日　　　　右同人
　　川関村
一若宮八幡宮　時代由緒不知レ
　　月日　　　　庄屋　又右衛門
　　福谷村
一福祥山際興寺天満天神時代由緒不知レ　山林竹木祝
屋敷御赦免　十七ヶ村之大社ニ而御座候
　　月日　　　　祝
禅宗京相国寺末
一長福寺 本尊馬頭観音作不知レ開基開山不知レ
　　月日　　　　長福寺住持　周傳
西一向宗
　　石山村
一一向宗佐分利石山村浄土寺本尊阿弥陀太子之御也　昔ハ
時宗ニ而御座候處　教道と申坊主本願寺被致帰参　夫ゟ六代相
傳仕候　右教道ハ小濱明光寺了宗と申坊主ノ弟ニ而御座候故于今
明光寺末寺ニ而御座候
　　月日　　　　浄土寺　慶雲

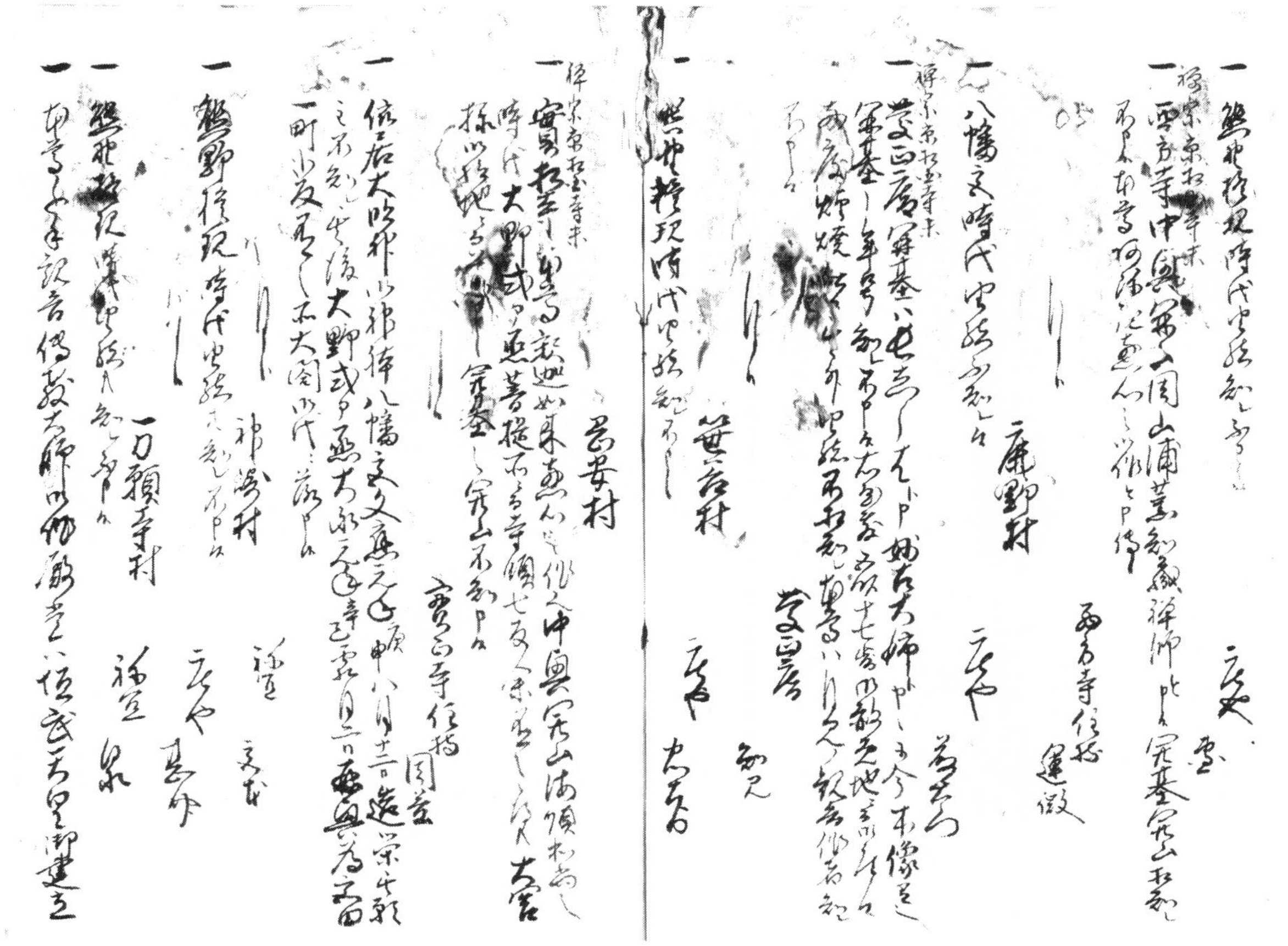

一熊野権現　時代由緒知レ不申候　　庄屋　團
禅宗京相国寺末
一西方寺中興開山周山浦薫知蔵禅師と申候　開基開山相知レ
不申候　本尊阿弥陀恵心之御作と申傳候
　　月日　　西方寺住持　運微
　　　廉野村
一八幡宮　時代由緒不知レ候　　庄屋　藤右衛門
禅宗京相国寺末
一慶正庵開基ハ長志らはと申妙古大姉と申候　于今木像有之
開基ノ年号知レ不申候　右屋敷五畝十七歩御赦免地ニ而御座候
両度煙焼仕候　其外由緒不相レ　本尊ハ月見ノ観音作者知レ
不申候
　　月日　　慶正庵　知見
　　　笹谷村
一熊野権現　時代由緒知レ不申候　　庄屋　忠右衛門
　　　岡安村
禅宗京相国寺末
一實相寺本尊釈迦如来恵心作也　中興開山海順和尚之
時代大野式部丞菩提所ニ而　寺領七反余有之候得共太閤
様御検地ニ而落申候　開基之開山不知申候
　　月日　　實正（松カ）寺住持　周益
一依居大明神御神躰八幡宮文應元年庚申八月十二日造栄（マヽ）其願
主之不知　其後大野式部丞大永元年辛巳霜月二日再興為宮田
一町弐反有之所太閤御代ニ落申候
　　月日　　祢宜　宮本
　　　神崎村
一熊野権現　時代由緒共知レ不申候
　　月日　　庄屋　甚介
　　　万願寺村
一熊野権現　時代由緒共知レ不申候　　祢宜　泉
一本尊千手観音傳教大師御作　殿堂ハ桓武天皇御建立

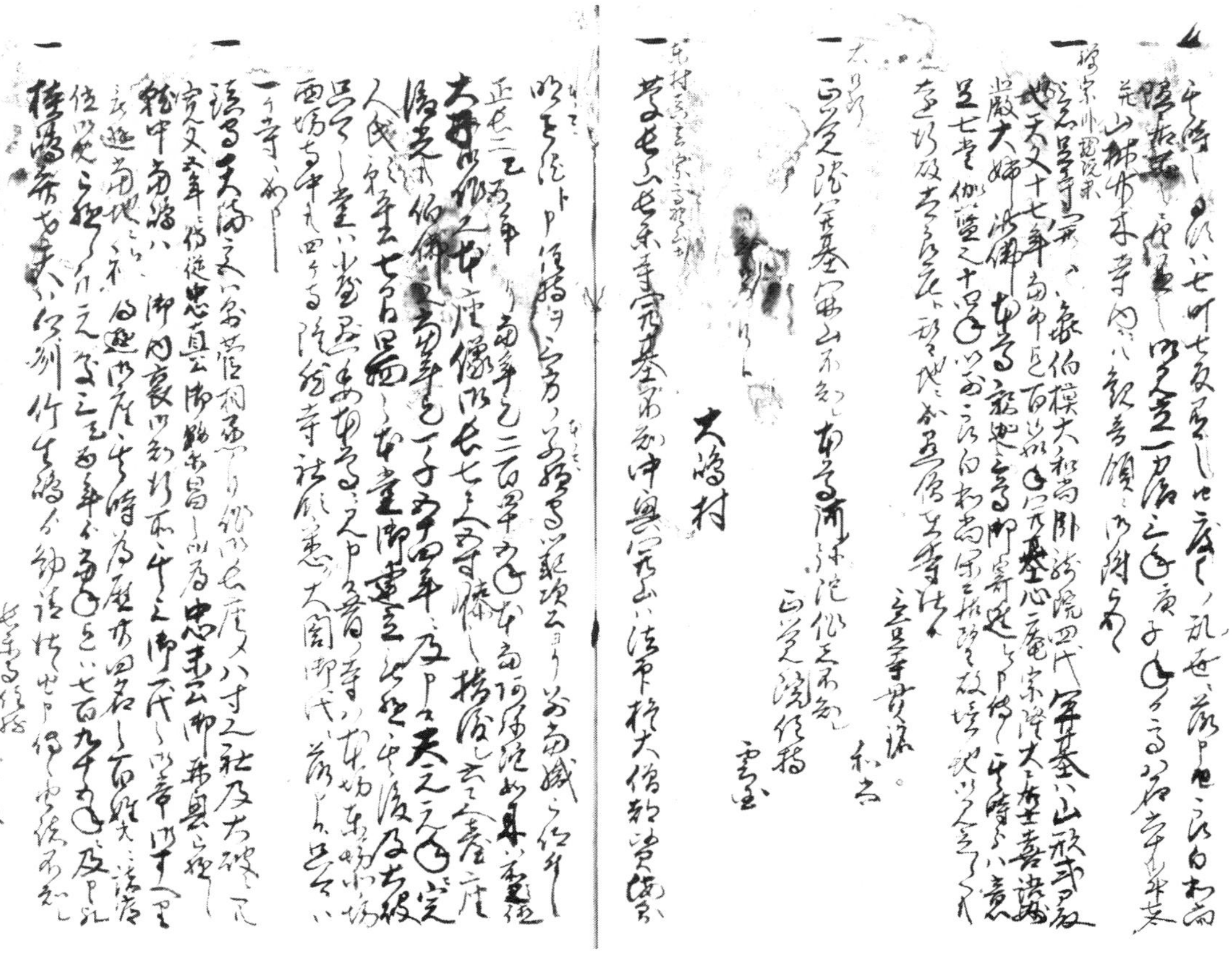

其時之寺領ハ七町七反有之由度々ノ乱世ニ落申由良白和尚
隠居所之望有之御見立万治三年庚子年ゟ高八石六斗弐升七合
并山林竹木寺内共観音領ニ御附被成候

禅宗臥龍院末
一意足寺開山亀伯模大和尚臥龍院四代開基ハ山形式部殿
也　天文十七年当夘迄百弐拾年　開基心庵宗隆大居士喜語妙
厳大姉此佛本尊釈迦三尊御寄進と申傳候　其時分ハ意
足七堂伽藍也　十四年以前良白和尚閑居望故境地御見立候へ共
遠行故太良庄ト替地ニ成愚僧在寺仕候
　　　　　　　　　　意足寺貫銘和尚

右同断
一正覚院開基開山不知レ　本尊阿弥陀作者不知レ
　　年号月日　　　　　　正覚院住持　雲国

大嶋村

東村真言宗高野山末
一慶長山長楽寺開基不知　中興開山ハ法印権大僧都賢海　則
明王院[本ノママ]ト申住持ヲ三方ノ若狭守範次[本ノママ]公ヨリ別当職被仰付候
正長二乙酉年ヨリ当年迄二百四十五年　本尊阿弥陀如来ハ聖徳
大子御作也　本座像御長七尺五寸膝之指渡シ六尺台座
後光共伯佛也　當年迄一千五十四年ニ及申候　天元元年ニ完
人氏影平公七間四面之本堂御建立被遊　其後及大破
只今之堂ハ小屋懸委本尊ニ見申候　昔ノ寺ハ本坊東坊北坊
西坊寺中共四ヶ寺　雖然寺社領悉ク大閤御代ニ落申候　只今ハ
一ヶ寺ニ成申候
一鎮守天満宮ハ則菅相丞自作御長座〆八寸也　社及大破ニ候へ共
寛文五年ニ侍従忠直公御繁昌之御為忠末公御再興被遊候
就中当嶋ハ　御内裏御知行所其上御一代之御帝御すへり
被遊　当地ニ被遊御座　其時為廿四名之百姓共ニ諸官
位御免被遊候　凡元慶三己酉年ゟ当年迄ハ七百九十五年に及申候欤
一桂嶋弁才天ハ江州竹生島ゟ勧請仕候由申傳候由緒不知レ
　　　　　　　　　　長楽寺住持　栄住

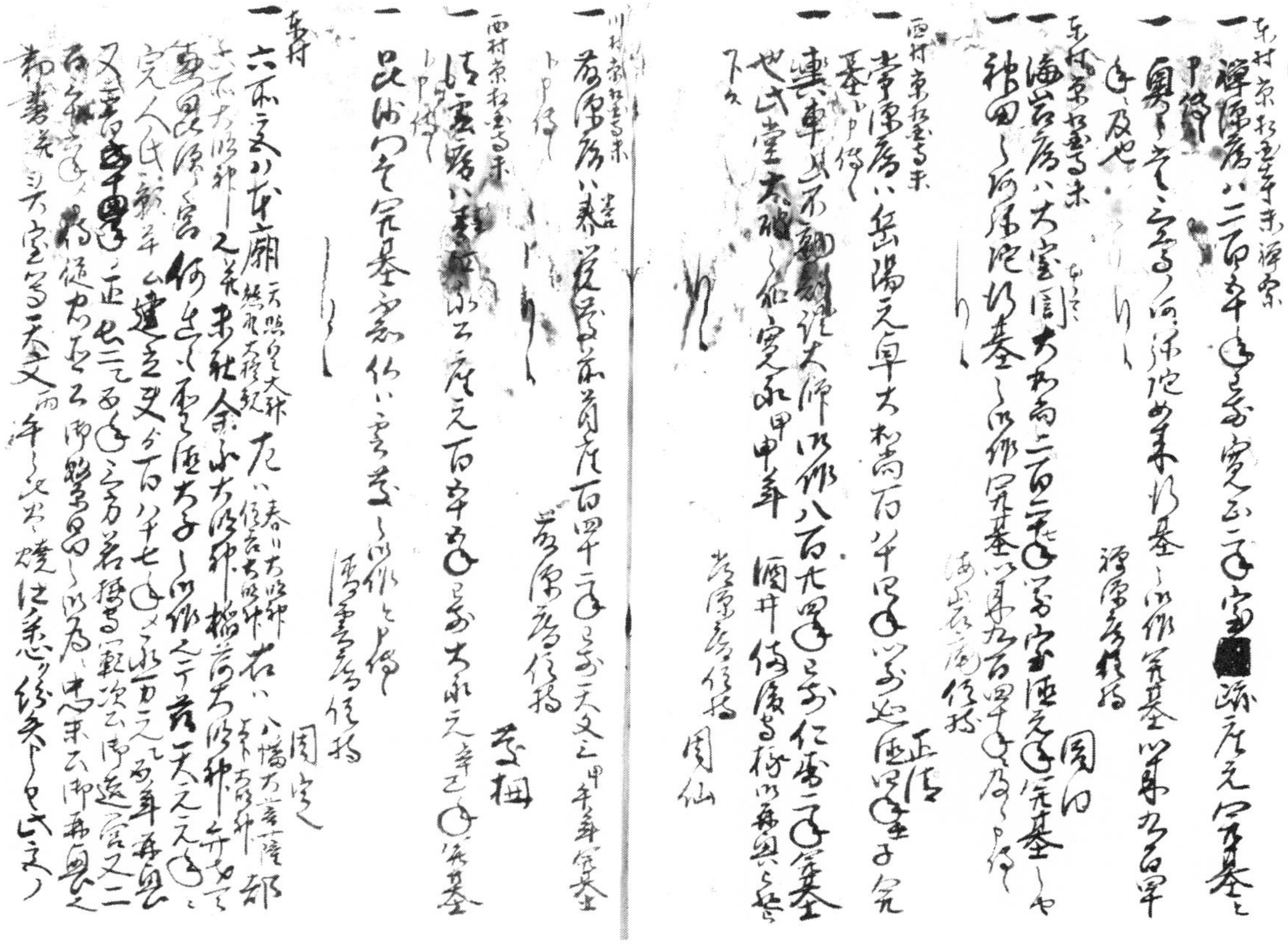

東村京相国寺末禅宗
一禅源庵ハ二百五十年巳前寛正二年室■跡座元開基と
中傳候
一奥之堂三尊ノ阿弥陀如来行基之御作　開基以來九百四十
年ニ及也
月日　禅源庵住持　周白
東村京相国寺末
一海岩庵ハ大室圓大和尚二百二十七年以前宝徳元年開基之由
一神田之阿弥陀行基之御作　開基以來九百四十年ニ及候申傳候
月日　海岩庵住持　正清
西村京相国寺末
一常源庵ハ岳陽元卓大和尚百八十四年以前延徳四年壬子開
基ト申傳候
一興車山不動知證大師御作八百廿四年巳前仁寿二年開基
也　此堂大破之処　寛永甲申年酒井備後守様御再興被遊被
下候
月日　常源庵住持　周仙
川村京相国寺末
一藤源庵ハ養春覚慶前首座百四十二年巳前天文三甲午年開基
ト申傳候
月日　藤源庵住持　慶柵
西村京相国寺末
一清雲庵ハ春江永公座元百五十五年巳前大永元辛巳年開基
ト申傳候
一毘沙門堂開基不知　仏ハ雲慶之御作と申傳候
月日　清雲庵住持　周定
東村
一六所宮ハ本廟天照皇大神 熊野大権現　左ハ春日大明神 住吉大明神　右ハ八幡大菩薩 上下大明神 都
六所大明神也　并末社余永大明神稲荷大明神弁才天
恵毘須之宮何れも聖徳太子之御作也　于茲天元元年ニ
完人氏影平公建立　夫ゟ百八十七年メ永万元乙酉年再興
又二百六十四年メ正長二乙酉年三方若狭守範次公御造営　又二
百三十六年メ侍従忠直公御繁昌之御為ニ忠末公御再興也
勅書并灵宝等天文丙午之比炎焼仕悉ク紛失申候由　此宮ノ

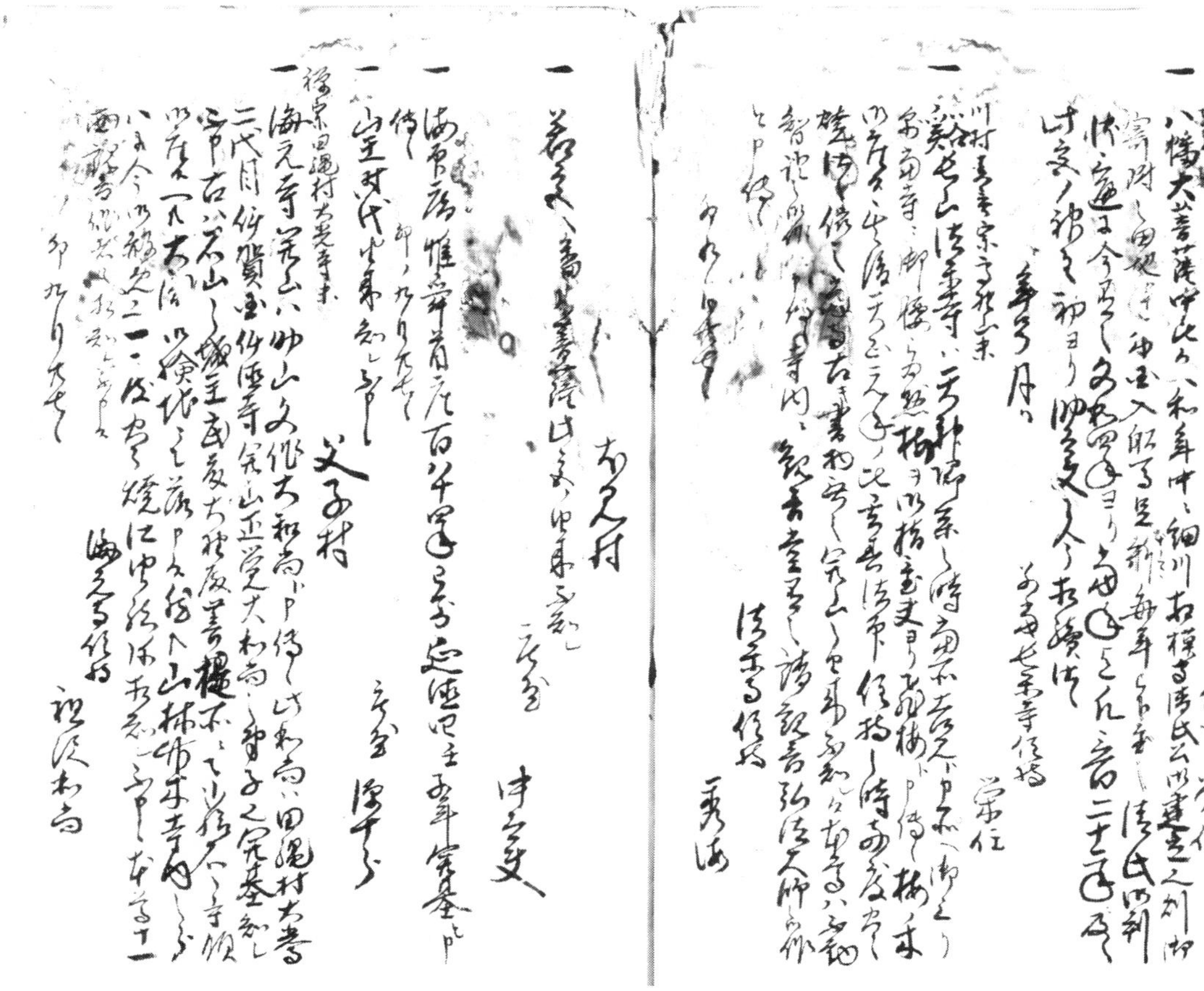

初ゟ神主ハ祝子太夫于今相續仕候
　年号月日　別当長楽寺住持 栄任

東村

一八幡大菩薩中比文和年中ニ細川相模守清氏公御建立也　則御
寄附之田地并米国入船馬足料毎年被下置清氏御判
状三通于今有之　文和四年ヨリ当年迠凡三百二十二年ニ及候
此宮ノ神主初ヨリ助太夫于今相續仕候
　年号月日
　別当長楽寺住持
　栄任

川村真言宗高野山末

一谿長山法楽寺ハ天神帰参之時当所吉見ト申所へ御上リ
則当寺ニ御腰被為懸梅ヲ御指置夫ヨリ飛梅ト申傳候　梅ノ木
御座候　其後天正元年ノ比玄春法印住持之時両度炎
焼仕候　依之当寺古キ書物無之開山之由来不知候　本尊ハ不動
智證之御作ト申伝候　寺内ニ観音堂有之（マヽ）請観音弘法大師之御作
と申傳候
　卯九月廿七日　法楽寺住持　秀海

犬見村

一若宮八幡大菩薩　此宮之由來不知
　庄屋 中太夫
一海印庵　惟舜首座百八十四年己前延徳四壬子年開基と申
傳候　夘ノ九月廿七日
一山王時代由來知レ不申候
　庄屋　源十郎

父子村

禅宗田縄村大光寺末

一海元寺開山ハ助山文作大和尚ト申傳候　此和尚ハ田縄村大光寺
二代目伊賀国仏徳寺開山正覚大和尚之弟子也　開基知レ
不申古ハ石山之城主武藤大野殿菩提所ニて弐拾石之寺領
御座候へ共太閤御検地ニて落申候　然共山林竹木寺内之分
ハ于今御赦免也　一度炎焼仕由緒弥相知レ不申候　本尊十一
面観音作者も相知レ不申候
　卯九月廿七日　海元寺住持　祖沢和尚

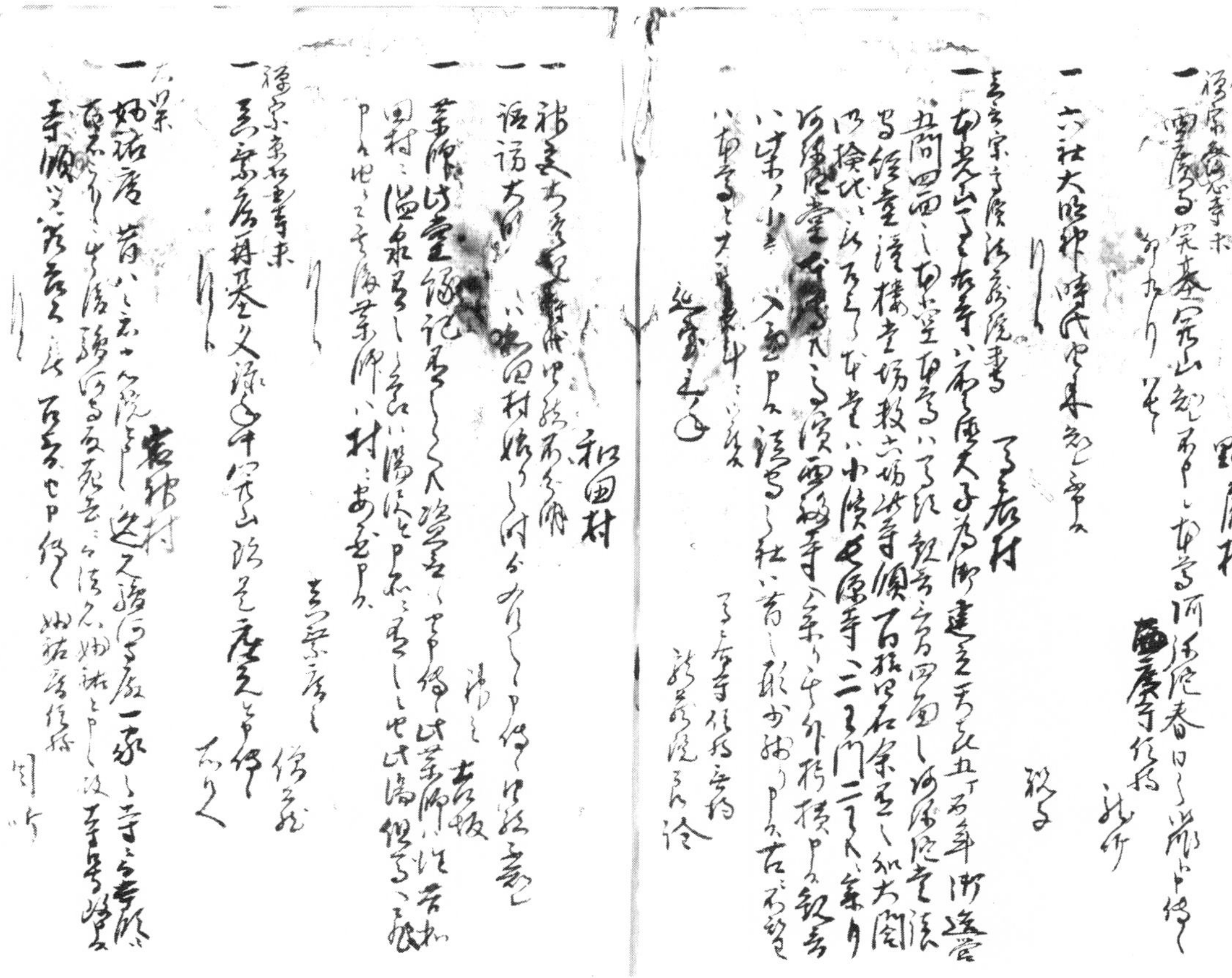

野尻村

禅宗發心寺末

一西廣寺開基開山知レ不申候　本尊阿弥陀春日之作と申傳候

卯九月廿七日　　　西廣寺住持　龍竹

一六社大明神　時代由來知レ不申候

月日　　　祝子

馬居村

真言宗高濱龍蔵院末寺

一本光山馬居寺ハ聖徳太子為御建立天喜五丁酉年御造営
五間四面之本堂本尊ハ馬頭観音　三間四面之阿弥陀堂鎮
守経堂鐘楼堂坊数六坊　此寺領百拾四石有之処大閤
御検地ニ被召上候　本堂ハ小濱長源寺へ二王門二王共ニ参
リ阿弥陀堂本尊共高浜西福寺へ参り其外朽損申候　観音
ハ此所ノ小□（堂カ）入置申候　鎮守之社ハ昔之形少残り申候　古ニ不替
ハ本尊と大般若斗ニ御座候

延宝三年　　　馬居寺住持無住
龍蔵院　良詮

和田村

一神宮大権現　時代由緒不分明

一諏訪大明神ハ和田村始リ之時ゟ有之候申傳候　由緒不知レ

神主　吉坂

一薬師　此堂縁起有之候へ共盗取候由申伝候　此薬師ハ往昔和
田村ニ温泉有之候節ハ湯沢と申所ニ有之候由此湯但馬へ飛
申候由ニて其後薬師ハ村ニ安置申候

月日　　　真乗庵主　僧蔵

禅宗京相国寺末

一真乗庵開基文禄年中開山玖是座元と申傳候

月日　　　右同人

岩神村

右同末

一妙祐庵　昔ハ念光院と申候逸見駿河守殿一家之寺ニて寺領も
百石被下候　其後駿河守殿死去ニ而法名妙祐と申候故寺号改申候
寺領ハ秀吉公被召上候由申傳候

月日　　　妙祐庵住持　周听

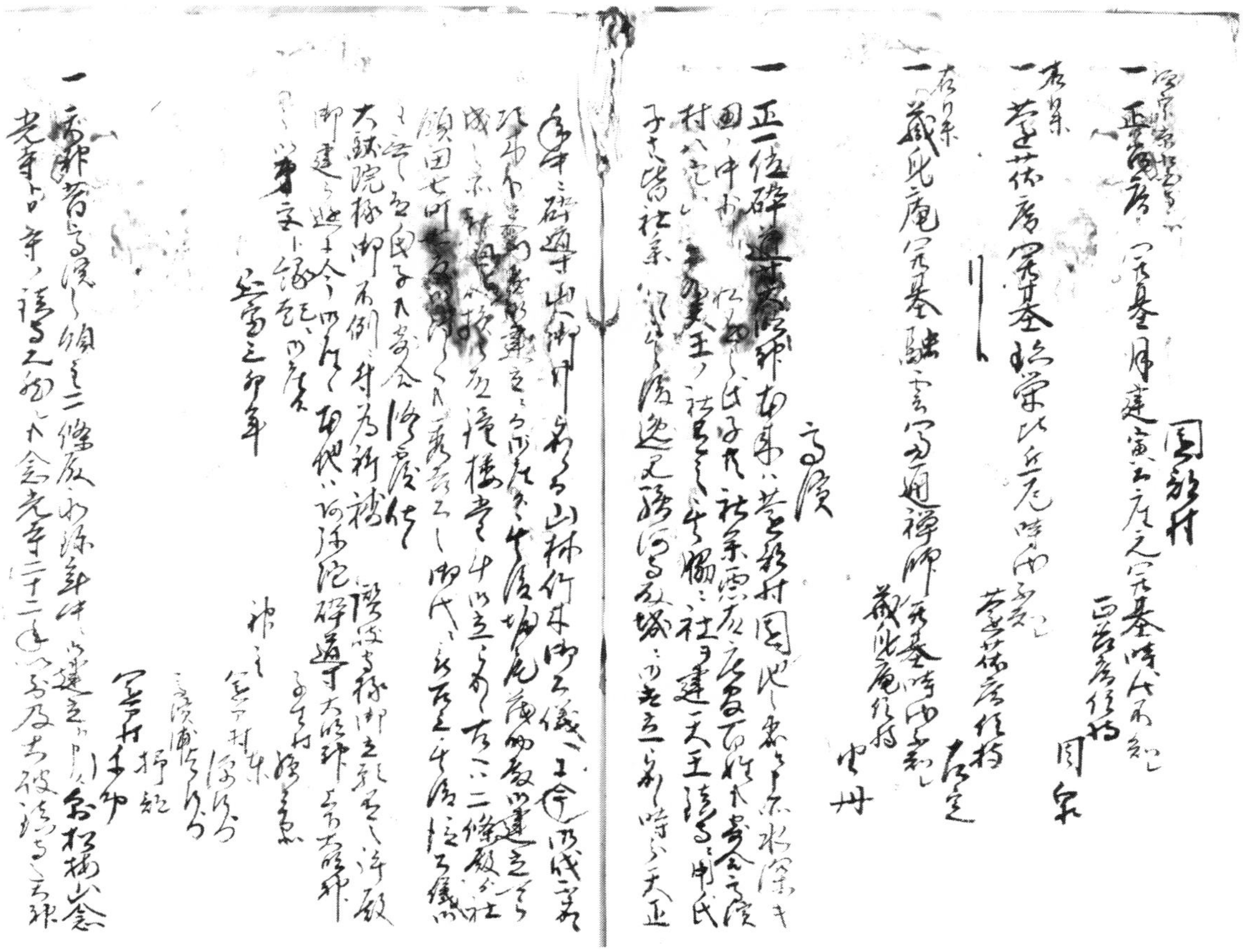

園部村

禅宗京相国寺末
一正善庵開基月建寅公座元開基時代不知レ
正善庵住持　周泉

右同末
一薗茯庵　開基玖栄比丘尼時代不知レ
月日　薗茯庵住持　古定

右同末
一蔵身庵開基融雲冨通禅師　開基時代不知レ
蔵身庵住持　由丹

高濱

一正一位砕導大明神本來ハ薗部村園池之森と申所水深キ田ノ中少し松有之　氏子共社参悪故庄官百姓共寄合高濱村八穴山牛頭天王之社有之　其脇ニ社ヲ建天王鎮守ニ用氏子共皆社参仕候　其後逸見駿河守殿城ニ御取立被成候時分天正年中ニ砕導山へ御引被成候而山林竹木御公儀へ于今御伐不被成候次木下宮内殿御建立ニ而御座候　其後堀尾茂助殿御建立可被成下之所社□損候故鐘楼堂斗御立被成候　古へハ二條殿ゟ社（下）領田七町七反御許候へ共秀吉公之御代ニ被召上　其後従公儀御も無之故氏子共寄合修覆仕候
大猷院様御不例ニ付為祈祷　讃岐守様御立願有之拝殿御建被遊　于今御座候　本地ハ阿弥陀砕導大明神上下大明神之御弟宮と縁起ニ御座候

子生村　孫兵衛
延宝三卯年　神主　東
園部村　源左衛門
与左衛門
高濱浦　掃部
園部村　弥助

一天神　昔高濱之領主二條殿永禄年中ニ御建立と申候　則松梅山念光寺ト申寺ノ鎮守也　然レ共念光寺二十二年以前及大破鎮守之天神

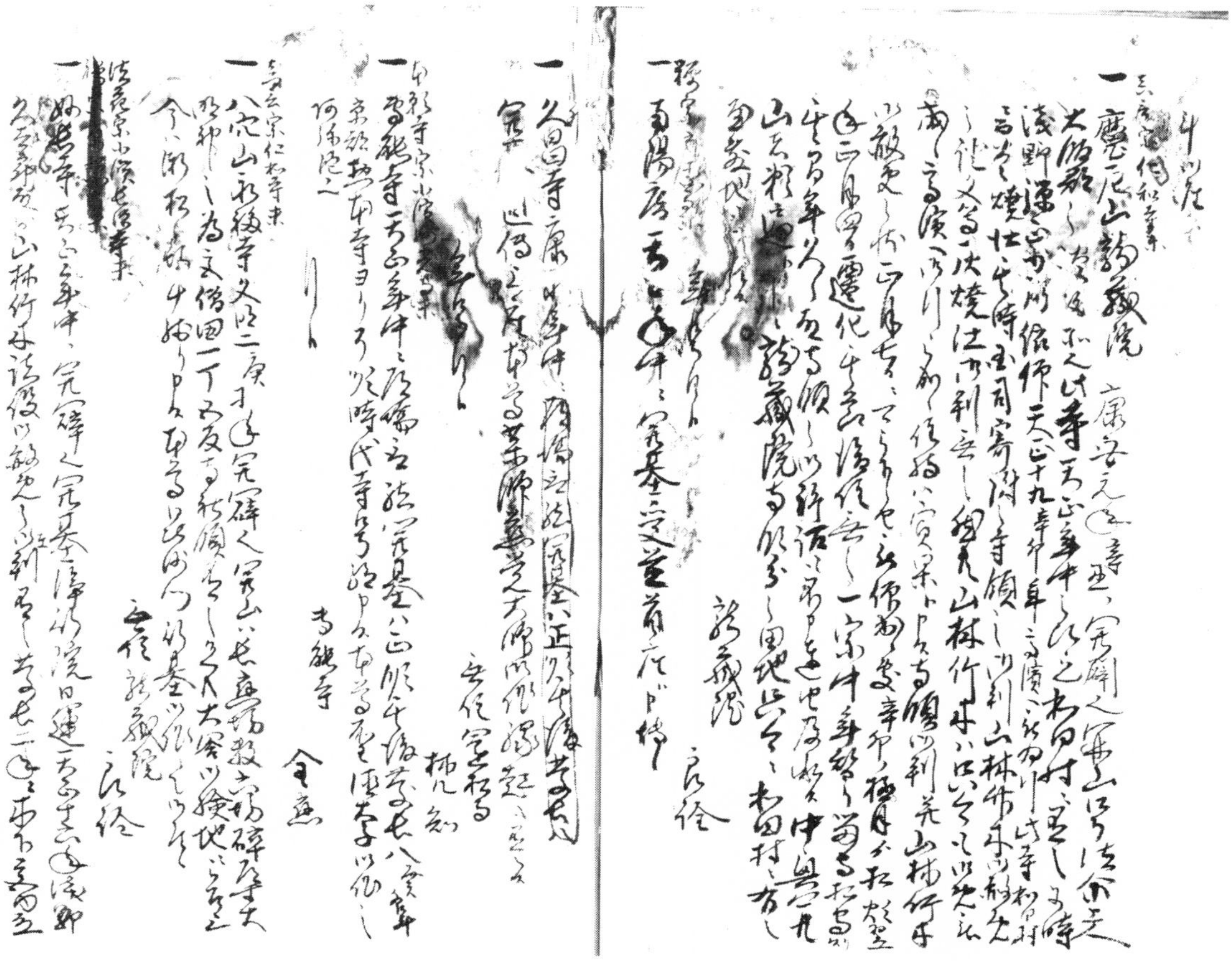

計御座候
真言宗仁和寺末
一魔尼山龍蔵院　康安元年辛丑之開闢也　開山号法尓上人
大飯郡談義所也　此寺天正年中之比迠和田村ニ有之　于時
浅野弾正少弼依仰　天正十九辛夘年高濱へ被為引　此寺和田村
ニ而炎焼仕　其時国司寄附之寺領之御判山林竹木御赦免
之証文等灰焼仕御判無之　然共山林竹木ハ只今も御免被
成候　高濱へ御引被成候住持ハ寅果と申候　寺領御判山林竹木
御赦免之状正月七日ニ可被下候由被仰出候処　辛夘ノ極月ゟ相煩　翌
年正月四日遷化　其節後住無之一宗中年替リ留守相守リ候
其間年久候故寺領之御許諾も不申達由及承候　中興開
山者頼遍と申候　龍蔵院寺領分之田地只今ニ和田村ニ有之
屋敷地も御座候
年号月日　龍蔵院　良詮
禅宗京相国寺末
一南陽庵　天正年中ニ開基受益首座ト申傳候
右同断
一久昌寺　康永年中ニ道橋取結　開基ハ正順　其後慶長八
開基□傳上座本尊薬師慈覚大師御作縁起も有之候
年号月日　無住　園松寺　梵知
本願寺宗小浜妙光寺末
一専能寺　天正年中ニ道橋取結開基ハ正順　其後慶長八癸夘年
京都惣本寺ヨリ了順時代寺号給申候　本尊聖徳大子御作之
阿弥陀也
月日　専能寺　全應
真言宗仁和寺末
一八穴山永福寺　文明二庚刁寅年開闢也　開山ハ長應坊数六坊砕導
大明神之為宮僧田一丁五反寺社領有之候へ共大閤御検地ニ被召上
今ハ漸松之坊斗残リ申候　本尊毘沙門行基御作ニて御座候
無住　龍蔵院　良詮
法花宗小濱長源寺末
一妙長寺　天正年中ニ開闢也　開基浄行院日運　天正十六年浅野
久太郎殿ゟ山林竹木諸役御赦免之御在判有之　慶長二年ニ木下宮
内殿

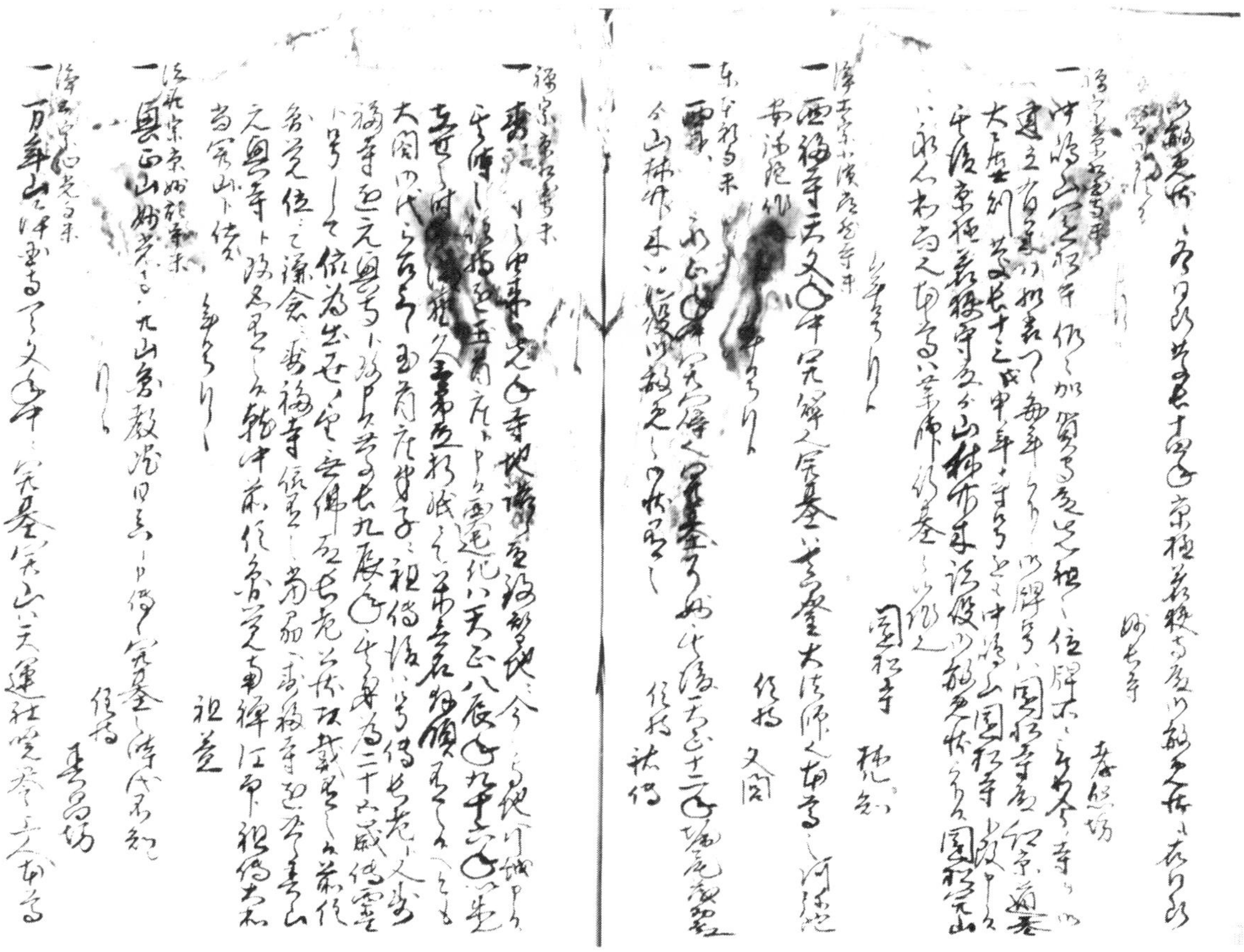

御赦免状□（もカ）各同断　慶長十四年京極若狭守殿御赦免状も右同断
ニて御座候

月日　　妙長寺　孝照坊

禅宗京相国寺末

一中嶋山園松寺　佐々加賀守殿先祖之位牌所ニ被可成　今ノ寺ヲ御
建立有　米八拾表つ丶毎年被下候　御牌号ハ園松寺殿紅京道基
大居士　則慶長十三戊甲年寺号をも中嶋山園松寺ト改申候
其後京極若狭守殿ゟ山林竹木諸役御赦免状被下候　園松開山
ハ永心和尚也　本尊ハ薬師行基之御作也

年号月日　　園松寺　梵知

浄土宗小濱常然寺末

一西福寺天文年中開闢也　開基ハ真登大法師也　本尊之阿弥陀
安弥陀作也

年号月日　　住持　文閤

東本願寺末

一西恩寺　永正年中開闢也　開基了妙　其後天正十二年堀尾茂助殿
ゟ山林竹木諸役御赦免之御状有之

月日　　住持　祐傳

禅宗京相国寺末

一寿□□（福寺）之由来ハ先年寺地詰候故致替地ニ今之寺地へ引越申候
其時之住持を玉首座ト申候　遷化ハ天正八辰年九十六年以來也
在世之時分浅野久三郎殿折紙ニて米壱石拝領有之候へとも
大閤御代被召上候　玉首座弟子ニ祖傳　後ハ号傳長老ト又寿
福寺を元興寺ト改申候　慶長九辰年其身為二十五歳傳西堂
ト号して依為出世ノ望無佛故長老公状頂戴有之候　前住
圓覚位ニて鎌倉ニ寿福寺依有之当刕へ寿福寺を豊春山
元興寺ト改名有之候　就中前住圓覚南禅江印祖傳大和
尚当開山ト仕候

年号月日　　祖益

法華宗妙顕寺末

一興正山妙光寺　開山円教院日真ト申傳候　開基之時代不知レ

月日　　住持　春昌坊

浄土宗心光寺末

一万年山浄国寺　天文年中ニ開基開山ハ天運社暁誉上人　本尊

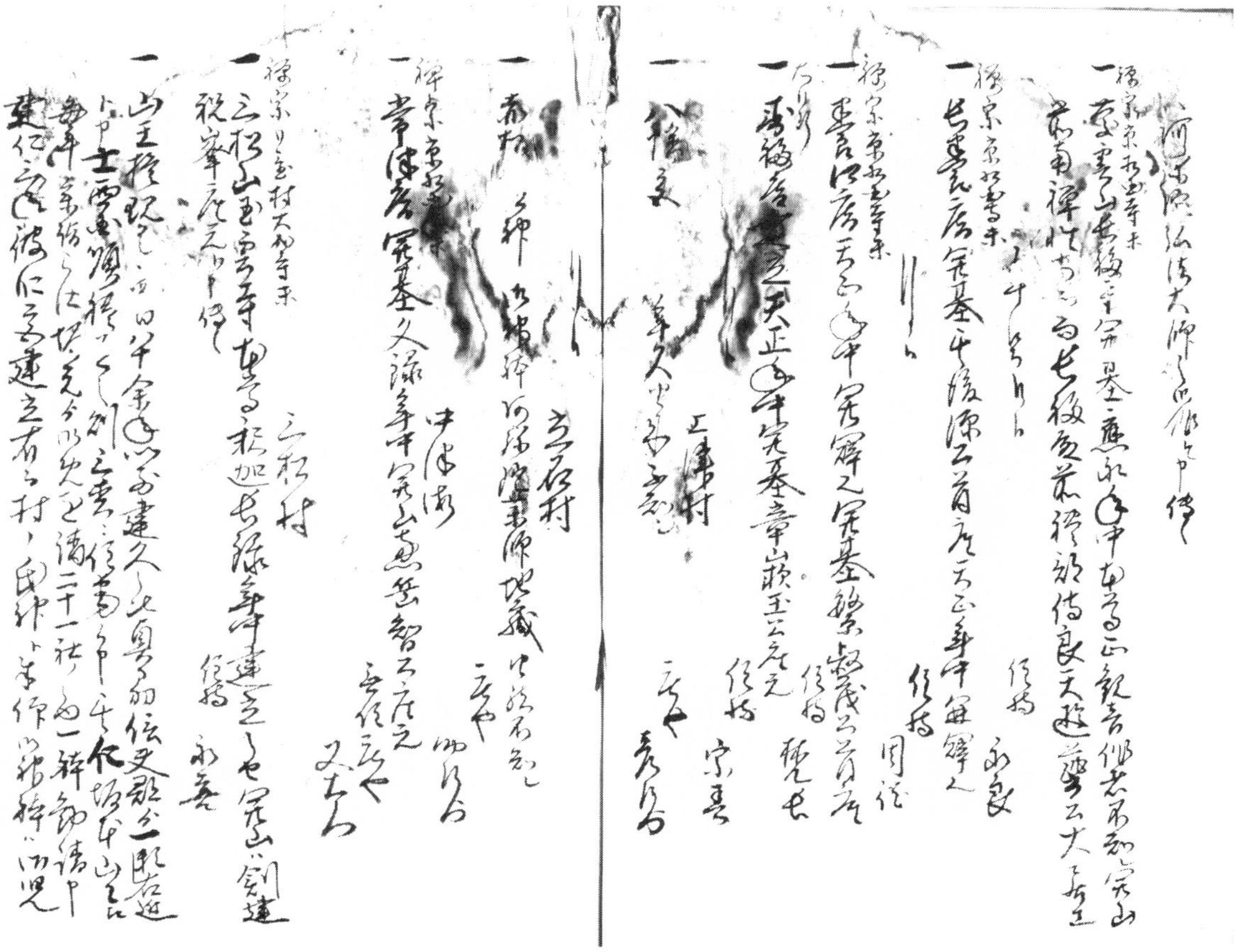

ハ阿弥陀　弘法大師之御作と申傳候

禅宗京相国寺末

一慶雲山長福寺開基　応永年中　本尊正観音作者不知レ開山

前南禅性□(大カ)和尚長福殿前禮部侍良天遊藝公大居士

年号月日　住持　永良

禅宗京相国寺末

一長養庵開基其後源公首座天正年中開闢也

月日　住持　周徳(カ)

禅宗京相国寺末

一養江庵天正年中開闢也　開基繁叔茂公首座

月日　住持　梵長

右同断

一寿福庵建立天正年中　開基章嵌(嶺カ)玉公座元

月日　住持　宗春

上津村

一八幡宮年久由来不知レ

月日　庄屋　彦左衛門

立石村

一赤松□(大)明神御神体阿弥陀薬師地蔵　由緒不知レ

中津海　庄屋　助左衛門

禅宗京相国寺末

一常津庵開基文禄年中開山恵岳智公座元

無住　庄屋　又右衛門

三松村

禅宗日置村大成寺末

一三松山玉雲寺本尊釈迦　長禄年中建立之由　開山ハ創建

祝峯座元と申傳候　住持　永喜

一山王権現　是ハ四百八十余年以前建久之比奥劦信夫郡ゟ一瀬右近

ト申士西国順禮有之　則三枩ニ住宅被申其仁坂本山王江

毎年参詣被仕　坂元ゟ御免を請二十一社ノ内一躰勧請申

建仁三年彼仁宮建立有而村ノ氏神と奉仰　御神躰ハ御児

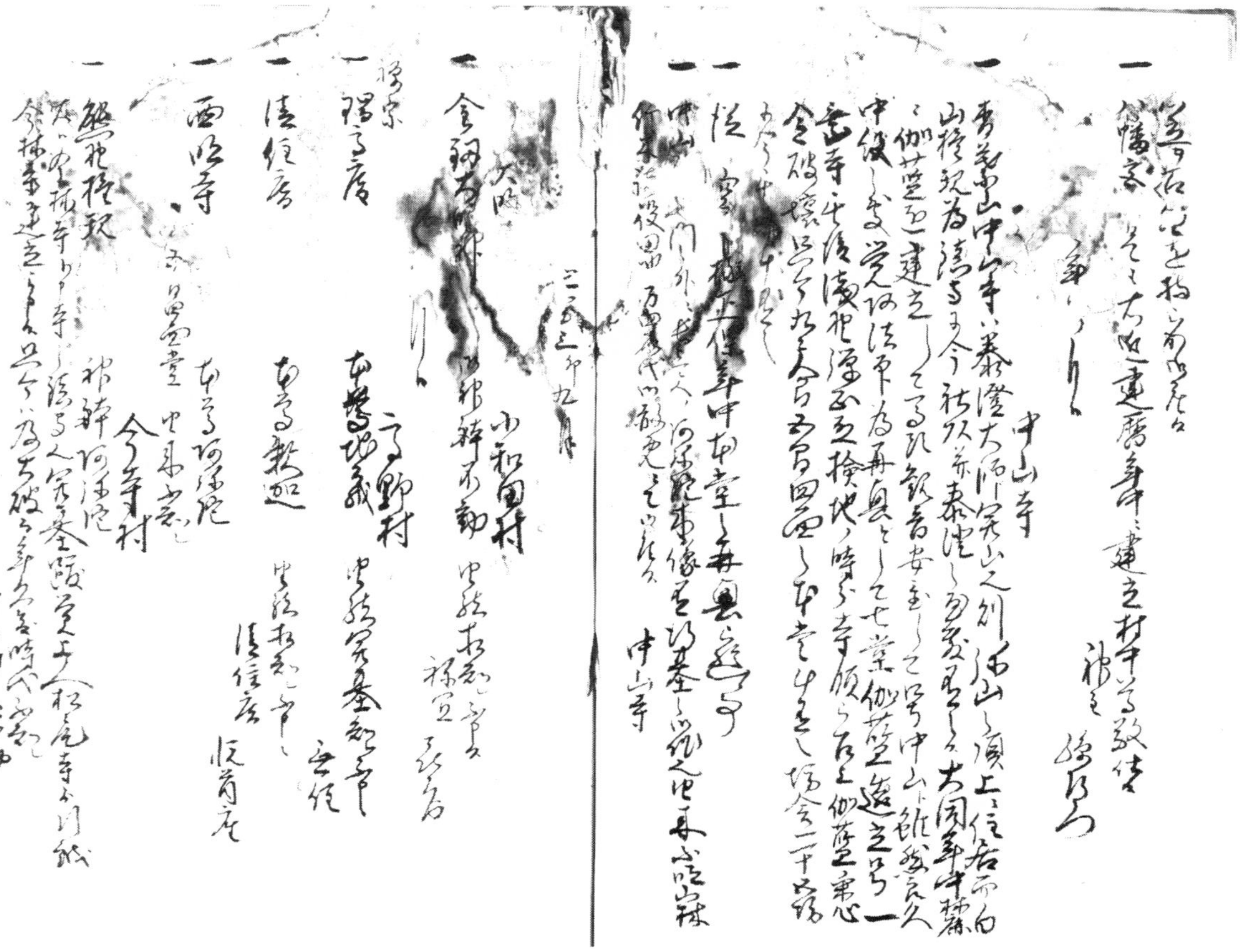

笠を召□(笛カ)を持被成御座候
一八幡宮　是も右近建暦年中ニ建立村中尊敬仕候
年号月日　　神主　孫左衛門
中山寺
一青葉山中山寺ハ泰澄大師開山也　則弥山之頂上ニ住居而白
山権現為鎮守于今社頭并泰澄之屋敷有之候　大同年中麓
ニ伽藍を建立して馬頭観音安置して号中山ト　雖然良久
中絶之処覚阿法印為再興として七堂伽藍造立号一
乗寺　其後浅野弾正殿検地ノ時分寺領被召上伽藍悉
令破壊　只今九尺間五間四面之本堂斗有之　坊舎二十五坊
于今其跡斗有之
一従空印様　正保年中本堂之再興被遊候事
一中山□□(仁王)門之外ニ長三尺ノ阿弥陀木像有　行基之御作也　由来不
明　山林竹木諸役田地百四石代々御赦免ニて御座候
延宝三卯九月　　中山寺
小和田村
一金劔大明神　御神体不動　由緒相知レ不申候
月　日　　祢宜　㐂右衛門
高野村
禅宗
一瑞高庵　本尊地蔵由緒開基知レ不申候　　無住
一清住庵　本尊釈迦由緒相知レ不申候
清住庵　悦首座
一西明寺　本尊阿弥陀
五間四面堂　由来不知レ
今寺村
一熊野権現　神躰阿弥陀
右ハ今林寺ト申寺之鎮守也　開基跋覚上人松尾寺ゟ引越
今林寺建立被申候　只今ハ及大破而年久敷時代不知レ
今寺村　新助

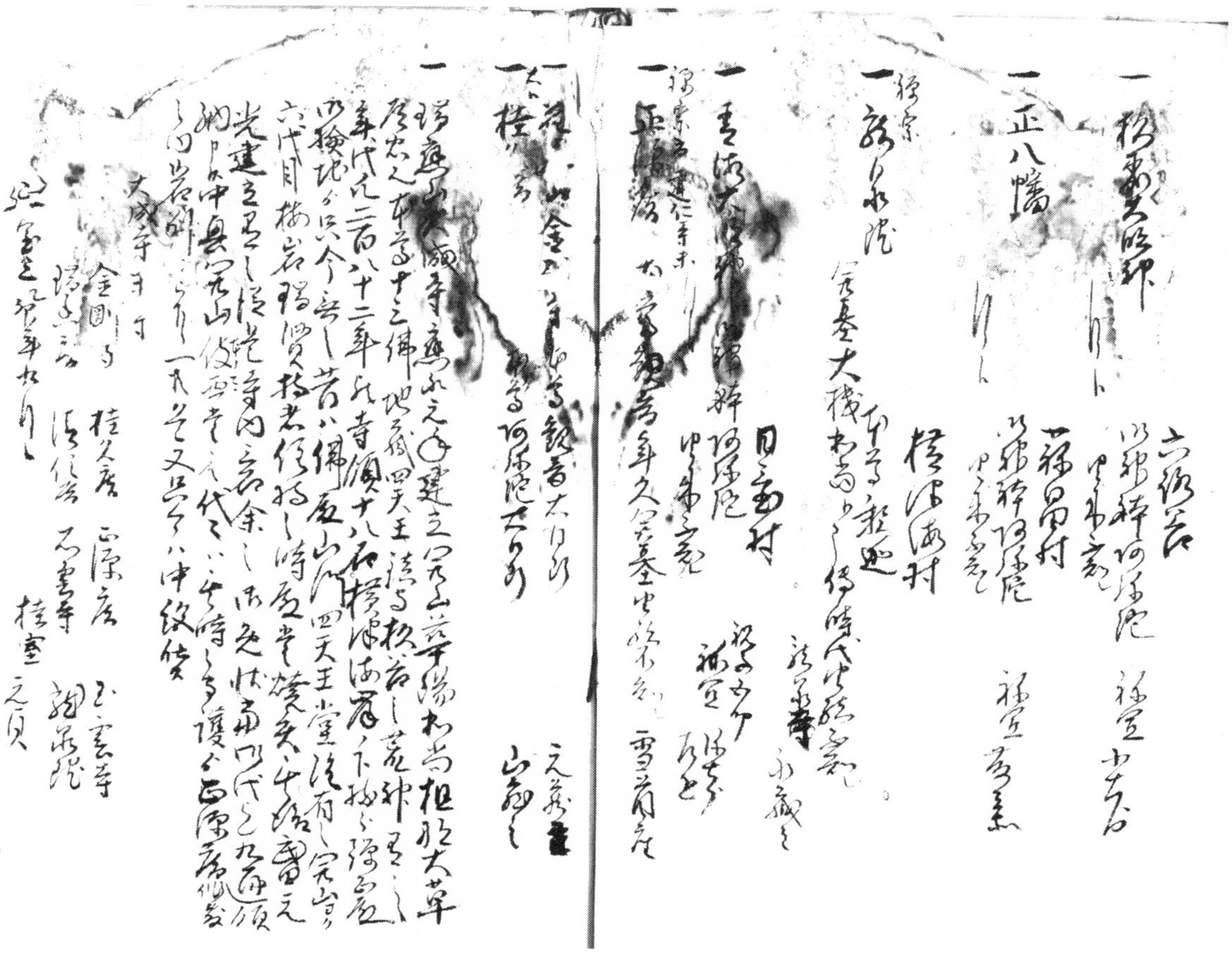

六路谷

一杉森大明神　御神躰阿弥陀由来不知レ
　月日　　蒜畠村　　　　祢宜　小右衛門

一正八幡　御神躰阿弥陀　由来不知レ
　月日　　横津海村　　　祢宜　藤兵衛

禅宗

一龍泉院　本尊釈迦　開基大機和尚ト申傳時代由緒不知レ
　　　日置村　　龍泉寺　永蔵主

一青海大明神　御神躰阿弥陀　由来不知レ
　月日　　　祝子　五助
　　　　　　祢宜　弥七郎
　　　　　　　　　左近

禅宗京建仁寺末

一正源庵　本尊観音年久開基由緒不知レ　雪首座

右同

一花山金剛寺　本尊観音右同断　元蔵王

右同

一桂久庵　本尊阿弥陀右同断　山蔵王

一瑞應山大成寺　應永元年建立　開山華陽和尚　担那大草
道忠也　本尊十三佛地蔵四天王鎮守杉谷之荒神有之
年代凡二百八十二年欤　寺領十八石横津海岸ノ下持分弾正殿
御検地ゟ只今無之　昔ハ佛殿山門四天王堂雖有之開山ヨリ
六代目梅岩瑞賢持者住持之時殿堂焼失其後武田元
光建立有之　従是寺内三石余之御免状当御代迠九通領
納申候　中興開山伎西堂之代々ハ其時之守護ゟ正源庵作敷
之内弐石別ニ被下候へ共　是又只今ハ中絶仕候

　大成寺末寺
　　金剛寺　桂久庵　正源庵　玉雲寺
　瑞香庵　清住庵　石雲寺　龍泉院

延宝三乙夘年九月　　　　桂室　元貞

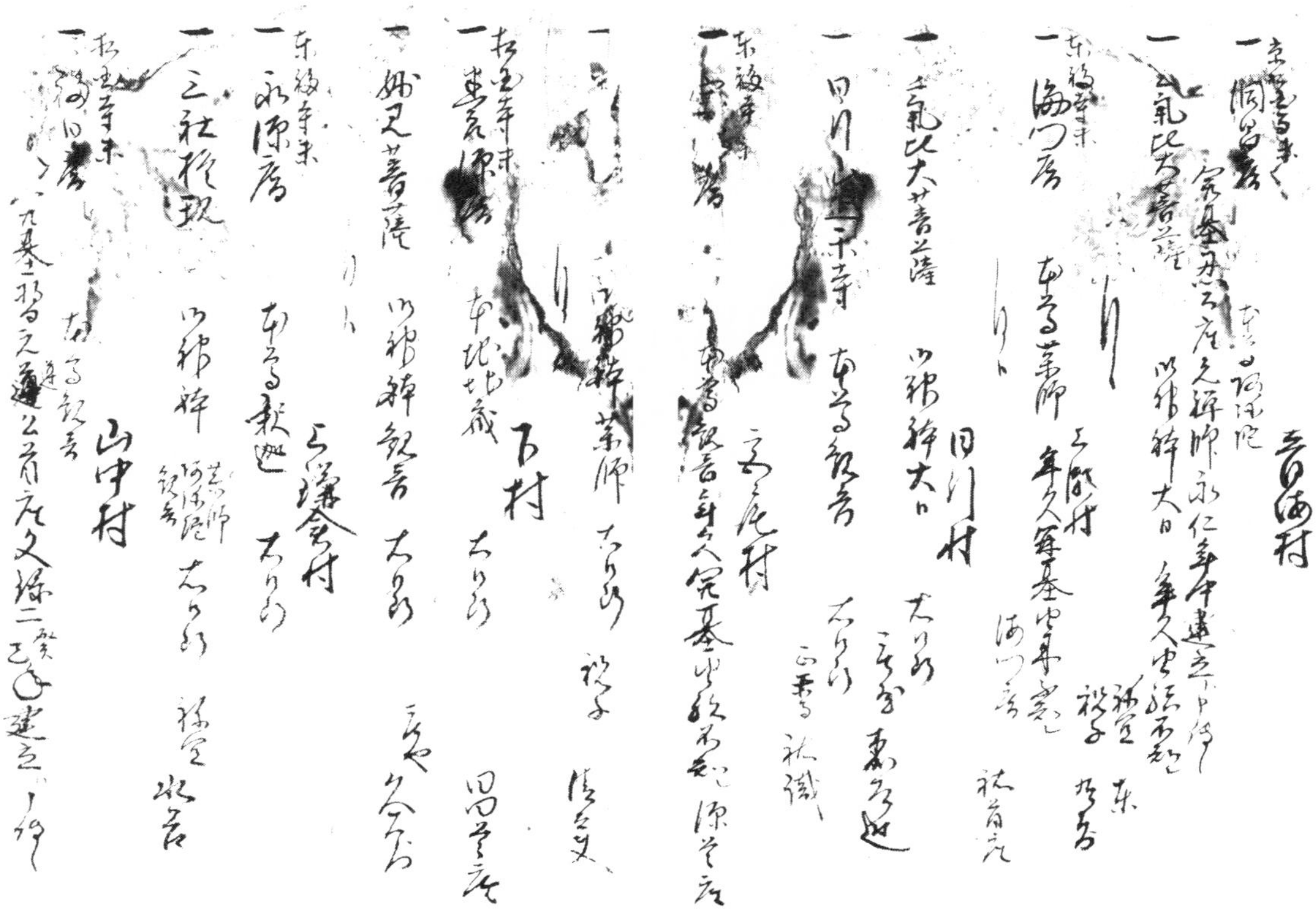

音海村

京相国寺末
一洞昌庵　本尊阿弥陀
開基忍公座元禅師　永仁年中建立卜申傳候
一氣比大菩薩　御神躰大日　年久由緒不知レ
月日
祢宜　東
祝子　九郎右衛門

上瀬村

東福寺末
一海門庵　本尊薬師　年久開基由来不知レ
月日
海門庵　祐首座

日引村

一氣比大菩薩　御神躰大日　右同断
庄屋　森左近
一日引山正楽寺　本尊観音　右同断
正楽寺　祐識

宮尾村

東福寺末
一宝珠庵　本尊観音　年久開基由緒不知レ
源首座
一□□（若王子）御神躰薬師　右同断
月日
祝子　清太夫

下村

相国寺末
一養源庵　本地地蔵　右同断
昌首座
一妙見菩薩　御神躰観音　右同断
月日
庄や　久右衛門

上鎌倉村

東福寺末
一永源庵　本尊釈迦　右同断
一三社権現　御神躰　薬師　阿弥陀　観音　右同断
祢宜　水谷

山中村

相国寺末
一福日庵　本尊観音
開基習元遵公首座　文禄二癸巳年建立卜申傳候

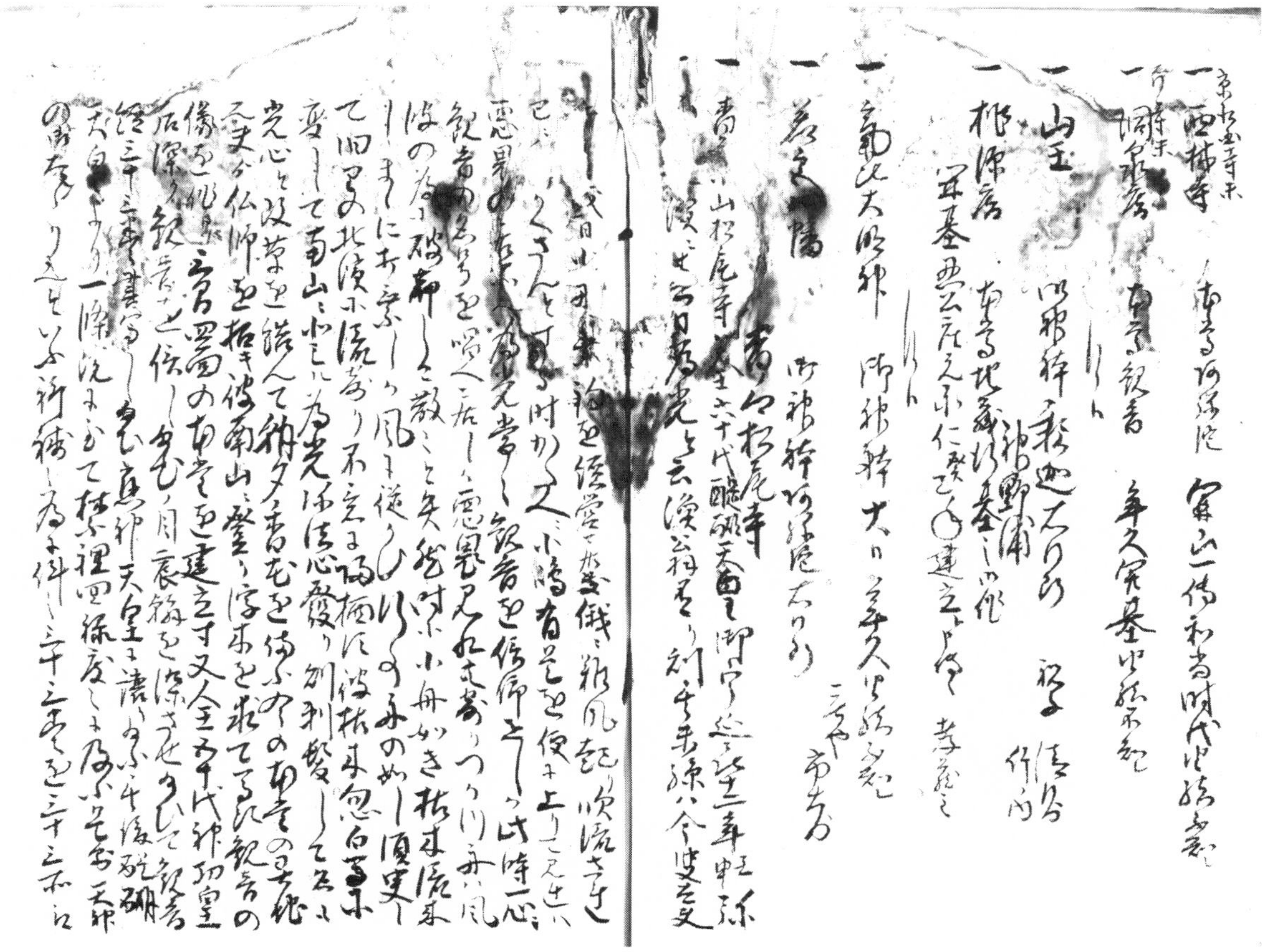

京相国寺末
一西林寺　本尊阿弥陀　開山一傳和尚時代由緒不知レ
右同寺末
一洞泉庵　本尊観音　年久開基由緒不知レ
一山王　御神躰釈迦　右同断
月日　　祝子　清左衛門
竹ノ内

神野浦
一桃源庵　本尊地蔵行基之御作
開基忍公座元永仁癸巳年建立ト申傳候
月日　　孝蔵主
一氣比大明神　御神躰大日　年久由緒不知レ
一若宮八幡　御神躰阿弥陀　右同断　　庄屋　市右衛門

青ノ郷　松尾寺
一青葉山松尾寺ハ人王六十代醍醐天皇御宇延㐂十二年壬甲弥
山□□□（北カ）濱ニ春日為光ト云漁翁有り　則其末孫ハ今叟太夫
□□□或日小舟ニ乗釣を経営居處　俄ニ難風起り吹流され
巳に□□かへさんとする時かたへニ小嶋有　是を便に上りて見れハ
悪鬼之居所也　為光常々観音を信仰せしか此時一心ニ
観音の名号を唱へ居しか悪鬼見れ共寄りつかつ舟ハ風
波の為に破却して散々と失　然時に小舟如き枯木流來
しま〻に打乗しか　風に従がひ行事舟の如し　須臾し
て旧里の北濱に流寄リ不意に帰栖す　彼枯木忽白馬に
変して南山ニ登ル　為光弥法心發リ則剃髪して名も
光心と改草を結んで朝夕香花を備ふ　今の本堂の㚑地
也　夫より仏師を招キ彼南山ニ登り浮木を求て馬頭観音の
像を作り三間四面の本堂を建立す　又人王五十代神功皇
后深く観音を信し給ひ自宸翰を染させ給ひて観音
経三十三巻書写し給ひ應神天皇に譲り給ふ　其後醍醐
天皇より一條院に至て禁裡回禄度々に及ふ　是則天神
の御た〻り也といふ　祈祷之為に件の三十三巻を三十三所江

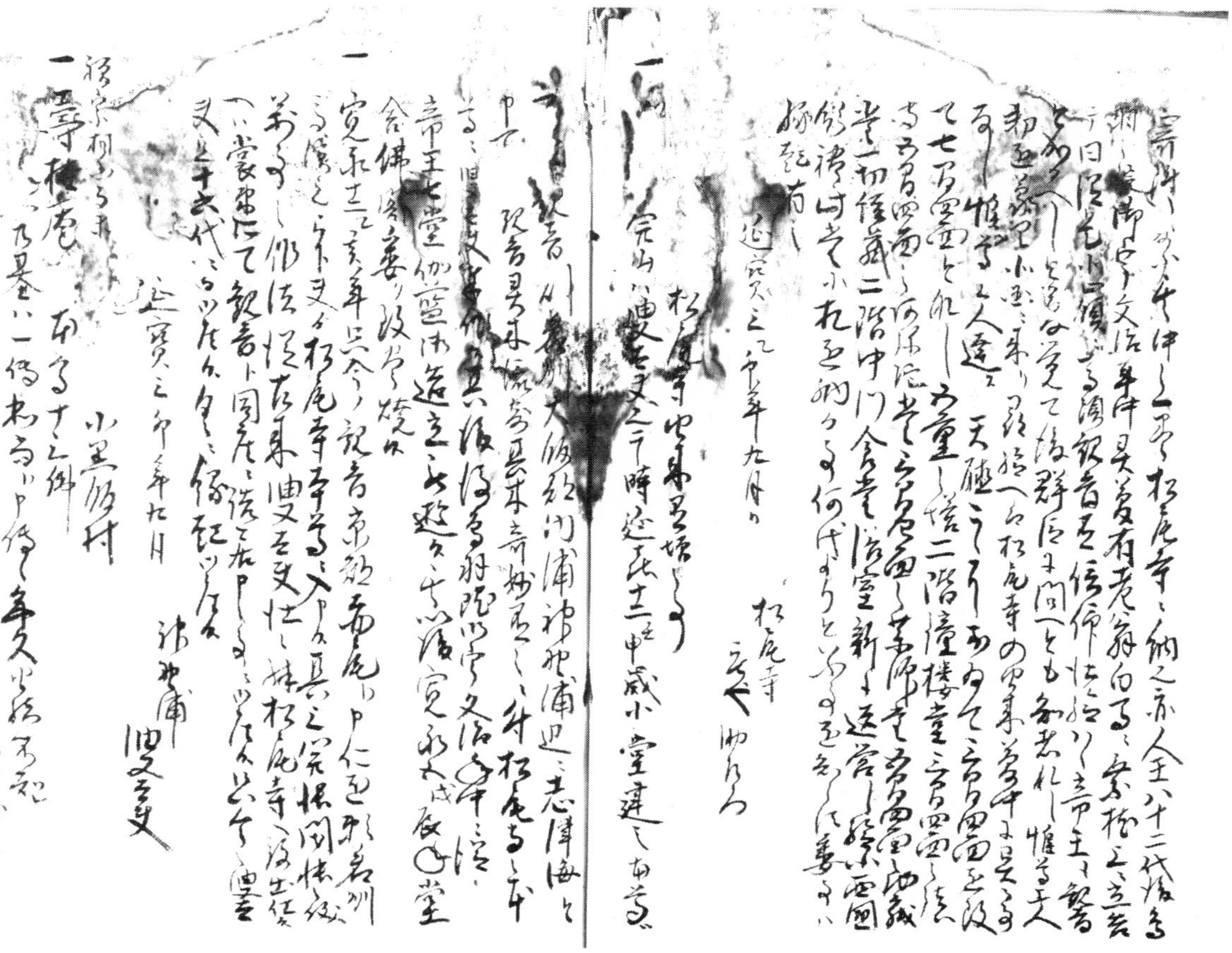

寄附し給ふ　其中之一巻松尾寺に納也　亦人王八十二代後鳥
羽之院御宇　文治年中炅夢有老翁白馬ニ乗枕上ニ立告
テ曰　従是北嶺馬頭観音有信仰仕給ハヽ帝王も観音
と成るべしと夢覚て後群臣に問へども知者なし　惟尊上人
勅を蒙り北国ニ來リ尋給へは　松尾寺之由来夢中に炅る事
なし　惟尊上人達ス　天聴　こゝにおいて三間四面を改
て七間四面となし五重之塔二階鐘楼堂三間四面之鎮
守五間四面之阿弥陀堂三間四面之薬師堂五間四面之地蔵
堂一切経蔵二階中門食堂浴室新に造営し給ふ　西國
順礼此堂に札を納る事何代よりといふ事を知らす　委事ハ
縁起有之

延寶三乙夘年九月日　　松尾寺
庄屋助左衛門

松尾寺由来有増之事

一 □□□(松尾寺カ)開山ハ叟太夫也　于時延喜十二壬甲歳小堂建之本尊ハ
馬□(頭)観音　則若州大飯郡内浦神野浦辺ニ志津海と
申所□観音炅木流寄其木奇妙有之ニ付松尾寺之本
尊ニ叟太夫奉作候　其後後鳥羽院御宇文治年中ニ従
帝王七堂伽藍御造立被遊候　其以後寛永五戊辰年堂
舎仏閣悉ク致炎焼候

一 寛永十二乙亥年只今ノ観音京都赤尾ト申仁を頼若州
高濱迠被下夫ゟ松尾寺本尊ニ入申候　其上開帳閉帳之儀
萬事之作法従古來叟太夫仕候　殊松尾寺へ致出仕候
へハ裳束にて観音ト同座ニ詰居申候事ニ御座候　只今之叟太
夫迠十六代ニ而御座候　具ニ縁起御座候

延宝三夘年九月　　神野浦　叟太夫

小黒飯村

禅宗相国寺末

一 壽桂庵　本尊十三佛
開基ハ一傳和尚ト申傳候　年久由緒不知レ
栄藏主

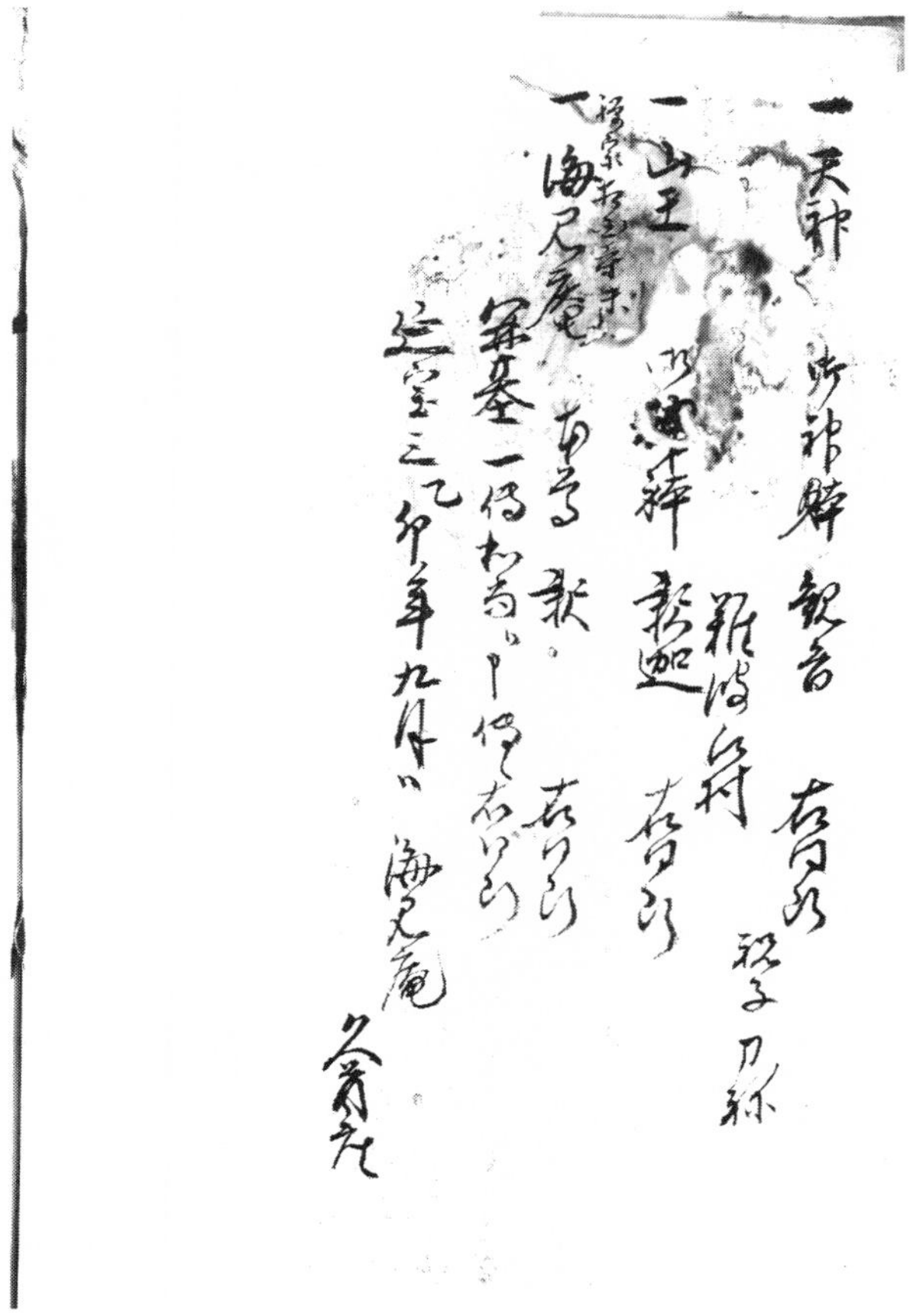

一天神　御神躰観音　右同断　　祝子　刀祢

難波江村

一山王　　御神躰　釈迦　　右同断

禅宗相国寺末

一海見庵　本尊　　釈□(迦カ)　　右同断

開基一傳和尚ト申傳候　右同断

延宝三乙夘年九月日　　海見庵　久首座

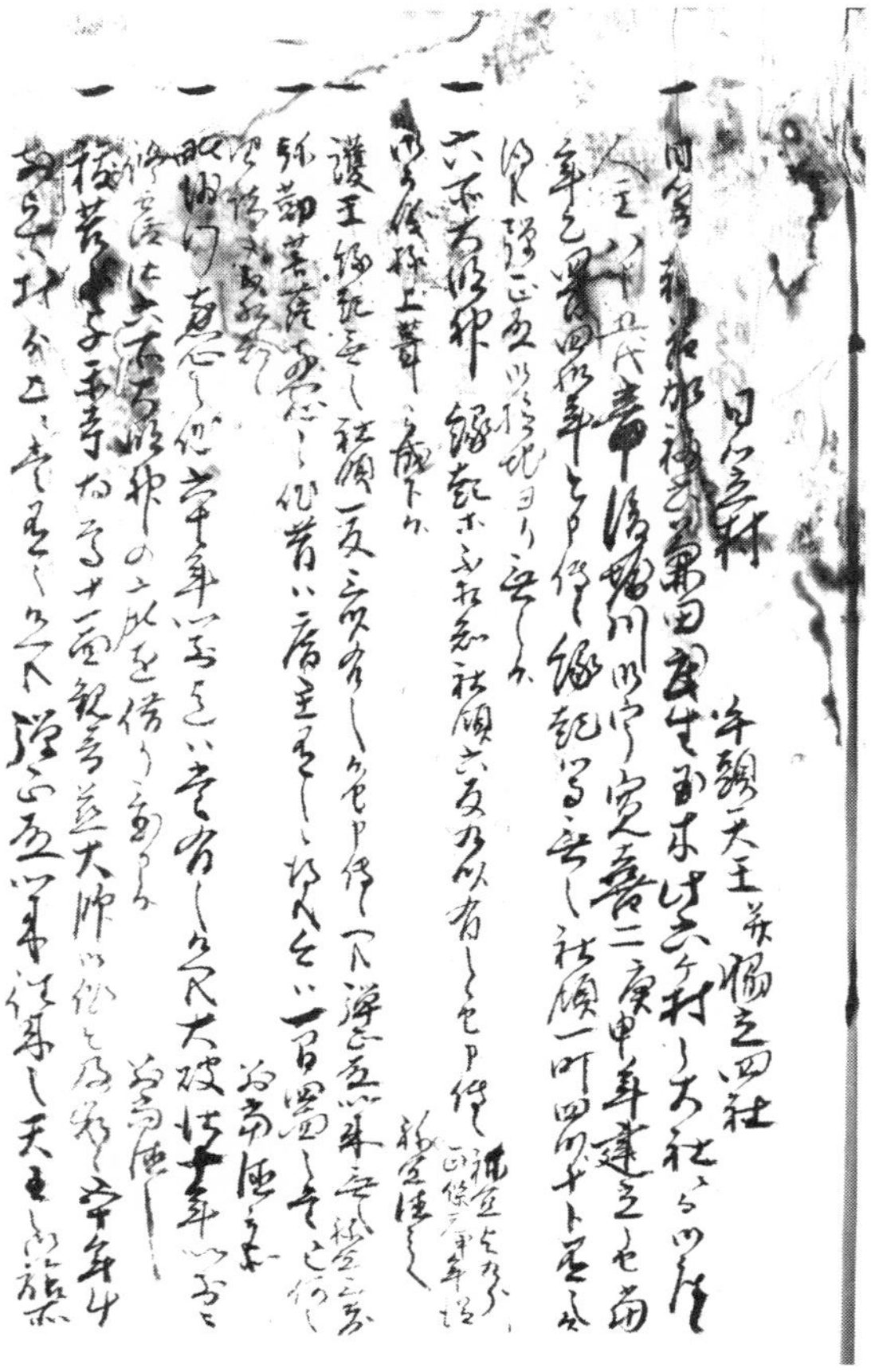

日笠村 午頭天王并脇立四社

一日笠神谷加福六兼田武生玉木此六ヶ村之大社ニ而御座候
人王八十五代帝後堀川御宇　寛喜二庚申年建立之由　当
年迠四百四拾年と申傳候　縁起等無之社領一町四畝十歩有之候
得共彈正殿御検地ヨリ無之候
一六所大明神　縁起等不相知　社領六反九畝有之候由申傳候
祢宜与九郎
正保元申年従
御公儀様上葺被成下候　祢宜徳兵衛
一護王縁起無之　社領一反三畝有之候由申傳候へ共彈正殿以來無之
祢宜三右衛門
一弥勒菩薩恵心之作昔ハ庵主有之候得共今ハ一間四面之堂ニて何之
由緒も不相知候　別当　徳兵衛
一毘沙門恵心之作　六十年以前迠ハ堂有之候へ共大破仕十年以前ニ
修復仕六所大明神之庇を借り置申候　別当　徳兵衛
一秡苦山与楽寺　本尊十一面観音慈大師御作と及承候　五十年斗
前迠ハ村ゟ上ニ堂有之候へ共彈正殿以來往來之天王之御旅所

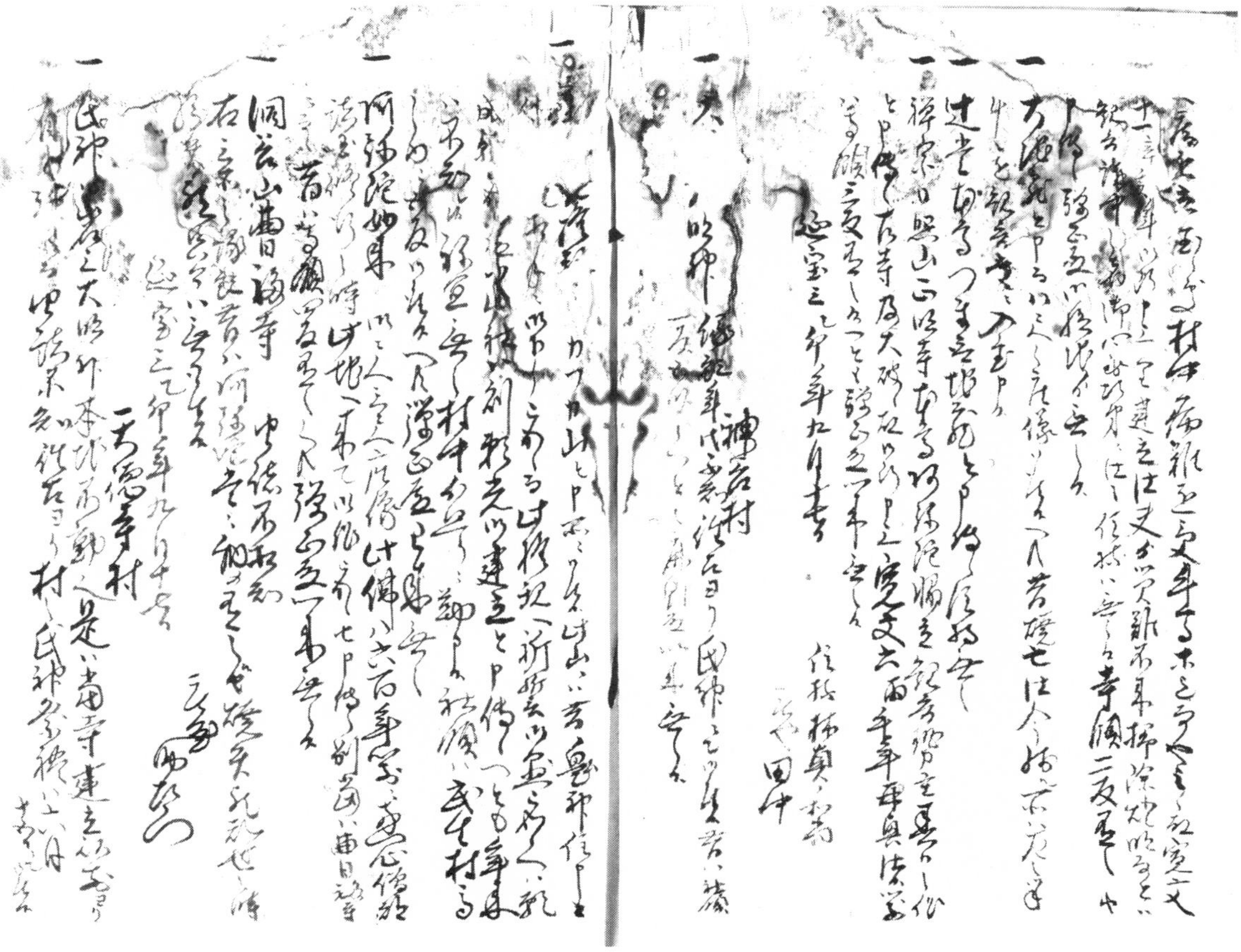

へ庵を立置候處　村中病難を受牛馬ホ迠なやみ候故　寛文
十一辛亥年御断申上堂建立仕　夫ら災難不來掃除燈明なとハ
観音講中之者御鬮次第ニ仕候　住持ハ無之候　寺領二反有之由
申傳候　弾正殿御検地ら無之候
一大地蔵と申而八尺之座像御座候へ共　昔焼亡仕今残ル所ハ左之御手
斗を観音堂ニ入置申候
一辻堂　本尊つま取地蔵と申傳候　住持無之
一禅宗 日照山正明寺　本尊阿弥陀　脇立観音勢至　春日之作
と申傳候　右寺及大破候故御断申上　寛文六丙午年再興仕候　以前
ハ寺領三反有之候へとも弾正殿以来無之候
延宝三乙夘年九月十七日
住持　林真和尚
庄や　田中

神谷村

一大□(日カ)明神　縁起年代不知　往古ヨリ氏神ニて御座候　昔ハ社領
一反五畝候へとも厤野殿以来無之候
一□□(宝篋カ)権現　カフカ山と申所ニ御座候　此山ニハ昔鬼神住申候
付□□(頼光カ)相手ニ御下り被成候而此権現へ祈誓御懸被成候へハ願
成就□□(被成)候故　当社ハ則頼光御建立と申傳候へとも年來
ハ不知レ候　祢宜無之村中ら廻りニ勤申候　社領ハ武生村高
之内ニ五反御座候へ共弾正殿巳来無之
一阿弥陀如来　御尺三尺座像　此佛ハ六百年以前ニ恵心僧都
諸国修行之時　此地へ來て御作被成候由申傳候　別当ハ曹福寺
ニ而候　昔ハ寺領四反有之候へ共弾正殿以來無之候
一洞谷山曹福寺　由緒不相知
右三所之縁起　昔ハ阿弥陀堂ニ納メ有之候由焼失欤乱世之時
紛失欤　只今ハ無御座候
延宝三乙夘年九月十七日
庄屋　助左衛門

天徳寺村

一氏神ハ岩上大明神　本地不動也　是ハ当寺建立以前ヨリ
有之神ニ而由緒不知　往古ヨリ村之氏神　祭禮ハ六月十五日ニ御座候

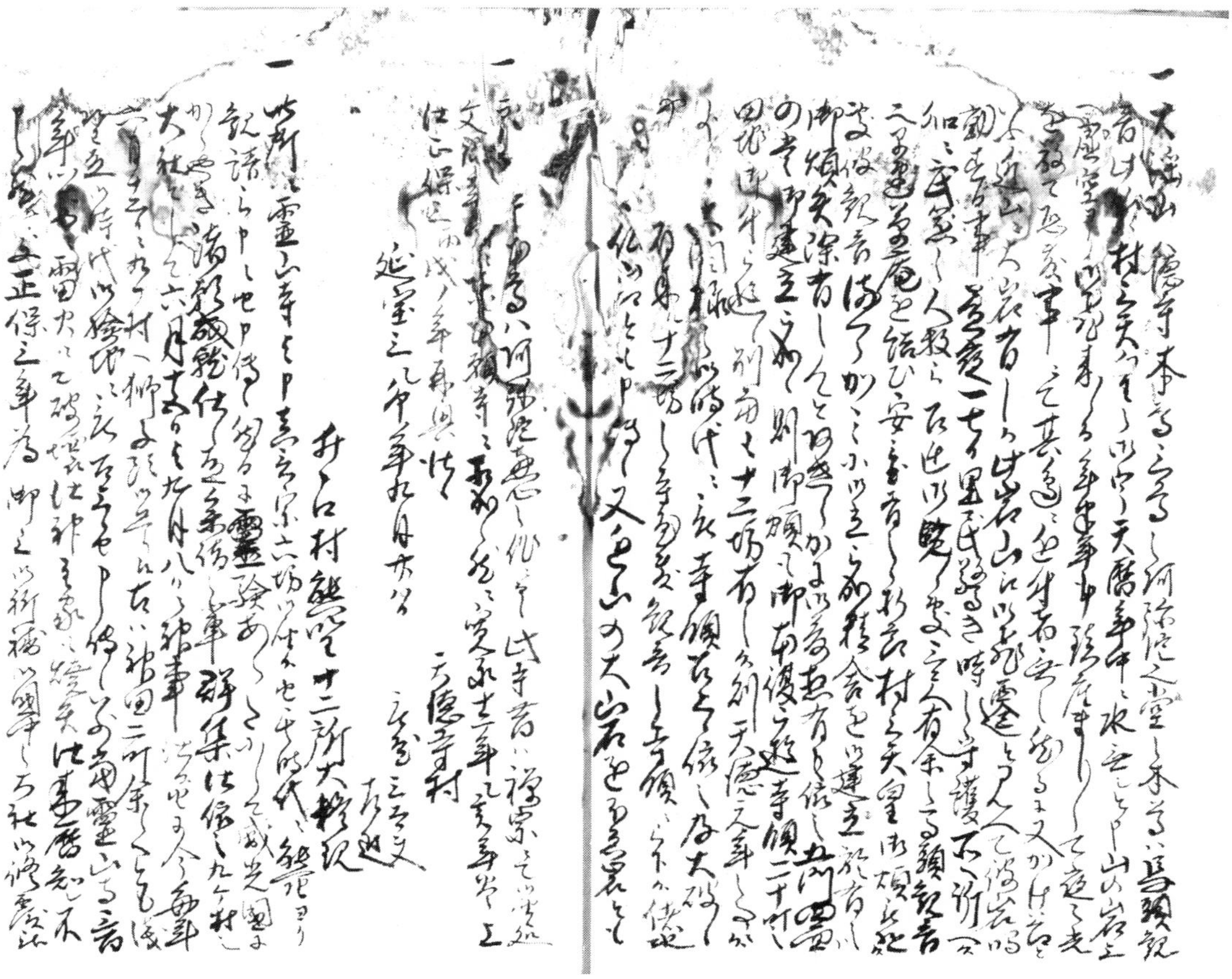

一大揺(マヽ)山天徳寺　本尊三尊之阿弥陀也　堂之本尊ハ馬頭観
音　此仏ハ村上天皇之御宇　天暦年中ニ水無シと申山の岩上
へ虚空ヨリ御飛來候而年半年斗鎮座まし〳〵て夜々光
を放て恐敷事ニて其邊ニ近付者無し　然るに又がけ谷と
いふ近山ニ大岩有しか　此岩山江御飛遷と見へて彼岩鳴
動する事昼夜一七日里民驚き時之守護所へ訴へ候
処ニ武器之人数被召連御覧候處三尺有余之馬頭観音
也　早速草庵を結ひ安置有之候　折節村上天皇御煩被遊候
處彼観音まくらか、みに御立被成精舎を御建立於有之
御煩失除有之んとあきらかに御夢想有之　依之五間四面
の堂御建立被成候　則御煩も御本復被遊寺領二十町之
田地御付被遊候　別当も十二坊有之候　則天徳元年之事ニ候
よし　太閤様之御時代ニ被寺領召上候　依之及大破候
□□□有来ル十二坊之寺屋敷観音之寺領ニ被下候　偖地
□□□(申傳候カ)□仏岩とも申傳候　又近山の大岩をほゑ岩とも
□□□
一□□(良念カ)寺　本尊は阿弥陀恵心之作ニ而候　此寺昔ハ禅宗ニて御座候処
文禄年中ニ東本願寺ニ相成候　然ニ寛永十二年乙亥年炎上
仕　正保三丙戌ノ年再興仕候
延宝三乙夘年九月廿八日　天徳寺村　庄屋　三太夫
左近

井ノ口村 熊野十二所大権現

一此所ニ霊山寺与申真言宗六坊御座候由　其時代ニ熊野ヨリ
勧請被申候由申傳候　然るに霊験あらたにして威光國に
かがやき諸願成就仕候故　参詣之輩群集仕　依之九ヶ村之
大社として六月十五日与九月八日ニ神事仕候由　于今毎年
六月十二日ニ九ヶ村へ獅子頭御廻リ候　古ハ神田二町余候へとも浅
野殿御時代御検地ニ被召上候由申傳候　別当霊山寺三百
年以前雷火ニて破壊仕神主家も焼失仕來暦知レ不
申候　然る處正保三年為御上御祈祷御國中之大社御修覆被

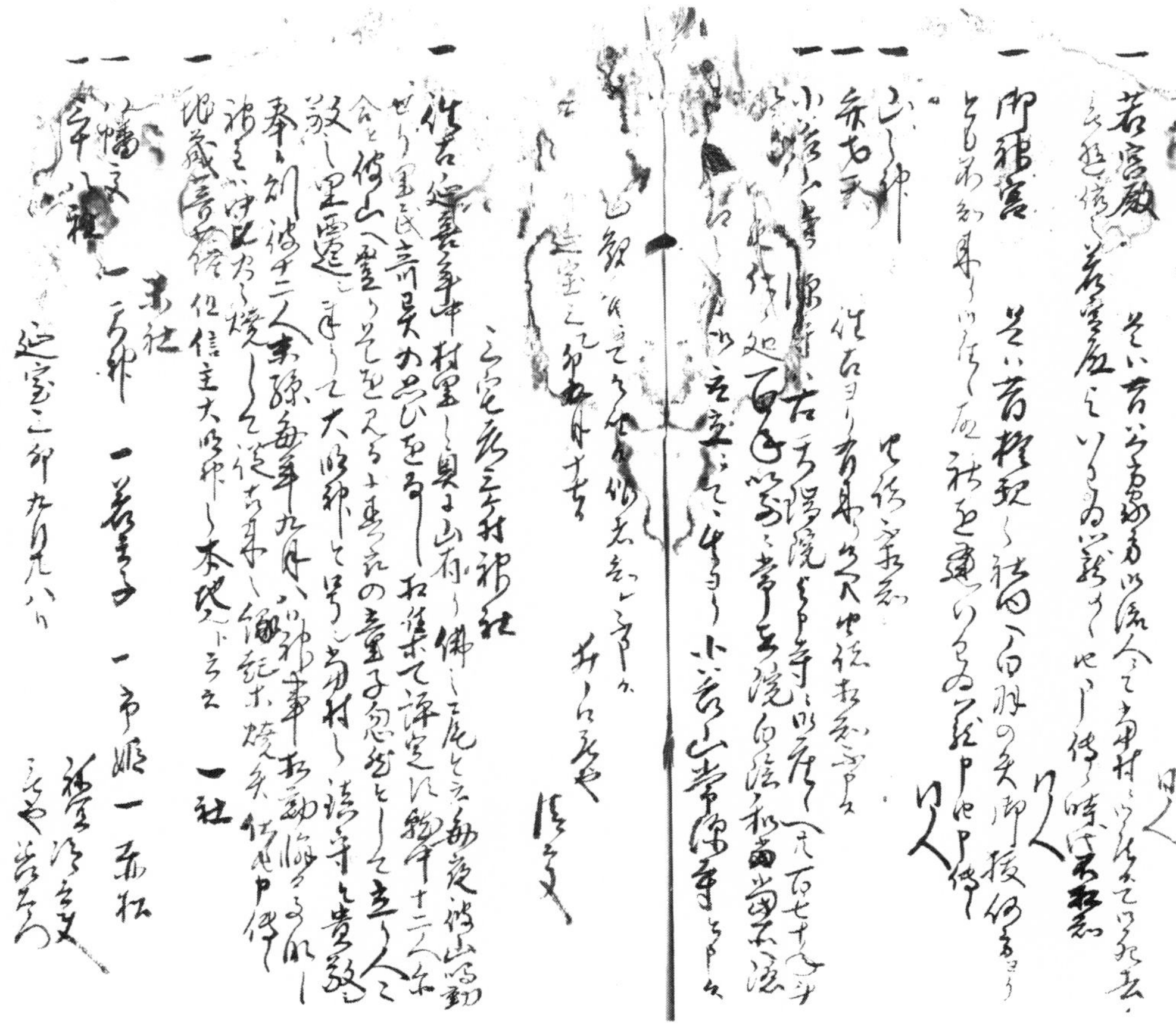

遊被下候節　当社も上葺修補等被遊被下候
祢宜　孫太夫
一毘沙門堂　是ハ往古ヨリ御座候へ共由緒相知レ不申候
同人
一若宮殿　是ハ昔公方家方御流人ニて当村ニ御座候て御死去
被遊　依之若宮殿といわゐ籠メ候由申傳候　時代不相知
同人
一御神宮　是ハ昔権現之社内へ白羽の矢御抜何方ヨリ
とも不知来リ御座候故　社を建いわゐ籠申由申傳候
一山之神　由緒不相知
一弁才天　往古ヨリ有來リ候へ共由緒相知不申候
一小谷山□（常カ）源寺ハ古天瑞院与申寺ニ御座候へ共　百七十年斗
以前□□絶仕候処　百年以前ニ常在院白陰和尚当所へ隠
□召に付御取立ニて其ヨリ小谷山常源寺と申候
□□（本尊カ）ハ正観音ニて御座候　作者知レ不申候
延宝三乙夘九月十七日
井ノ口庄や　清太夫

三宅庄三ヶ村神社
一往古延喜年中村里之奥に山有り佛之尾と云　毎夜彼山鳴動
せり　里民奇旲の思ひをなし相集て評定す　就中十二人示
合せ彼山へ登り是を見るに春衣の童子忽然として立り　人々
敬之里遷し奉りて大明神と号シ　当村之鎮守と貴敬シ
奉候　則彼十二人末孫毎年九月八日神事相勤懈る事なし
神主ハ中比炎焼して従古來之縁起等焼失仕由申傳候
一地蔵菩薩　但信主大明神之本地也ト云云　一社
末社
一八幡宮　一天神　一若王子　一市姫　一赤松
一三十八社
延宝三夘九月廿八日
祢宜　治郎太夫
庄や　善右衛門

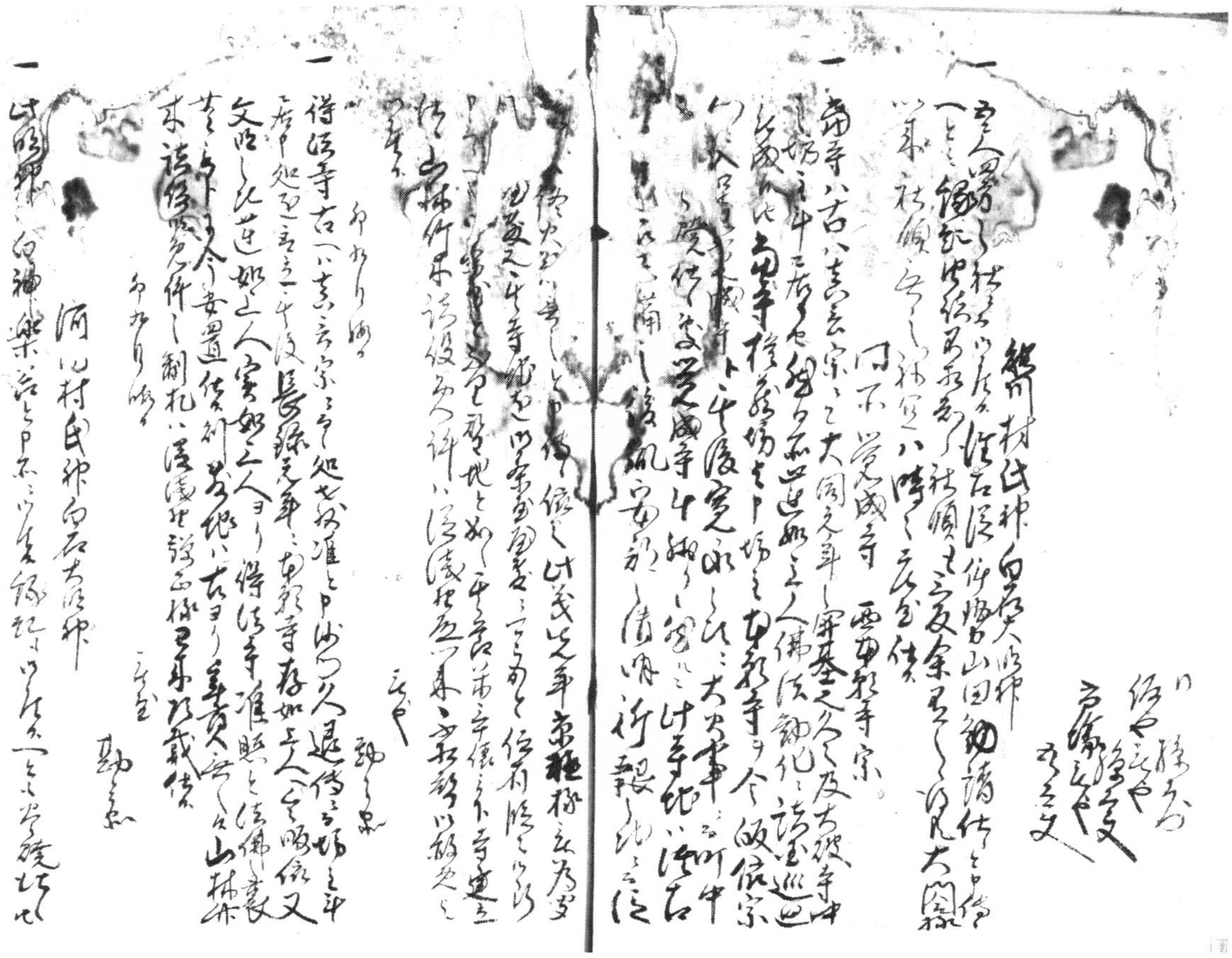

同　孫右衛門
仮や庄や　孫太夫
市場庄や　五郎太夫

熊川村　氏神　白石大明神

一五尺四方之社ニ而御座候　往古従伊勢山田勧請仕候と申傳候
へとも縁起由緒不相知候　社領も三反余有之候得共大閤様
以來社領無之　祢宜ハ時々庄屋仕候

同所　覚成寺　西本願寺宗

一当寺ハ古ハ真言宗ニて大同元年之開基也　久々及大破寺中
之坊主斗居候由　然る所蓮如上人佛法勧化ニ諸国巡廻
被成候由　当寺権蔵坊与申坊主本願寺を令皈依宗
門ニ入号覚成寺ト　其後寛永之頃ニ大火事ニて町中
□□（不残災カ）焼仕候處覚成寺斗残リ候　然ルニ此寺地ハ往古
□□□□備之後胤安部之清明祈□（祷カ）之地ニ而従
□□□終火難無之と申傳候　依之此義先年京極様被為聞
□□□屋敷也　其寺地を御茶屋屋敷ニ可被成と仰有段々御断
申候へ共御茶屋とふり替地と成候　其節米三十俵被下寺建立
仕候　山林竹木諸役免許ハ従浅野殿以來不相替御赦免与
御座候

卯九月晦日

庄や　勘兵衛

一得法寺　古へハ真言宗ニ而候処教准と申沙門退傳ニ而坊主斗
居申処を取立　其後長禄元年ニ本願寺存知上人へ令皈依又
文明之比蓮如上人実如上人ヨリ得法寺准照と法佛之裏
書被下　于今安置仕候　則敷地ハ古ヨリ年貢無之候　山林竹
木諸役御免許之制札ハ浅野弾正様已来頂戴仕候

卯九月晦日

庄屋　勘兵衛

河内村　氏神　白石大明神

一此明神白神楽谷と申所ニ御座候　縁起も御座候へとも炎焼仕候由

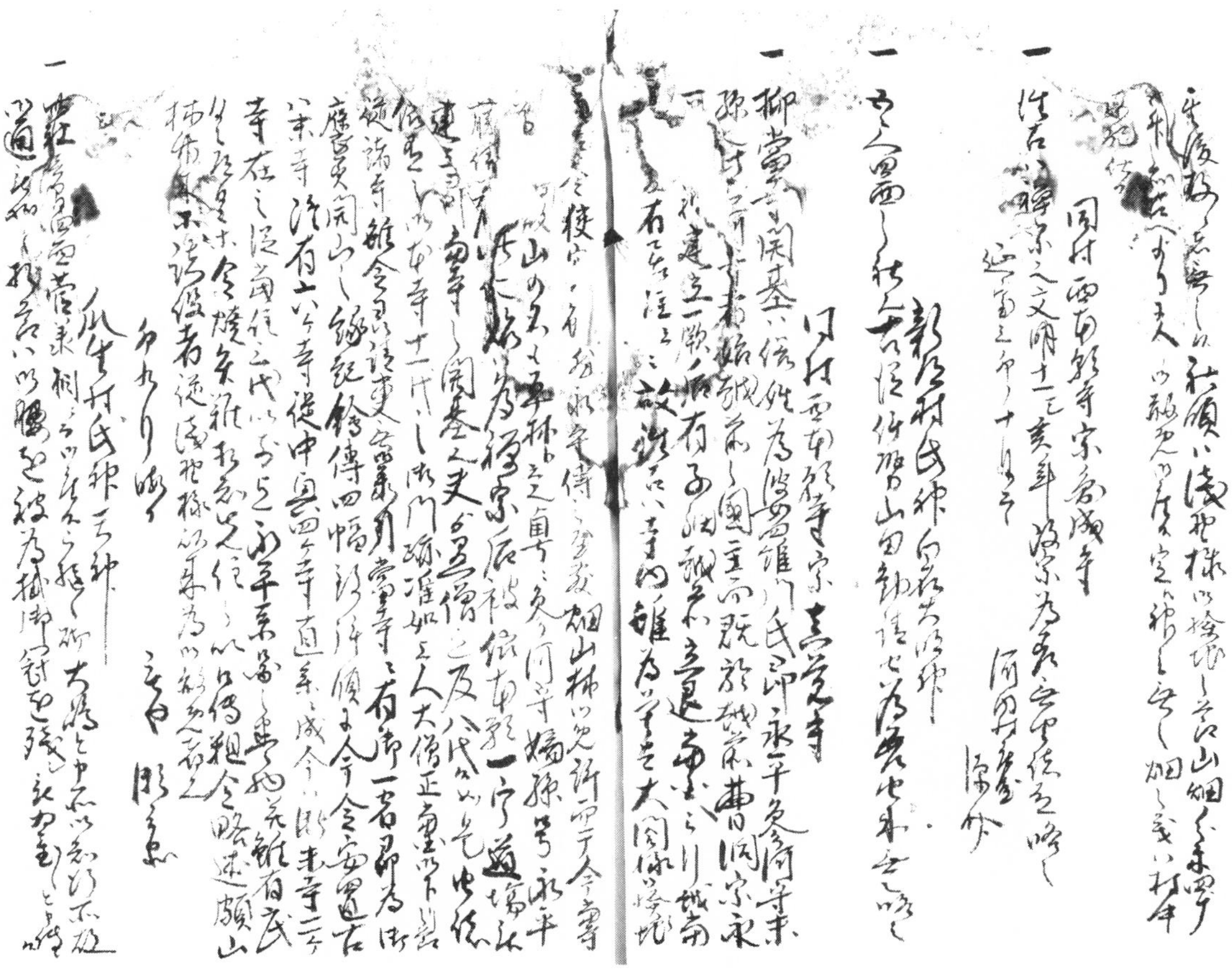

其後存候者無之候　社領ハ浅野様御検地之節山畑分米四斗
五升之所古へより于今御赦免御座候　定ル神主無之畑之義ハ村中
支配仕候

同村　西本願寺宗圓成寺

一往古ハ禅宗也　文明十一巳亥年改宗為差無由緒故略之

延宝三夘ノ十月二日　　河内村庄屋　源介

新道村氏神白石大明神

一五尺四面之社也　古従伊勢山田勧請由為差由來無之略之

同村　西本願寺宗　真覚寺

一抑當寺開基ハ俗姓為婆羅門氏即永平参河守末
孫也　此三河守者始越前之國主而既於越前曹洞宗永
平□(平カ)被建立　厥后有子細越前立退当国へ被引越当
□□□有居住云々故　往古ハ寺内雖為莫太太閤様御検地
□□(已来令カ)狭□(究カ)　雖然永平傳之屋敷畑山林御免許而于今当寺
□□□□故山の名も平林と云也　粤ニ参河守嫡孫号永平
藤衛門殿此仁始ハ為禅宗后被依本願一宇道場被
建立　即当寺之開基也　夫ゟ愚僧迨及八代候　如是由緒
依有之御本寺十一代之御門跡准如上人大僧正当国御下リ之節
従諸寺雖令□(即カ)請更無御承引當寺ニ有御一宿即為御
褒美開山之縁起繪傳四幅致拝領　于今令安置　古
ハ末寺雖有六ケ寺従中興四ケ寺直参に成　今ハ漸末寺二ケ
寺在之　従当住三代以前迠永平系圖之巻物并雖有武
具等令焼失難相知先住之以口傳粗令略述頗山
林竹木等諸役者従浅野様以來為御赦免者也

夘九月晦日　　庄や　瀬兵衛

瓜生村氏神天神

一此社壱間四面萱兼相ニ而御座候　被遊候砌大島と申所御知行所故
御通被成候折節ハ御腰を被為掛御冠を残シ被為置候と申傳候

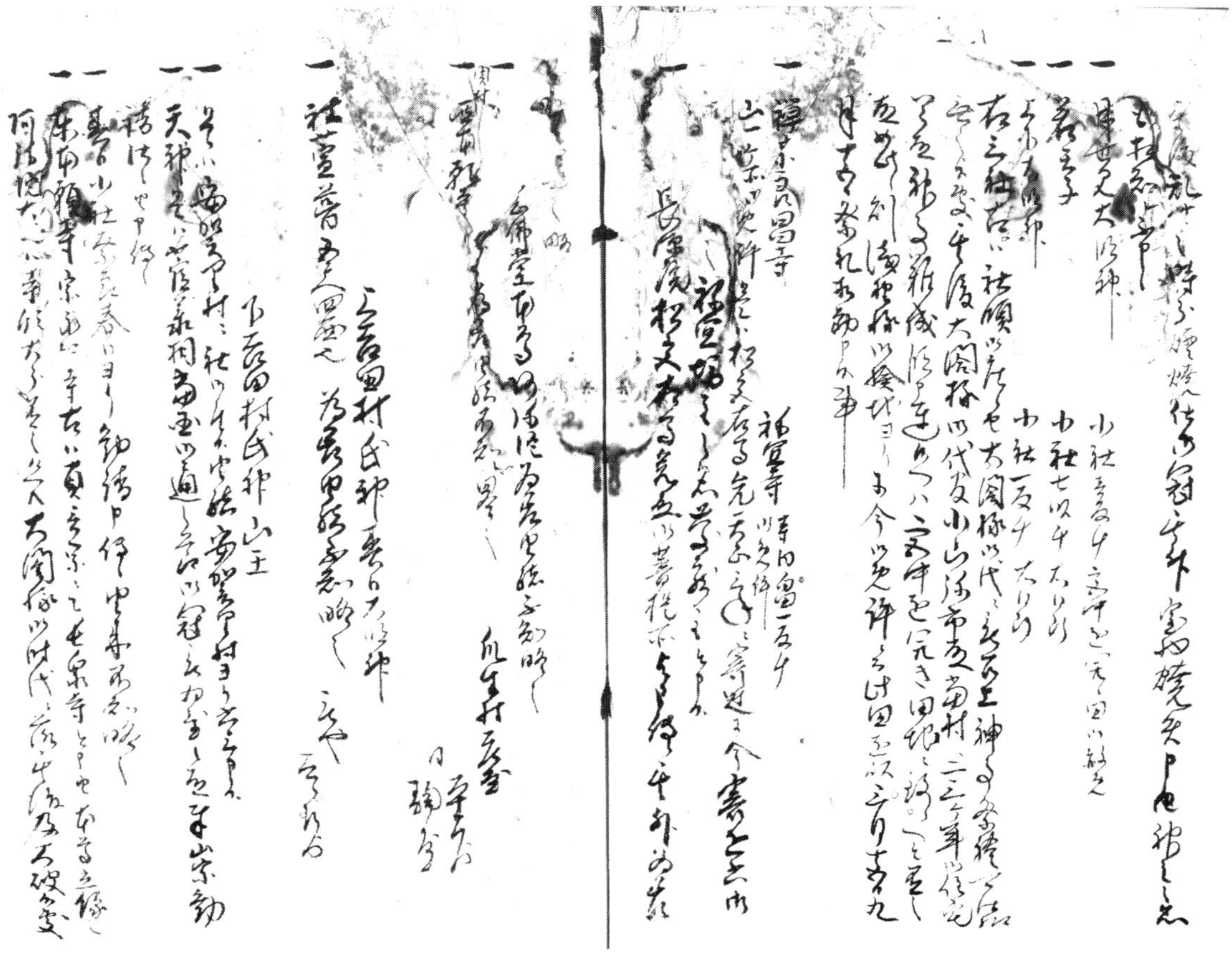

其後乱世之時分煙焼仕御冠其外宝物焼失申由神主之名
も相知レ不申候
一月世見大明神　小社壱反斗宮中を開候田御赦免
一若王子　小社七畝斗右同断
一上下大明神　小社一反斗右同断
右三社古ハ社領御座候由大閤様御代ニ被召上神事祭禮可仕様
無之候處　其後大閤様御代官小山弥市殿当村ニ二三ヶ年御住宅
候故　神事難儀段申達候へハ　宮中を開き田地ニ致候へと有之
故如此候　則浅野様御検地ヨリ于今御免許ニ而此田を以三月十五日九
月十五日祭礼相勤申候事
一禅宗 良昌寺　祢宜寺　寺内畠一反斗御免許
山一ヶ所御免許　是ハ松宮右馬允天正三年ニ寄進于今寄進書御
□□□(由緒無カ)之略□祢宜坊主之名慶蔵主と申候
一□□□長源院　松宮右馬允殿御菩提所与申傳候　其外為差
□□□(由来無カ)之略
一□□□念佛堂　本尊阿弥陀為差由緒不知略之
一関村　西本願寺□□□為差由緒不知畧之　瓜生村庄屋　平右衛門
上吉田村　氏神春日大明神　同　麹屋
一社萱葺五尺四面也　為差由緒不知略之　庄や　太郎左衛門
下吉田村　氏神山王
一是ハ安賀里村ニ社御座候　由緒安賀里村ヨリ書上申候
一天神　是ハ菅丞相当国御通之節御冠被為置候故　奉崇勧
請仕候由申傳候
一春日小社　奈良春日ヨリ勧請申傳候由來不知略之
一東本願寺宗永□(知カ)寺　古ハ真言宗ニて長泉寺と申由本尊立像之
阿弥陀　古へハ寺領大分有之候へ共大閤様御時代に落　其後及大破候處

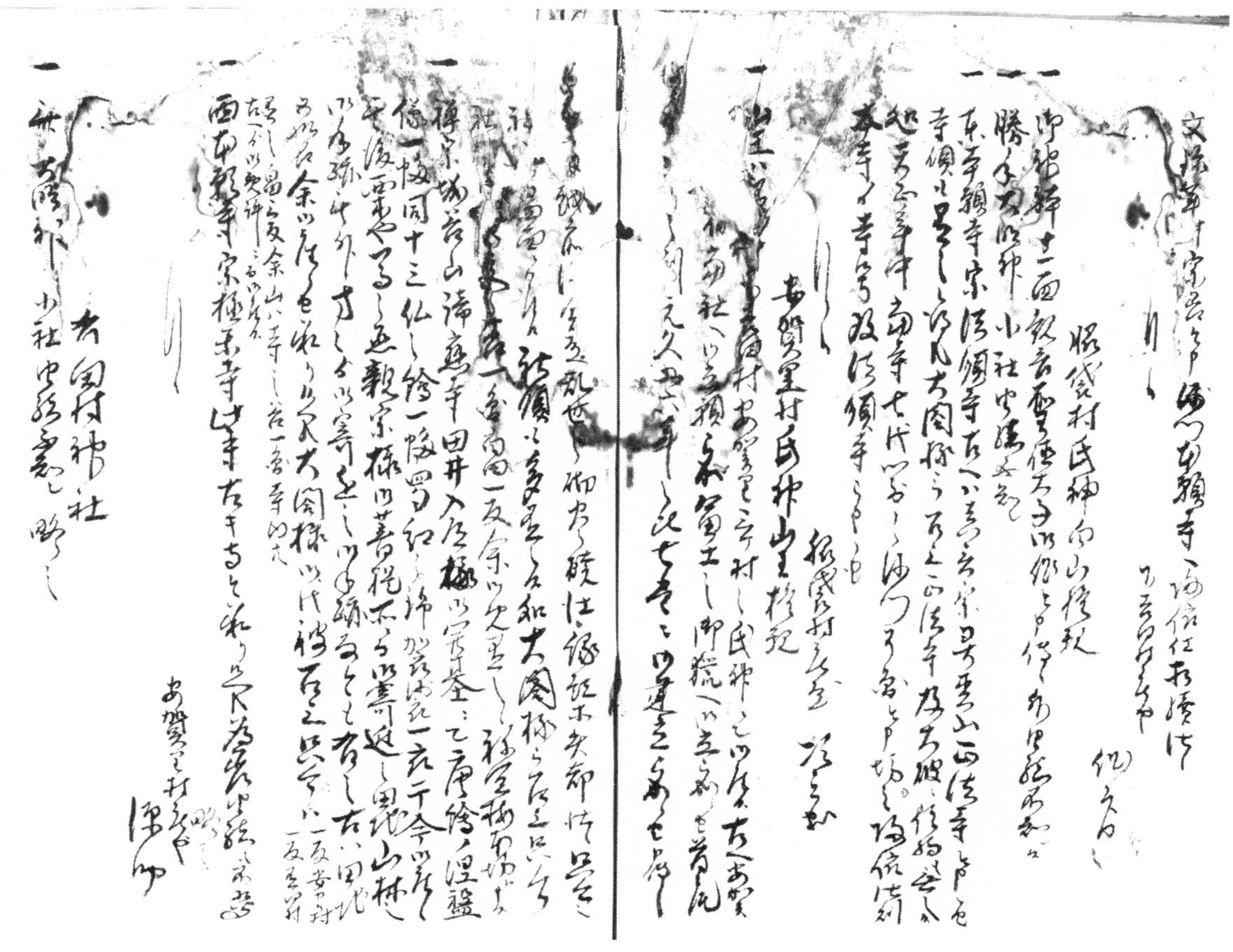

文禄年中宗善と申沙門本願寺へ帰依仕相續仕候

下吉田村庄や　作右衛門

月日

脇袋村氏神白山権現

一御神躰　十一面観音聖徳大子御作と申傳候　外由緒不知レ候

一勝手大明神　小社由緒不知レ

一東本願寺宗法順寺　古へハ真言宗㚖松山正法寺と申候由
寺領も有之候得共大閤様被召上正法寺及大破ニ住持も無之候
処　天正年中当寺七代以前之沙門了圓と申坊主帰依仕則
本寺ゟ寺号改法順寺被申候由

月日　脇袋村庄屋　次兵衛

安賀里村 氏神山王権現

一山王ハ有□□(田村カ)下吉田村安賀里三ヶ村之氏神ニて御座候　古へ安賀
里□□殿当社へ御立願被成冨士之御猟へ御立被成候由首尾
□□(其後カ)リ之刻　元久五六年之比七堂ニ御建立被成候由申傳候
□□越前□(朝カ)倉殿乱世之砌炎焼仕縁起等失却仕候　只今之
社ハ□□四面ニ御座候　社領も多有之候処大閤様被召上只今
社領ハ□□(其後カ)宮之谷一圓畠一反余御免有之候　祢宜梅本坊と申候

一禅宗城谷山諦應寺　田井入道様御開基ニて唐繪ノ涅盤
像一幅同十三仏之繪一幅蜀紅之錦袈裟一衣于今御座候
其後栗や馬之丞(マヽ)親宗様御菩提所ニ而御寄進之田地山林之
御手跡　其外方々ゟ御寄進之御手跡なとも有之　古ハ田地
五拾石余御座候由承リ候へ共　大閤様御代被召上只今ハ一反安カリ村 一反有田村
有之畠三反余山ハ寺之谷一円寺内共 古へより御免許ニ而御座候

一西本願寺宗極楽寺　此寺古キ寺と承リ候へ共為差由緒も不相聞略之

月日　安賀里村庄や 源助

有田村神社

一斎大明神　小社由緒不知レ略之

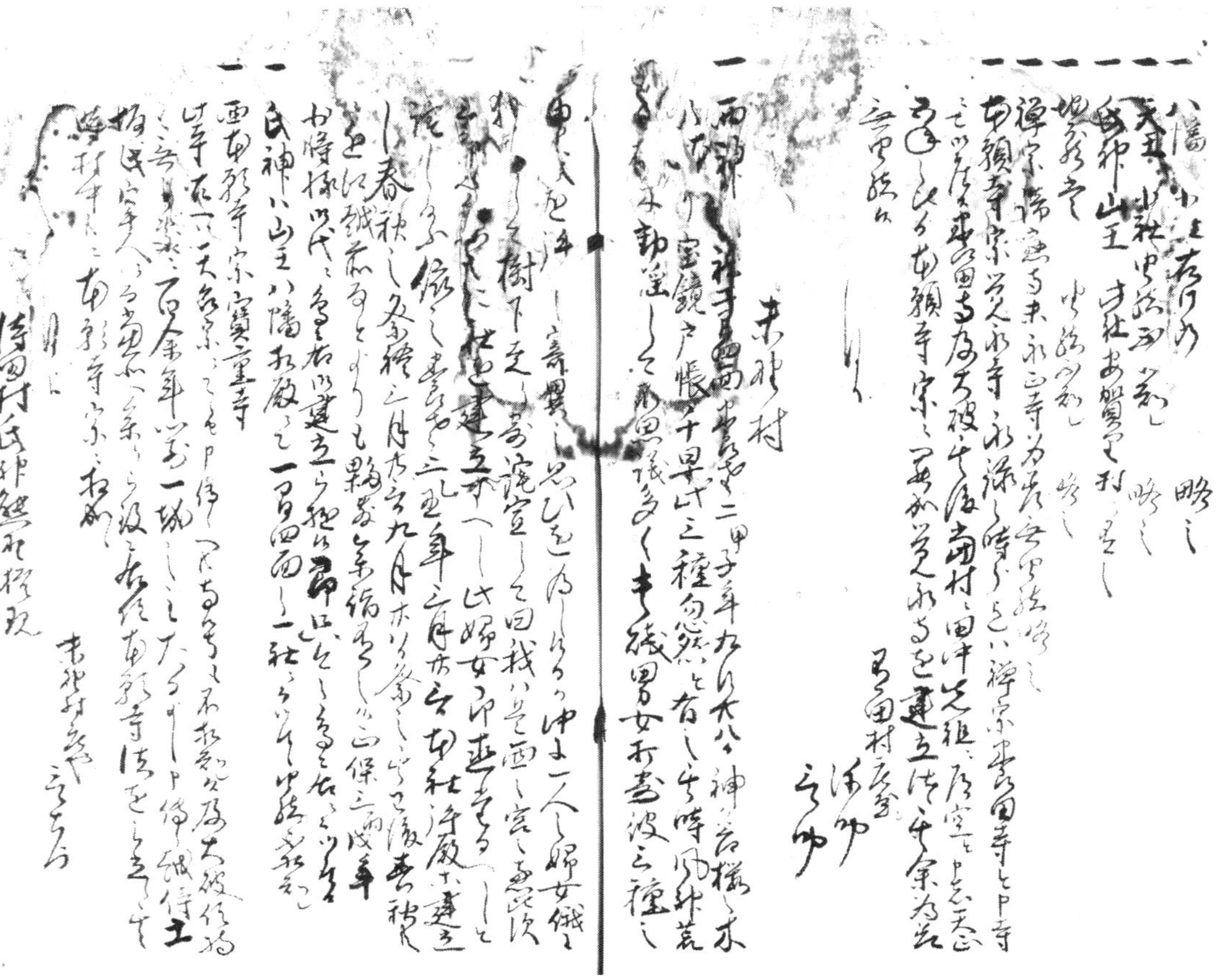

一八幡　　小社右同断　略之
一天王　　小社由緒不相知レ略之
一氏神山王　此社安賀里村ニ有之
一地蔵堂　　由緒不知レ略之
一禅宗諦應寺末永正寺　為差無由緒略之
一本願寺宗覚永寺　永禄之時分迄ハ禅宗養田寺と申寺
ニて御座候　養田寺及大破其後当村ニ田中先祖ニ道空と申者天正
五年之比ゟ本願寺宗ニ罷成覚永寺を建立仕候　其余為差
無由緒候

月日　　有田村庄屋　弥助
　　　　　　　　　　三郎助

末野村

一西神□社二間四面　養老二甲子年九月廿八日神か谷桜之木
之本ニ宝鏡戸帳千早此三種忽然と有之　其時風神荒
□□（し故カ）木動揺して不思議多く貴賤男女打寄彼三種之
神□（威カ）を拝し寄異の思ひを為しけるか中に一人之婦女俄ニ
狂乱して樹下走リ寄託宣して曰我ハ是西之宮之恵比須
三郎也□□□に社を建立すべし　此婦女即直たるべしと
託し給ふ　依之養老三乙丑年三月廿三日本社拝殿等建立
し春秋之祭禮三月廿三日九月廿八日祭之　其巳後春秋共
ニ近江越前などよりも夥敷参詣有之候　正保三丙戌年
少将様御代ニ鳥居御建立被遊候　即只今之鳥居ニ而御座候
一氏神ハ山王八幡相殿ニて一間四面之一社ニ而御座候　由緒不知レ
一西本願寺宗寳重寺
此寺古へハ天台宗ニて候由申傳候へ共寺号も不相知レ候　及大破
住持
も無之候處ニ百余年以前一城之主たるよし申傳候　越侍土
坂氏牢人ニて当所へ参リ被致居住本願寺法を被立候　其
時村中共ニ本願寺宗ニ相成候

月日　　末野村庄や三郎右衛門

持田村氏神熊野権現

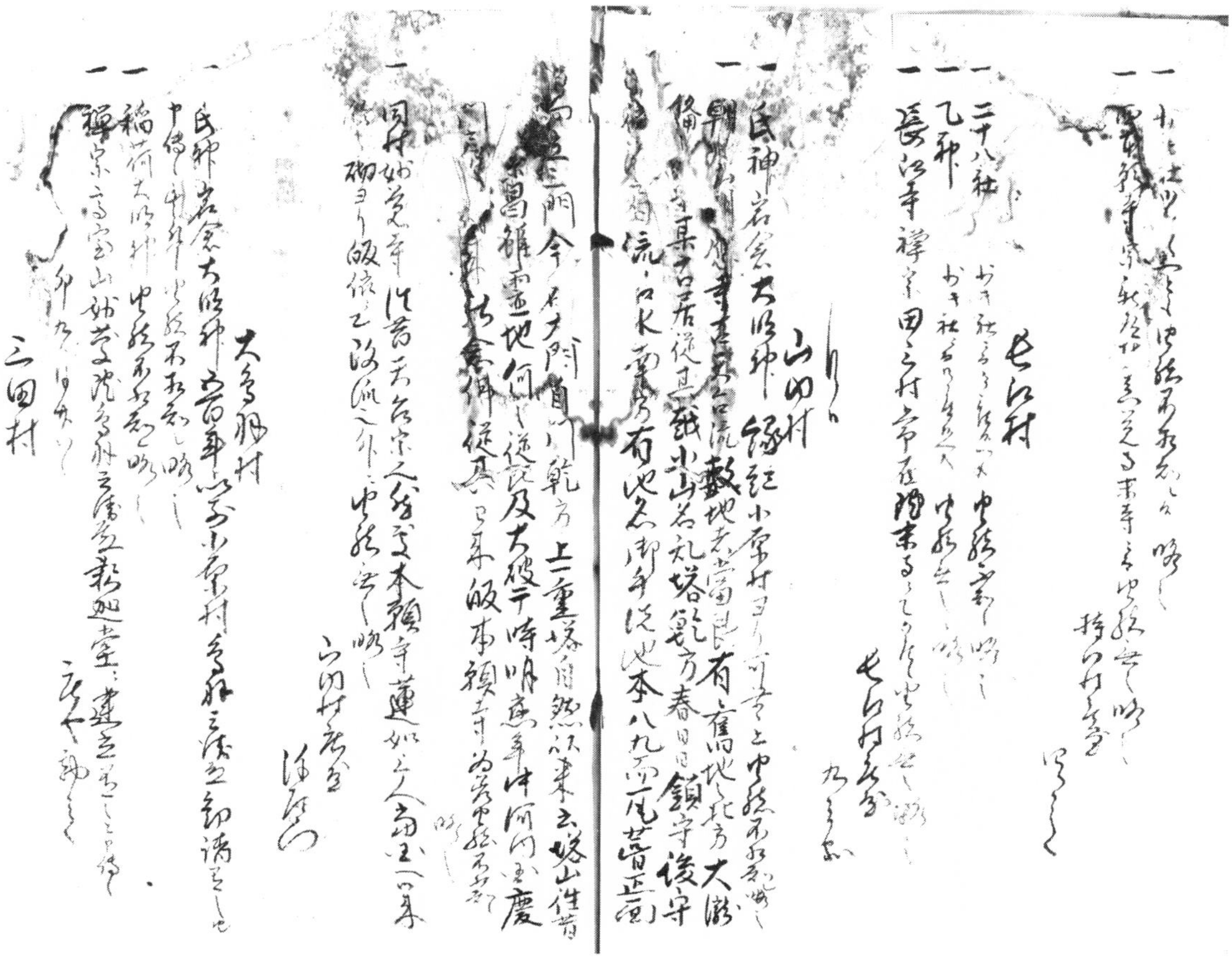

一少(小カ)き社に御座候へども由緒不相知レ候　略之
一西本願寺宗新道村真覚寺末寺ニ而由緒無之略之
　　　　　　　　　　　持田村庄屋　四郎兵衛

長江村
一二十八社　少き社ニ而御座候へ共由緒不知候略之
一乙神　少き社ニ而御座候へ共由緒無之候略之
一長江寺禅宗田上村常在院末寺ニて御座候由緒無之略之
　月日　　　　　　　　長江村庄屋　九兵衛

山内村
一氏神岩倉大明神　縁起小原村ヨリ可書上由緒不相知レ略之
一朝日山□(明カ)應寺　古天台流　敷地者艮有舊地之北方大瀧
備□守某古居　従其越小山名乱塔乾方春日日鎮守後守
□□肩流□(岩カ)水南方有池名御手洗池本八九而瓦葺正面
向立三門今名大門自門乾方上一重塔自然以来云塔山往昔
□□□昌雖霊地何之従比及大破　于時明應年中河内国慶
門房□依來□(此カ)念佛従其巳來皈本願寺為差由緒不相知略之レ
一同村妙覚寺　往昔天台宗也　然處本願寺蓮如上人当国へ御來
錫砌ヨリ皈依ニて改派也　外ニ由緒無之略之
　　　　　　　　　　　山内村庄屋　弥左衛門

大鳥羽村
一氏神岩倉大明神　五百年以前小原村鳥羽兵衛殿勧請有之由
申傳候　其外ニ由緒不相知レ略之
一稲荷大明神　由緒不相知レ略之
一禅宗高宝山妙慶院　鳥羽兵衛殿釈迦堂ニ建立有之と申傳候
　卯九月廿八日　　　　庄や　勘兵衛
三田村

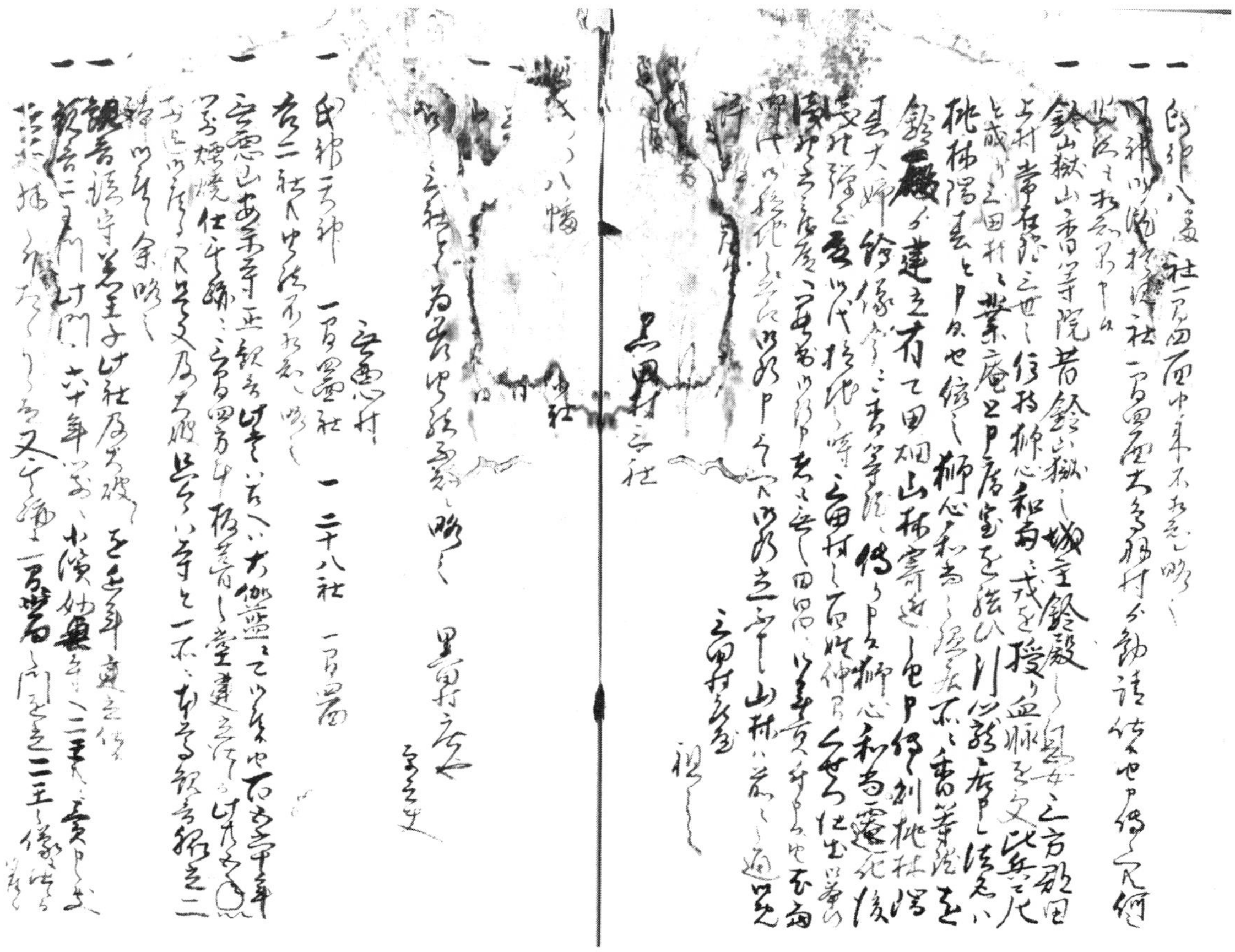

一氏神八幡社　一間四面由來不相知レ略之
一同神御瀧権現社　一間四面大鳥羽村ゟ勧請仕候由申傳候へ共何之
由緒も相知不申候
一鈴嶽山香等院　昔鈴嶽之城主鈴殿之息女三方郡田
上村常在院三世之住持獅心和尚ニ戒を授リ血脈を受比丘尼
と成リ三田村ニ業庵と申庵室を結ひ引籠居申候　法名ハ
桃林瑞春と申候由　依之獅心和尚之隠居所ニ香等院を
鈴殿ゟ建立有て田畑山林寄進之由申傳候　則桃林瑞
春大師繪像今ニ香等院に傳り申候　獅心和尚遷化後
浅野弾正殿御代検地之時三田村之百姓仲間くせつ仕出御奉行
浅野六兵衛殿へ罷出御断申者も無之田畠ニ御年貢付申候由　尤当
御代御検地之節御断申上候へ共御断立不申候　山林ハ前々之通御免
許ニ御座候

月日　　　三田村庄屋　祖兵衛

黒田村三社

一□□八幡　小社
一□□　同
一山□□(神カ)　同
右之三社とも為差由緒不知レ略之　　黒田村庄や　平太夫

無悪村

一氏神天神　一間四面社　一二十八社　一間四面
右二社共由緒不相知レ略之
一無悪山安楽寺　正観音此堂ハ古へハ大伽藍ニて御座候由百五六十年
以前煙焼仕　其跡ニ三間四方斗板葺之堂建立仕候而　此廿五年以
前迠御座候へ共　是又及大破只今ハ寺と一所ニ本尊観音脇立二
躰御座候　余略之
一観音鎮守若王子　此社及大破候を近年建立仕候
一観音二王門　此門六十年以前ニ小濱妙興寺へ二王共ニ賣申候瘳
在所へ殊之外たゝり候故又其跡に一間に弐間之門を立二王之像も
仕候而御座候

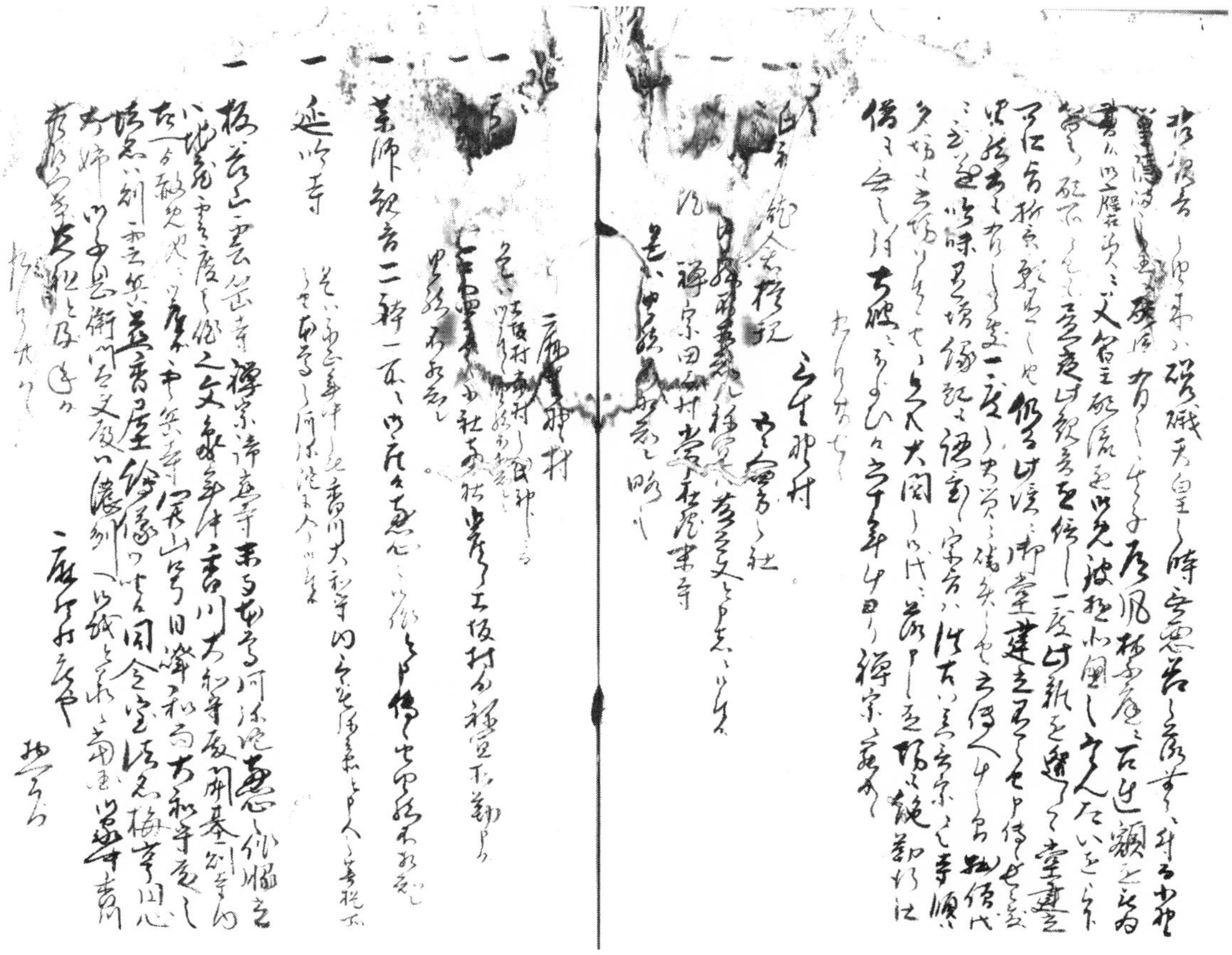

右観音之由來ハ嵯峨天皇之時無悪谷之落書ニ付而小野
篁隠岐之国へ配流有之　其子道風禁庭ニ召連額を被為
書候　御褒美ニ父篁配流を御免被遊北國のたんたいを被下
篁ノ配所ニても昼夜此観音を信し一度此難を遁候て堂建立
可仕旨誓願有之由　仍而此境ニ御堂建立有之由申傳候　長々敷
由緒書も有之候處　一度之火災ニ焼失候由云傳へ斗之間　拙僧代
ニ至遂吟味有増縁起も認置候　宗旨ハ往古ハ真言宗ニて寺領ニ
多坊も六坊御座候由に候へ共　大閤之御代ニ落申候故　坊も絶勤
行仕僧も無之　弥大破ニおよひ候　六十年斗ヨリ禅宗ニ罷成候
九月廿七日
三生野村
一氏神　瀧倉権現　五尺四方之社
由緒不相知レ禰宜ハ藤太夫と申者ニ御座候
一吉□(祥カ)院禅宗田上村常在院末寺
是ハ由緒不相知レ略之
麻生野村
一天神　是ハ土坂村當村之氏神ニ而御座候由緒不相知レ候
一山王　一尺四方之社両社御座候土坂村ゟ祢宜相勤申候
由緒不相知レ
一薬師観音二躰一所ニ御座候　恵心之御作と申傳候由由緒不相知レ
一延吟寺　是ハ永正年中之比香川大和守内三宅弥兵衛と申人之菩提所
之由　本尊之阿弥陀于今御座候
一板谷山雲岳寺　禅宗諦應寺末寺　本尊阿弥陀恵心之作脇立
ハ地蔵雲慶之作也　文亀年中香川大和守殿開基　則寺内
古へゟ赦免地ニ御座候　雲岳寺開山号日峰和尚大和守殿之
法名ハ則雲岳慈香居士　繪像御座候　同令室法名梅亭円心
大姉　御子息衛門太夫殿ハ濃州へ御越と兼候　当国御家中香川
六郎左衛門殿先祖と及承候
九月廿八日　麻生野村庄や　惣右衛門

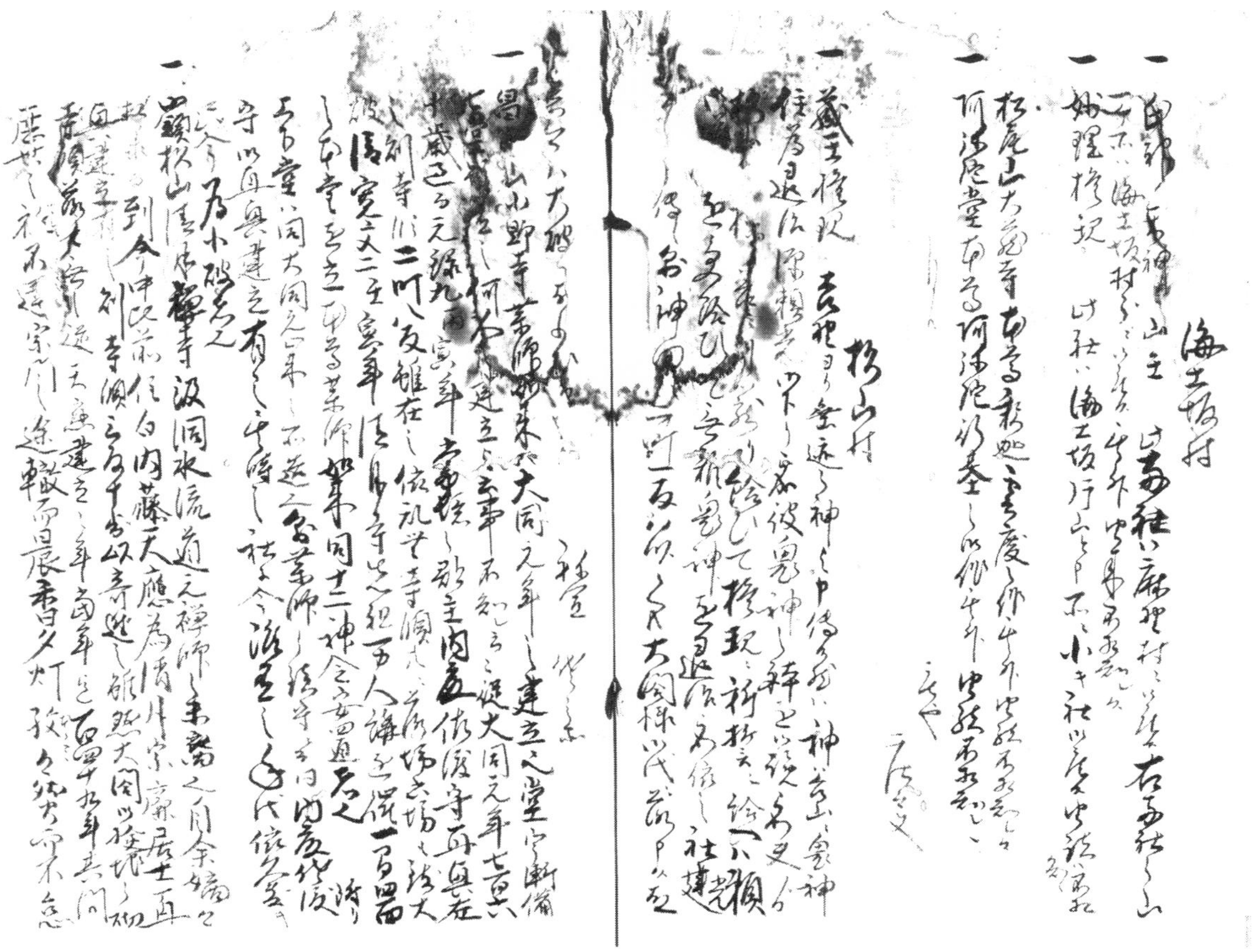

海士坂村

一氏神天神　山王　此両社ハ麻生野村ニ御座候　右両社之山
一ヶ所ハ海士坂村分ニ御座候　其外由来不相知レ候
一妙理権現　此社ハ海士坂片山と申所ニ小キ社御座候由緒ハ不相知候
松尾山大蔵寺　本尊釈迦雲慶之作　其外由緒不相知レ候
一阿弥陀堂　本尊阿弥陀行基之御作　其外由緒不相知レ候
月　日　　庄や　庄太夫

杉山村

一蔵王権現　吉野ヨリ垂迹之神与申傳候　然ハ神谷山ニ鬼神
住為退治源頼光御下リ被成彼鬼神之躰を御覧被成　夫ゟ
杉山□□谷に引籠り給ひて権現ニ祈誓シ給へハ頼
光御夢□を受給ひて無難鬼神を退治被成　依之社建
立□□（之由カ）申傳候　則神田も二町一反八畝候へ共大閤様御代ニ落申候故
只今ハ大破におよひ候　　祢宜　佐兵衛
一昌永山小野寺薬師如來ハ大同元年之建立也　堂宇漸備
七堂雖有之　何人之建立与云事不知レ云々　従大同元年七百六
十歳過而元（永カ）禄九丙寅年當境之郡主内藤佐渡守再興在
之　則寺領二町八反雖在之　依乱無寺領共ニ落坊六坊も致大
破　後寛文二壬寅年清月寺先祖万人講を催一間四面
之本堂を立本尊薬師如來同十二神令安置者也　附リ
上下堂ハ同大同元歳之所造也　則薬師之鎮守ニ而同内藤佐渡
守御再興建立有之　其時之社于今雖有之年代依久敷キ
只今為小破者也
一嶺松山清月禅寺汲洞水流道元禅師之末裔也　自余嫡々
相兼而到　今中比前住白内藤天應為清月宗廉居士再
興建立有之　則寺領三反十歩以寄進之　雖然大閤御検地之砌
寺領落て無之　従天應建立之年当年迨百四十九年其間
歴世之祇（ツ、シミ）不違宗門之途轍而晨香夕灯（本ノママ）孜々然而不怠

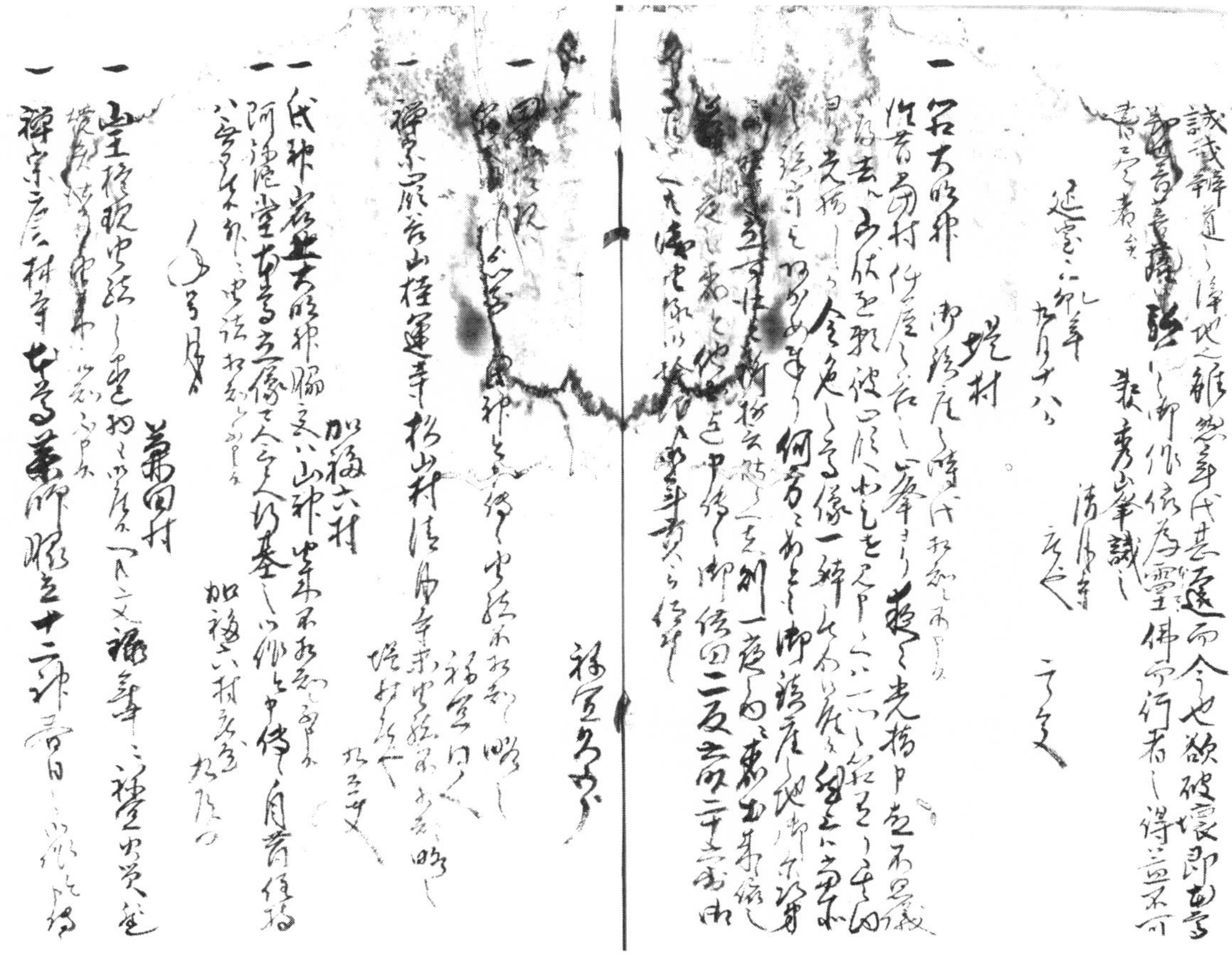

誠哉辨道之浄地也　雖然年代甚遠而今也　欲破壊即本尊
観世音菩薩ハ弘法之御作為　霊（本ノマヽ）佛而行者之得益不可
書尽者矣　　釈秀峰識之
延宝三乙夘年九月十八日　　清月寺　庄や　二郎太夫

堤村

一箱大明神　御鎮座之時代相知レ不申候
往昔当村伊屋之谷之峰ヨリ夜々光指申故不思議
ニ存　去ル山伏を頼彼嶺へ登せ見申候へハ一ツ之箱有リ其内
ヨリ光指しか金色之尊像一躰被成御座候　然上ハ当所
之鎮守与あがめ奉り何方ニ成とも御鎮座之地御示次弟
ニ御社建立可仕と祈誓仕り候へ者　則一夜之内に森出來候　依之
若□□（狭カ）夜之森と他国迠申傳候　御供田二反六畝二十六歩御
座候へ共　浅野様御検地ニ御年貢被仰付候　祢宜　久五郎
一田中権現ハ箱大明神ゟ以前之氏神と申傳候　由緒不相知候略之
祢宜　同人
一禅宗嶺谷山桂運寺杉山村清月寺末由緒不相知候　略之
堤村庄や　九太夫

加福六村

一氏神岩上大明神　脇宮ハ山神　由來不相知レ不申候
一阿弥陀堂　本尊立像尺三尺行基之御作と申傳候　自昔住持
ハ無御座候　外ニ由緒相知レ不申候
年号月日　　加福六村庄屋　九左衛

兼田村

一山王権現　由緒之巻物も御座候へ共文禄年中ニ祢宜火災ニ逢
焼失仕候由由來相知不申候
一禅宗唐林寺　本尊薬師脇立十二神春日之御作と申傳候

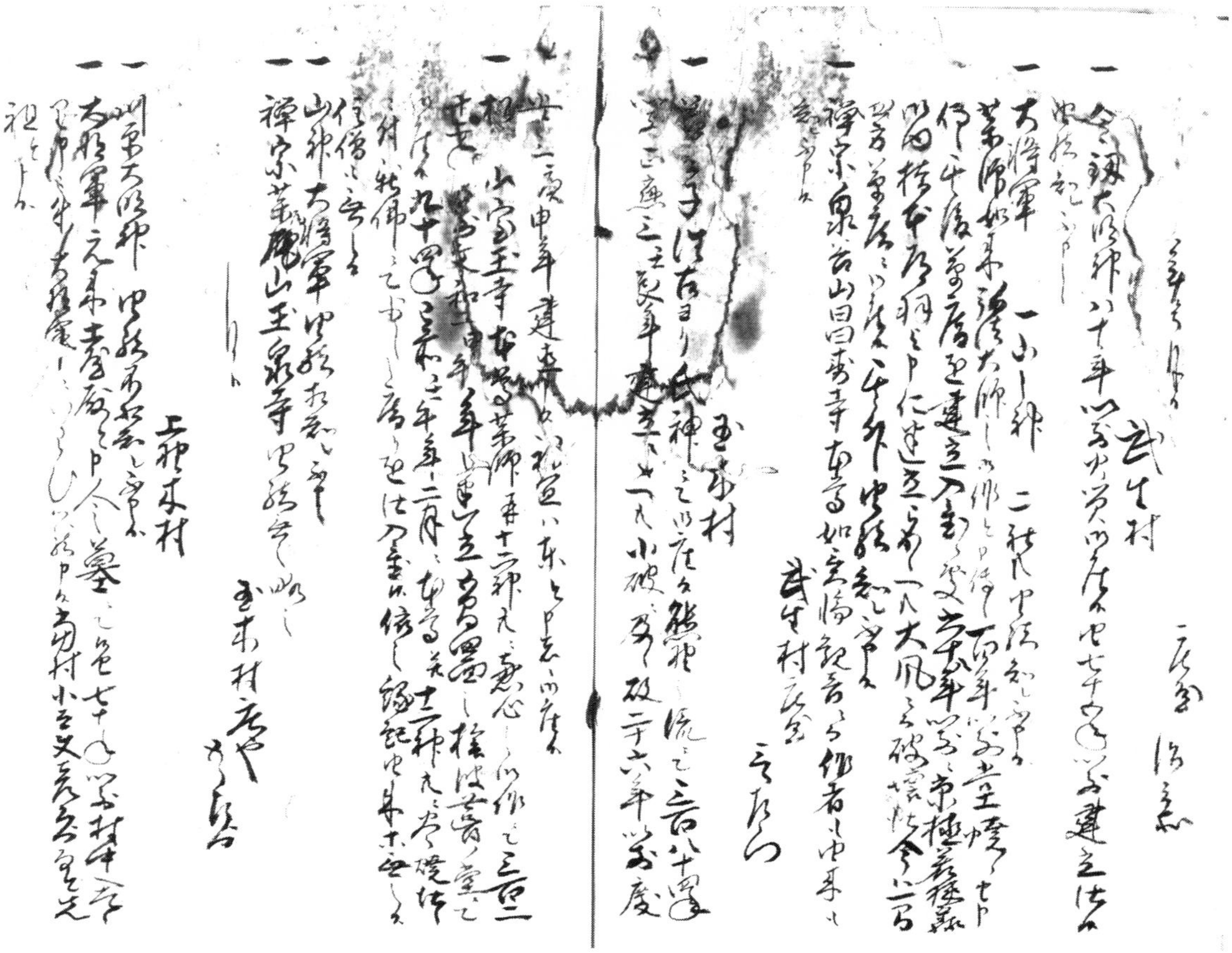

年号月日　　　　　　　　　庄屋　治兵衛

武生村

一金劔大明神　八十年以前火災御座候由七十五年以前建立仕候
由緒知レ不申候

一大将軍　一山之神　二社共由緒知レ不申候
薬師如來弘法大師之御作と申傳候　百年以前堂焼候由申
傳候　其後草庵を建立入置候處六十八年以前ニ京極若狭守様
御内橋本道羽与申仁建立被成候へ共　大風ニ而破壊仕今ハ一間
四方草庵ニ御座候　其外由緒知レ不申候

一禅宗泉谷山昌寿寺　本尊如意輪観音ニ而作者も由來も
知レ不申候

武生村庄屋　三郎左衛門

玉木村

一若王子往古ヨリ氏神ニて御座候　熊野之流ニて三百八十四年
以前正應三壬辰年建立ニ候へ共小破ニ及候故　二十六年以前慶
安庚申年建直申候　祢宜ハ東と申者ニ御座候

一松□山宝玉寺　本尊薬師并十二神共ニ恵心之御作ニて三百二
十二年以前文和二甲午年ニ建立五間四面之桧皮葺ノ堂ニて
御座候　九十四年已前壬午年二月ニ本尊并十二神共ニ炎焼仕候
ニ付新佛ニて少し之庵りを仕入置候　依之縁起由來等無之候
住僧も無之候

一山神　大将軍　由緒相知レ不申候

一禅宗薬尾山玉泉寺　由緒無之略之

月日　　　　玉木村庄や　五郎左衛門

上野木村

一川原大明神　由緒不相知レ不申候

一大将軍　元来土屋殿と申人之墓ニて候由七十年以前村中へたゝ
り申ニ付　大将軍にいわひ籠申候　当村小太夫彦右衛門など先
祖と申候

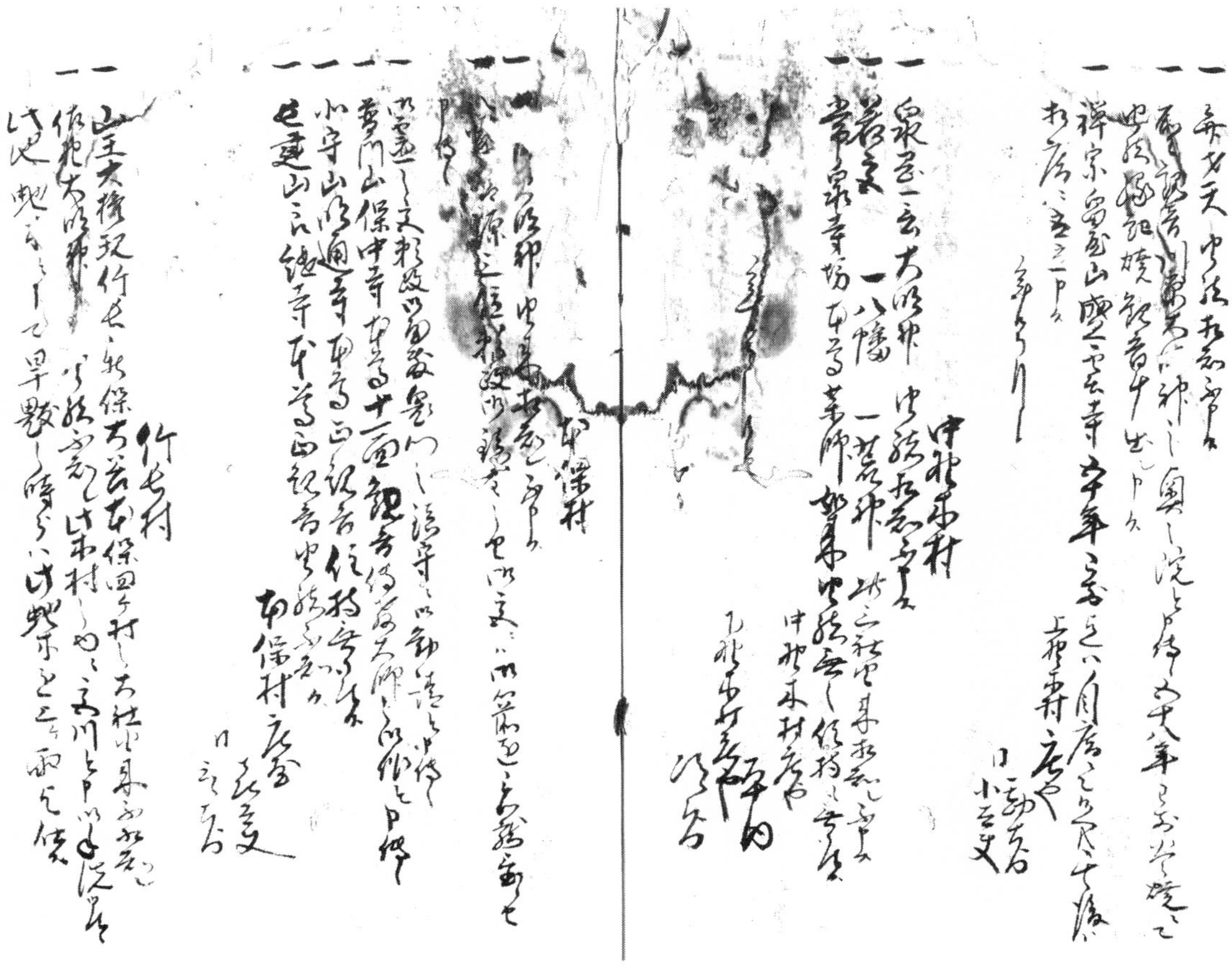

一弁才天　由緒相知不申候
一聖観音　川原大明神之奥之院と申傳候　五十八年巳前炎焼ニて
由緒縁起焼観音斗出シ申候
一禅宗畠屋山盛雲寺　五十年巳前迠ハ自庵ニて候へ共　其後ハ
相庵ニ取立申候
年号月日　　上野木村庄や勘右衛門
同　小太夫

中野木村
一泉岡一言大明神　由緒相知不申候
一若宮　一八幡　一荒神　此三社由來相知レ不申候
一常泉寺坊　本尊薬師如來由緒無之住持も無御座候
中野木村庄や　平内
下野木村庄や　治郎右衛門

本保村
一□□（大月カ）大明神　由來相知レ不申候
一八幡宮　源三位頼政御鎮守之由御宮ニハ御箭を被籠置候由
申傳候
一御霊之宮　頼政御屋敷鬼門之鎮守ニ御勧請と申傳候
一普門山保中寺　本尊十一面観音傳教大師之御作と申傳候
一北守山明通寺　本尊正観音住持無御座候
一長建山良継寺　本尊正観音由緒不知候
本保村庄屋㐂太夫
同　三郎右衛門

竹長村
一山王大権現　竹長新保大谷本保四ヶ村之大社由来不相知レ
一佐野大明神　由緒不知レ柴村之内ニ宮川と申御手洗御座候
此池蛇木と申て旱魃之時分ハ此蛇木を上ヶ雨乞仕候

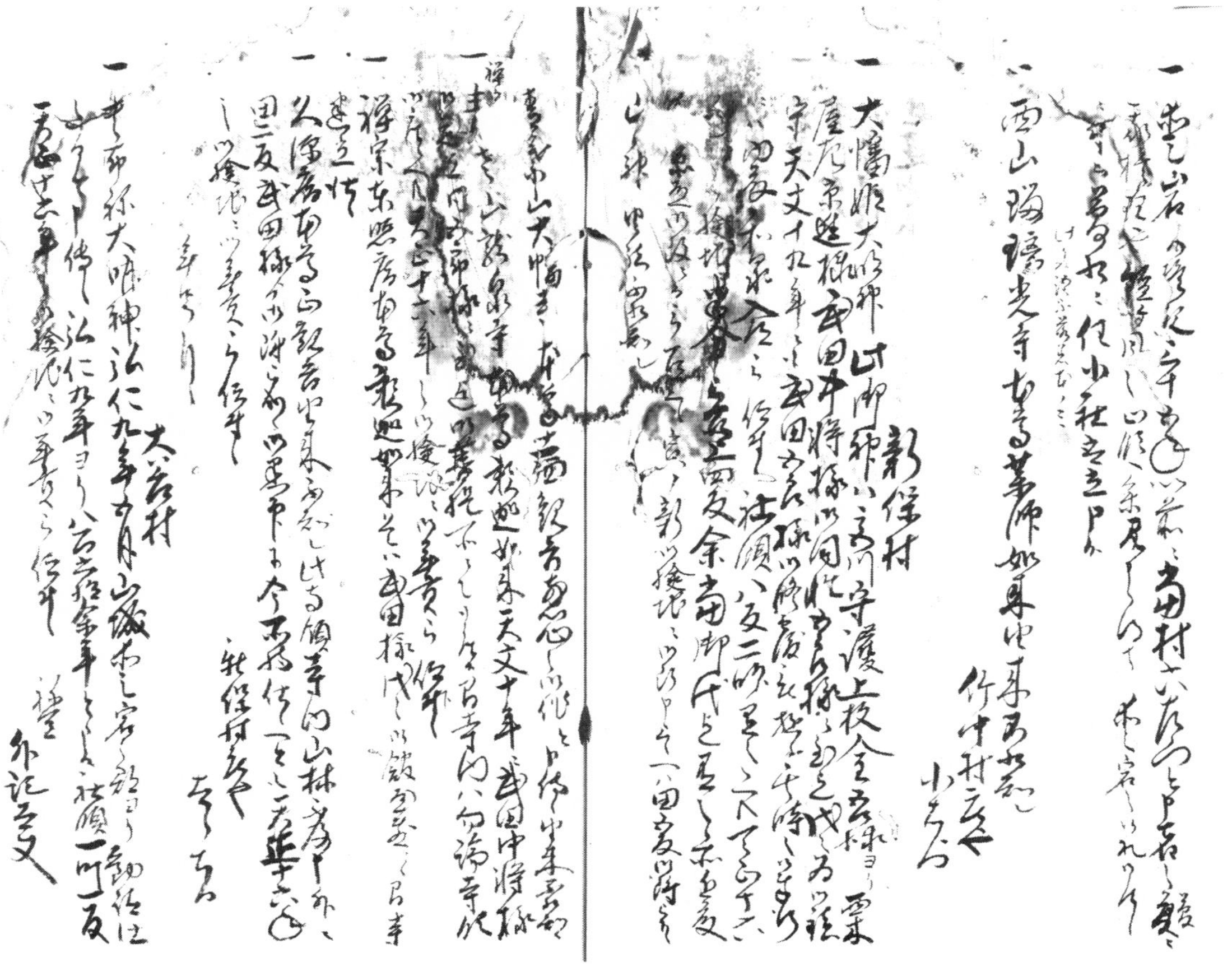

一愛宕大権現　三十五年以前ニ当村六左衛門と申者之夢ニ
我権現也　経筒之嶺へ参見申候へ者愛宕之御礼御座候
ニ付而夢相ニ任小社取立申候

此文語不落着本ノマヽ

一西山瑠璃光寺　本尊薬師如來由來不相知レ

竹中村庄や　小右衛門

新保村

一大幡姫大明神　此御神ハ宮川守護上杉金吾様ヨリ粟
屋左京進様武田中将様御同性五郎様ニ至迠代々為御鎮
守　天文十九年ニも武田五郎様御修覆被遊候　其時之御奉行
ニハ内藤和泉入道被仰付候　社領八反二畝有之候へ共天正十六
年之御検地ニ半分被召上四反余当御代迠有之候所　近藤
長兵衛殿御改ニ而被召上候　寅ノ新御検地ニ御断申上候へハ田五
反御附被下候

山之神　由緒不相知レ

一青葉山大幡寺　本尊十一面観音恵心之御作と申傳候 由來不相知候

一禅宗清雲山龍泉寺　本尊釈迦如來　天文十年ニ武田中将様
御造立　同五郎様ニ至迠御菩提所ニて御座候間　寺内ハ勿論寺領
御座候へ共　天正十六年之御検地ニ御年貢被仰付候

一禅宗東照庵　本尊釈迦如來　是ハ武田様代々御舘屋敷ニ候間寺
建立仕候

一久源庵　本尊正観音由來不知レ　此寺領寺内山林不及申外ニ
田二反武田様ゟ御附被成候　御黒印于今所持仕候へとも天正十六年
之御検地ニ御年貢被仰付候

年号月日　　新保村庄や　太郎右衛門

大谷村

一貴布祢大明神　弘仁九年五月山城愛宕之郡ヨリ勧請仕
たる由申傳候　弘仁九年ヨリ八百六拾余年と申候　社領一町一反
天正十六年之御検地ニ御年貢被仰付候　　祢宜　外記太夫

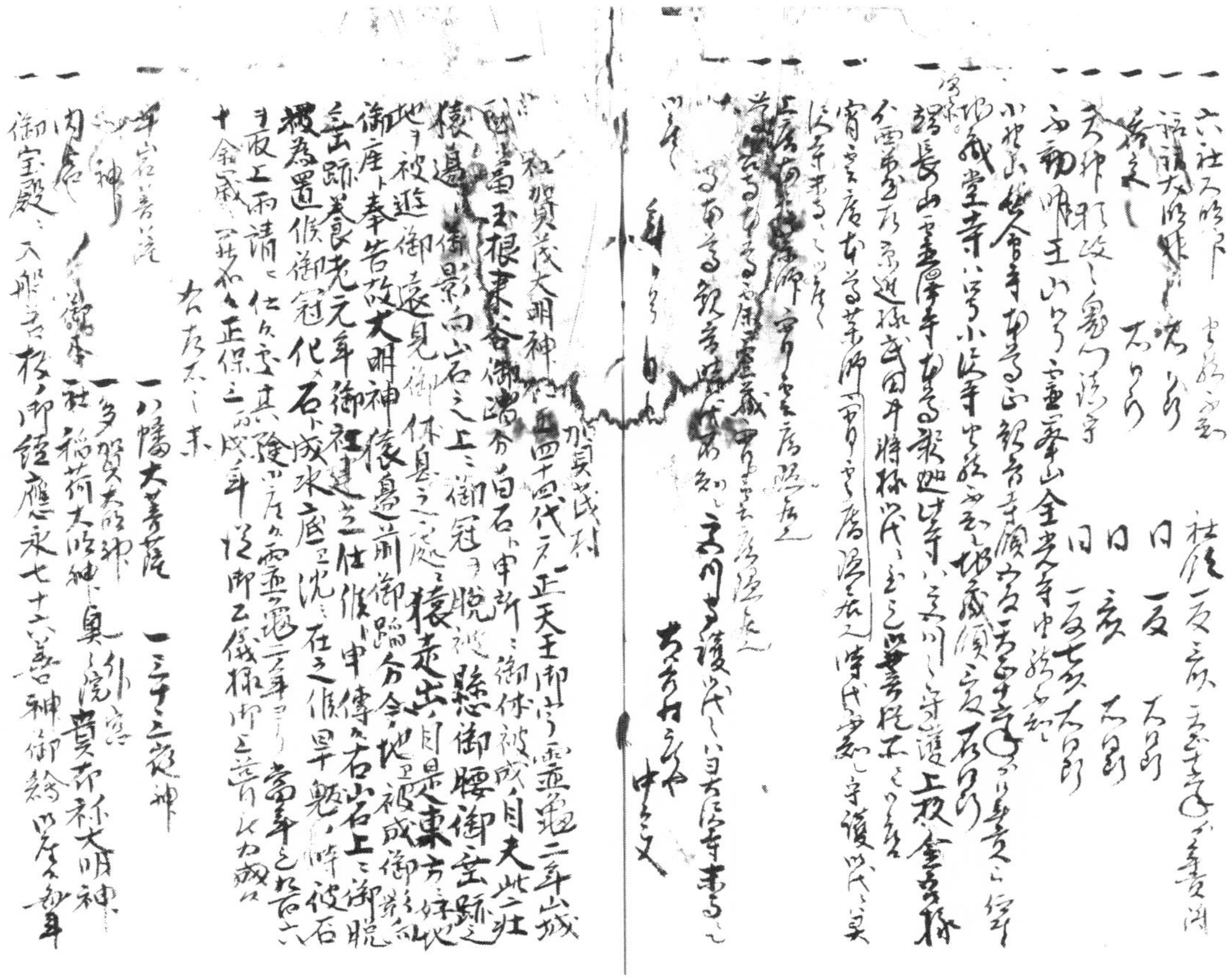

一六社大明神　由緒不知　社領一反三畝天正十六年ゟ年貢附
一諏訪大明神　右同断　同　一反　右同断
一若宮　右同断　同　三畝　右同断
一天神　頼政之鬼門鎮守　同一反七畝　右同断
一不動明王　山号霊峯山全光寺　由緒不知レ
一小野山長命寺　本尊正観音寺領五反天正十六年ゟ御年貢被仰付候
一地蔵堂　寺ハ号小沢寺由緒不知レ地蔵領三反右同断
禅宗
一端長山霊澤寺　本尊釈迦此寺ハ宮川之守護上杉金吾様
ゟ栗屋左京進様武田中将様御代ニ至迠御菩提所ニて御座候
一宵雲庵　本尊薬師　宵雲庵隠居也　時代不知レ守護御代ニハ炅
沢寺末寺ニて御座候
一上庵　本尊薬師　宵雲庵隠居也
一慶善寺　本尊虚空藏　宵雲庵隱居也
一□□寺　本尊観音時代不知レ宮川守護御代々ハ炅澤寺末寺ニて
御座候
　　年号月日　　　　　大谷村庄や　中太夫

賀茂村
一当社賀茂大明神仁王四十四代元正天王御宇霊亀二年山城
国當国根来谷御踏分白石ト申所ニ御休被成　自夫此庄
猿邊江御影向岩之上ニ御冠ヲ脱被懸御腰御垂跡之
地を被遊御遠見御休息之處ニ猿走出自是東方ニ好地
御座ト奉告故　大明神猿辺前御踏分今地江被成御影向
垂跡　養老元年御社建立仕候と申傳候　右岩上ニ御脱
被為置候御冠化メ石ト成水底ヱ沈ミ在之候　旱魃ノ時彼石
ヲ取上雨請ヒ仕候處　其験御座候　霊亀二年ヨリ當年迠九百六
十余歳ニ罷成候　正保三丙戌年従御公儀様御上葺被為成候
　　　右左右之末
一□岩菩薩　一八幡大菩薩　一三十三夜神
天神　一多賀大明神　一外宮
一内宮□□御本社　稲荷大明神　奥之院　貴布祢大明神
一御宝殿ニ大般若板之御経　応永七十六善神御繪御座候　毎年

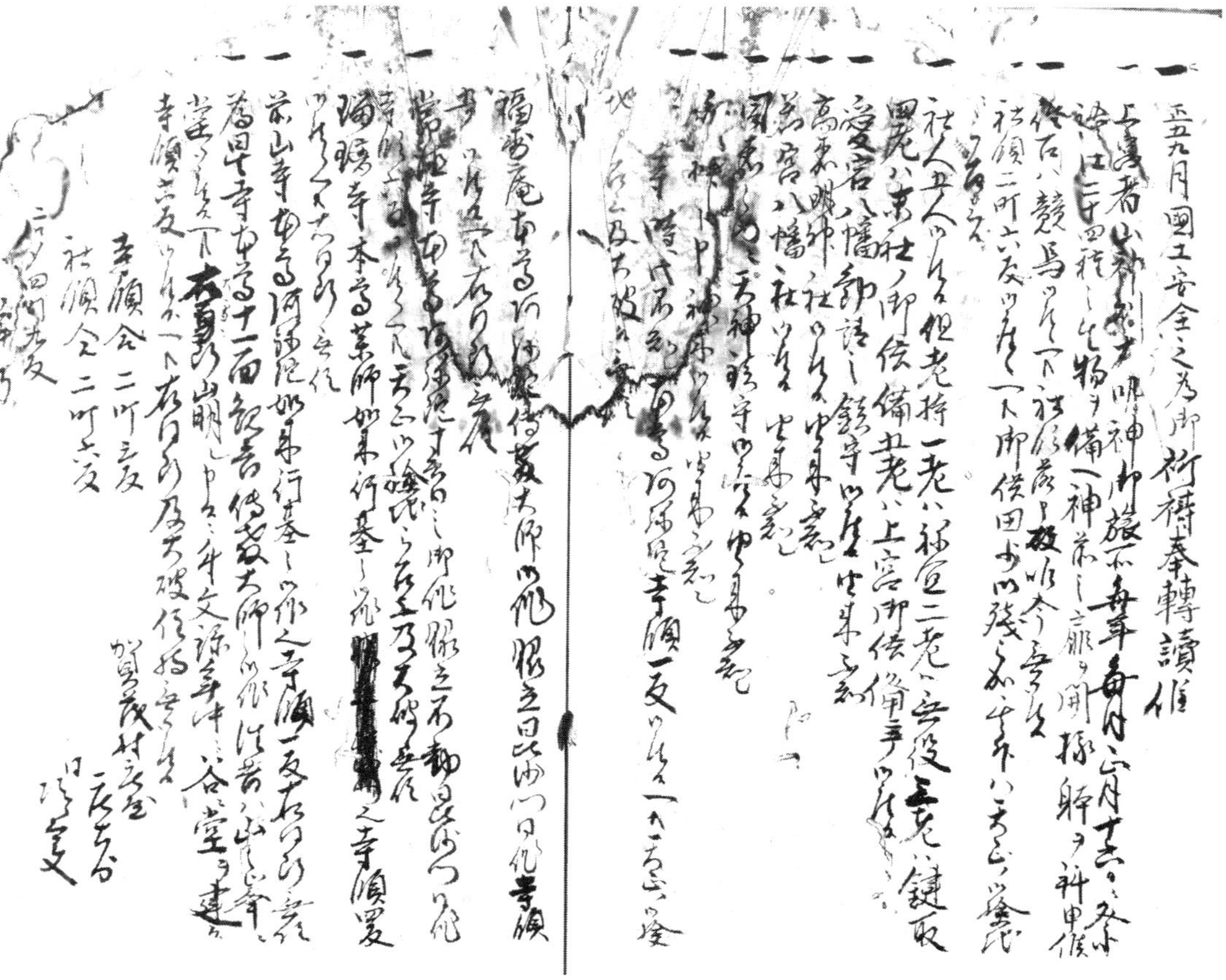

一正五九月國土安全之為御祈祷奉轉讀候
一上宮者山神則大明神御旅所毎年正月十六日ニ祭
禮仕二十四種之生物ヲ備ヘ神前之扉ヲ開様躰を拝申候
一往古ハ競馬御座候ヘ共社領落申故昨今無御座候
一社領二町六反御座候へ共御供田歩御残被成　其外ハ天正ノ御検地
ニ被召上候
一社人五人御座候　但老持一老ハ祢宜　二老ハ無役　三老ハ鍵取
四老ハ末社ノ御供備　五老ハ上宮御供備ニテ御座候
一愛宕八幡勧請之鎮守御座候　由來不知
一高森明神社御座候　由來不知レ
一若宮八幡社御座候　由來不知レ
一同森ノ内ニ天神鎮守御座候　由來不知レ
一（斎カ）□神ト申神木御座候　由来不知レ
一□□寺時代不知レ　本尊阿弥陀　寺領一反御座候へ共天正御検
地ニ被召上及大破候
一福寿庵　本尊阿弥陀傳教大師御作　脇立毘沙門同作　寺領
五反御座候へ共右同断　無住
一常徳寺　本尊阿弥陀春日之御作　脇立不動毘沙門同作
寺領六反御座候へ共天正御検地被召上及大破　無住
一瑠璃寺　本尊薬師如來行基之御作也[redacted]（脇立毘沙門カ）也　寺領四反
御座候へ共右同断　無住
一前山寺　本尊阿弥陀如來行基之御作也　寺領一反　右同断　無住
一為星寺　本尊十一面観音傳教大師之御作　往昔ハ山之峯ニ
堂御座候へ共大雪断崩レ申候ニ付文禄年中ニ谷ニ堂ヲ建候
寺領六反御座候へ共右同断及大破　住持無御座候

寺領合二町三反
社領合二町六反
二口〆四町九反

年号

賀茂村庄屋
庄右衛門
同次郎太夫

寶篋山天徳寺縁起

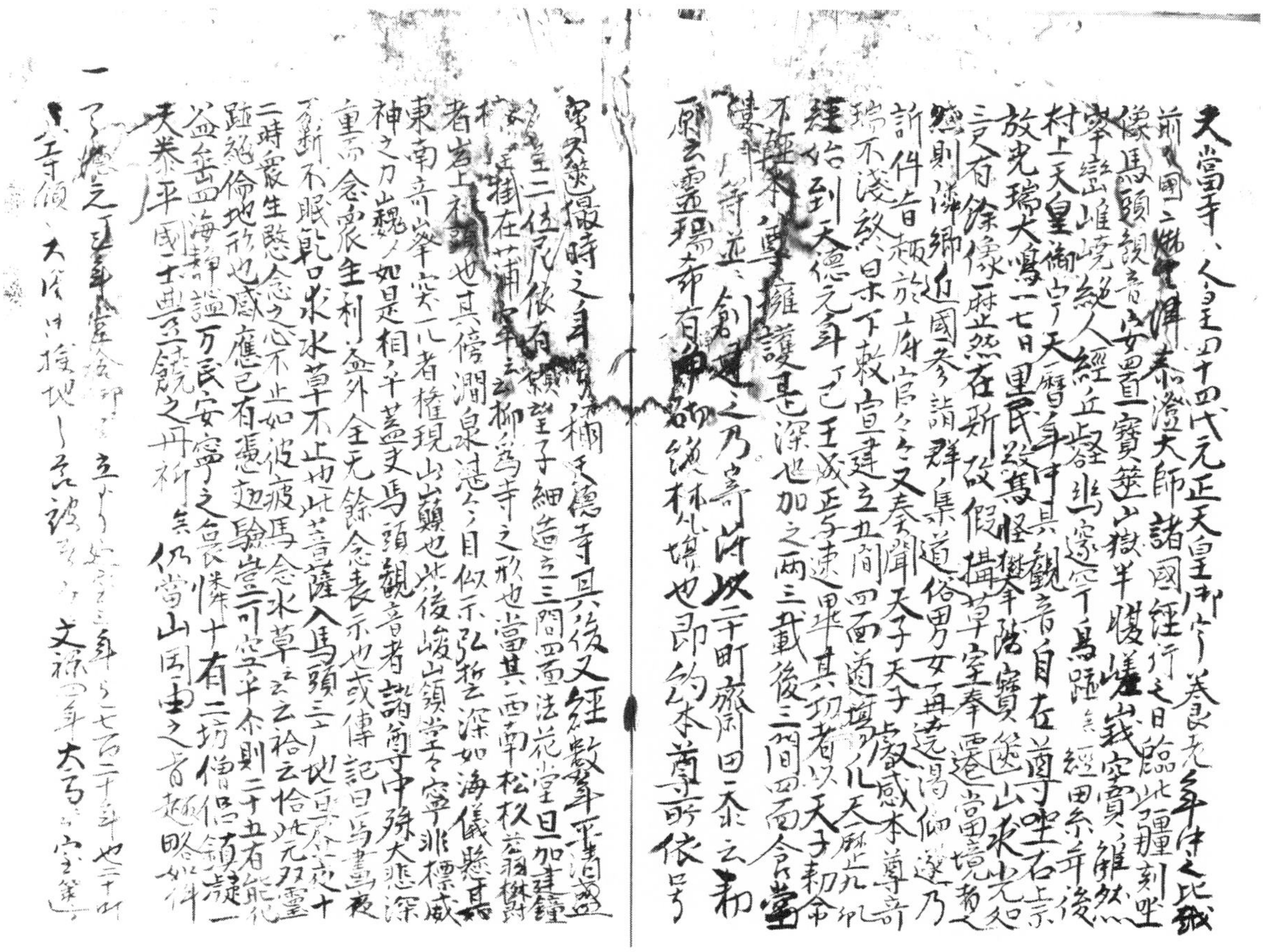

夫當寺八人皇四十四代元正天皇御宇養老年中之比越
前之國麻生津泰澄大師諸国經行之日臨此疆刻坐
像馬頭観音安置寶篋嶽半腹嵯峨竇　雖然
峯巒崔嶢絶人經丘壑幽邃罕鳥跡矣　經累年後
村上天皇御宇天暦年中其観音自在尊坐右上示
放光瑞大鳴一七日里民驚怪攀陟寶篋山夜光処
三尺有余像歴然在斯故假構草室奉遷當境者也
然則隣郷近国参詣群集道俗男女再遶渇仰遂乃
訴件旨趣於府官々々又奏聞天子天子叡感本尊竒
瑞不浅終杲下敕宣建立五間四面道場　凡天暦九乙夘
経始到天徳元年丁己王成焉　速畢　其功者以天子勅命
不輕本尊擁護甚深也　加之兩三載後三間四面食堂
樓門等並ニ創建之　乃寄附以二十町斎田忝云　勅
願云霊瑞希有浄砌絶梵場也　即約本尊所依号
寶篋撮時之年号稱天徳寺　其後又經数年平清盛
□□(室カ)二位尼依有願望子細造立三間四面法花堂且加建鐘
楼堂掛在蒲牢云云　抑為寺之形也　當其西南松杉蓊鬱
者岩上社頭也　其傍澗泉湛々自似示弘誓深如海儀懸其
東南奇峯突兀者権現山巓也　此後峻嶺堂々寧非標威
神之力巍メ如是相乎　蓋夫馬頭観音者諸尊中殊大悲深
重而念衆生利益外全无餘念表示也　或傳記曰馬昼夜
不断不眠乾ロ求水草不止也　此菩薩入馬頭三摩地亘昼夜十
二時衆生愍念之心不止如彼疲馬念水草云々云袷云恰此元双霊
跡絶倫地形也　感応已有憑効験豈可空乎　尓則二十五有能化
益垂四海静謐万民安寧之哀憐十有二坊僧侶鎮凝一
天泰平國土豊饒之丹祈矣　仍當山因由之旨趣略如件
一天徳元丁巳年堂舎御建立より延宝三年迠七百二十年也　二十町
之寺領ハ大閤御検地之節被召上候　文禄四年大雪宝篋ノ

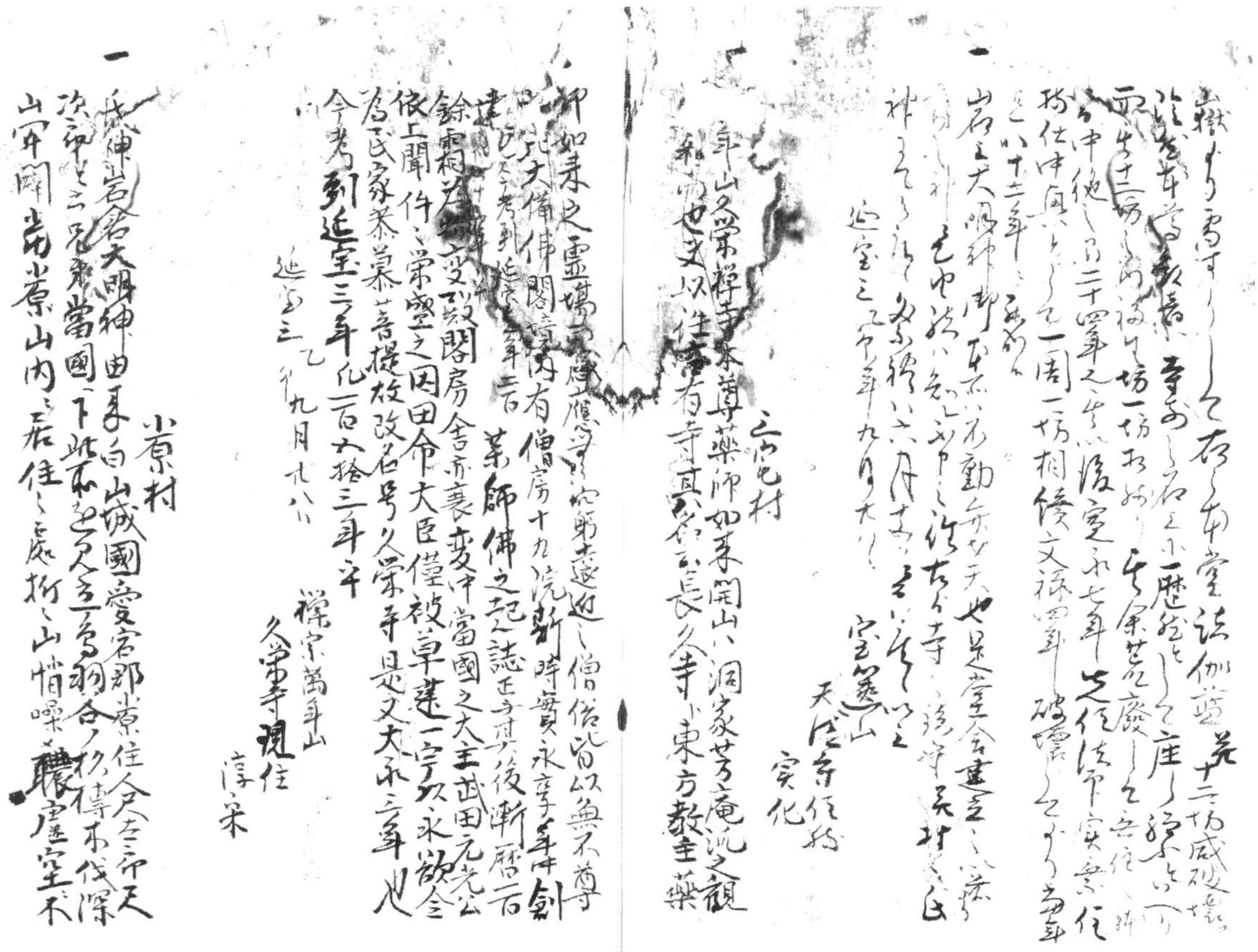

嶽より雪ずりして右之本堂諸伽藍幷十二坊咸破壊ス
雖然本尊観音ハ寺前之石上ニ歴然として座し給ふといへり
而其十二坊之内福生坊一坊相残り其余荒廃して無住之躰
ニ而中絶之間二十四年也　其以後寛永七年先住法印実乗住
持仕中興として一周一坊相続　文禄四年破壊してより當年
迄八十二年ニ罷成候
一岩上大明神　御本所ハ不動弁才天也　是堂舎建立之以前より
有之神ニて由緒ハ知レ不申候　往古ゟ寺之鎮守弁村人氏
神にて御座候　祭礼ハ六月十五日ニ而御座候　以上
延宝三乙卯年九月廿八日
宝篋山
天徳寺住持
実化

三宅村

一萬年山久栄禅寺　本尊薬師如來開山ハ洞家芳庵派之親
□和尚也　夫以往古有寺其名云長久寺ト　東方教主薬
師如来之霊場而感應無窮遠近之僧侶皆以無不尊
(崇カ)□比大備仏閣境内有僧房十九院斯時實　永享年中創
建也今考到延宝三年二百六十三年乎薬師佛之起誌焉其後漸暦一百
餘霜為物変殿閣房舎亦衰変中當国之大主武田元光公
依上聞件之栄盛之因田命大臣僅被草建一字以永欲令
為民家恭慕菩提故改名号久栄寺　是大永三年也
今考到延宝三年凡一百五拾三年乎
延宝三乙夘九月廿八日
禅宗萬年山
久米寺現住　淳采

小原村

一氏神岩倉大明神　由来白山城国愛宕郡小原住人尺太郎尺
次郎と云兄弟當国へ下此所を見立鳥羽谷ノ杉榑木伐深
山開闢　當小原山内ニ居住之處折々山悄噪メ朦虚空ニ不

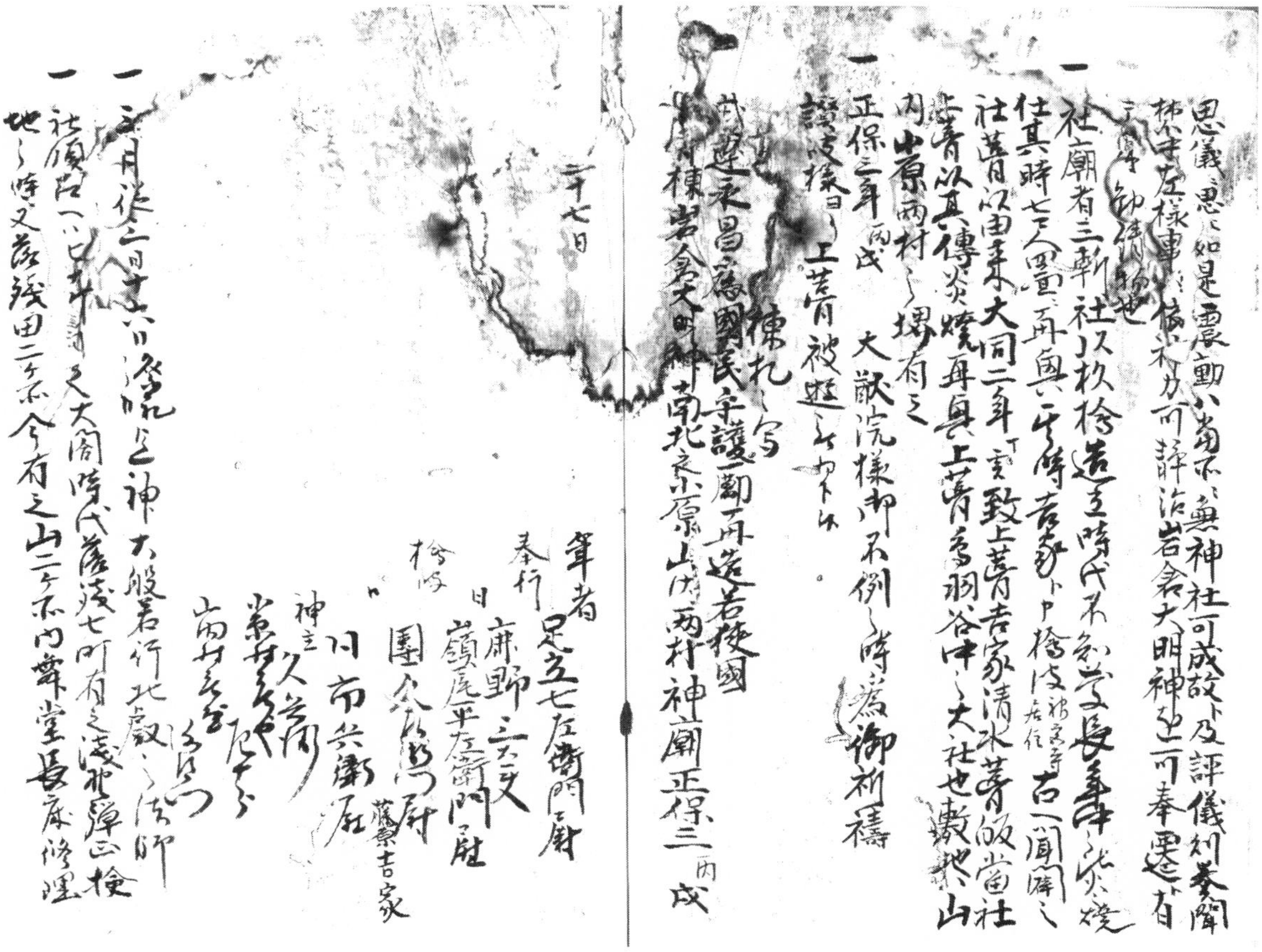

思儀ニ思ヒ如是震動ハ当所ニ無神社可成故ト及評議則奏聞
禁中左様事ハ依神力可静治岩倉大明神を可奉遷ト有
テ奉勧請物也
一社廟者三斬社以杉檜造立　時代不知　慶長年中之比炎焼
仕其時七尺四面ニ再興　其時吉家ト申檜皮神宮寺居住　古へ開闢之
社葺以由来　大同二年丁亥致上葺吉家清水葺帰當社
上葺以其傳炎焼再興上葺鳥羽谷中之大社也　敷地ハ山
内小原両村之堺有之
一正保三年丙戌　大猷院様御不例之時為御祈禱
讃岐様ヨリ上葺被遊被為下候

棟札之写

武運永昌為國民守護勵再造 若狭國
□□（上葺カ）棟岩倉大明神南北之小原山内両村神廟正保三丙戌
□□二十七日

筆者　足立七左衛門尉
奉行　庶野三太夫
同　嶺尾平左衛門尉
檜皮　團久左衛門　藤原吉家
同　市兵衛尉
神主　久兵衛
小原村庄屋　左十郎
山内村庄屋　弥左衛門

一三月従三日十六日（祭礼之日）迠大般若行北叡之法師
一社領古へハ七十町有之太閤時代落残七町有之浅野弾正検
地之時又落残田二ヶ所今有之山二ヶ所内舞堂長床修理

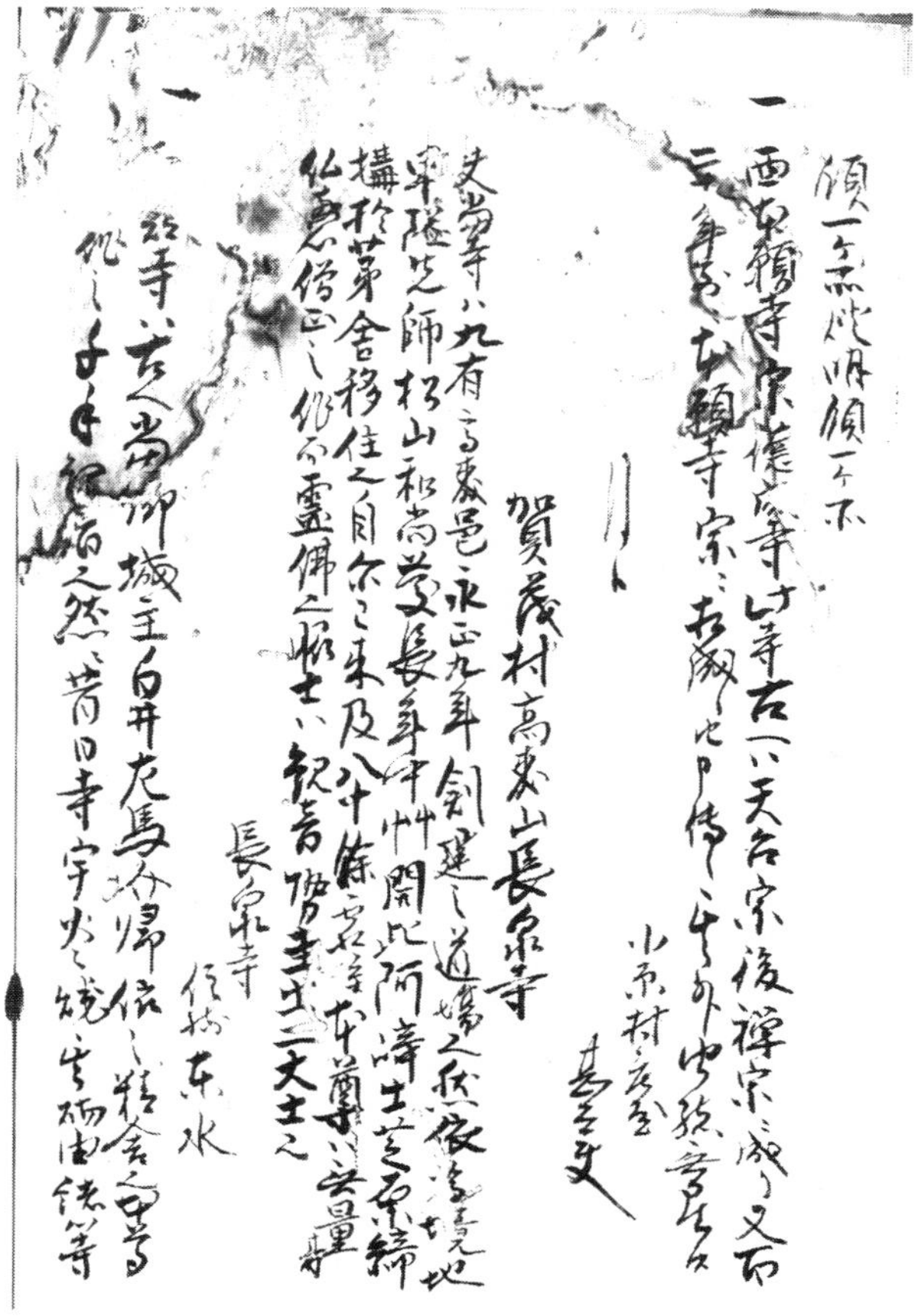

領一ヶ所燈明領一ヶ所

一西本願寺宗徳成寺　此寺古へハ天台宗後禅宗ニ成リ又百
二十年前ニ本願寺宗ニ相成候由申傳候　其外由緒無御座候

月日　　小原村庄屋

甚太夫

賀茂村高森山長泉寺

一夫当寺ハ九有高森邑永正九年創建之道場也　然依為境地
卑隘先師松山和尚　慶長年中艸開此阿崎士芝原締
構於茅舎移住也　自尓已來及八十餘霜矣　本尊ハ無量寿
仏恵心僧正之作而霊仏也　脇士ハ観音勢至出二大士也

長泉寺住持　東水

一□□寺ハ古へ当御城主白井左馬介帰依之精舎也　本尊
□□作之千手観音也　然ニ昔日寺宇炎焼其砌由緒等

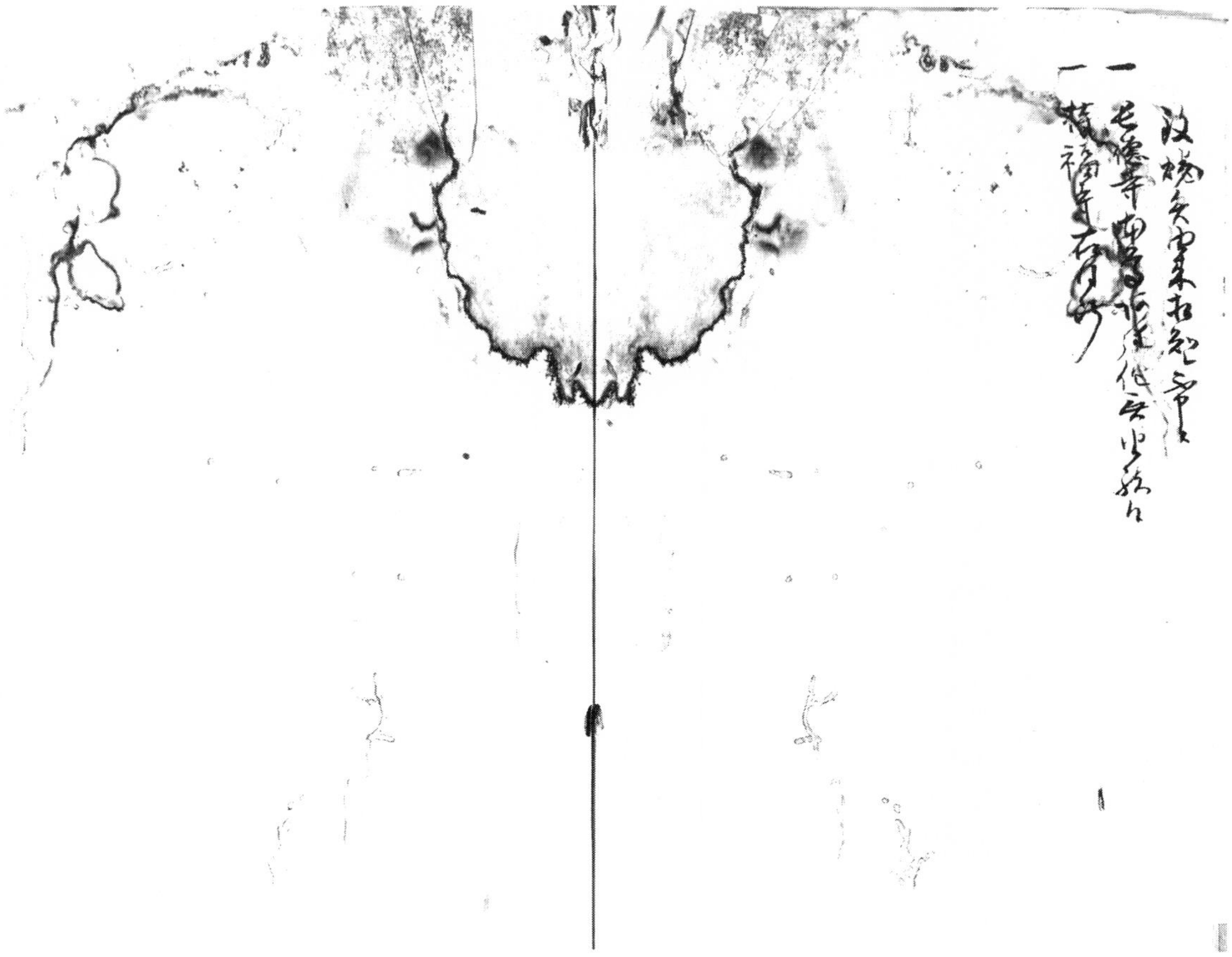

致焼失由來相知不申候
一長德寺　本尊阿弥陀無由緒候
一持福寺　右同断

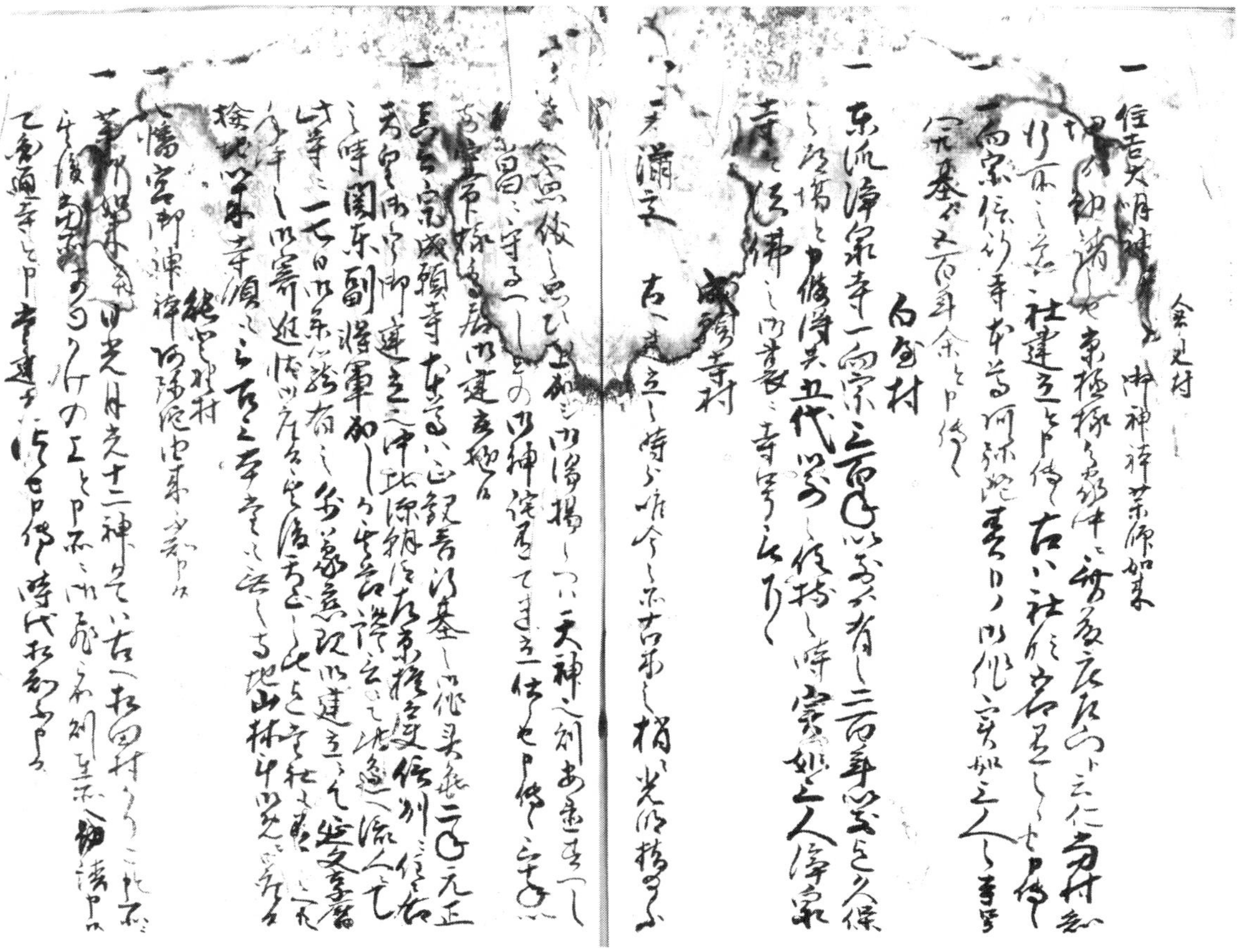

倉見村

一住吉大明神　御神躰薬師如來
堺ゟ勧請之由京極様御家中ニ斎藤庄左衛門ト云仁当村知
行所之節社建立と申傳候　古ハ社領五石有之候由申傳候
一一向宗信行寺　本尊阿弥陀春日之御作　実如上人之寺号
開基ゟ五百年余と申傳候

白屋村

一東派浄泉寺　一向宗三百年以前ゟ有之　二百年以前迄久保
之道場と申候得共　五代以前之住持之時実如上人浄泉
寺と法佛之御裏ニ寺号被下候

成願寺村

一天満宮　古へ建立之時分唯今之所古木之梢ニ光明指給ふ
諸人不思儀之思ひを成シ御湯揚候へハ天神也　則安置すべし
繁昌ニ守るへしとの御神託有て建立仕候由申傳候　三十年以
前空印様鳥居御建立遊候
一真言宗成願寺　本尊ハ正観音行基之御作　灵亀二年元正
天皇御宇御建立也　中比源朝臣左京権太夫信州ニ住居
之時　関東副将軍成しか其節讒言ニて此邊へ流人ニて
此寺ニ一七日御参籠有之　則蒙慈現御建立ニて延文亨(康力)暦
年中之御寄進状御座候　其後天正ノ比迄堂社も有之候へ共
検地以來寺領も被召上本堂も無之寺地山林斗御免ニ御座候

能登野村

一八幡宮　御神躰阿弥陀　由來不知申候
一薬師如來并日光月光十二神　是ハ古へ相田村かりこと申所ニ
其後当所河内かけの上と申所ニ御飛被成　則在所へ勧請申候
て圓通寺と申堂建立仕候由申傳候　時代相知不申候

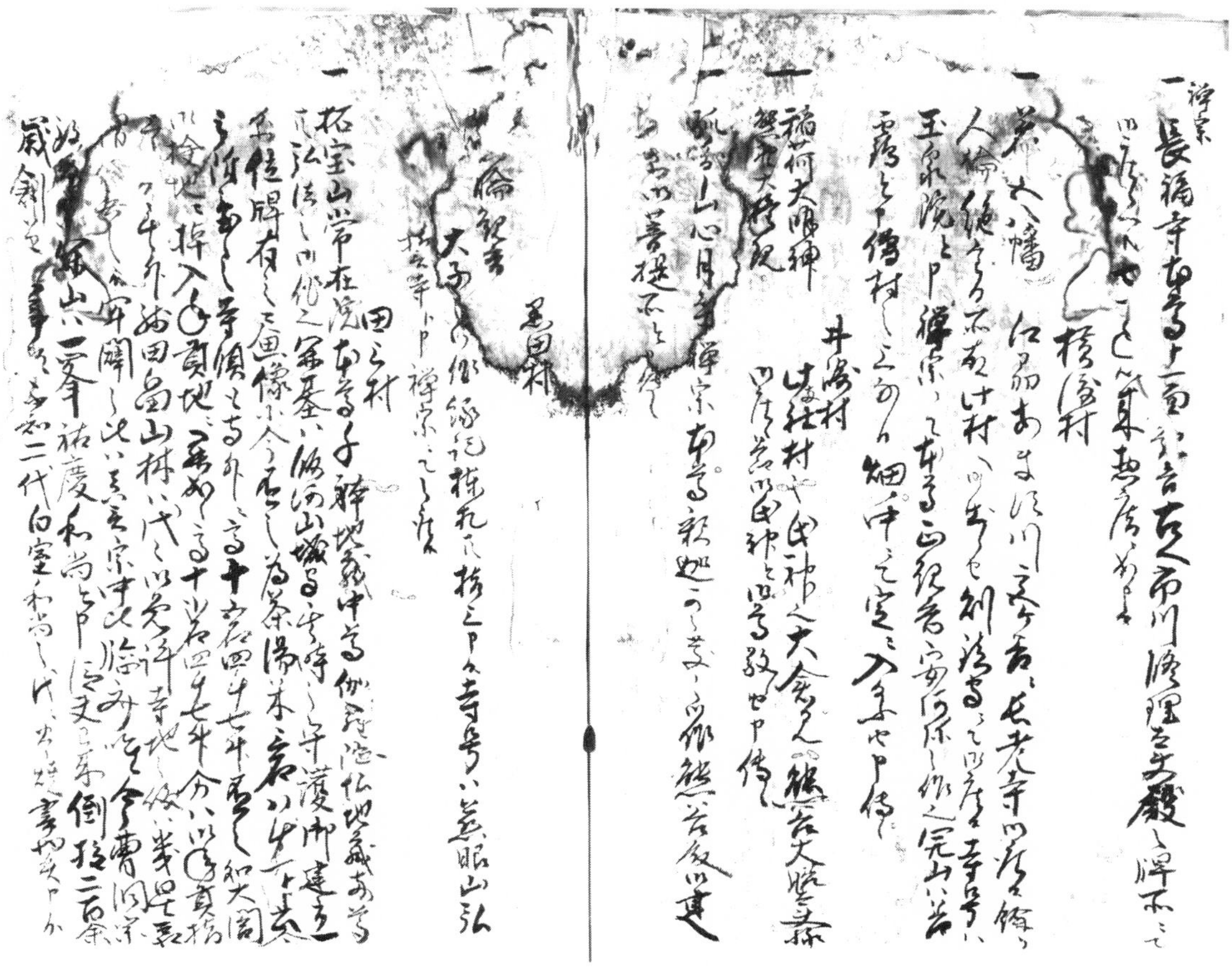

禅宗
一長福寺　本尊十一面観音　古へ市川修理太夫殿之牌所ニて
御座候へ共七十年以來惣庵ニ成申候
横渡村
一若宮八幡　江刕あます川宮ケ谷ニ長老寺御座候　餘リ
人倫絶たる所故　此村へ御出候由　則鎮守ニて御座候　寺号ハ
玉泉院と申禅宗ニて本尊正観音安阿弥之作也　開山ハ善
竈と申僧村之上なる畑ノ中ニて定ニ入給ふ由申傳候
井崎村
一稲荷大明神　此両社村之氏神也　大倉見熊谷大膳太夫様
一熊野大権現　御座候節御氏神と御尊敬候由申傳候
一孤圓山心月寺　禅宗本尊釈迦雲慶之御作　熊谷殿御建
立　則御菩提所と申傳候
黒田村
一如意輪観音　大子之御作　縁起棟札共指上申候　寺号ハ慈眼山弘
誓寺と申禅宗ニて御座候
田上村
一拓宝山常在院　本尊千躰地蔵中尊伽羅陀仏地蔵両尊
共弘法之御作也　開基ハ飯河山城守其時之守護御建立
則位牌有之　画像于今有之　為茶湯米三石八斗一升六合
被附置之　寺領も寺外ニ高十五石四斗七舛升有之処大閤
御検地ニ棹入年貢地ニ罷成候　高十弐石四斗七舛分ハ御年貢指
上候　其外残田畠山林ハ代々御免許　寺地之儀ハ幾星霜
□□無之候　開闢之比ハ真言宗中比臨済唯今曹洞宗
致改宗　開山ハ一峯祐慶和尚と申　従夫巳来倒（マヽ）投二百余
歳　創草年数不知二代白室和尚之代ニ炎焼書物失申候

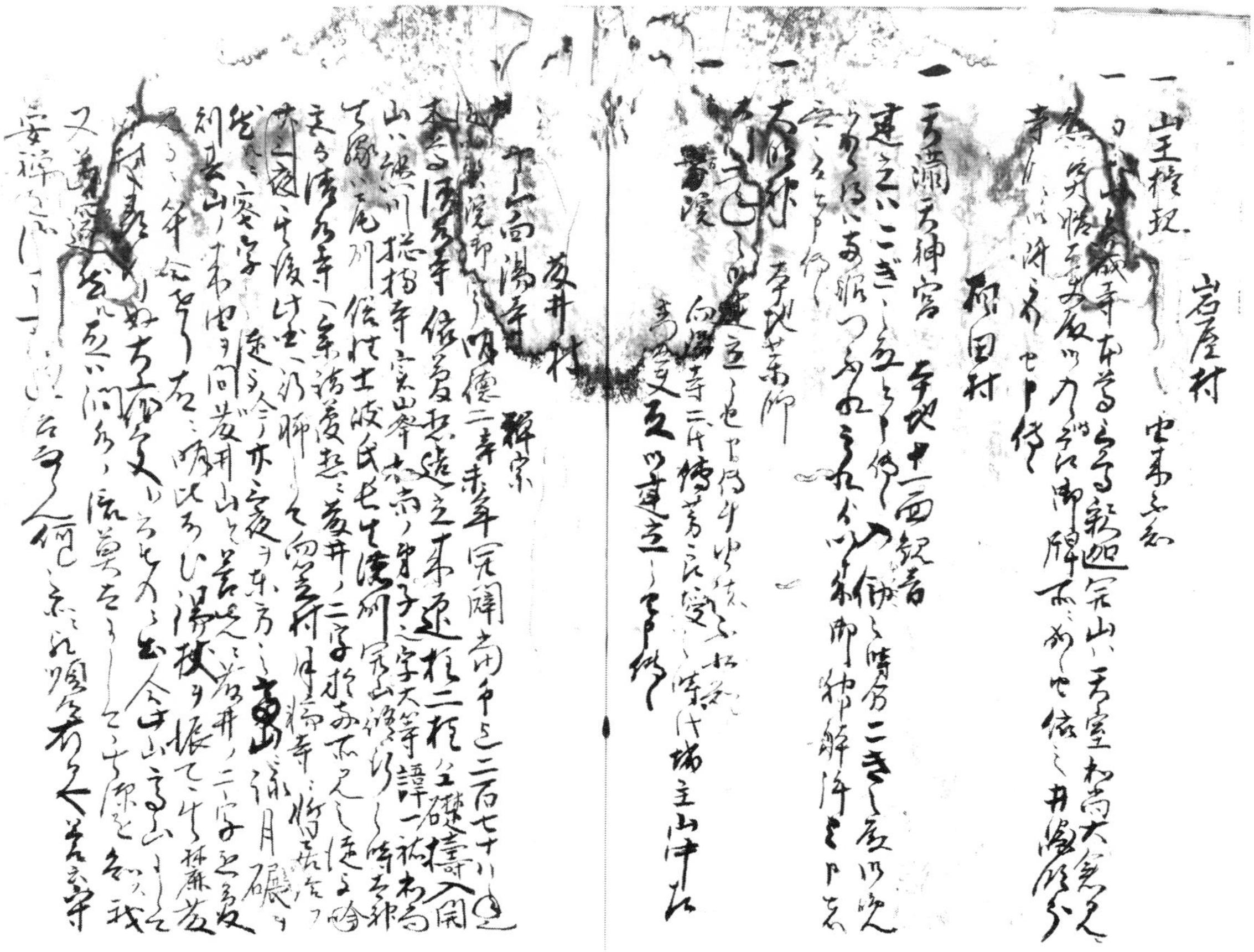

岩屋村

一山王権現　由来不知

一□□山圓成寺　本尊三尊釈迦　開山ハ天室和尚大倉見ニ
熊谷大膳太夫殿御入候時節御牌所ニ成候由　依之井崎領分
寺領ニ御附被成候由申傳候

相田村

一天満天神宮　本地十一面観音
建立ハこぎ之殿と申傳候入　働(本ノママ)之時分こき之殿御覧
被成候得ハ両眼つふれ　それゟ以來御神躰拝ミ申者
無之候と申傳候

一大明神　本地薬師
大同二年之御建立之由申傳斗由緒不相知レ

一□(傳カ)芳院　向陽寺二代傳芳良授之時代　城主山中左
衛門太夫殿御建立之由申傳候

藤井村

一□□山向陽寺　禅宗
後小松院御宇　明徳二辛未年開闢　当夘迄二百七十八年也
本尊清水寺依夢想造立來迎柱二柱仐礎擣入　開
山ハ熊川捴持寺実峯和尚ノ弟子也　字大等諱一祐和尚
生縁ハ尾州俗性土岐氏長生濃州開山修行之時太神
宮ゟ清水寺へ参詣　夢想ニ藤井ノ二字於両所見之徒与
廿三夜　其後此国へ行脚して向笠村月輪寺ニ暫居給フ
然ルニ蜜字　徒与吟廿三夜ヲ東方之高山ニ詠月碾ヲ
則其山之來由ヲ問藤井山と答　先ニ藤井ノ二字を夢
見ルニ符合せり　故ニ明比給ひ錫杖ヲ振て其麓藤
井村へ尋行ぬ　大工作太夫と云ものに出合　此山高山にして
又幽邃　然ル故ハ澗水ノ流莫大にして其源を知ス我
安禅を□□□ならん何レ之所ニ欤順道有るや　答云守

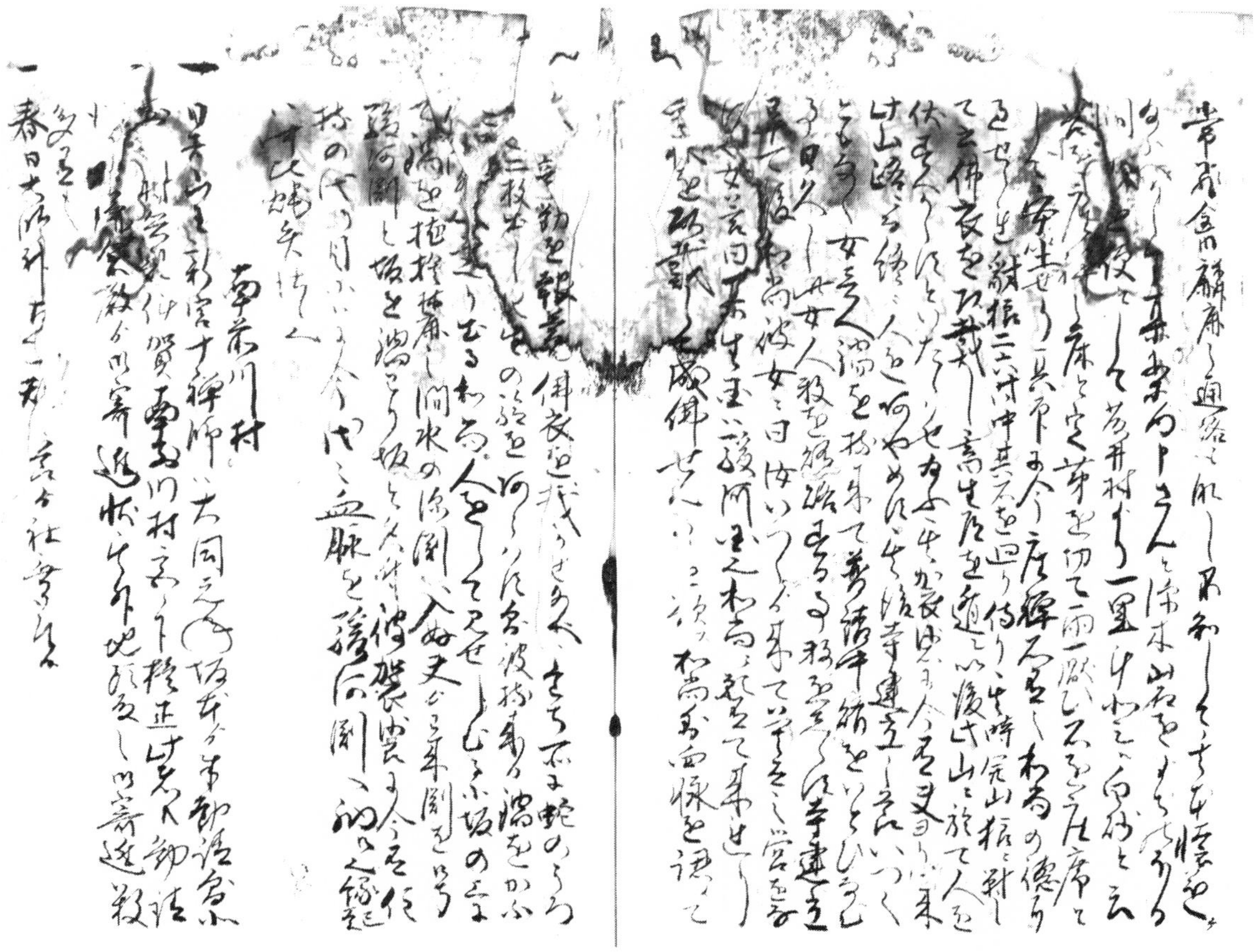

常飛禽麟席之通路もなし不知して其本懐遂ヶ
給ふべからず　某案内申さんと深木岩をよちのぼる
河□□を便として藤井村より一里斗登ハ白砂と云
谷を座禅の床と定茅を切て雨厭ひ石を座席と
して安坐せり　其印于今座禅石有之　和尚の徳に
過せられ豹狼二六時中其石を廻り侍り　其時開山狼ニ對し
て云　佛衣を頂戴し畜生道を遁レ　以後此山に於て人を
伏すべからずといたゝかせ給ふ　其袈裟于今有　夫ヨリ以來
此山路ニ而終に人をあやめす　其後寺建立之節いつく
ともなく女壱人鍋を持來て普請中賄をいとひなむ
事日久し此女人数を賄賂する事数をしらす　寺建立
早て後和尚彼女ニ曰　汝いつくゟ來て莫大之営をな
すや　女答曰某生国ハ駿河国也　和尚ニ願有て來れり
血脈を頂戴して成仏せん□□欲す　和尚則血脉を認メて
□辛勤を報答し佛衣を我か戴せ給へハたち所に蛇のうろ
こを二枚出し化生の験をあらはす　則彼持來る鍋をかふ
り門外へ走り出る　和尚人をして見せしむるに坂の上に
て鍋を抛捨麓の澗水の深淵ニ入ぬ　夫ゟ己来淵を号
駿河淵と坂を鍋わり坂と名付　彼袈裟于今有住
持の代り目にハ于今代々血脉を駿河淵へ納る也　縁起
ハ中比焼失仕候也

南前川村

一日吉山王新宮十禅師ハ大同元年坂本ゟ奉勧請　則北
前川村兵部伊賀南前川村宮ノ下権正　此者共勧請
仕□□（候由カ）鎌倉殿ゟ御寄進状其外地頭殿之御寄進数
多有之
一春日大明神　古へ□□節ゟ社無御座候

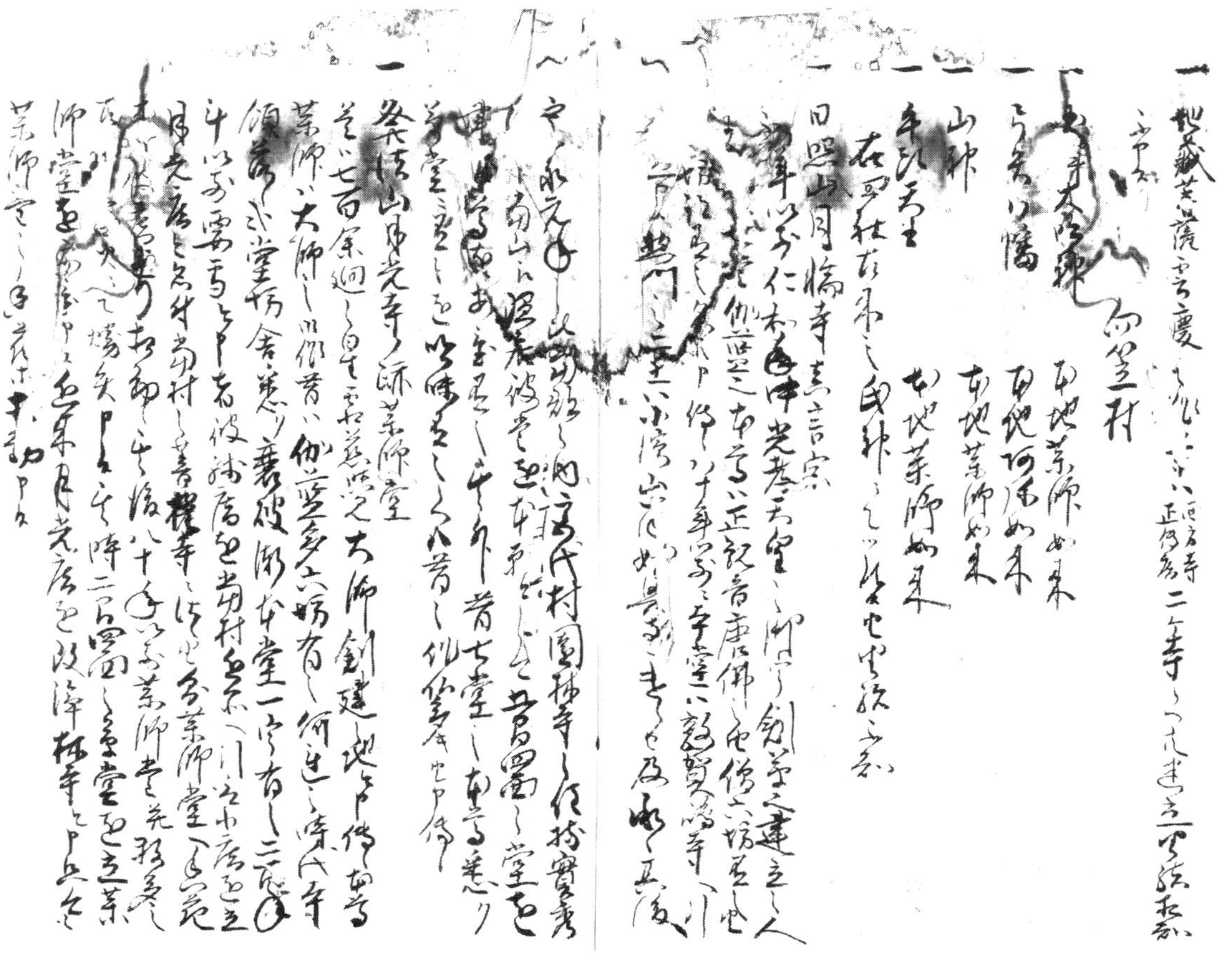

一地藏菩薩　雲(運カ)慶之作寺ハ西方寺／正傳庵二ヶ寺候へ共建立由緒
相知不申候

向笠村

一国□(津カ)大明神　本地薬師如來
一弓矢八幡　本地阿弥陀如來
一山神　本地薬師如來
一午頭天王　本地薬師如來
右四社古來之氏神ニて御座候由由緒不知
一日照山月輪寺　真言宗
八百年以前仁和年中光孝天皇之御宇創草也　建立之人
不知昔七堂伽藍也　本尊ハ正観音唐仏の由僧六坊有之由
に□(てカ)坊跡有之名共申傳候　八十年以前ニ本堂ハ敦賀嶋寺へ引
□(きカ)立申候　惣門之二王は小濱山□(岸カ)妙興寺へ遣候由及承候　其後
寛永元年之比当郡之内宮代村園林寺之住持實秀
□□(法師カ)当山江隠居　彼堂を本願として五間四面之堂を
建本尊を安置有之其外昔七堂之本尊悉ク
草堂ニ有之を吟吟有之候へハ昔之作仏多キ由申傳候
一発法山月光寺之跡薬師堂
是は七百余廻之星霜慈覺大師創建之地と申傳候　本尊
薬師は大師の御作昔は伽藍多六坊有之何れ之時代寺
領落候哉堂坊舎悉ク衰破漸本堂一宇有之二百年
斗以前要雪と申者彼残庵を当村近所へ引取小庵を立
月光庵と名付当村之菩提寺ニ仕候由則薬師堂へ香花
等を彼庵より相勤候　其後八十年以前薬師堂并数多之
古佛雷火にて焼失申候　其時二間四面之草堂を立薬
師堂を安置申候　近來月光庵を改浄林寺と申只今も
薬師堂之香花等相勤申候

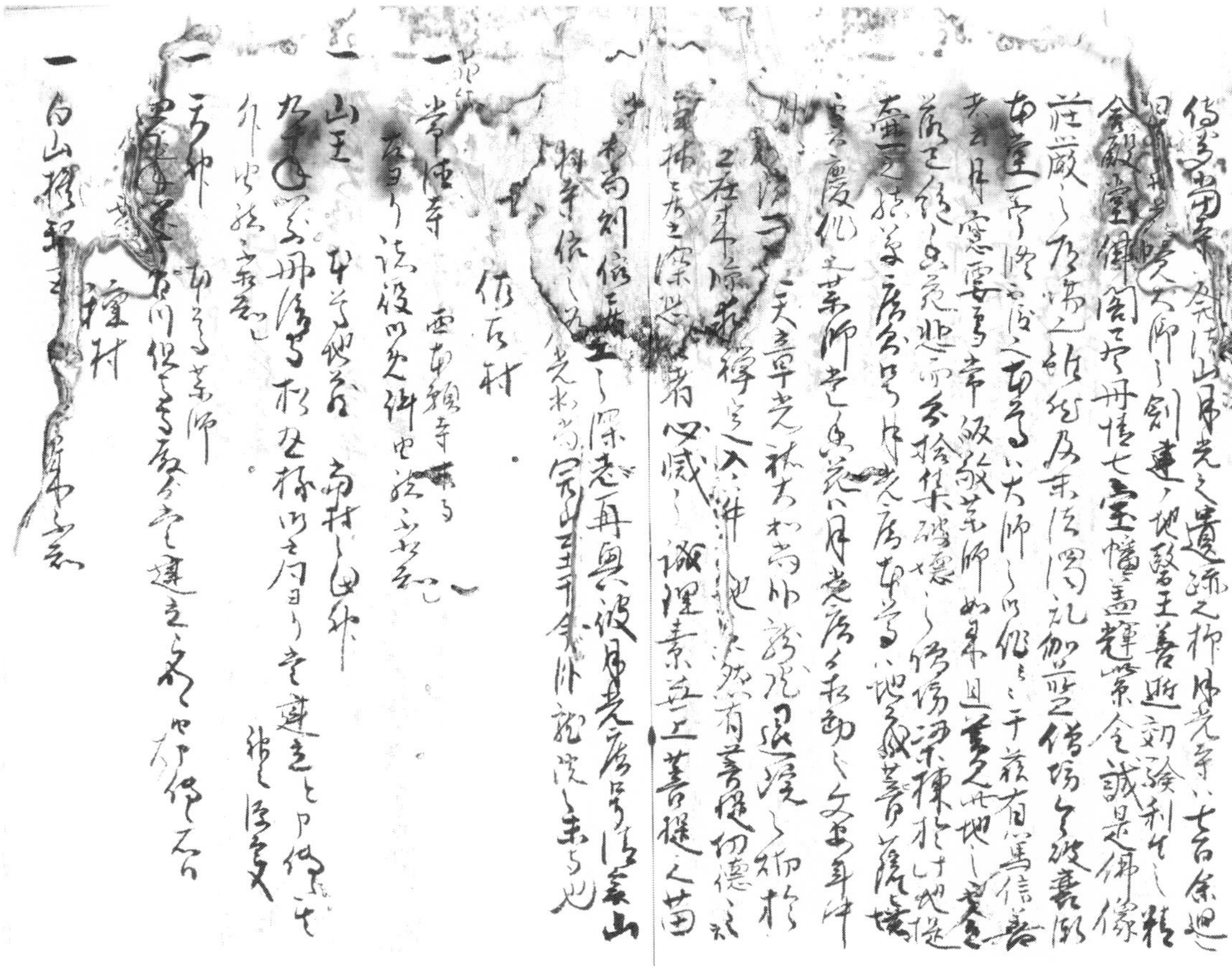

一清雲山浄林寺　禅宗
傳聞当寺ハ発法山月光之遺跡也　抑月光寺ハ七百余廻之
星霜慈覚大師之創建ノ地　醫王善逝効験利生之精
舎殿堂仏閣尽丹情七宝幡蓋輝紫金誠　是佛像
荘厳之道場也　雖然及末法濁乱伽藍僧坊令破衰漸
本堂一字修覆也　本尊ハ大師之御作云々　于茲有篤信善
者云月窓要焉　常皈敬薬師如來旦暮見此地之零
落巳絶香花悲而　則拾集破壊之僧坊梁棟於此地提
壷之結草庵　則号月光庵本尊ハ地蔵薩埵
雲慶作也　薬師堂香花ハ月光庵ゟ相勤之　文安年中
臥龍院二□(世カ)天章光祐大和尚臥龍院退院之砌於
□□(此地カ)在来臨求禅定入寂之地　□(雖カ)然有菩提功徳之
意云浄林居士深恐生者必滅之誠理素無上菩提之苗
寛永年中之比深老再興彼月光庵号清雲山
浄林寺当山江隠居光和尚開山至于今臥龍院之末寺也

佐古村

□□
一常徳寺　西本願寺末寺
古より諸役御免許由緒不相知レ
一山王　本尊地蔵　当村之氏神
九十年以前丹後守松丸様御局ヨリ堂建立と申傳候　其
外由緒不相知レ　神主　源太夫
一天神　本尊薬師
四十年以前□(香カ)川但馬守殿ゟ堂建立被成候由申傳候　右同

種村

一白山権現　由來不知

一安養寺　一向宗　右同断

鳥浜村

一浄蓮寺　一向宗

開基ハ正心と申僧　文安二年ニ御本尊并寺号本願寺

ゟ被下候　此外由緒共書上多相見へ候へ共格別之儀も不相

見略之

一加茂大明神　寛平二年之勧請と申傳候

一弁才天　昌泰元年竹生嶋ゟ勧請　三方湖之邊

ニ御社ヲ建　浦里ノ漁人致崇敬候由申傳候

一郡□(上カ)大明神

一□□(春日カ)大明神

右四社古申傳社有之故書上候由来不相知レ

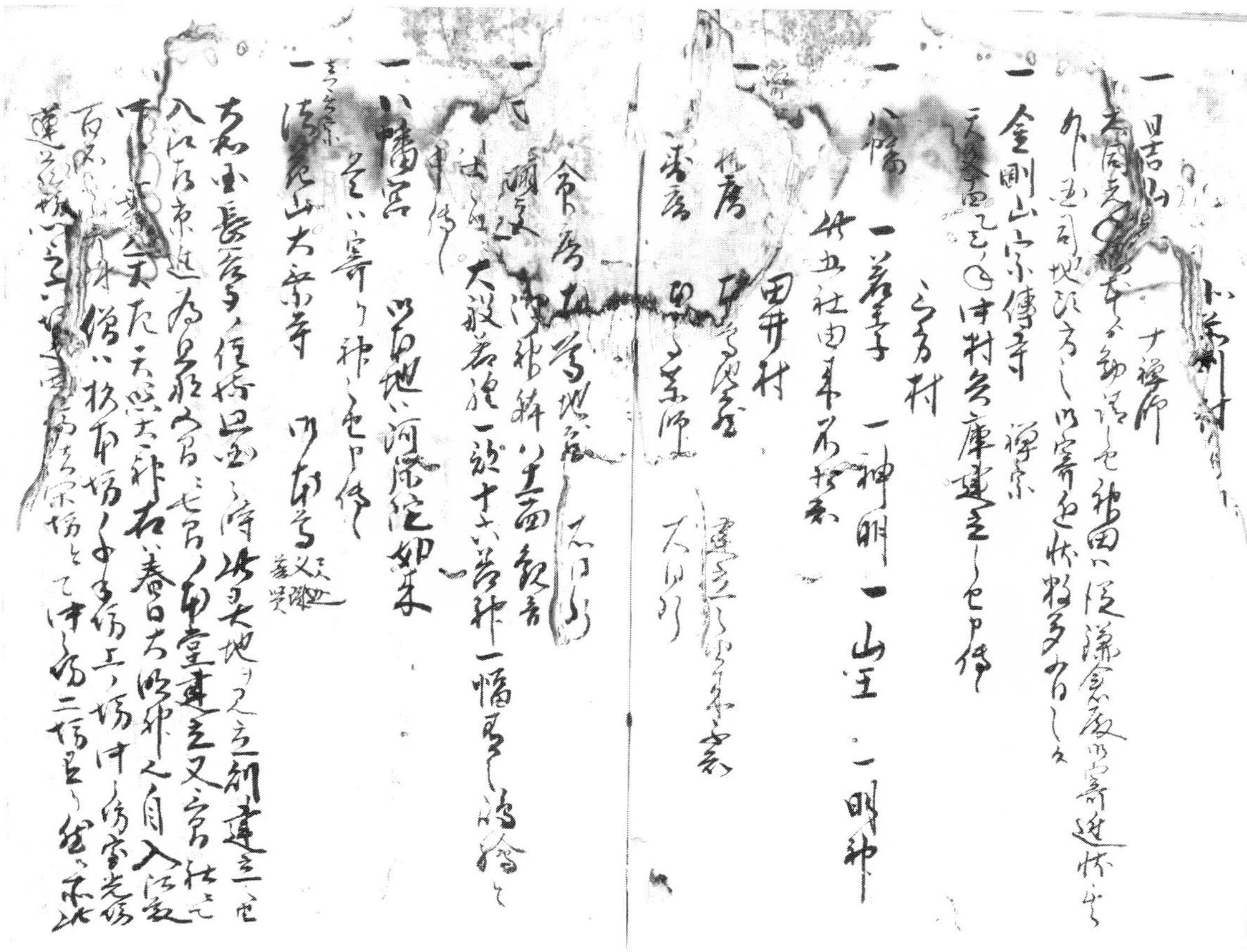

北前川村

一日吉山　□（王カ）　十禅師
大同元年坂本ゟ勧請之由　神田ハ従鎌倉殿御寄進状其
外国司地頭方之御寄進状数多有之候
一金剛山宗傳寺　禅宗
天文十四乙巳年中村兵庫建立之由申傳候

三方村

一八幡　一若王子　一神明　一山王　一明神
此五社由来不相知

田井村

一禅宗□□庵　本尊地蔵　建立之由來不知
一□寿庵　本尊薬師　右同断
一□命庵　本尊地蔵　右同断
一天満宮御神躰ハ十一面観音
社之内ニ大般若経一部　十六善神一幅有之嶋繪と
申傳候
一八幡宮　御本地ハ阿弥陀如來
是ハ寄り神之由申傳候

真言宗

一法花山大乗寺　御本尊文殊　釈迦　普賢
大和國長谷寺ノ住持廻国之時　此灵地ヲ見立則創建之由
入江左京進為旦那五間ニ七間ノ本堂建立　又三間社ニて
中ハ□□天　左天照太神　右ハ春日大明神也　自入江殿
百石御寄付　僧ハ杉本坊千手坊上ノ坊中之坊宝光坊
蓮蔵坊以上六坊也　西之坊法閑坊とて中之坊二坊有り　然ル所此

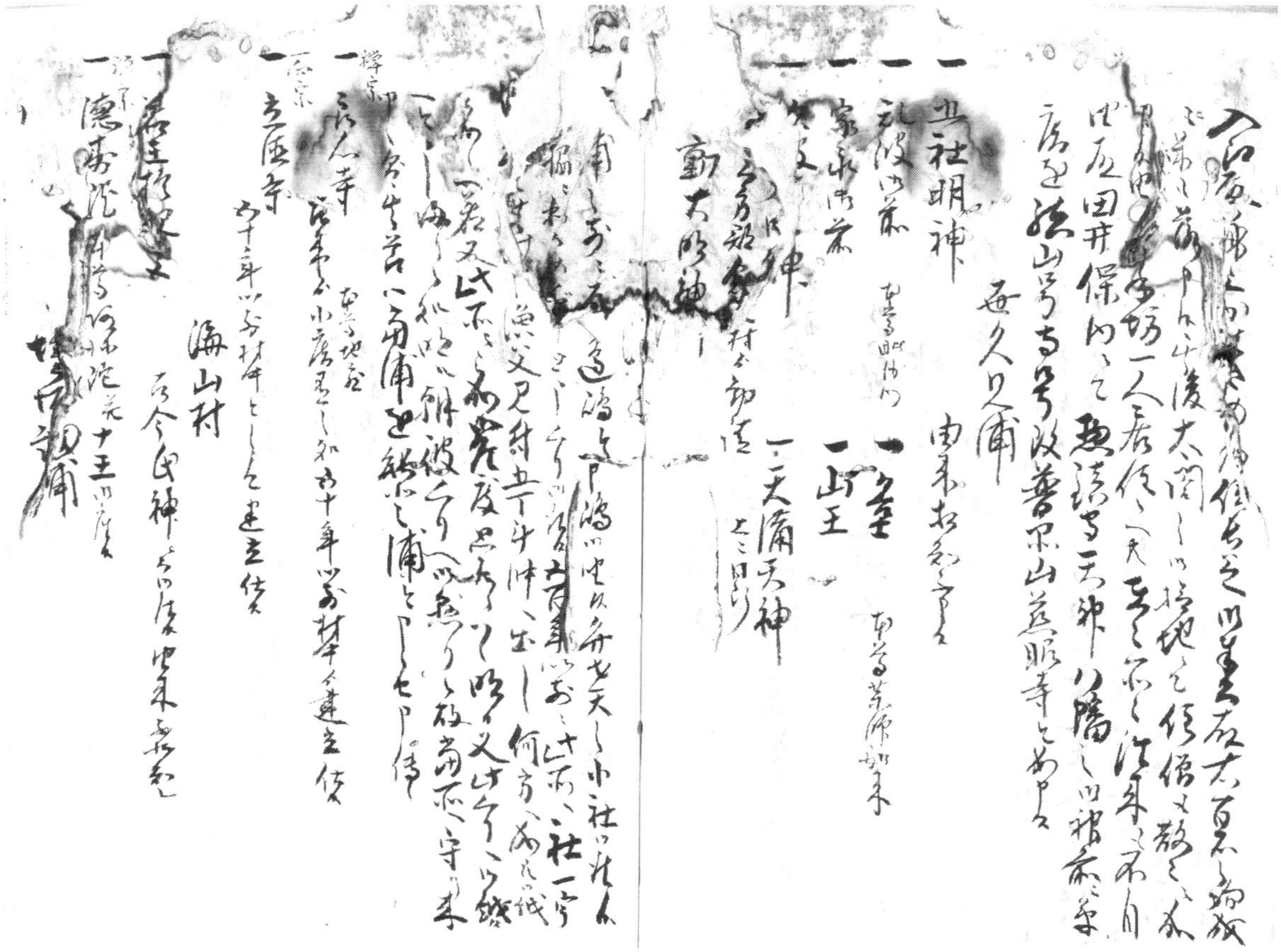

入江殿身上か□きの為信長公へ御奉公故　百石之物成
も米も落申候　其後太閤之御検地ニて住僧も散々ニ成
申候由　千手坊一人居住候へ共　在々所々往来も不自
由故　田井保内ニて惣鎮守天神八幡之御神前ニ草
庵を結　山号改普品山慈眼寺と成申候

世久見浦

一五社明神　由来相知不申候
一乱波御前　本尊毘沙門　一善士　本尊薬師如來
一家永御前　一山王
一須波大明神　一天満天神
三方郡倉見村ゟ勧請　上ニ同断
一不動大明神
一□□庵
一□寿庵　本（尊脱カ）□
一□浦之前ヲ□邊嶋と申嶋御座候　弁才天之小社御座候
此脇ニわかめぐりと申くり御座候　五百年以前ニ此所へ社一宇
流来　其村之漁父見付五丁斗沖へ出し何方へ成共御越
被成候へ　若又此所ニ被成御座度思召候ハヽ、明日又此くりへ御越候
へと申し帰り候処　明ル朝彼くりへ御懸り候故　当所へ守り來
申候　其節ハ当浦を能登浦と申候由申傳候

禅宗

一良心寺　本尊地蔵
古來ゟ小庵有之処　五十年以前村中ゟ建立仕候

一向宗

一立徳寺　五十年以前村中として建立仕候

海山村

一若王権現宮　古今氏神ニ而御座候　由來不相知レ
一徳寿院　本尊阿弥陀并十王御座候

塩坂越浦

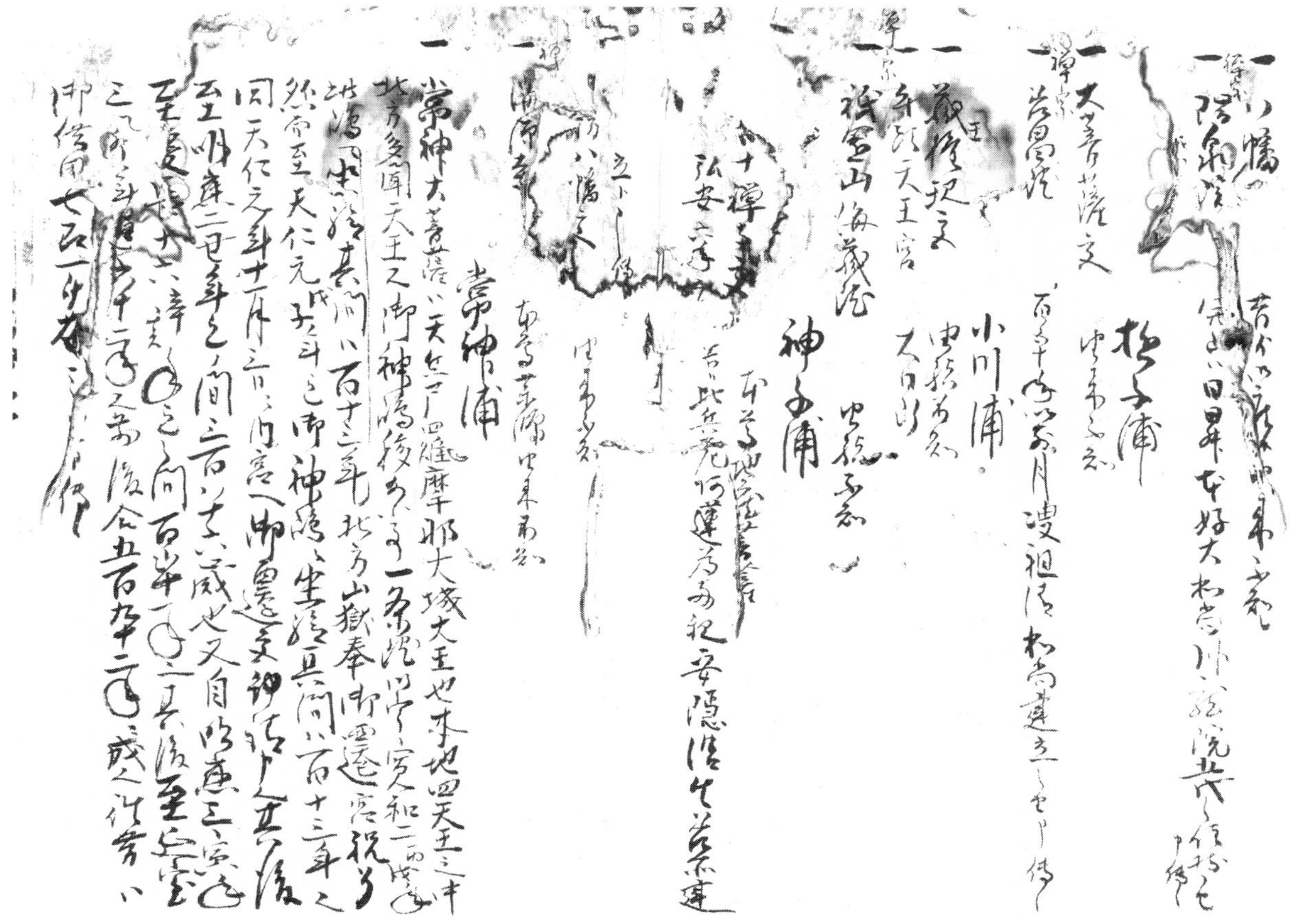

一八幡　　　昔ゟ御座候　由來不知レ
禅宗
一瑞泉院　開山ハ日昇本好大和尚臥龍院五代之住持之由申傳候
遊子浦
一大菩薩宮　由來不知
禅宗
一善昌院　百五十年以前月叟祖清和尚建立之由申傳候
小川浦
一藏王権現宮　由緒不知
一午頭天王宮　右同断
禅宗
一祇園山海藏院　由緒不知
神子浦
一□□(日吉カ)十禅寺宮　本尊地藏菩薩
弘安六年五月吉日比丘尼阿蓮為両親安穏後生善所建
立ト申傳候
一八幡宮　由來不知
禅宗
一海源寺　本尊薬師由來不知
常神浦
一常神大菩薩ハ天竺戸羅摩那大城大王也　本地四天王之中
北方多聞天王也　御神嶋移給ふ事一条院御宇寛和二丙戌年
此嶋坐給　其間ハ百三十年北方嶽奉御遷宮祝了
然而至天仁元戊午年迄御神嶋ニ坐給　其間ハ百十三年也
同天仁元年十一月三日ニ内宮へ御遷宮勧請申也　其後
至明應二丑年迠ノ間三百八十六歳也　又自明應三寅年
至慶長十六辛亥年迠之間百弐十一年也　其後至延宝
三乙夘年迠六十二年也　前後合五百九十二年ニ成也　往昔ハ
御供田七石一斗有之候由申傳候

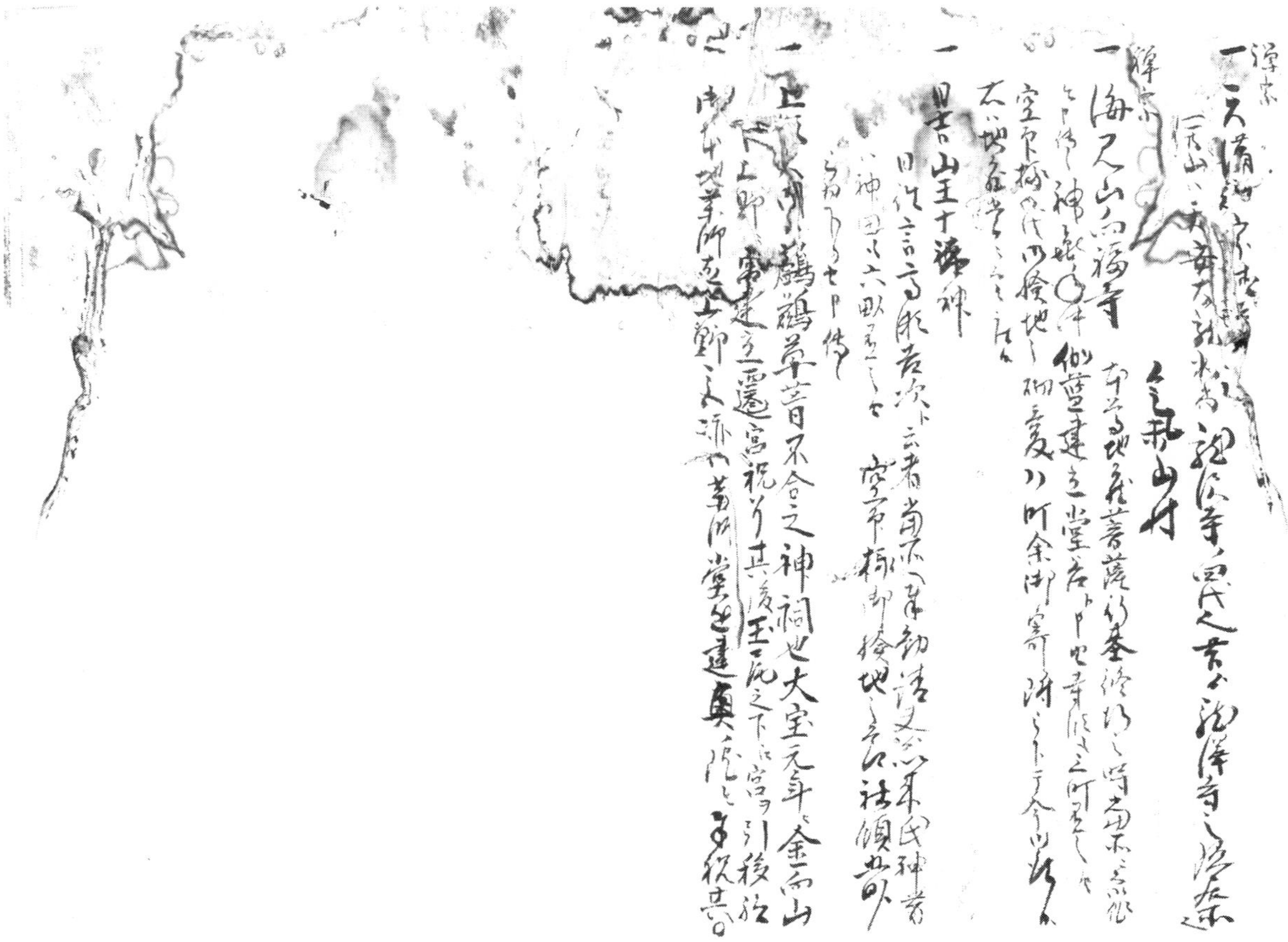

禅宗
一天満山宗徳寺
開山ハ天安大龍和尚龍沢寺之四代也　昔ゟ龍澤寺之隠居所也

氣山村

禅宗
一海見山向福寺　本尊地蔵菩薩行基修行之時　当所ニて御作
と申傳候　神龜年中伽藍建立堂谷ト申由　寺領も三町有之候
空印様御代御検地之砌壱反八町(マヽ)余御寄附被下　于今御座候
右ハ地蔵堂ニ而御座候
一日吉山王十禅神
曰往言高瀬吉次ト云者当所へ奉勧請　夫ゟ以來氏神　昔
ハ神田も六畝有之由　空印様御検地之節社領五畝
被為下候由申傳候
一上瀬大明神ハ鵜鷀草葺不合之神祠也　大宝元年ニ金向山
□□(下)上野ニ宮建立遷宮祝了　其後玉尾之下江宮ヲ引移給
御本地薬師故上野宮跡ニ薬師堂を建奥ノ院と奉祝　其○

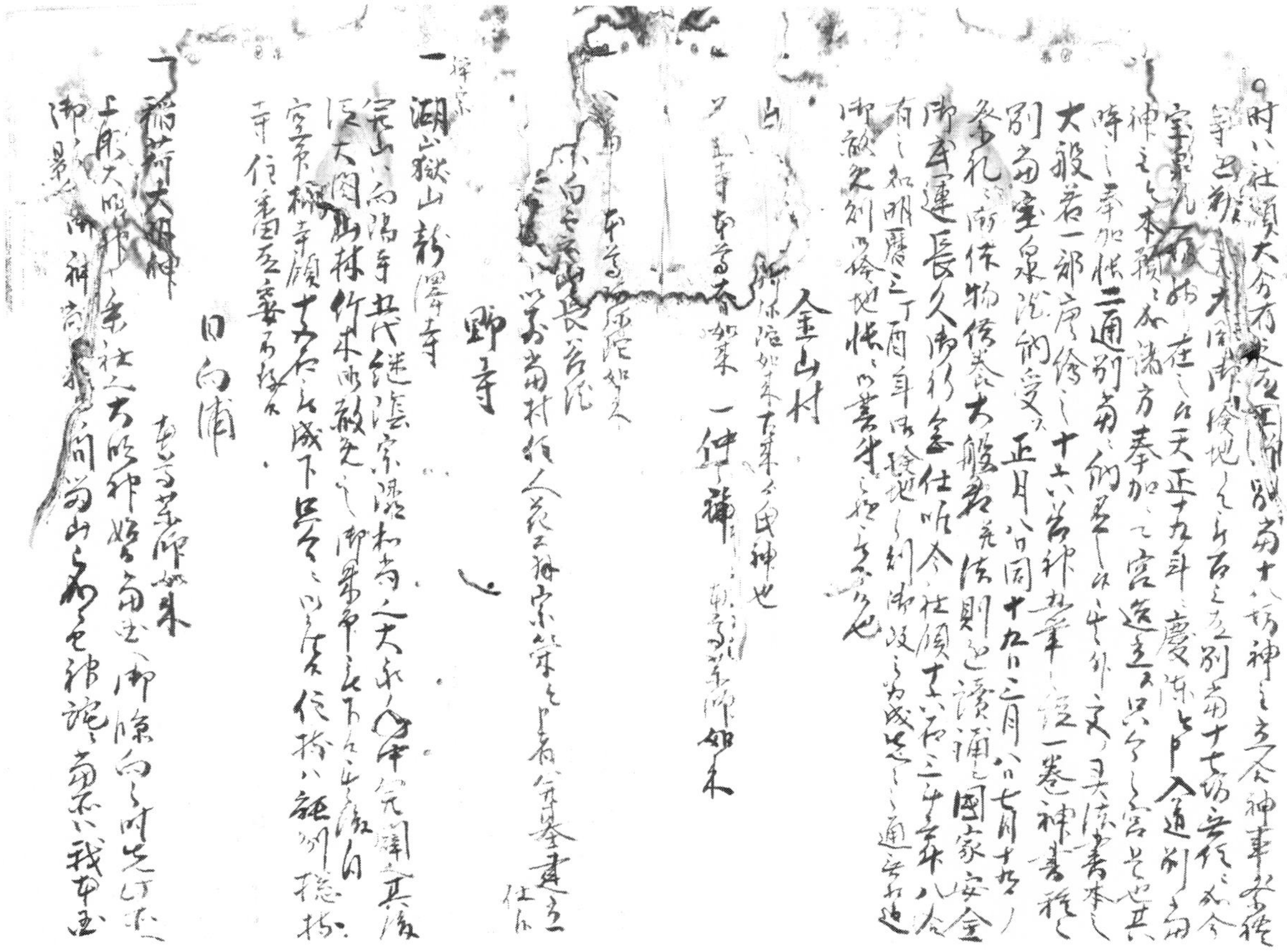

○時ハ社領大分有之故　別当十八坊神主立合神事祭禮
等を勤候へ共太閤御検地ニて被召上故　別当十七坊無住ニ成今
宝泉院一坊残リ在之候　天正十九年ニ慶陳と申入道別当
神主と本願ニ成　諸方奉加ニて宮造立ス　只今之宮是也　其
時之奉加帳二通別当ニ納有之候　其外宮之旲法書本之
大般若一部唐繪之十六善神五筆之経一巻神書種々
別当宝泉院納受ス　正月八日同十九日三月八日七月十九日ノ
祭礼ニ御供物供養　大般若并法則を讀誦シ國家安全
御武運長久御祈念仕　唯今社領十六石三斗壱升八合
有之処　明暦三丁酉年御検地之刻御改被為成　先々之通無相遠
御赦免　則御検地帳ニ御書付被遊被下候也

金山村

一□□（山王カ）　□□（本尊カ）阿弥陀如來古來ゟ氏神也
一若王寺　本尊大日如來　一仲之神　本尊薬師如來
一八幡　本尊阿弥陀如來
一□□白雲山長谷院
□□□以前當村住人花翁宗栄と申者開基建立仕候

野寺

禅宗
一湖嶽山龍澤寺
開山ハ向陽寺五代継陰宗隣和尚也　大永年中開闢也　其後
従太閤山林竹木御赦免之御朱印被下候　其後自
空印様寺領十五石被成下只今ニ御座候　住持ハ能州捻持
寺住番故委不存候

日向浦

一稲荷大明神　本尊薬師如來
上瀬大明神之末社也　大明神始而当国へ御臨向之時　先此所へ
御影向御神□□（幣料カ）之間留山被成候由神詫ニ当所ハ我本国

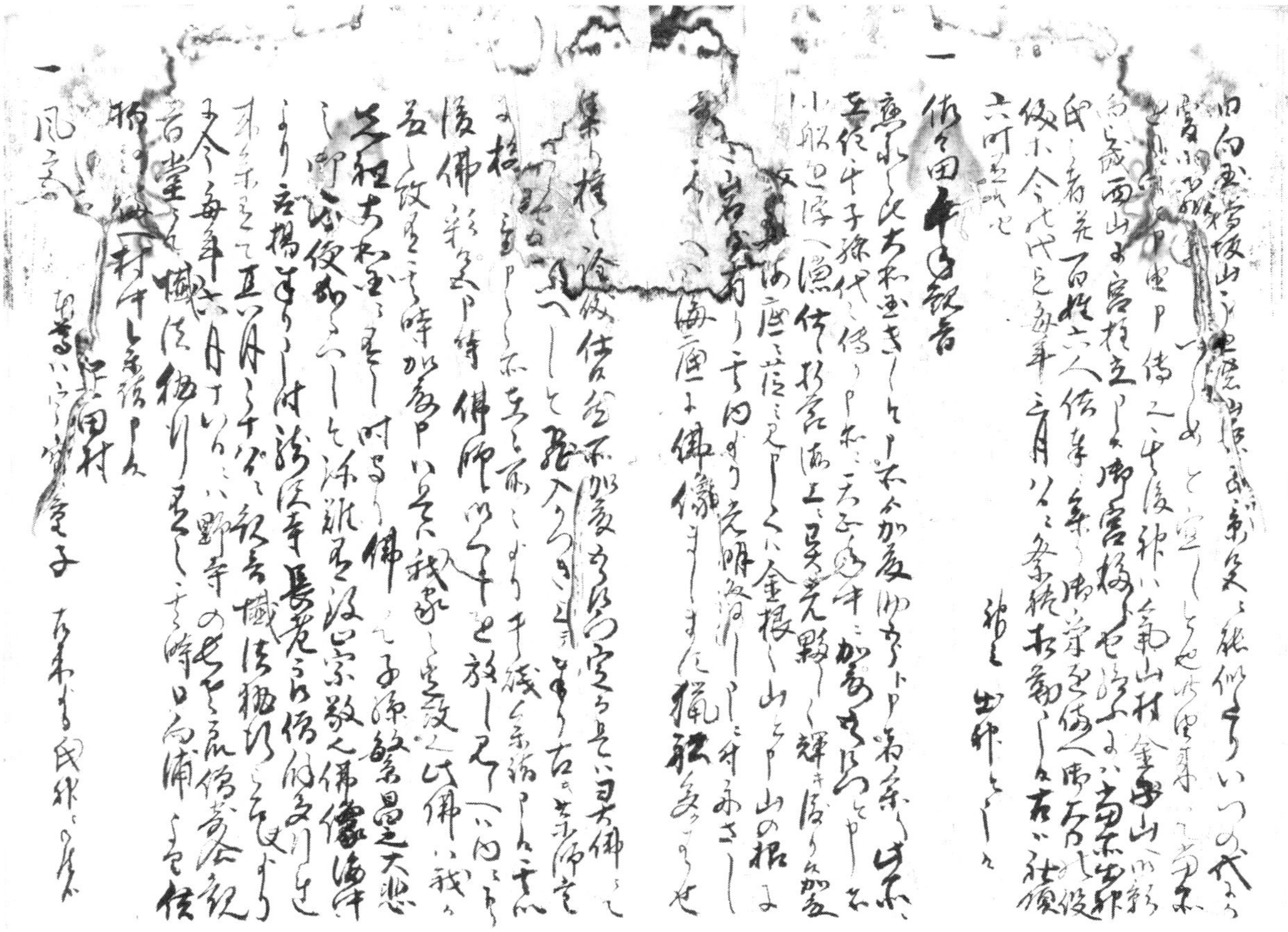

日向国橋坂山う□□岩□之景色ニ能似たり　いつの代にか
爰に飛來しつらめと宣しと也　此由來ニて当所
を日向と申由申傳也　其後神ハ氣山村金子山へ御影
向被成西山に宮柱立申候　御宮移らせ給ふにハ当所出神
氏之者并百姓六人供奉ニ参り御釆を備へ御大刀之役
儀等今の代迠毎年三月八日ニ祭禮相勤申候　古ハ社領
六町有之由
神主出神と申候

一佐々田千手観音
應永之比大和国きしと申所ゟ加藤助五郎卜申者参り此所ニ
在住　其子孫代々傳り申所ニ天正年中ニ加藤五郎左衛門と申者
小舩を浮へ漁仕候折節　海上ニ炅光夥しく輝キ渡り候　加藤
不思儀□□□（ニ思いカ）海底ニ蔭ミ見申候へハ金根之山と申山の根に
岩屋有り其内より光明發し申ニ付　猟船多クはせ
寄て見候へハ海底に佛像まします
集り種々詮議仕候　然所加藤五郎左衛門定而是ハ炅佛ニて
□□□□（おはし人にてもカ）給ふべしと飛入りかつき上テ奉り古キ薬師堂
に移し置申候所　在々所々より貴賤参詣申候　其以
後佛彩色申時　佛師御くしを放し見候へハ　内ニ下り
藤之紋有　其時加藤申ハ是ハ我家之定紋也　此佛ハ我か
先祖大和国ニ有し時守り佛ニて子孫繁昌之大悲
之御□（不カ）便成るへしと弥難有致崇敬也　佛像海中
より取揚奉り申時　龍沢寺長老良僧餘多引連
來参有て其月之十八日ニ観音懺法執行被召候　夫より
于今毎年六月十八日ニハ野寺の長老衆僧寄合観
音堂ニて懺法執行有之　其時日向浦より供
物不備へ村中参詣申候
笹田村
一凮宮　本尊ハ宇寳童子　古來より氏神ニ御座候

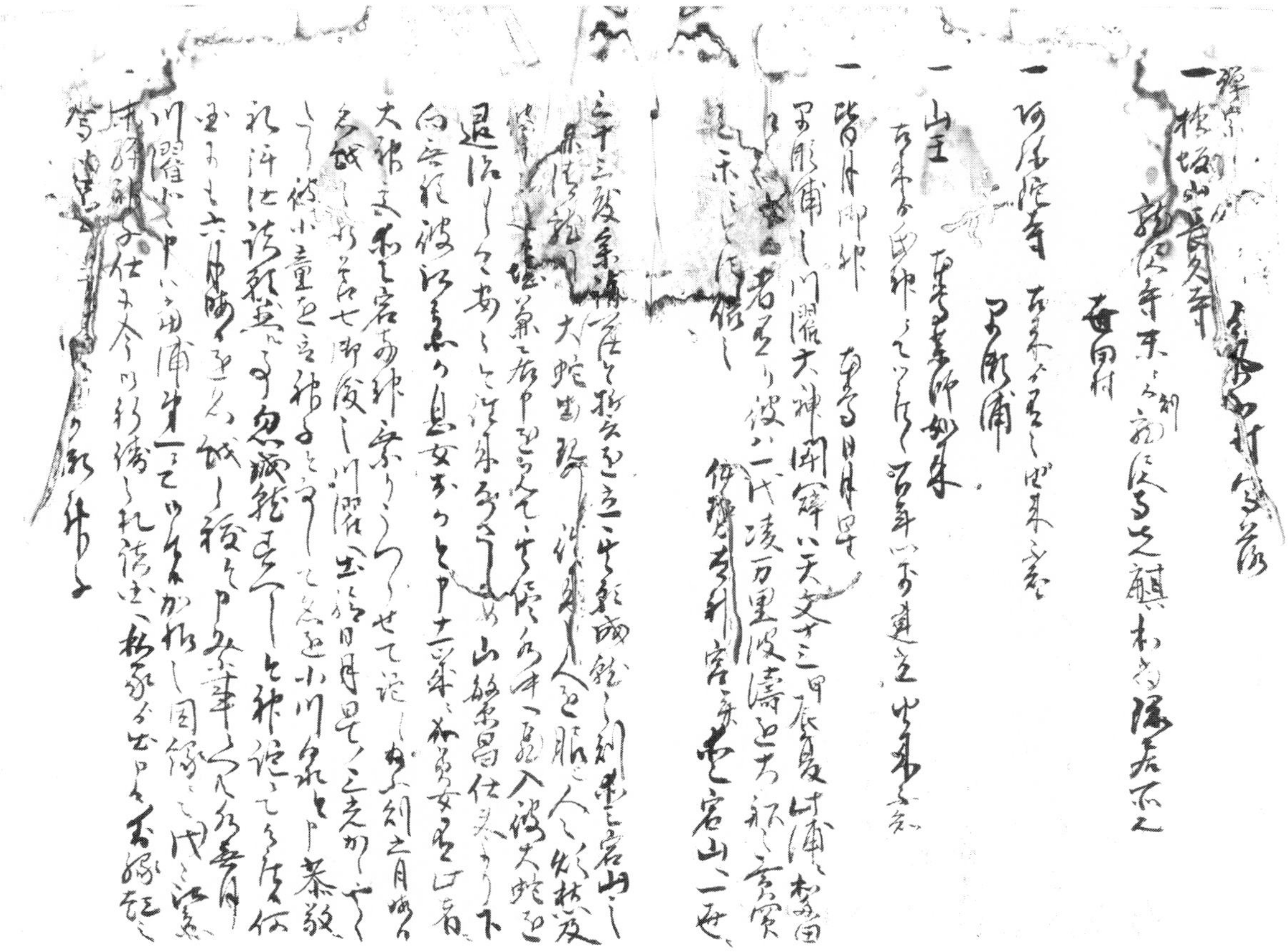

氣山村　写落

禅宗
一松坂山長久寺
龍沢寺末ニ而則龍沢寺先麒和尚隠居所也
　世田村
一阿弥陀寺　古來ゟ有之由來不知レ
　早瀬浦
一山王　本尊薬師如来
　古来ゟ氏神ニて御座候　百年以前建立由來不知
一皆月御神　本尊日月星
早瀬浦之川濯大神　開闢ハ天文十三甲辰夏　此浦ニ和多田
江兵衛と云者有り　彼ハ一代凌万里波濤を大舩之賣買
を楽シとす　依之　伊勢太神宮并愛宕山へ一世ニ
三十三度参詣可仕と誓を立　其願成就之刻　愛宕山之
麓清滝川ニ大蛇出現し往來之人を服シ人々煩愁及
彼川之近所堪兼居申を見て其侭水中へ飛入彼大蛇を
退治して安々と往來なさしめ山繁昌仕　夫より下
向無程彼江兵衛か息女なかと申十一歳ニ成美女有　此者ニ
大神宮愛宕両神乗りうつらせて詫し給ふ　則六月晦日
名越之折節七御渡之川濯へ出給　日月星ノ三光かゝやく
たり　彼小童を取神子となして名を小川泉と申恭敬
礼拝仕諸願懸ル事忽成就すへしと神詫ニて御座候　何
国にも六月晦日を名越し祓と申祭事に候へ共　水無月
川濯と申ハ当浦第一ニて御座候　加様之因縁ニて代々仁兵衛
末孫神子仕　于今御祈祷之札諸国へ私家ゟ出申候　則縁起之
写も只今□□□（有之候カ）　江兵衛神子

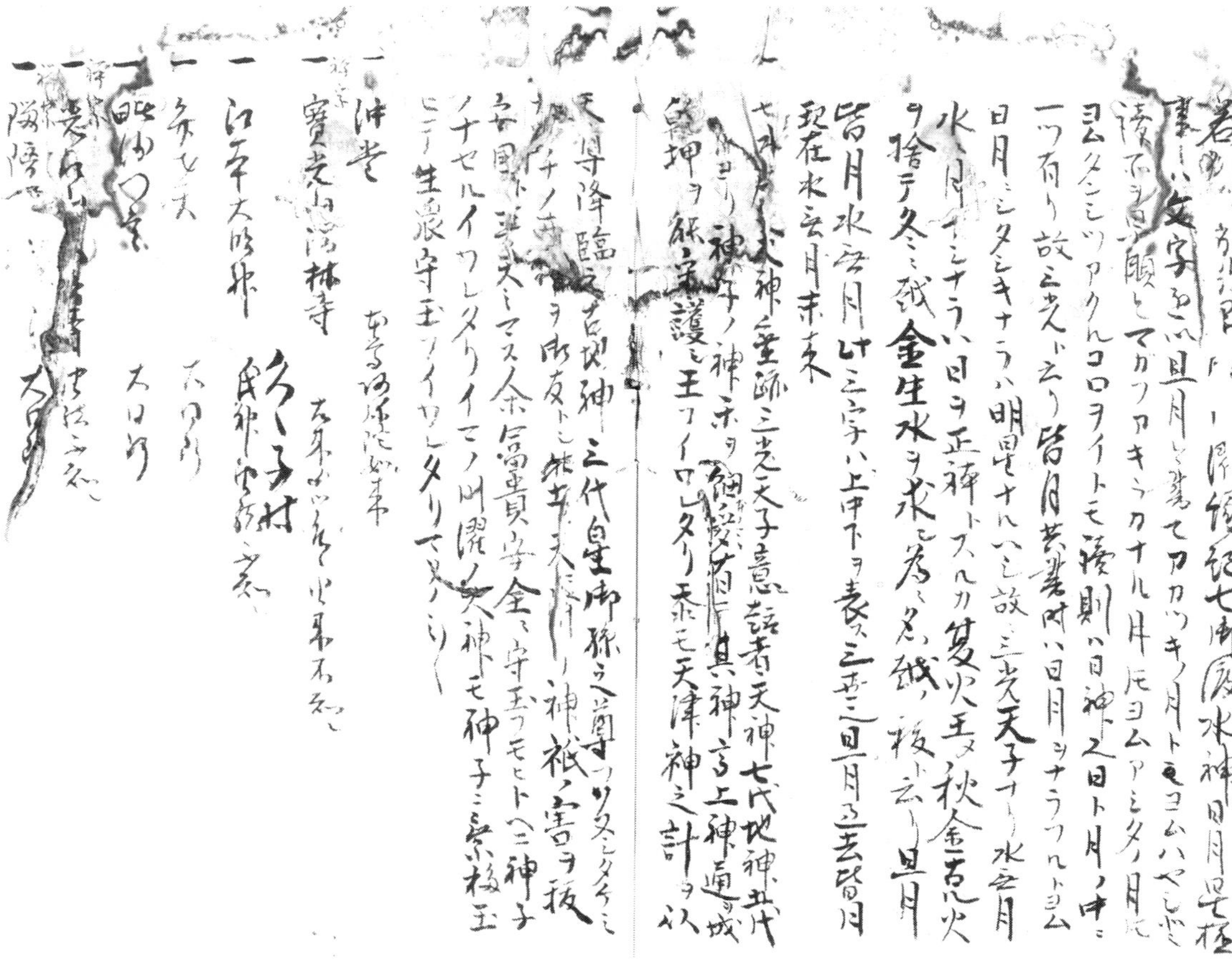

若州三方郡早瀬川濯縁起七御渡水神日月星極
事ハ文字を以旦月と書てアカツキノ月トモヨム　ハヤシと
讀所ヲ早瀬とマガフ　アキラカナル月𪜈ヨム　アシタノ月𪜈
ヨム、タンジツ　アクルコロヲイトモ讀、則ハ日神也、日ト月ノ中ニ
一ツ有り　故三光ト云リ　皆月共書時ハ日月ヲナラフルトヨム、
日月ニシタシキナラハ明星ナルヘシ　故ニ三光天子ナリ　水無月
水ニ月ナシナラハ日ヲ正躰トスルカ　夏火王メ秋金古ル火
ヲ捨テ　冬ニ越、金生水ヲ求ン為ニ名越ノ祓ト云リ　旦月
皆月　水無月、此三字ハ上中下ヲ表ス三世也　旦月過去　皆月
現在　水無月未來
一七水□　□大神垂跡三光天子意趣者天神七代地神五代
□□ヨリ神子ノ神楽ヲ細（本ノマヽ）受有テ　其神高上神通ヲ成
乾坤ヲ能守護シ玉フイワレタリ　忝モ天津神之計ヲ以
天尊降臨之古地神三代ノ星御孫之尊フソヌシタケミ
カチノ西神ヲ御友トシ、此土ノ天ニ降リ神祇ノ害ヲ秡
安国ト□　天之マス人等冨貴安全ニ守玉フモ　ヒトヘニ神子
ノナセルイワレタリ　イマノ川濯ノ大神モ神子ニ乗移玉
ヒテ　生衆守玉フイワレタリ　マソノミ〳〵
一沖堂　本尊阿弥陀如來
禅宗
一寶光山瑞林寺　古来ゟ御座候由來不知レ
久々子村
一江本大明神　氏神由緒不知
一弁才天　右同断
一毘沙門堂　右同断
禅宗
一光江山□（久音カ）□寺　由緒不知
禅宗
一瑠璃寺　右同断

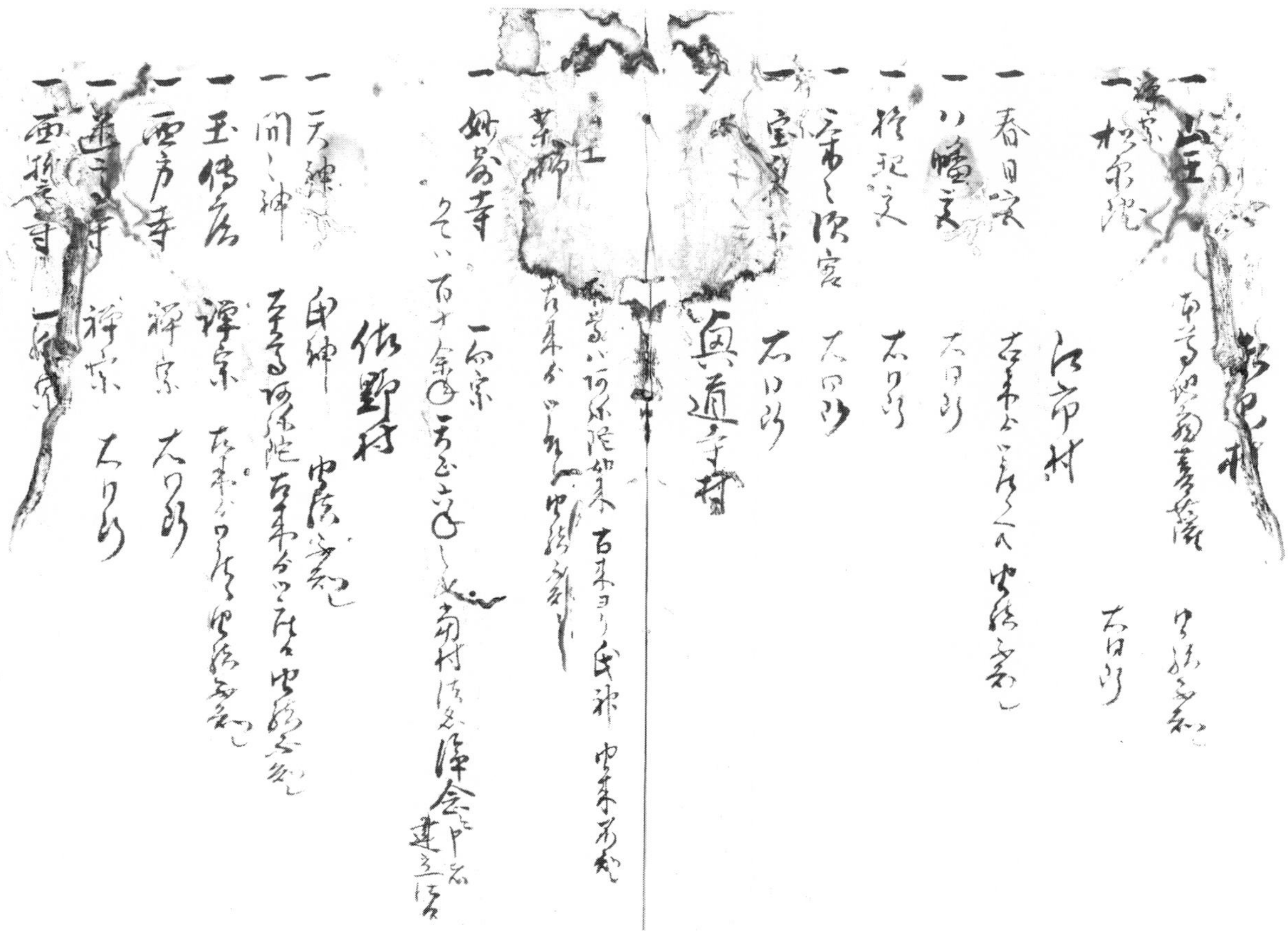

松原村

一山王　　本尊地藏菩薩由緒不知レ

禅宗

一松原院　　右同断

郷市村

一春日宮　古來ゟ御座候へ共由緒不知レ

一八幡宮　右同断

一権現宮　右同断

一三木之須宮　右同断

禅宗

一宝□□（積寺カ）　右同断

興道寺村

一山王　本尊ハ阿弥陀如來古来ヨリ氏神由來不知レ

一薬師　古來ゟ御座候　由緒不知レ

一妙寄寺　一向宗

是ハ百十余年天正六年之比当村法名浄念と申建立仕候

佐野村

一天神　　氏神由緒不知

一間之神　本尊阿弥陀古來ゟ御座候　由緒不知レ

一玉傳庵　禅宗　古來ゟ御座候　由緒不知レ

一西方寺　禅宗　右同断

一迷高寺　禅宗　右同断

一西誓寺　一向宗

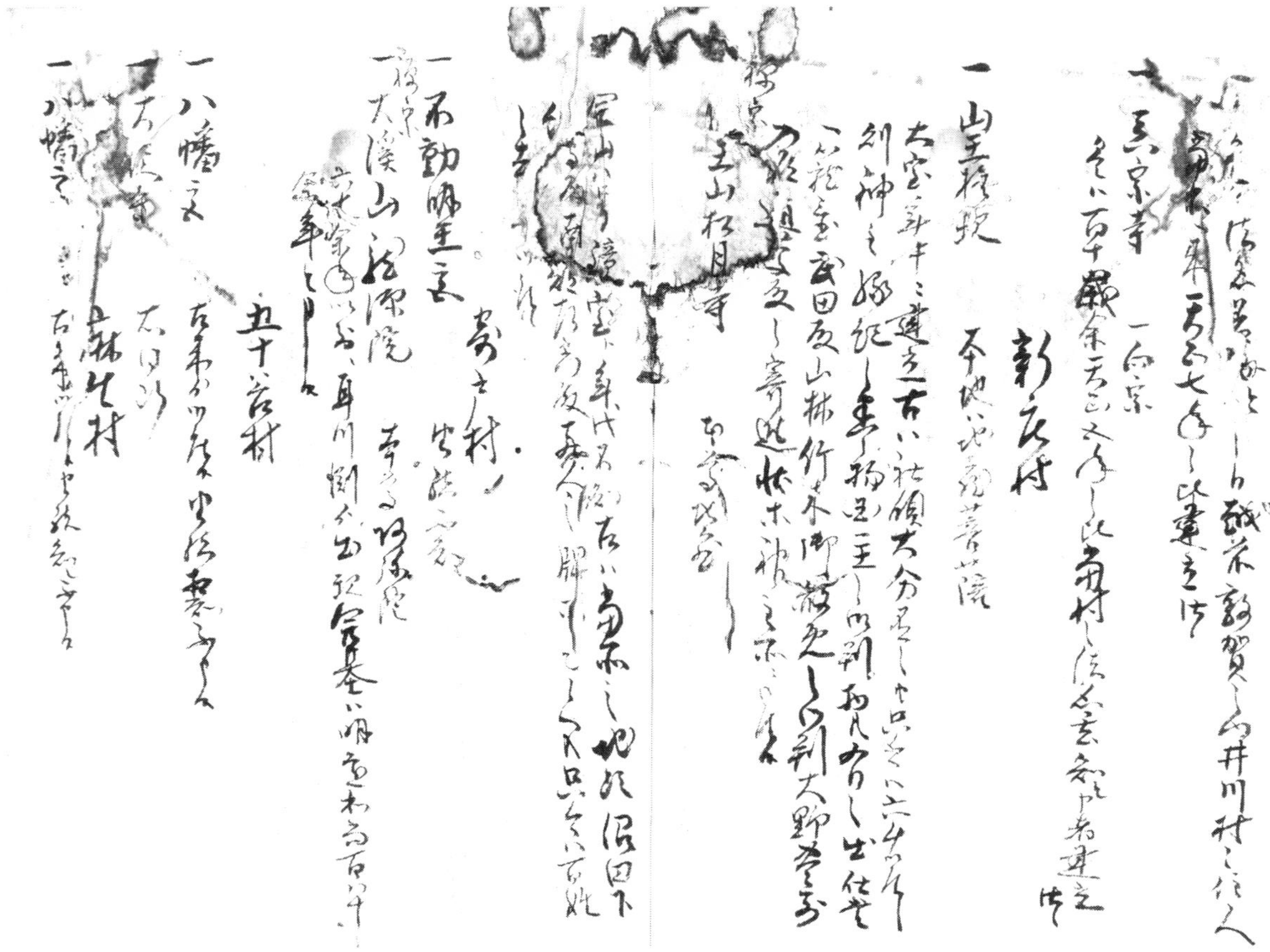

是ハ法名□□（善海カ）と申候　越前敦賀之内井川村之住人
當村へ來天正七年之比建立仕候
一真宗寺　一向宗
是ハ百十歳余天正五年之比当村之法名玄知と申者建立仕候

新庄村

一山王権現　本地ハ地蔵菩薩
大宝年中ニ建立　古ハ社領大分有之由只今ハ六斗御座候
則神主縁起之巻物国主之御判物共有之　出仕堂
へ籠置　武田殿山林竹木御赦免之御判大野豊前
入道道慶殿之寄進状等神主所ニ御座候
禅宗
一□王山松月寺　本尊地蔵
開山ハ号鏡室ト　年代不知　古ハ当所之地頭沼田下
□（総カ）守殿南部左衛門殿両人之牌所ニ候へ共　只今ハ百姓
之寺にて御座候

寄戸村

一不動明王宮　由緒不知
禅宗
一大溪山龍源院　本尊阿弥陀
六十余年以前ニ耳川渕ゟ出現　開基ハ明遠和尚百八十
余年と申候

五十谷村

一八幡宮　古來ゟ御座候　由緒相知不申候
一大沢寺　右同断

麻生村

一八幡宮　古來ゟ御座候　由緒知レ不申候

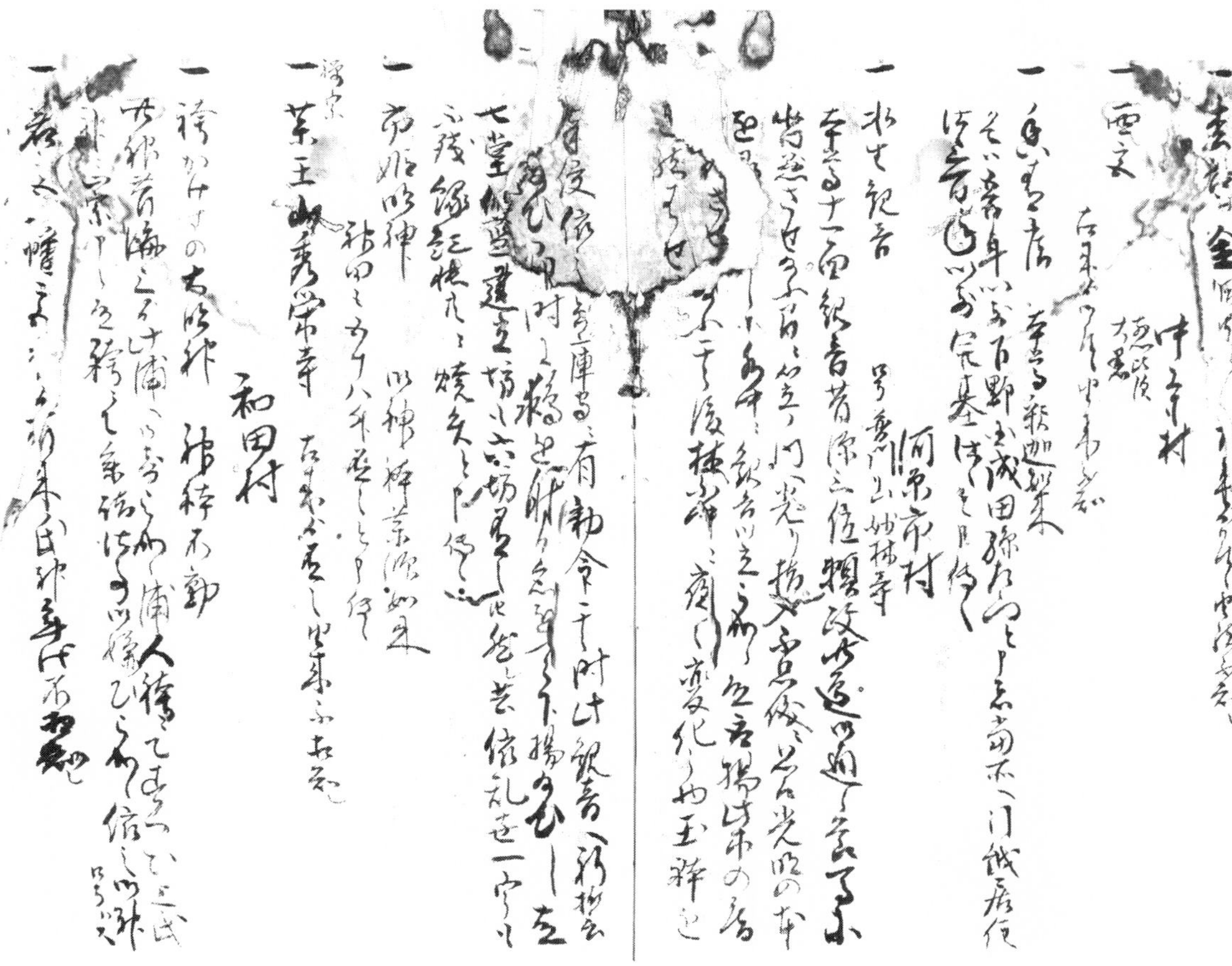

禅宗
一厺谷山全洞院　古來ゟ御座候　由緒不知レ
中寺村
一西宮　恵比須 大黒　古来ゟ御座候　由来不知
一香春庵　本尊釈迦如來
是ハ五百年以前下野国成田孫左衛門と申者当所へ引越居住
仕三百年以前開基仕候と申伝候
河原市村
一水生観音　号普門山妙林寺
本尊十一面観音　昔源三位頼政　此邊御通之節馬に
沓懸させ給ふ間ニ笠ノ内へ光り指入不思儀ニ思召光明の本
を尋させしに水中ニ観音御立被成候故　取揚此木の庵
を結ばせ給ふ　其後禁中ニ夜之変化之物玉躰を
奉侵（ママ）　依之兵庫守ニ有勅命　其時此観音へ祈誓
□（しカ）給ひ即時に鵺を射て名を天下揚給ひし故
七堂伽藍建立　坊も六坊有之由　然レ共依乱世一宇も
不残縁起帳共ニ焼失と申傳候
一市姫明神　御神躰薬師如來
神田も五斗八舛有之候申傳候
禅宗
一薬王山秀栄寺　古來ゟ有之由來不相知レ
和田村
一袴かけすの大明神　神躰不動
此神昔海上ゟ此浦へ御寄被成候　浦人袴にてすくひ上氏
神ニ崇申候故　袴ニて参詣仕事御嫌ひ被成候　依之御神号トス
一若宮八幡宮　古ゟ有來氏神　年代不相知レ

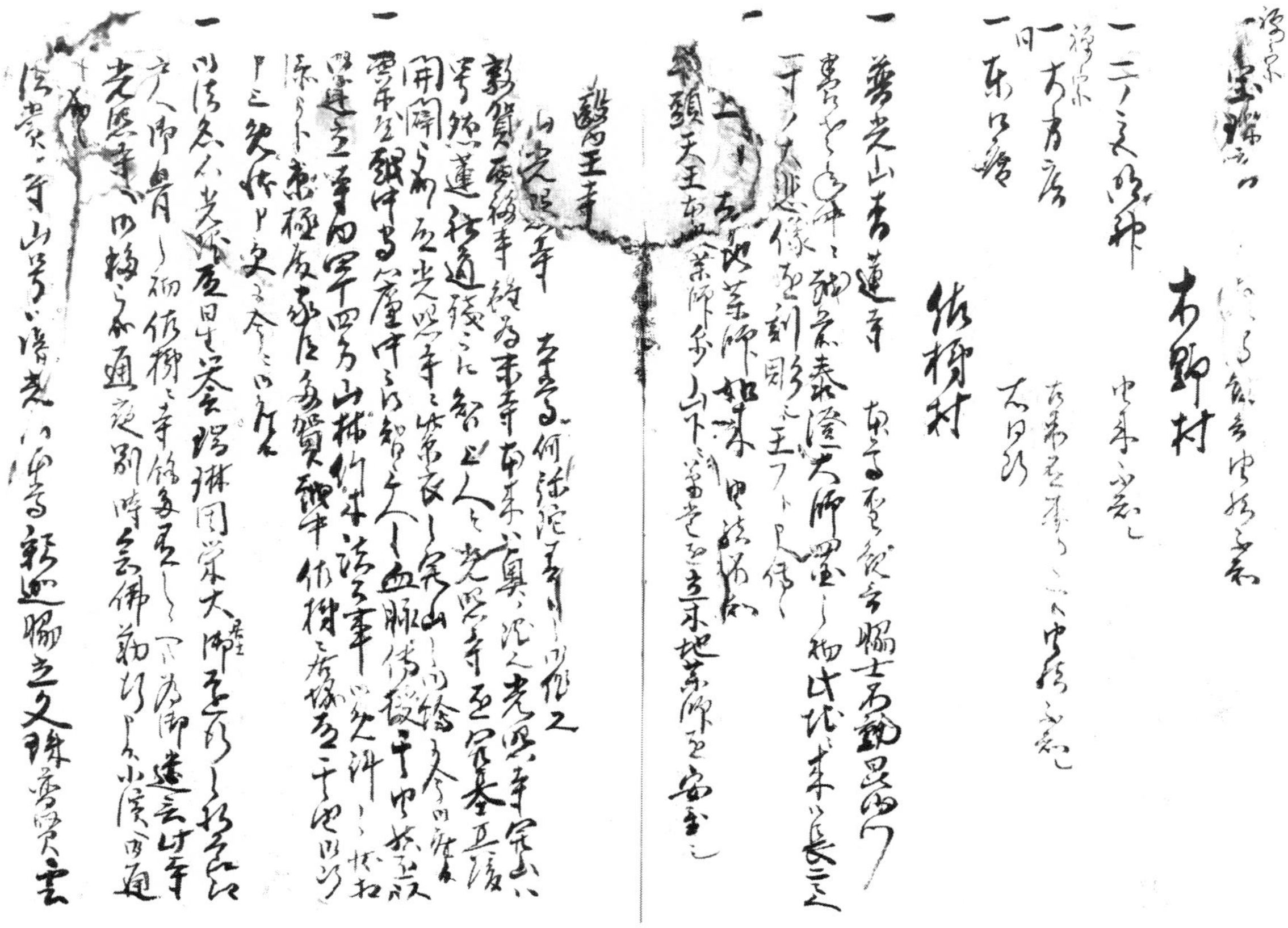

禅宗
一宝珠庵　　本尊観音　由緒不知
木野村
一二ノ宮明神　由來不知レ
禅宗
一大方庵　　古來有来り候へ共由緒不知レ
同
一東口庵　　右同断
佐柹村
一普光山青蓮寺　本尊聖観音脇士不動毘沙門
養老年中ニ越前泰澄大師回国之砌　此地ニ來御長二尺
一寸ノ大悲像を刻彫シ玉フト申傳候
一山王　本地薬師如來　由緒不知
一牛頭天王　本地薬師　則山下ニ草堂を立本地薬師を安置シ
号医王寺
一大原山光照寺　本尊阿弥陀春日之御作也
敦賀西福寺雖為末寺本來ハ奥ノ院也　光照寺開山ハ
号然蓮社道残良智上人と光照寺を開基　其後
開闢被成候故　光照寺ニ紫衣之開山之御繪于今御座候
一粟屋越中守御簾中良智上人之血脈傳授　其由緒を以
御建立寺内四丁四方山林竹木諸公事御免許之状相
添被下　京極殿家臣多賀越中佐柹居城故　其由御断
申上免状申受于今ニ御座候
一御法名心光院殿星誉瑞琳周栄大居士御遠行之折節江
戸へ御着之砌　佐柹ニ寺餘多有之候へ共為御遺言此寺
光照寺へ御移被成通夜別時念仏勤行申候　小濱へ御通
被成候
一法賞（マヽ）寺山号ハ陽光山本尊釈迦脇立文珠普賢雲

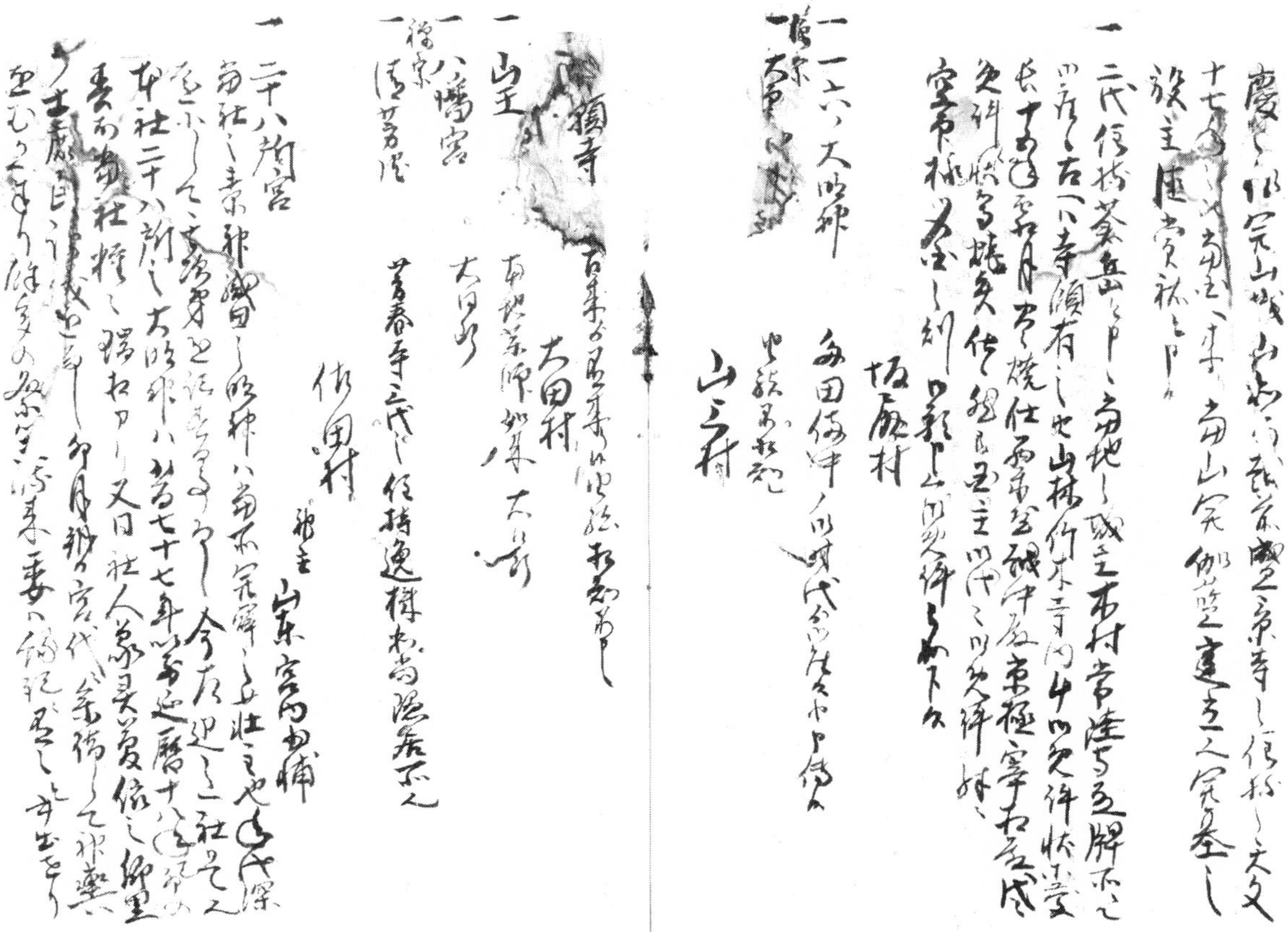

慶之作　開山越山和尚　越前盛景寺之住持之天文
十七年之比当国へ來リ当山開伽藍建立也　開基之
施主徳賞祐と申候
一二代住持蒼岳と申候　当地之城主木村常陸守殿牌所ニて
御座候　古ヘハ寺領有之由山林竹木寺内斗御免許状等慶
長十五年霜月炎焼仕　粟屋越中殿京極宰相殿代々
免許状等焼失仕候　然共国主御代々御免許　殊ニ
空印様御入国之刻御願申上御免許被成下候

坂尻村

一一六ノ大明神　多田備中ノ御時代ゟ御座候由申傳候
禅宗
一龍□　□（雲寺カ）　由緒不相知レ

山上村

一□（満カ）願寺　古来ゟ有來り候　由緒相知不申候

大田村

一山王　本地薬師如來　右同断
一八幡宮　右同断
禅宗
一清芳院　芳春寺三代之住持逸株和尚隠居所也

佐田村

一二十八所宮　神主　山東宮内少輔
当社之素神織田之明神ハ当所開闢之荘主也　年代深
遠にして其次第を記する事なし　今左辺の一社是也
本社二十八所之大明神ハ八百七十七年以前　延暦十八年己夘の
春於当社種々瑞相アリ　又同社人蒙灵夢　依之郷里
御士庶民評議をなし　夘月朔日　宮代ニ参詣して神輿
をむかへ奉り　餘多の祭器持来　委ハ縁起ニ有之と書出せり

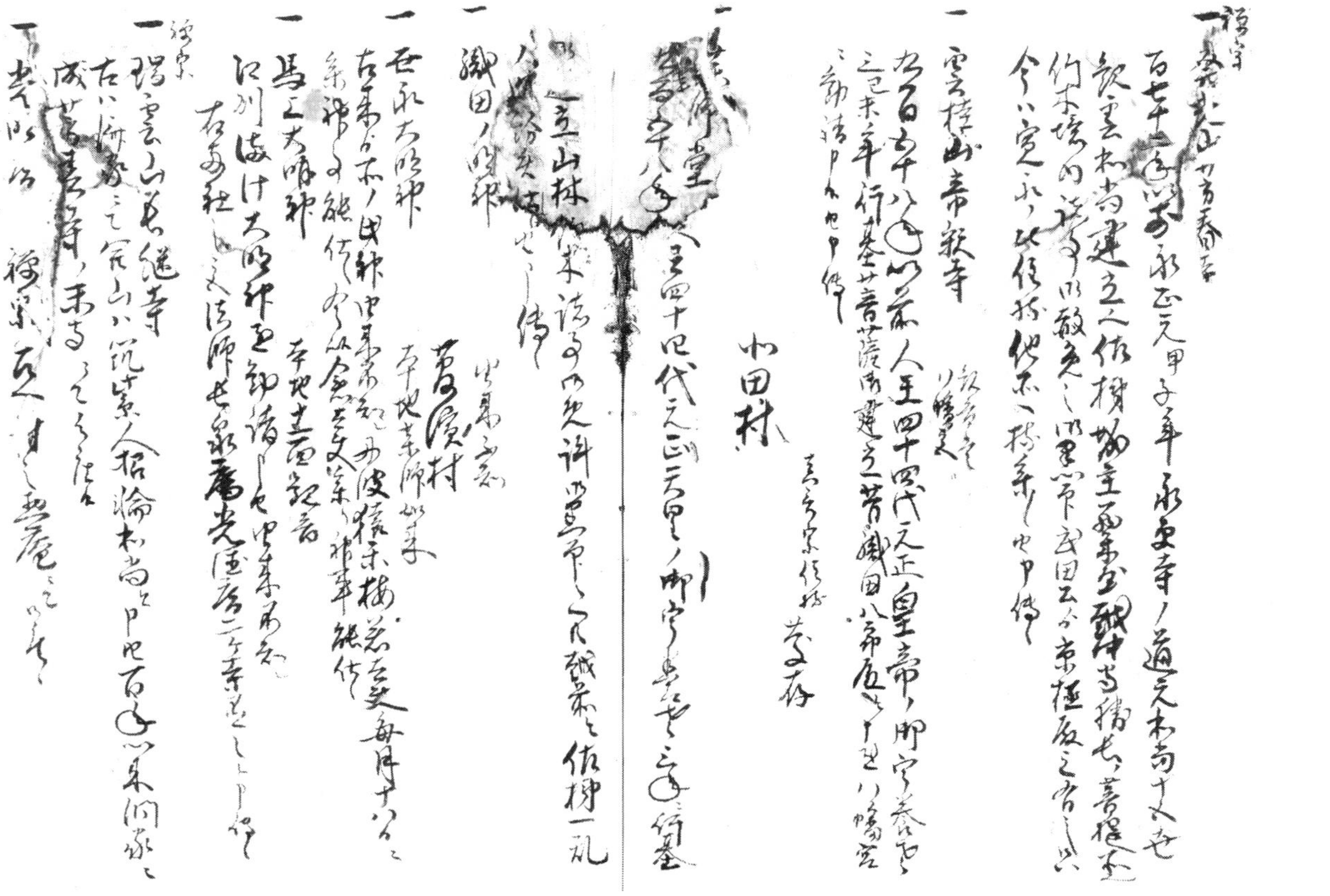

禪宗
一発光山芳春寺
百七十二年以前　永正元甲子年永平寺ノ道元和尚十五世
觀雲和尚建立也　佐柹城主栗屋越中守勝長之菩提所也
竹木境内諸事御赦免之御黒印　武田公ゟ京極殿迠有之只
今ハ寛永ノ比住持他所へ持参候由申傳候
一雲桂山帝釈寺　観音堂 八幡宮
九百五十八年以前人王四十四代元正帝ノ御宇養老
三己未年行基菩薩御建立　昔織田八郎殿と申者八幡宮
ニ勧請申候由申傳候
真言宗住持　慶存

北田村
一薬師堂
九百五十八年人王四十四代元正天皇帝ノ御宇　養老三年ニ行基
御建立　山林竹木諸事御免許御黒印候へ共越前と佐柹一乱
の時紛失仕り候由申傳候
一織田明神　由來不知

菅濱村
一世永大明神　本地薬師如來
古來ゟ所ノ氏神　由來不知レ　丹波猿楽梅若太夫　毎月十八日ニ
参神事能仕候　今以倉太夫参り神事能仕候
一馬上大明神　本地薬師如來
江州まけ大明神を勧請申由由來不知レ
右両社之宮法師長泉庵光徳庵二ヶ寺有之と申傳候
禅宗
一瑞雲山長継寺
古ハ済家ニて開山ハ筑紫人招輪和尚と申由　百年以來凋家ニ
成芳春寺ノ末寺ニて御座候
一光明庵　禅宗古へハ村之物庵ニて御座候

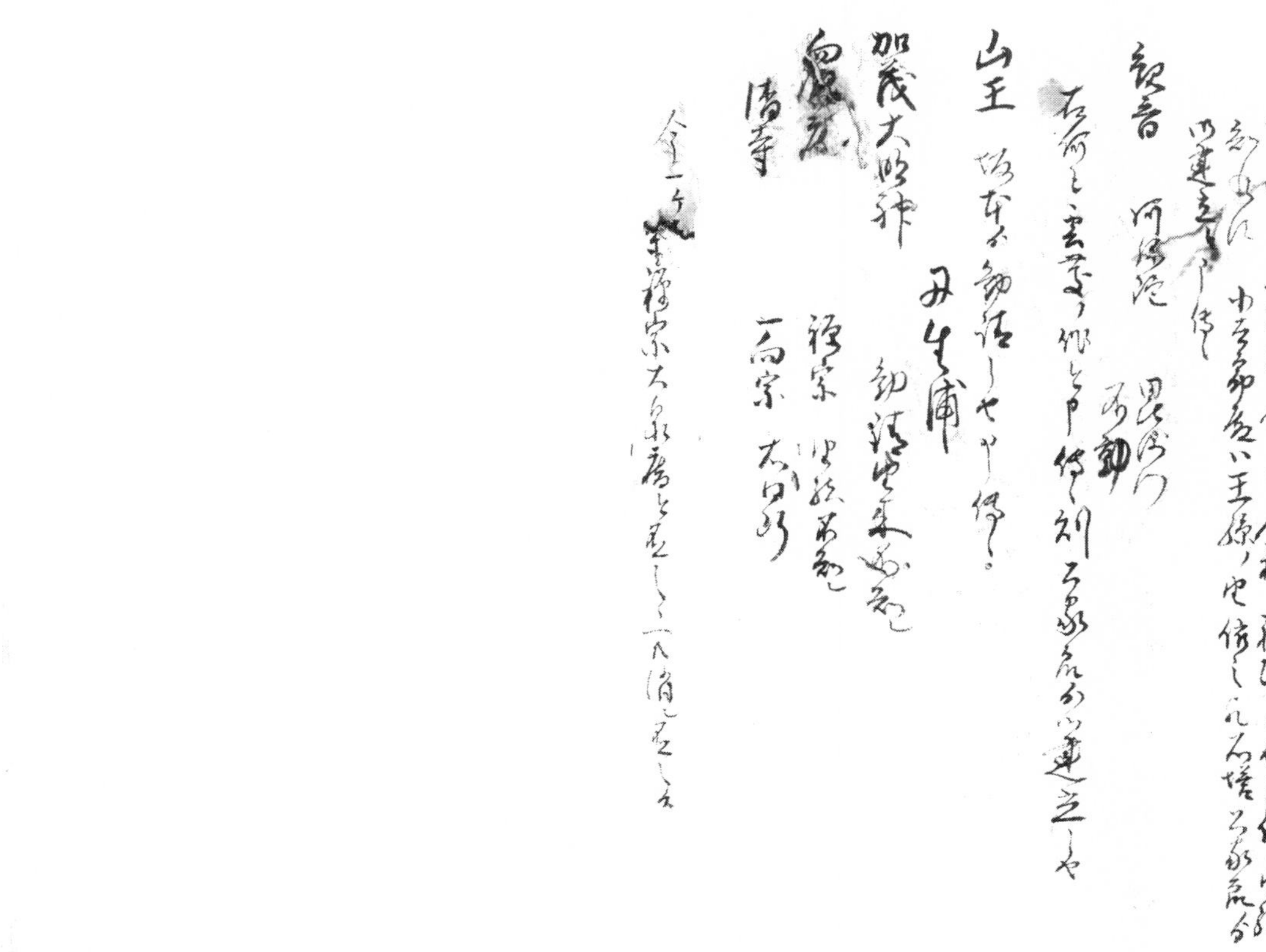

竹波村

一御所大明神

馬背ノ小太郎殿と申人神ニ祝ひ申候由申傳候　由緒

知れす　小太郎殿ハ王孫ノ由　依之欤石塔公家衆ゟ

御建立と申傳候

観音　阿弥陀　毘沙門

不動

右何も雲慶ノ作と申傳候　則公家衆ゟ御建立之由

一山王　坂本ゟ勧請之由申傳候

丹生浦

一加茂大明神　勧請由來不知レ

一向陽庵　禅宗由緒不知レ

一□（泰カ）清寺　一向宗　右同断

今一ヶ寺禅宗大泉庵と有之候へ共消シ有之候

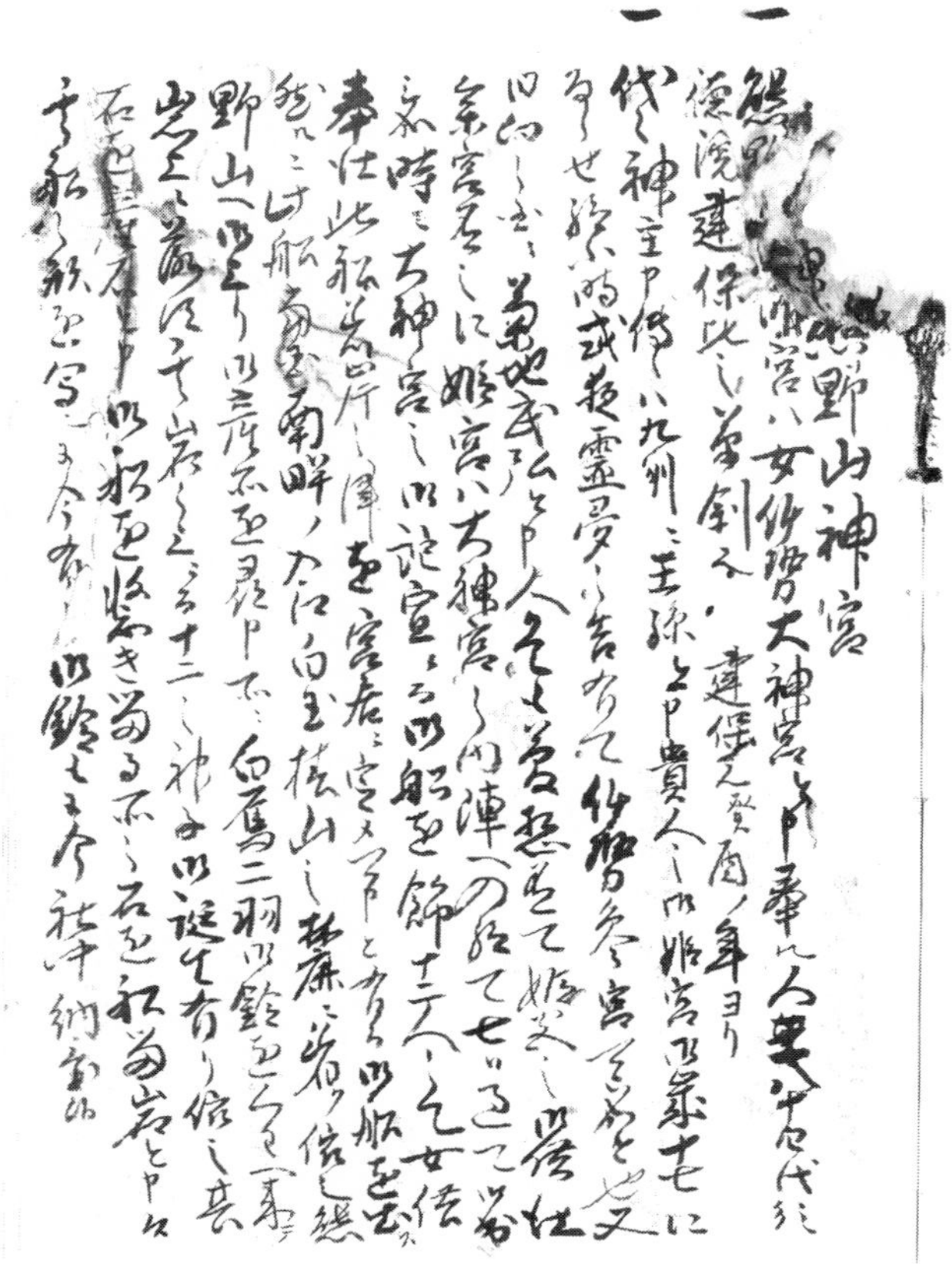

熊野山神宮

一熊野山神明宮ハ女伊勢大神宮と申奉ル　人王八十四代順徳院建保比之草創也　建保元癸酉ノ年ヨリ

一（ママ）代々神主申傳候ハ九州ニ王孫と申貴人之御姫宮御歳十七にならせ給ふ時或夜霊夢之告有て伊勢参宮可被成と也　又日向之国ニ菊地武弘と申人是も夢想有て姫宮之御供仕参宮有之に　姫宮ハ大神宮之内陣へ入給て七日過て御出被成　時ニ大神宮之御詫宣ニ而御舩を飾十二人して女供奉仕　此舩着岸之津を宮居ニ定メ可申と有而御舩を出ス然ルニ此舩当国南畔ノ入江白玉椿山之麓ニ着ク　依之熊野山へ御上り御産所を尋申所ニ白雁二羽御鈴をくわへ来テ岩上ニ落す　其岩之上ニ而十二之神子御誕生有り　依之其石を産石と申御船を繋き留る所之石を舩留岩と申候其舩之形を写シ于今有之　御鈴も于今社中納置候

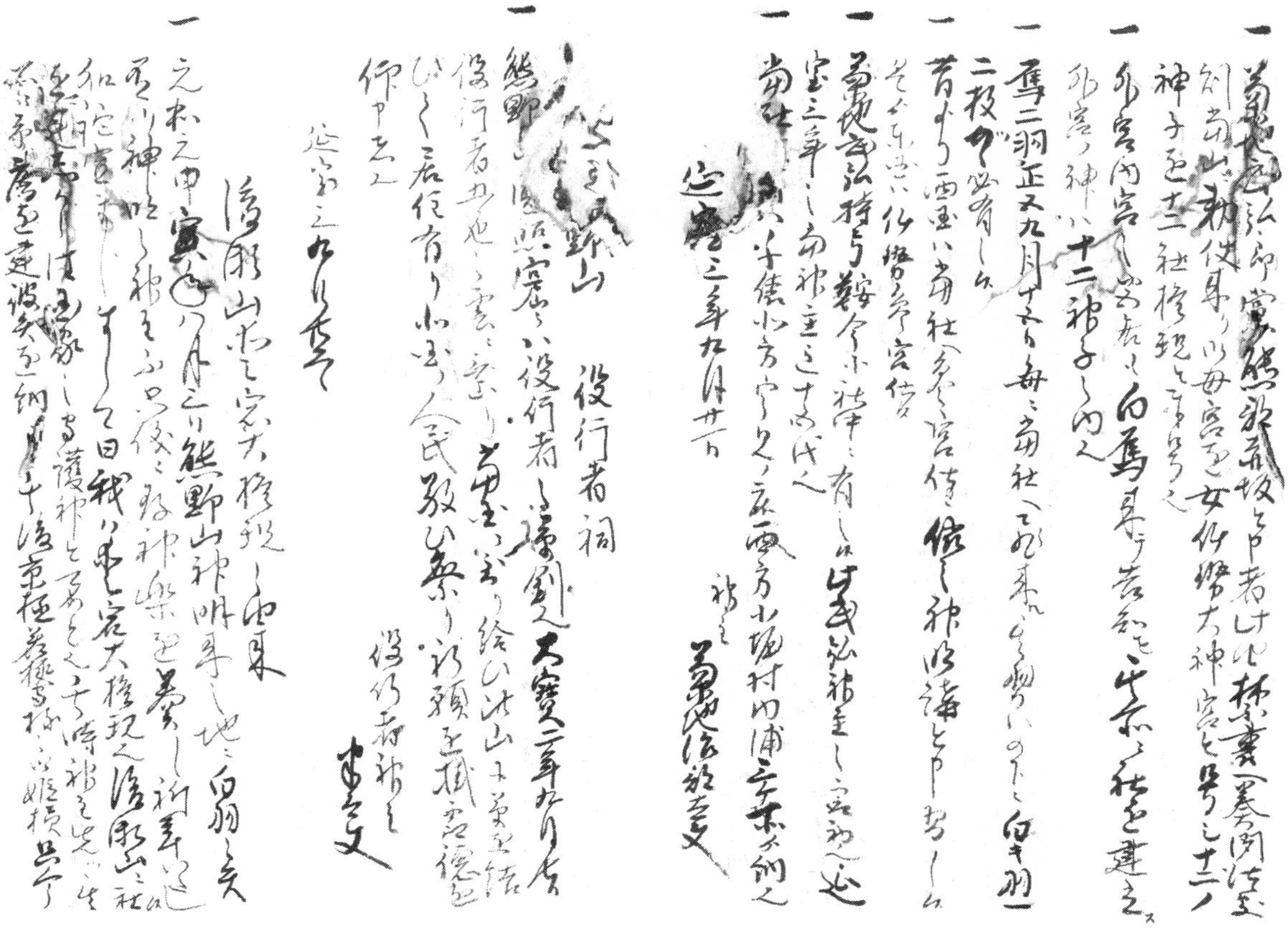

一菊地武弘郎薫熊部赤坂と申者此由禁裏へ奏聞仕候處
則当山ニ勅使來リ御母宮を女伊勢大神宮と号シ十二ノ
神子を十二社権現と奉号也
一外宮内宮之宮居も白雁來テ告知を其所ニ社を建立ス
外宮ノ神ハ十二神子之内也
一雁二羽正五九月十五日毎ニ当社へ飛來ル其羽かいの下ニ白キ羽一
二枚づヽ必有之候
一昔より西国ハ当社へ参宮仕候　依之神明講と申習し候
是ゟ東国ハ伊勢参宮仕候
一菊地武弘持弓鞍今に社中ニ有之候　此武弘神主之寂初也　延
宝三年之当神主迠十五代也
一当社□□(社領カ)ハ千俵北方宇見ノ庄　西方小堀村　内浦三ヶ所ゟ納也
延宝三年九月廿一日　　神主　菊地治部太夫

熊野山　役行者祠

一熊野山□(圓カ)照窟ハ役行者之草創也　大寶二年九月七日
役行者五色之雲ニ乗り当国ニ到り給ひ　此山に草を結
ひて居住有り北国ノ人民敬ひ祭り祈願を掛霊徳を
仰申者也
延宝三九月廿二日　　役行者神主
半太夫

後瀬山愛宕大権現之由來

一元和元甲寅年八月三日熊野山神明來之地ニ白羽之矢
有り　神明之神主不思儀ニ存神楽を奏し祈年いたし候
処　詫宣ましまして曰　我ハ愛宕大権現也　後瀬山ニ社
を建しからば国家之守護神と可成と也　其時神主先ツ其
所ニ草庵を建　彼矢を納メ　其後京極若狭守様之御姫様只今

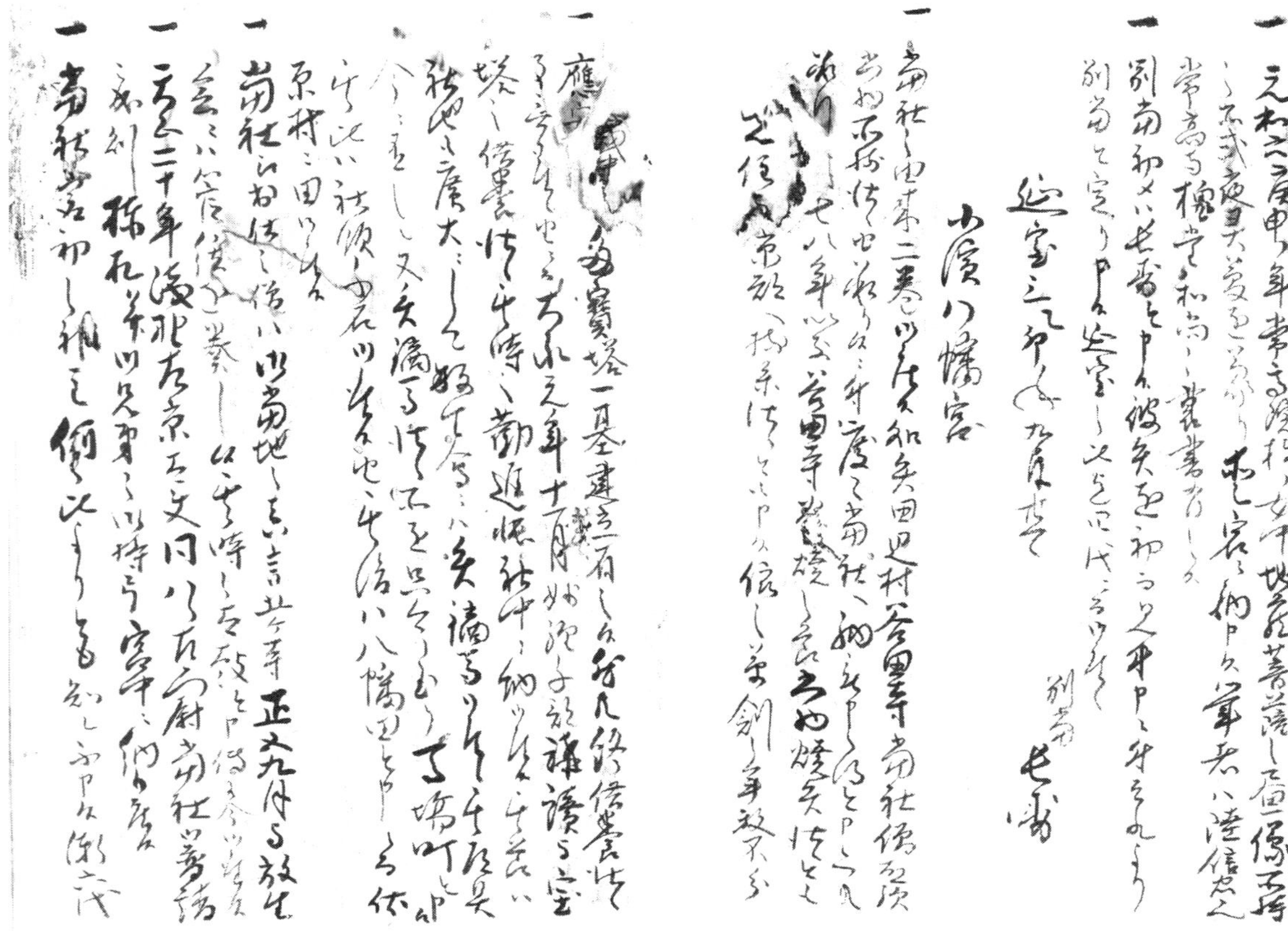

之所ニ社を御建立被成候

一元和六庚申ノ年常高院様ノ女中地蔵菩薩之画像所持

之所　或夜灵夢を蒙り愛宕ニ納申候　筆者ハ陸信忠也

当高寺槐堂和尚之裏書有之候

一別当初メハ長寿と申候　彼矢を初而見付申ニ付　それより

別当と定リ申候　延宝之比迄四代ニ而御座候

延宝三乙夘年九月廿一日　　別当　長寿

小濱八幡宮

一当社之由來二巻御座候処　矢田辺村谷田寺当社僧故歟

書物所持仕候由承り候ニ付　度々当社へ納被申候得と申候へ共

承引□□（無之カ）七八年以前谷田寺炎焼之節　書物焼失仕候とも

□□（申候カ）先住□（持カ）京都へ持参仕候とも申候　依之草創之年数不分

□（明カ）御座候

一應安歳中多寶塔一基建立有之候　然共終供養仕候

事無御座候由ニ而　大永元年十一月妙經千部講讀与宝

塔之供養仕候　其時之勧進帳社中ニ納御座候　其節ハ

社地も廣大ニして放生會ニハ矢鏑馬御座候　其道具

今ニ有之　又矢鏑馬仕候所を只今至り馬場町と申候

其比ハ社領千石御座候由　其後ハ八幡田と申候而伏

原村ニ田御座候

一当社江出仕之僧ハ御当地之真言五ヶ寺正五九月与放生

会ニハ管絃を奏し候　其時之太鼓と申傳于今御座候

一天正二十年浅野左京太夫同八郎左衛門尉当社御普請

被成　則棟札并御兄弟之御持弓宮中ニ納御座候

一当社最初之神主何之比よりとも知レ不申候　漸六代

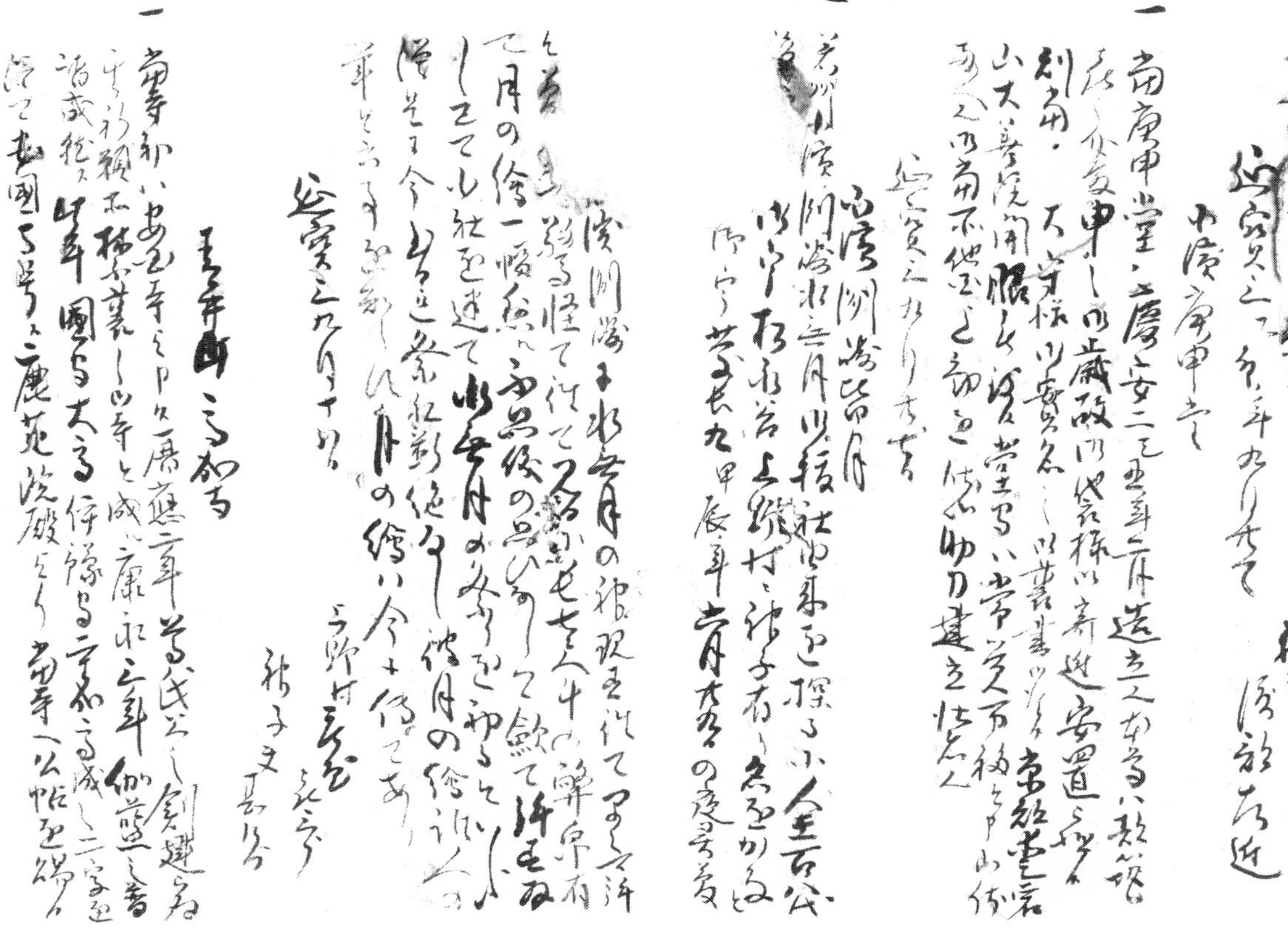

以來相覚申候事

延寶三夘年九月廿一日　　神主

渡部左近

小濱庚申堂

一當庚申堂ハ慶安二乙丑年二月造立也　本尊ハ都筑
𫝆之介殿申之御歳故　御袋様御寄進安置被遊候
則当　大守様御實名之御裏書御座候　京都愛宕
山大善院開眼被致候　堂守ハ常覚万福と申山伏
両人也　御当所他国迠勧進仕御助力建立仕者也

延寶三九月廿七日

小濱洲崎皆月

一若州小濱洲崎水無月御秡社由來を探るに人王百八代
後□（水尾カ）□御宇松永谷上野村ニ神子有り名をかなと
□□蒙り□□（後水尾カ）□御宇慶長九甲辰年六月廿九日之夜灵夢
□□□□□小濱洲崎に水無月の神現有往て早々可拝
と□□□驚怪て往て見るに長七尺斗の幣帛有
て月の繪一幅　然ル不思儀の思ひなして歛て拝す給
し己て小社を建て水無月の祭りを初るといふ
従是于今至る迠祭礼断絶なし　彼の月繪誰人の
筆と云事を知らす　月の繪ハ今に傳てあり

延寶三九月十八日　　上野村庄屋𫝆三郎

神子　夫甚左衛門

青井山高成寺

一当寺初ハ安国寺与申候　暦應二年尊氏公之創建被為
其祈願所禁裏之御寺と成ル　康永三年伽藍之普
請成就ス　此年國守大高伊豫守重成高成之二字を
添て安國寺号ス　鹿苑院殿より当寺へ公帖を賜る

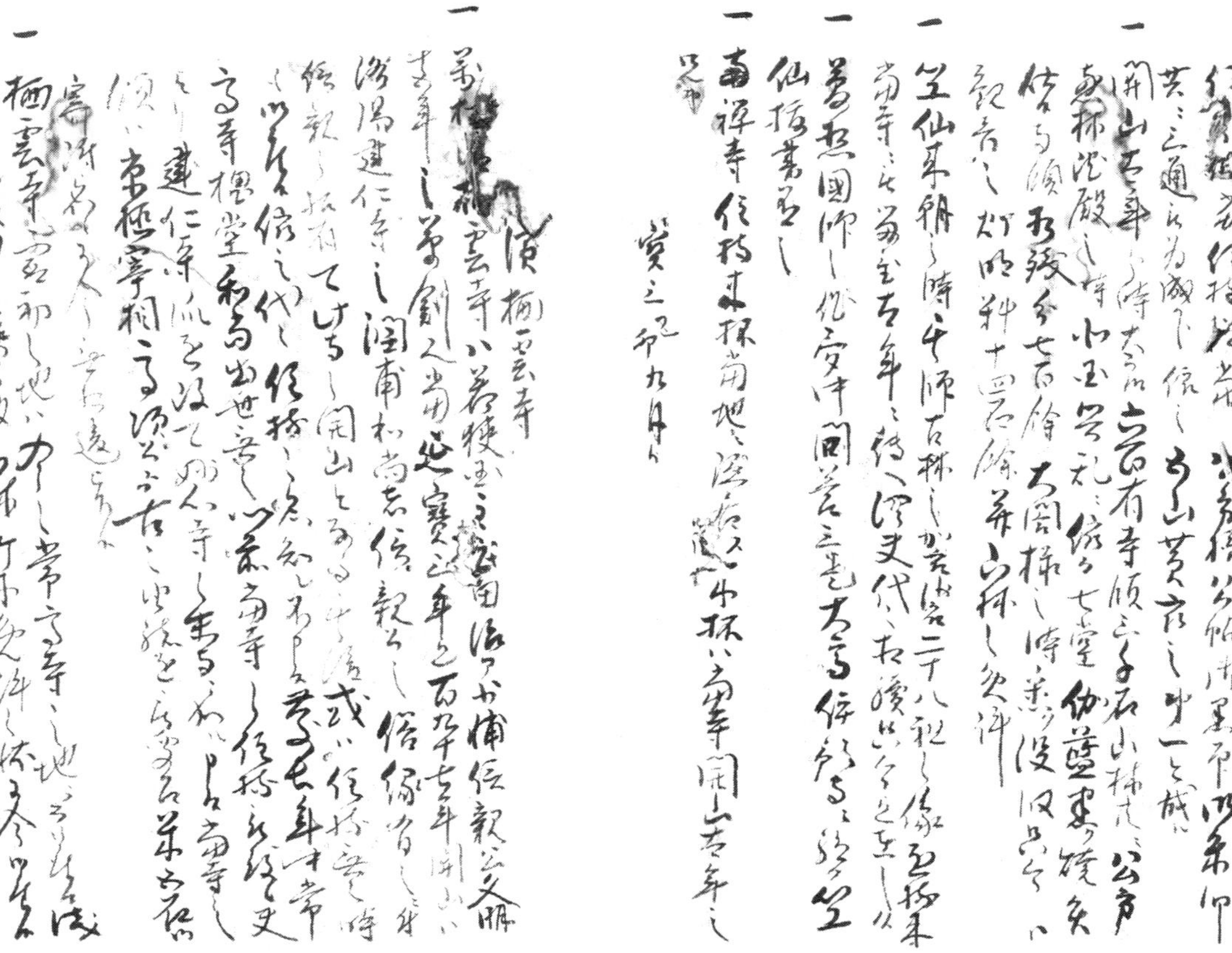

任其例当住持従当　公方様公帖御黒印御朱印
共ニ三通被為成下　依之五山黄衣之第一と成ル
一開山太年之時大衆六百有寺領三千石山林共ニ公方
恵林院殿之時　北国兵乱ニ依而七堂伽藍悉ク焼失
仕候　寺領相残分七百餘　太閤様之時悉ク没収只今ハ
観音之灯明料十四石餘并山林之免許
一竺仙來朝之時　其師古林之袈裟二十八祖之像を持來
当寺ニ被留置太年ニ傳へ　従夫代々相續只今迠在之候
一夢想國師之作夢中問答三巻大高伊豫守ニ給る　竺
仙抜書有之
一南禅寺住持木杯当地ニ隠居ス　木杯ハ当寺開山太年之
兄弟　□（ナカ）

延寶三乙夘九月日
小濱　栖雲寺

一萬松山栖雲寺ハ若狭国主武田治部少輔信親公　文明
十五年之草創也　当延寶三年迠百九十七年開山ハ
洛陽建仁寺之潤甫和尚者信親公之俗縁有之ニ付
信親之招有て此寺之開山となる　其後或ハ住持無之時
も御座候　依之代々住持之名知レ不申候　慶長年中常
高寺槐堂和尚出世無之以前当寺之住持被致候　夫
より建仁寺派を改て妙心寺之末寺ニ成ル申候　当寺之
領ハ京極宰相高次公ゟ古之由緒を被聞召　米五石御
寄附被成候　于今無相違被下候
一栖雲寺寂初之地ハ今之常高寺之地ニ而御座候　浅
野弾正殿同若狭守殿山林竹木免許之状于今御座候

延寶三年九月　日
栖雲寺　揚州

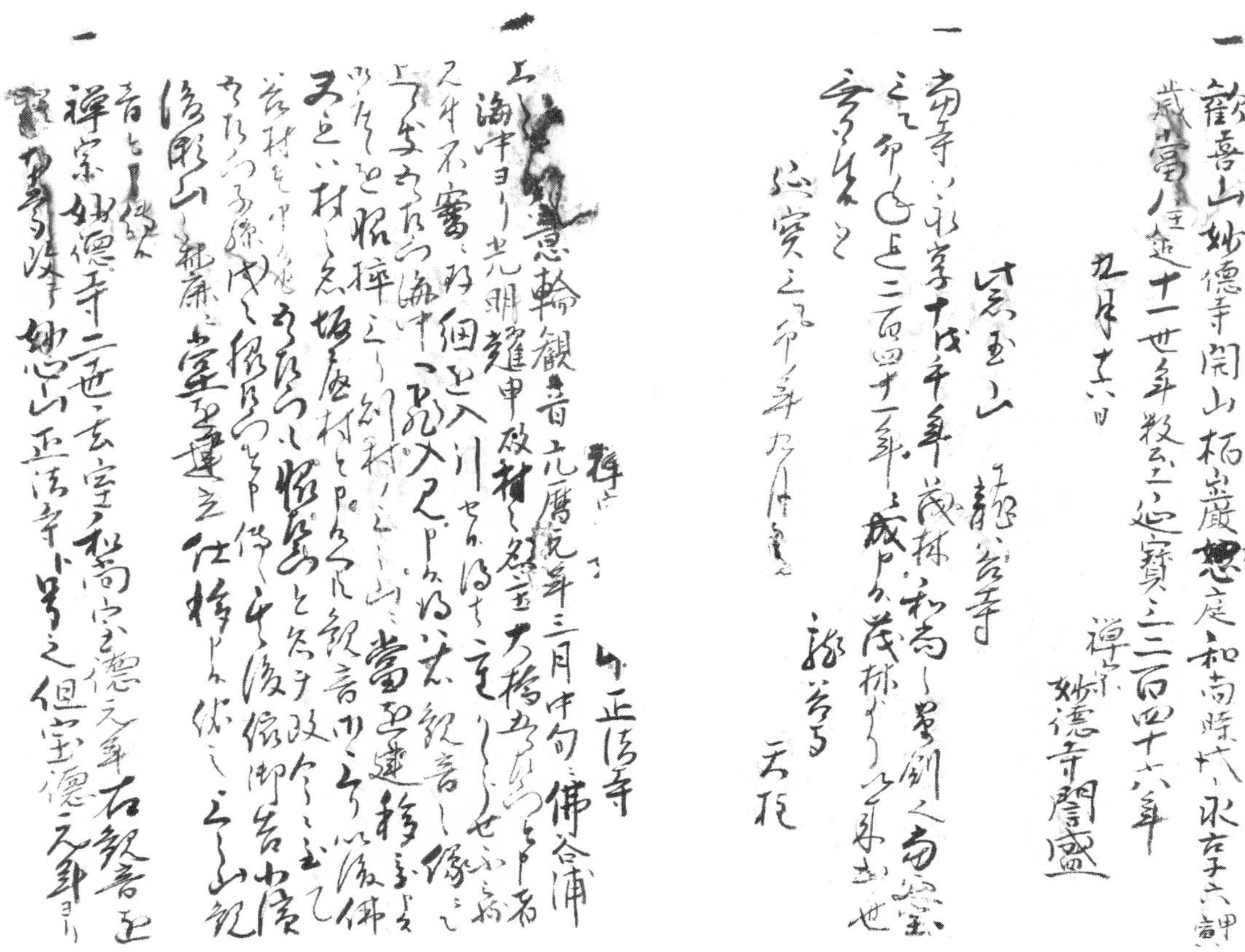

妙徳寺

一歓喜山妙徳寺　開山栢巌恕庭和尚時代永享六甲寅
歳當住迠十一世年数至延寶三二百四十六年
九月十六日　　禅宗妙徳寺　闇盛

紫玉山龍谷寺

一当寺ハ永享十戊午年茂林和尚之草創也　当延宝
三乙夘年迠二百四十一年ニ成申候　茂林より以來出世
無御座候　以上
延寶三乙夘年九月　　龍谷寺　天柱

禅宗　妙心山　正法寺

一上之山如意輪観音　元暦元年三月中旬ニ佛谷浦
ノ海中より光明耀申故村之名主大橋五郎左衛門と申者
見付不審ニ存網を入引セ候得ハ重か、らせ不被持
上候處　五郎左衛門海中へ飛入見申候得ハ右観音之像ニて
御座候を脇捽上り　則村ノ上之山に當（ママ）を建移置申候
夫迠ハ村之名坂尻村と申候へ共観音御上り以後佛
谷村と申候由　五郎左衛門も脇左衛門と名ヲ改今ニ至て
五郎左衛門子孫代々脇左衛門と申傳候　其後依御告小濱
後瀬山之麓に堂を建立仕移申候　依之上之山観
音と申傳候
一禅宗妙徳寺二世玄室和尚　宝徳元年右観音を
□□本尊改て妙心山正法寺ト号之　但宝徳元年ヨリ

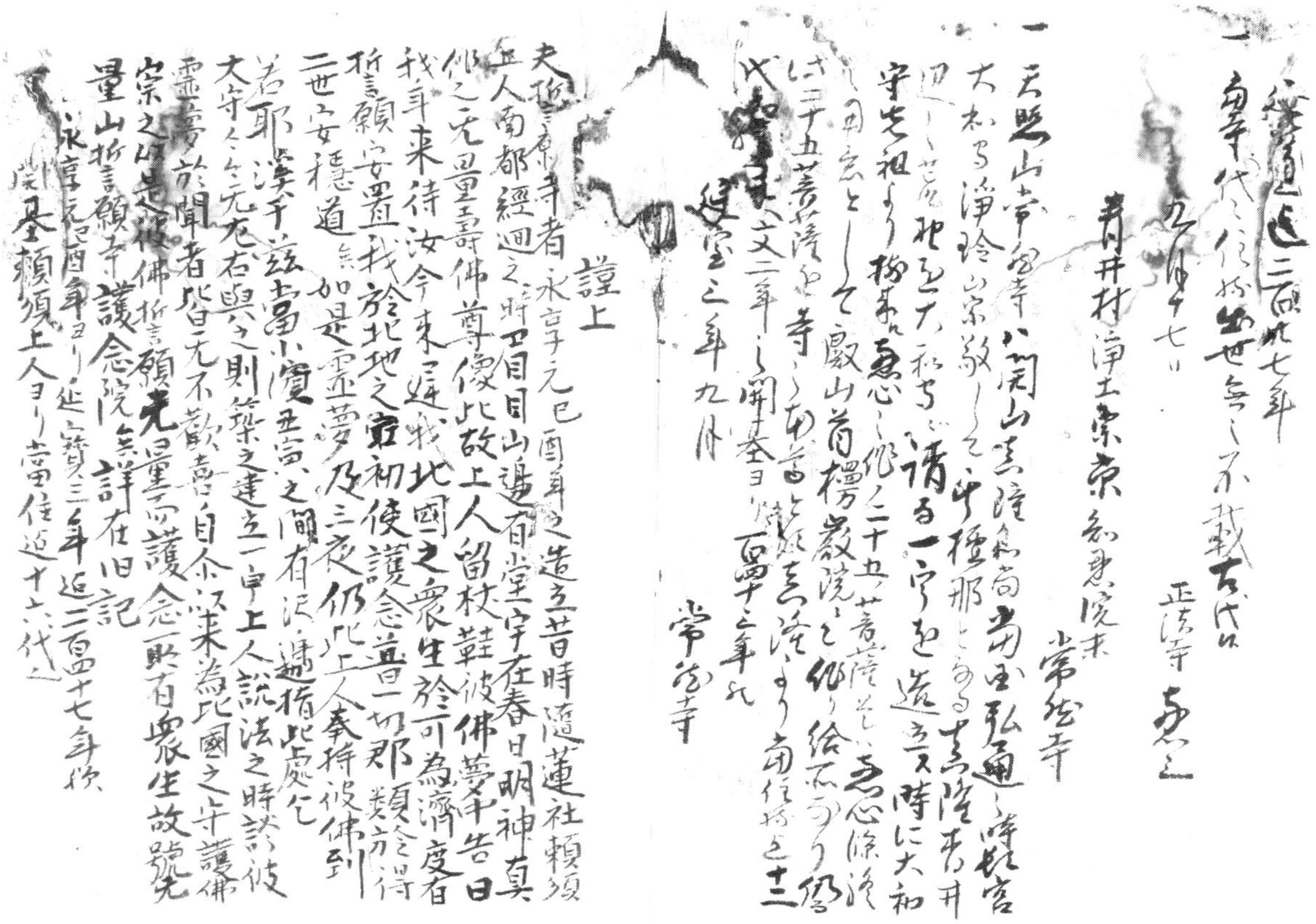

延寶三迠二百廿七年

一当寺代々住持出世無之不載古代候

九月十七日　　　　正法寺　恵三

青井村浄土宗常然寺京知恩院末　常然寺

一天照山常然寺ハ開山真隆和尚　当国弘通之時頓宮
大和守浄玲崇敬して其檀那となる　真隆青井
辺之荒野を大和守ニ請而一宇を造立ス　時に大和
守先祖より持來ル恵心之作ノ二十五ノ菩薩　是ハ恵心臨終
之用意として叡山首楞嚴院ニて作り給所なり　仍而
代々相続也　天文二年之開基ヨリ百四十三年欤

延宝三年九月　　　　常然寺

謹上

一夫誓願寺者永享元已酉四年之造立　昔時随蓮社頼順
上人南都經迴之時眉目山邊有堂宇在　春日明神真
作也　无量壽佛尊像　此故上人留杖鞋　彼佛夢中告曰
我年来待汝今來遅我北國之衆生於可為濟度有
誓願安置我於北地之叓初使護念普一切郡類於得
二世安穏道矣　如是霊夢及三夜　仍比上人奉持彼佛到
若耶溪　于茲當小濱丑寅之間有沢邊指比處乞
大守々々无左右與之　則築之建立一字　上人說法之時談彼
霊夢於聞者皆无不歓喜　自尔以来為比國之守護佛
崇之以是彼佛誓願无量而護念所有衆生故號无
量山誓願寺護念院矣　詳在旧記
永享元已酉年ヨリ延寶三年迠二百四十七年欤
開基頼順上人ヨリ當住迠十六代也

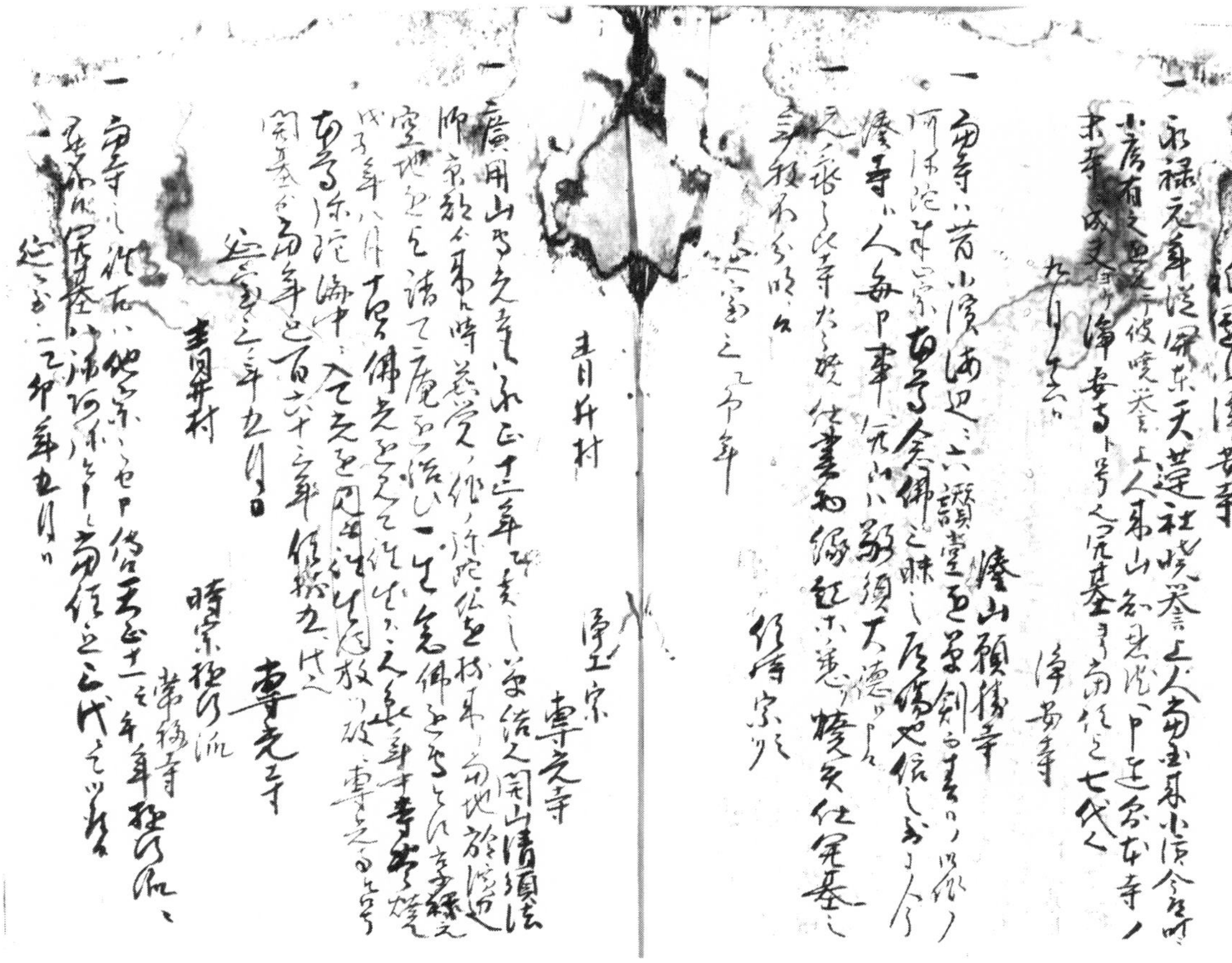

祇園山　淨安寺

一永禄元年従関東天蓮社曉誉上人当国來小濱今道町ニ
小庵有之を見テ　彼曉誉上人來山知恩院へ申達則本寺ノ
末寺ニ成　夫ヨリ浄安寺ト号也　開基ヨリ当住迠七代也

九月十六日　　浄安寺

湊山願勝寺

一当寺ハ昔小濱海辺ニ六讃堂を草創而　春日之御作ノ
阿弥陀奉崇本尊念佛三昧之道場也　依之到于今
湊寺ト人毎申事開山ハ敬順大徳ト申候

一元亀之比寺炎焼仕書物縁起等悉ク焼失仕　開基之
年数不分明ニ候

延宝三己夘年　　住持　宗順

青井村　淨土宗専光寺

一廣用山専光寺ハ永正十二年乙亥之草結也　開山清順法
師京都ゟ來ル時　慈覚ノ作ノ弥陀佛を持來り　当地於濱辺
空地を乞請て庵を結ひ一生念佛を専とす　享禄元
戊子年八月十四佛光を見て往生ス　元亀年中寺炎焼
本尊弥陀海中ニ入て光り見て往生す放ツ故ニ専光寺と号
開基ゟ当年迠百六十三年　住持九代也

延宝三年九月日　　専光寺

青井村　時宗遊行派

常福寺

一当寺之往古ハ他宗之由申傳候　天正十一壬午年遊行派ニ
罷成候　開基ハ弥阿弥と申候　当住迠三代ニて御座候

延宝三乙夘年九月日

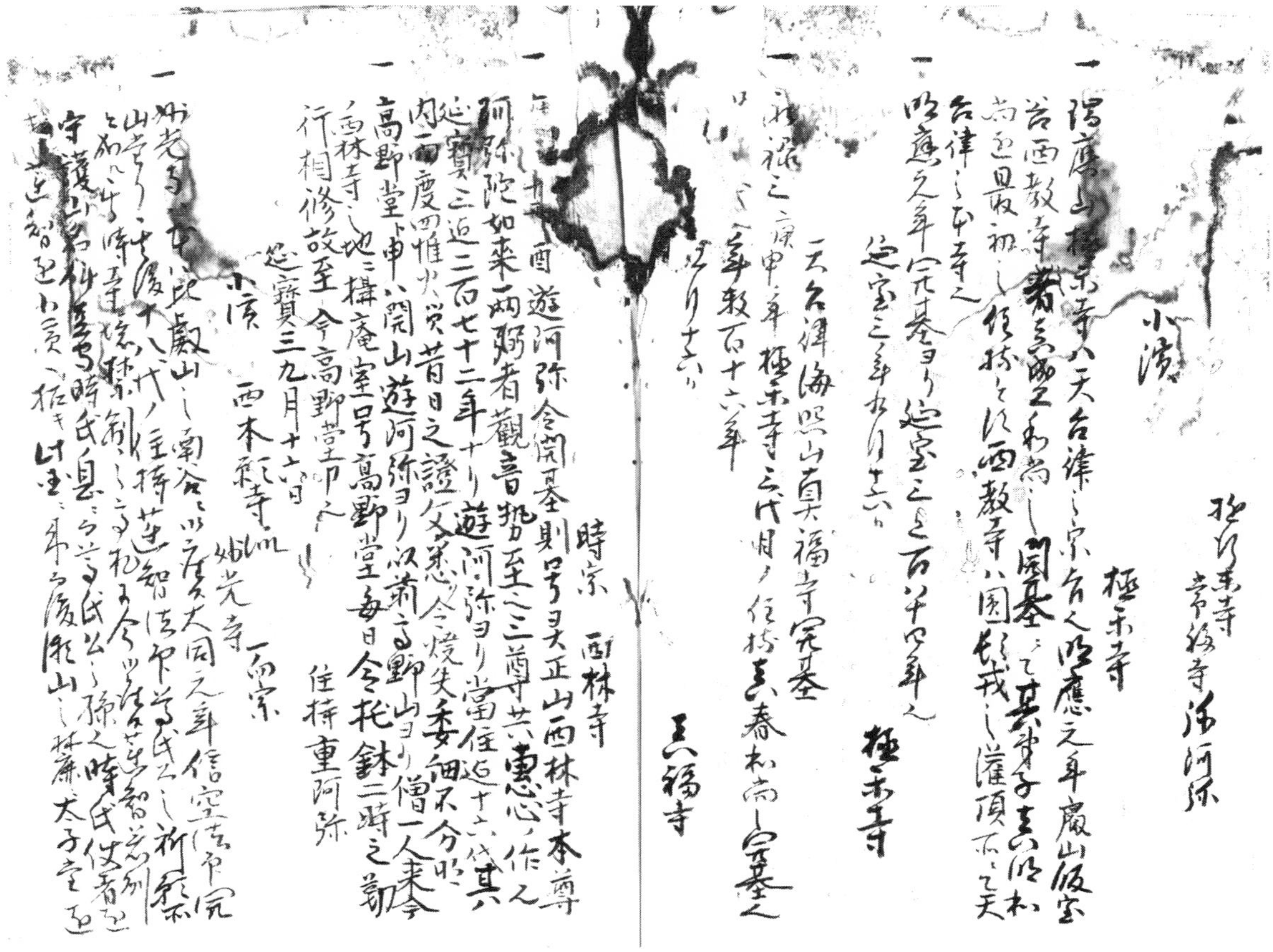

遊行末寺
当福寺　弥阿弥

小濱　極楽寺

一瑞應山極楽寺ハ天台律之宗旨也　明應元年叡山飯室
谷西教寺者真盛和尚之開基ニて其弟子真明和
尚を最初之住持とす　西教寺ハ圓頓戎之潅頂所ニて天
台律之本寺也
一明應元年開基ヨリ延宝三年迠百八十四年也
延宝三年九月十六日　極楽寺

天台律海照山真福寺開基
一永禄三庚申年極楽寺三代目ノ住持真春和尚之開基也
□□□□（只今迄カ）　年数百十六年
九月十六日　真福寺

時宗西林寺
一□□十二乙酉遊阿弥令開基　則号旲正山西林寺　本尊
阿弥陀如来両弼者観音勢至也　三尊共恵心ノ作也
延寶三迠二百七十二年ナリ　遊阿弥ヨリ當住迠十六代其
内両度罹火災昔日之證文悉ク令焼失委細不分明
一高野堂ト申ハ開山遊阿弥ヨリ以前高野山ヨリ僧一人来今
ノ西林寺之地ニ構庵室号高野堂　毎日令托鉢二時之勤
行相修故至今高野堂申也
延寶三九月十六日　住持　重阿弥

小濱　西本願寺派　一向宗
妙光寺
一妙光寺ハ本ハ比叡山之南谷ニ御座候　大同元年信空法印開
山たり　其後十八代ノ住持蓮智法印尊氏公之祈願所
と成ル　其時寺境禁制之高札于今御座候　蓮智若州
守護山名伊豆守時氏息ニ而尊氏公之孫也　時氏使者を
遣し蓮智を小濱へ招キ此国ニ來而後瀬山之麓ニ太子堂を

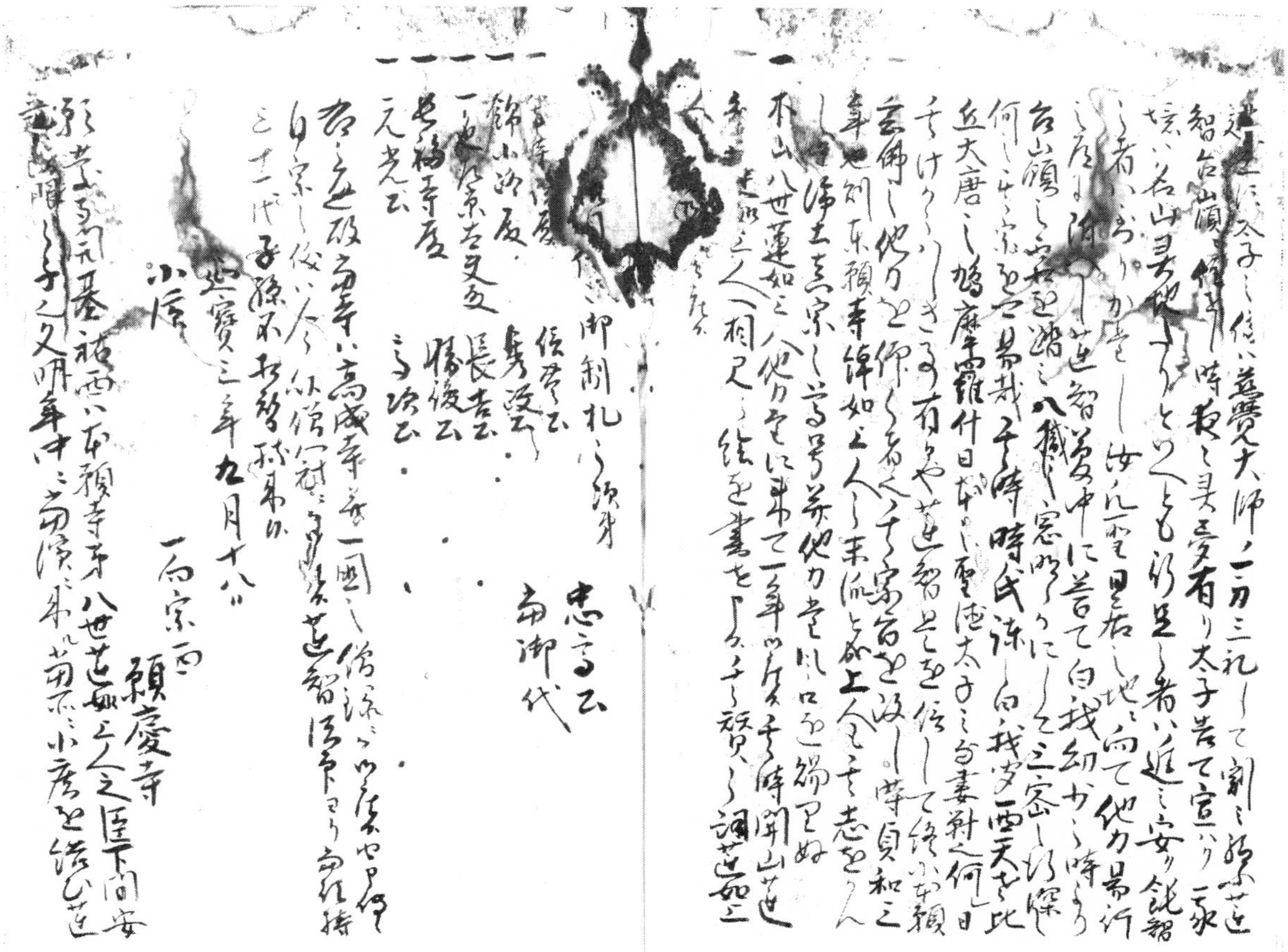

建立す太子之像ハ慈覺大師ノ一刀三礼して割（刻カ）ミ給ふ蓮智台嶺ニ住せし時　夜々灵夢有り太子告て宣ハク我境ハ名山霊地たりといへとも行足之者ハ進ミ安ク鈍智之者ハ到りかたし　汝凡聖日居之地ニ向て他力易行之道に附へし　蓮智夢中に答て白我幼少之時より台嶺之霜を踏ミ八識之窓明らかにして三密之行深し何之其宗を可易哉　其時時氏諫て曰　我聞西天老比丘大唐之鳩摩羅什　日本之聖徳太子みな妻對也　何レ日其けからはしき事有るや　蓮智是を信して終に本願念佛之他力を仰く者也　其宗旨を改し時貞和三年也　則本願寺綽如上人之末派と成　上人も其志をかんして浄土真宗之尊号并他力堂風口を賜りぬ

一本山八世蓮如上人他力堂に来て一年御座候　其時開山蓮智蓮如上人へ相見之絵を書せ申候　其賛之詞蓮如上人之筆跡ニ而御座候

代々御制札之次第

一等持院殿　信豊公　忠高公
一錦小路殿　秀政公　当御代
一一色左京大夫殿　長吉公
一長福寺殿　勝俊公
一元光公　高次公

右之通故　当寺ハ高成寺并一國之僧録ニ而御座候由申傳候
自宗之儀ハ今以僧冠ニ而御座候　蓮智法印ヨリ当住持迠十一代子孫不相替持來候

延寶三年九月十八日

小濱　一向宗西願慶寺

一願慶寺開基祐西ハ本願寺第八世蓮如上人之臣下間安藝法眼之子也　文明年中ニ当濱ニ來ル　当所ニ小庵を結び蓮

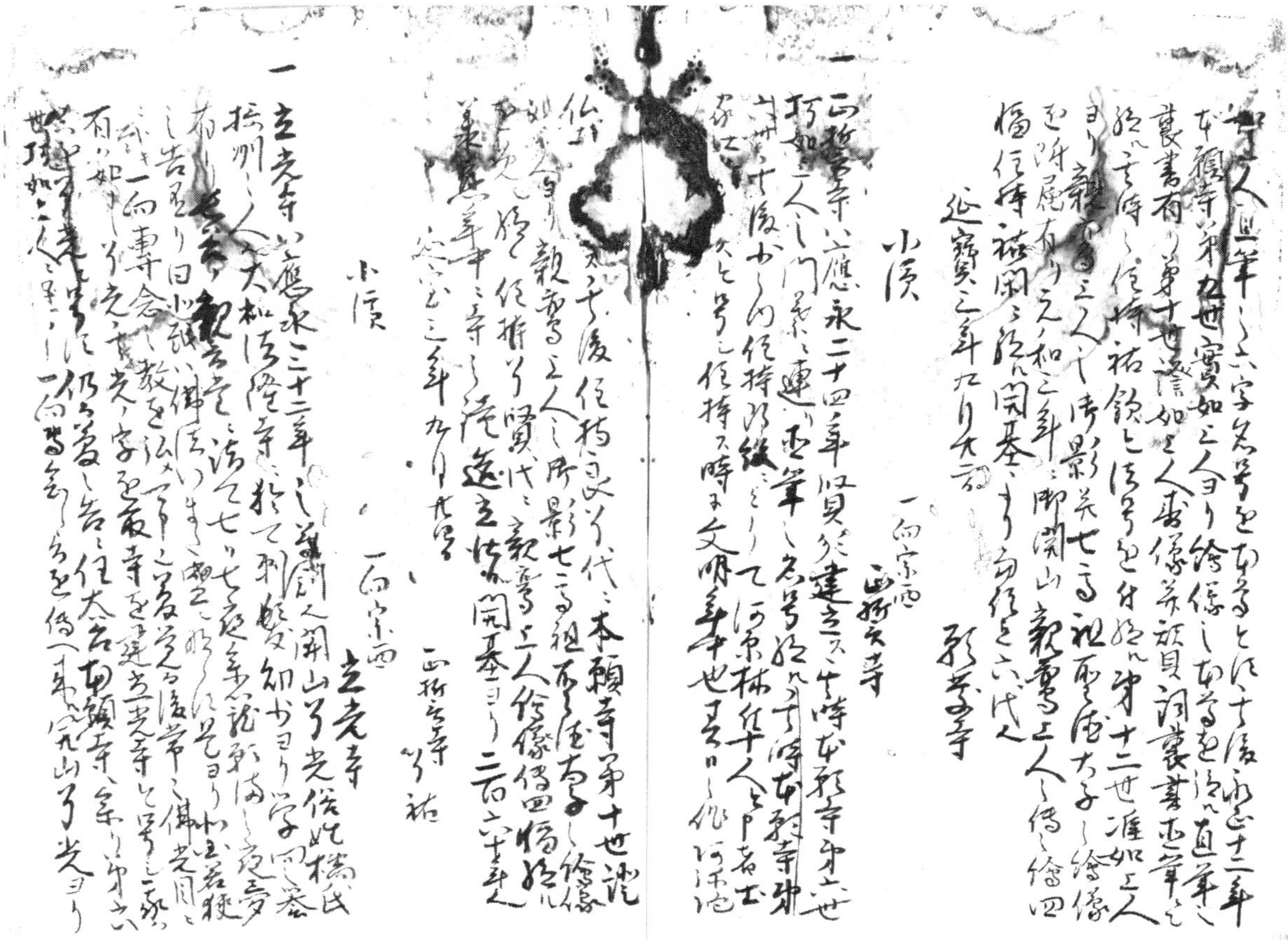

如上人直筆之六字名号を本尊とす　其後永正十二年
本願寺第九世實如上人ヨリ繪像之本尊を給ル　直筆之
裏書有り　第十世證如上人寿像并賛詞裏書直筆ニて
給ル　其時之住持祐欽と法号を付給ル　第十二世准如上人
ヨリ親鸞上人之御影并七高祖聖徳太子之繪像
を附属有り　元和三年ニ御開山親鸞上人之傳之繪四
幅住持祐閑ニ給ル　開基より当住迠六代也
延寶三年九月廿二日
小濱　一向宗西　願慶寺

正誓寺

一正誓寺ハ應永二十四年賢順建立ス　其時本願寺第六世
巧如上人之門葉ニ連り　直筆之名号給ル　其後本願寺第
六世　其後少之内住持断絶ニよりて河原林隼人と申者出
家仕□(浄カ)賢と号シ住持ス　時に文明年中也　春日之作阿弥陀
佛□□□ス　其後住持良了代ニ本願寺第十世證
如上人ヨリ親鸞上人之御影七高祖聖徳太子之繪像
を免シ給候　住持了賢代ニ親鸞上人繪像傳四幅給ル
承應年中ニ寺之鐘造立仕候　開基ヨリ二百六十年也
延宝三年九月十四日　正誓寺
小濱　一向宗西　了祐

立光寺

一立光寺ハ應永三十二年之草創也　開山了光俗姓橘氏
摂州之人也　大和法隆寺ニ於て剃髪幼少ヨリ学問之誉
有り　長谷ノ観音堂ニ詣て七日七夜参籠願満之夜夢
之告有り　曰北越ハ佛法いまだ盛ニならず　是ヨリ北国若狭
ニ赴き一向専念之教を弘メ可申也　夢覚而後常々佛光目ニ
有か如し　了光其光ノ字を取寺を建立　立光寺と号シ我か
名を了光と号す　仍而夢の告ニ任大谷本願寺ニ参り第六
世巧如上人ニ逢申一向専念候旨を傳へ來ル　開山了光ヨリ

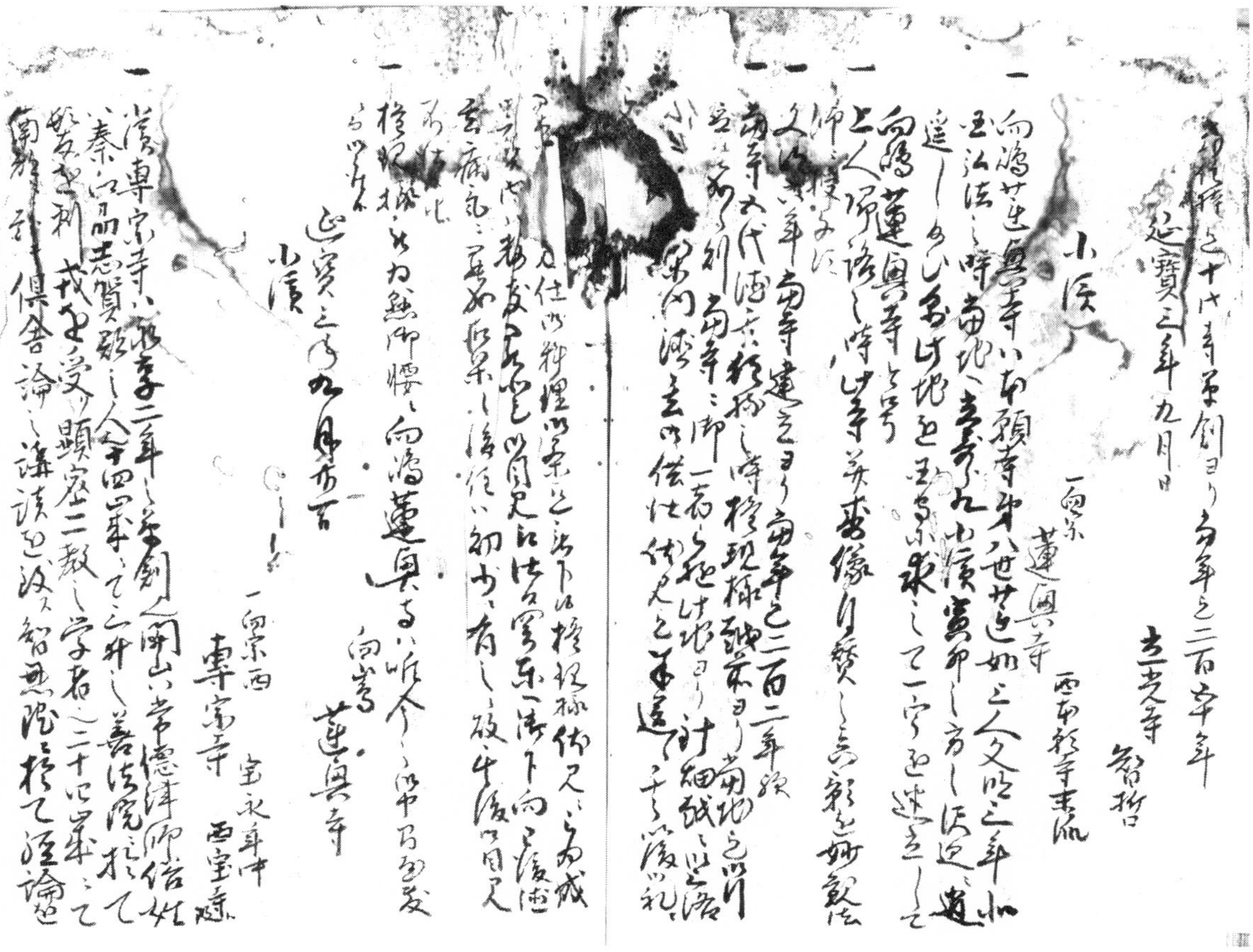

当住持迠十代　寺草創ヨリ当年迠二百五十年　立光寺

延寳三年九月　日　智哲

小濱　一向宗　西本願寺末

蓮興寺

一向嶋蓮興寺ハ本願寺第八世蓮如上人文明三年北国弘法之時　当地へ立寄られ小濱寅夘之方之沢辺ニ逍遥し給ひ　則此地を国守に求之て一宇を建立して向嶋蓮興寺と号

一上人帰洛之時　此寺并寿像自賛之真影を妙観法師ニ授与す

一文明六年当寺建立ヨリ当年迠二百二年欤

一当寺五代徳玄住持之時　権現様越前ヨリ当地迠御引取ニ被成候　則当寺ニ御一宿被遊　此地ヨリ針畑越ニ御上洛被成為御案内徳玄御供仕伏見迠奉送候　其以後御礼ニ罷　□□□御目見仕御料理御茶迠被下候　権現様伏見ニ被為成御座候内ハ数度罷登御目見江仕候　関東へ御下向己後徳玄病気ニ罷成相果候　後住ハ幼少ニ有之候故　其後御目見不仕候由

一権現様被為懸御腰候向嶋蓮興寺ハ唯今之御中間屋敷ニ而御座候

向嶋

延寳三年九月廿一日　蓮興寺

小濱　一向宗西　宝永年中

専宗寺　西宝寺ト改

一小濱専宗寺ハ永享二年之草創也　開山ハ常徳律師俗姓ハ秦江刕志賀郡之人也　十四歳ニて三井之善法院ニ於て髪を剃戒を受ク　顕密二教之学者也　二十四歳ニて南都ニ赴キ倶舎論之講談を致ス　智恩院ニ於て經論を

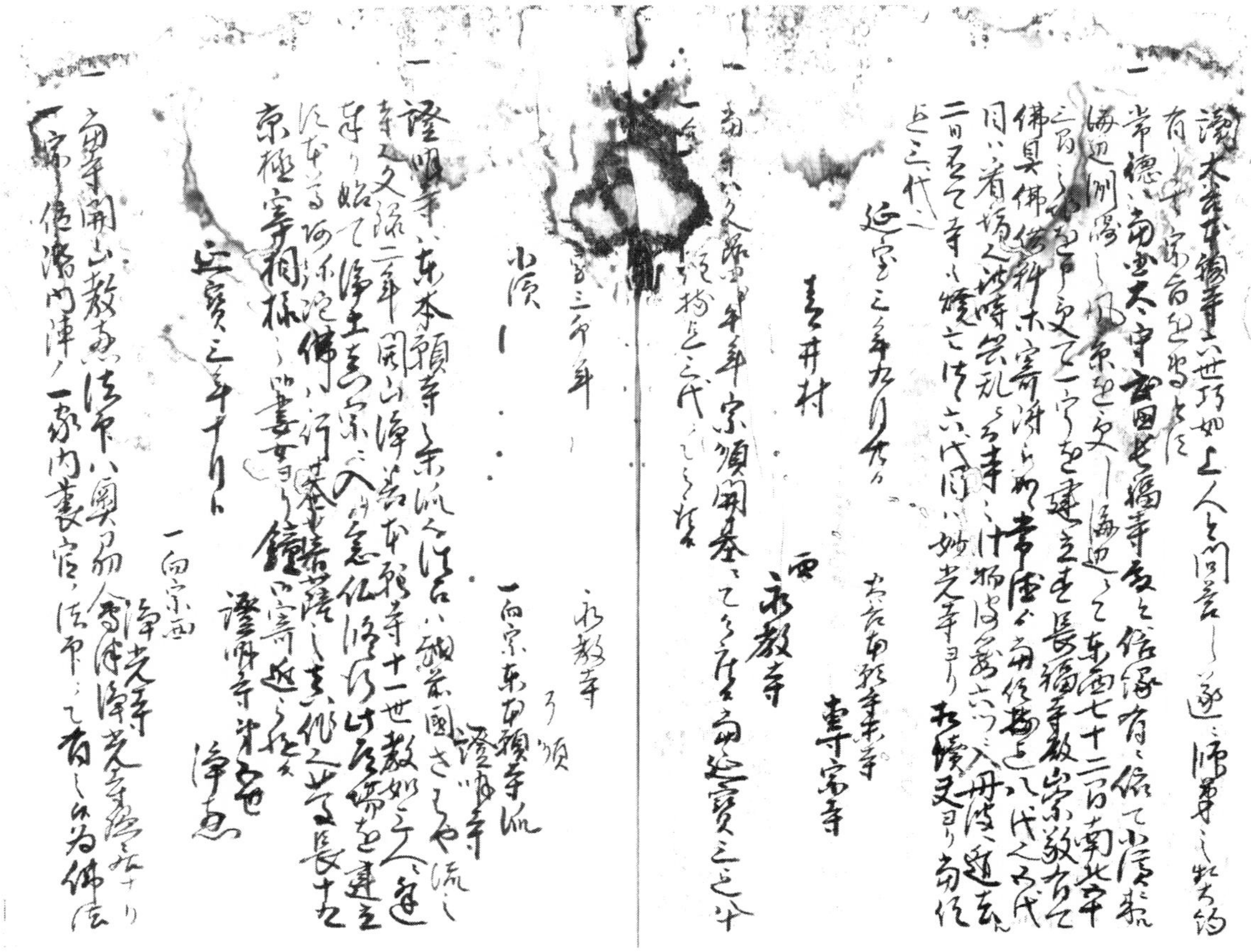

讀大谷本願寺六世巧如上人と問答し遂ニ師弟之契約
有り　其宗旨を専とす
一常徳ハ当国太守武田長福寺殿と俗縁有ニ依て小濱ニ來ル
海辺洲崎之風景を受し海辺ニて東西七十二間南北五十
三間之地を申受て一宇を建立す　長福寺殿崇敬有て
佛具佛供料等寄附被成候　常徳ゟ当住持迠八代也　五代
目ハ看坊也　此時兵乱ニ而寺之什物皮籠六ツニ入丹波へ遁去ル
二日有て寺も焼亡仕候　六代目ハ妙光寺ヨリ相續夫ヨリ当住
迠三代也

延宝三年九月廿日　大谷本願寺末寺
専宗寺

青井村　西　永教寺

一当寺ハ文禄四甲午年宗順開基ニて御座候　当延宝三迠八十
一年□□□当住持迠三代ニて御座候

延宝三夘年　永教寺　了順

小濱　一向宗東本願寺
證明寺

一證明寺ハ東本願寺之末流也　往古ハ越前國さはや流之
寺也　文禄二年開山浄善本願寺十一世教如上人ニ逢
奉り始て浄土真宗ニ入り念仏修行　此道場を建立
す　本尊阿弥陀　佛ハ行基菩薩之真作也　慶長十九
京極宰相様之御妻女ヨリ鐘御寄進被遊候

延寶三年十月　日　證明寺第五世
浄恵

一向宗西
浄光寺

一当寺開山教恵法印ハ奥劦會津浄光寺隠居ナリ
一宗之位階内陣ノ一家内裏官ノ法印ニて有之候　為佛法

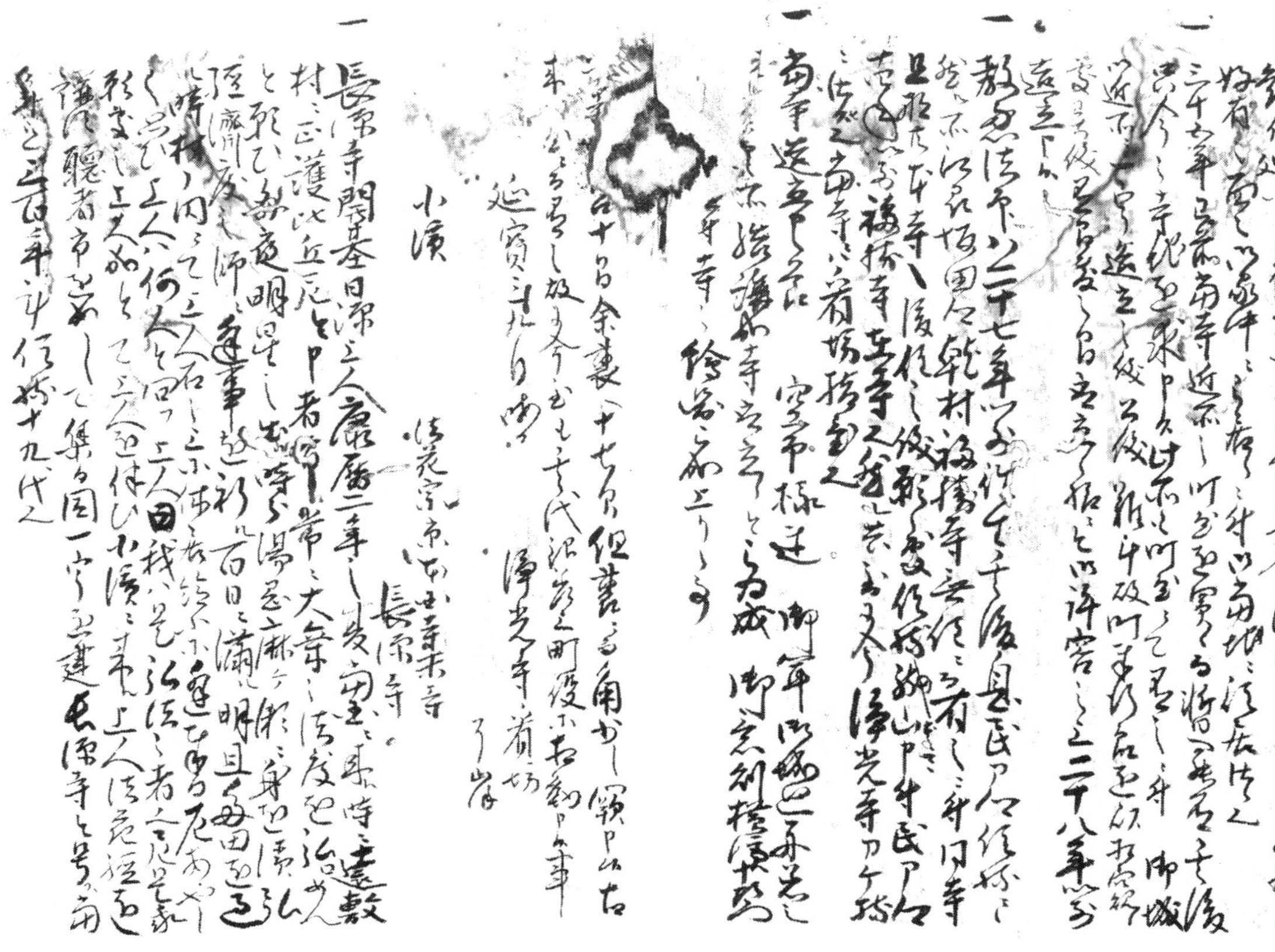

勧化廻国之砌　当国へ罷越候処　會津ニ有之節之旦那ニて
好有之面々御家中ニ被居候ニ付御当地ニ住居仕候也
一三十五年已前当寺近所之町屋を買候而暫罷有　其後
只今之寺地を求申候　此所も町屋ニて有之ニ付　御城
御近所ニ一宇造立之儀　公儀難斗故　町奉行衆を以相窺候
處　㝵儀有間敷之間取立候様ニと御許容之上二十八年以前
造立申候
一教恵法印ハ二十七年以前往生　其後息民部卿住持ニ候
然ル所江刕坂田郷乾村福勝寺無住ニ而有之ニ付　同寺
旦那共本寺へ後住儀願候處　住持新山(本之マヽ)申付民部卿
十四年以前福勝寺在寺也　然レ共到于今浄光寺カケ持
ニ仕候也　当寺ニハ看坊指置也
一当寺造立申候節　空印様達御聞御城廻舟着之
見□(付カ)御座候所結構成寺取立候と被為成　御意　則横浜十左衛門
□□□仰付　寺之繪圖被成上リ候事
一□(當カ)□□(間カ)口十間余裏へ十七間　但裏ニ而角少し闕申候　古
来□　□(〻町カ)屋ニ而有之故　于今至も其代銀差上町役等相勤申候事
延寶三九月晦日
浄光寺看坊
了岸

小濱　法花宗京本国寺末寺
長源寺
一長源寺開基日源上人康暦二年之夏　当国ニ來ル時ニ遠敷
村ニ正護比丘尼と申者有之　常ニ大乗之法度を弘ロめん
と願ひ毎夜明星之出ル時分湯岡麻ヶ瀬ニ身を漬弘
經濟度之師ニ逢事を祈ル　百日ニ滿ル明旦多田を過
ル時村ノ内ニて上人石之上に休居給ふに逢奉ル　尼あやし
く思ひ上人ハ何人と問フ　上人曰我ハ是弘法之者也　尼是我
願處之上人成とて上人を伴ひ小濱ニ來ル　上人法花經を
講す　聴者市を成して集る　因一字を建長源寺と号ス　当
年迨三百年斗住持十九代也

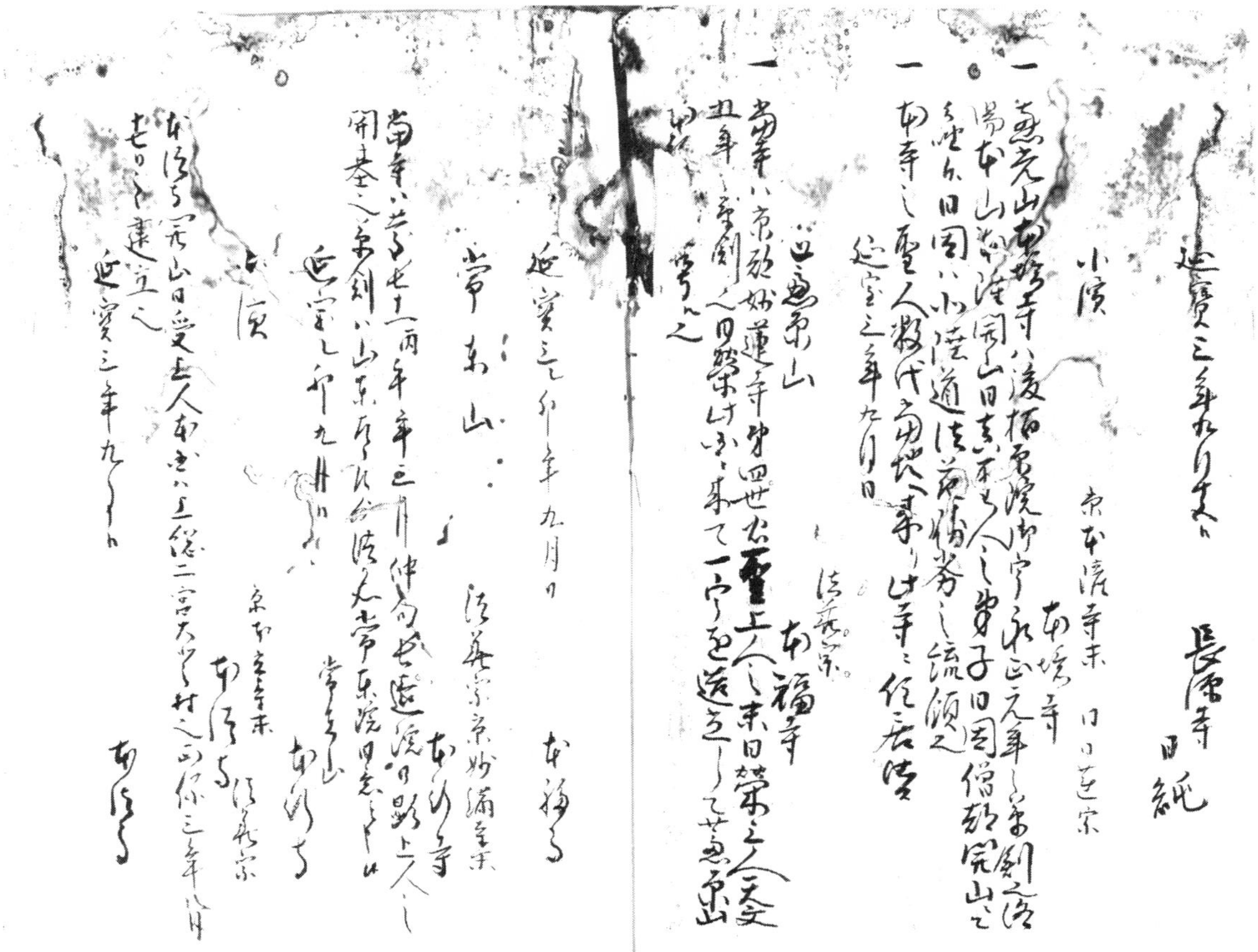

延寶三年九月十(マヽ)五日　長源寺
日純

小濱　京本隆寺末　同日蓮宗
本境寺

一恵光山本境寺ハ後柏原院御宇　永正元年之草創也　洛
陽本山本隆開山日真聖人之弟子日因僧都開山ニて
御座候　日因ハ北陸道法花勝劣之統領也
一本寺之聖人数代当地へ來り此寺ニ住居仕候

延宝三年九月　日

蘆原山　法華宗
本福寺

一当寺ハ京都妙蓮寺第四世忠聖上人之末日栄上人　天文
五年之草創也　日榮此国ニ來て一宇を造立して蘆原山
本福寺と号ス也

延寶三乙夘年九月　日　本福寺

常東山　法華宗京妙満寺末
本行寺

一当寺ハ慶長十一丙午年三月仲旬長遠院日顕上之
開基也　草創ハ山東太郎左衛門法名常東院日意と申候

延宝乙夘九月日　常東山本行寺

小濱　京本立寺末　法華宗
本法寺

一本法寺開山日受上人本国ハ上総二宮大登村也　正保三年八月
十七日之建立也

延寶三年九月日　本法寺

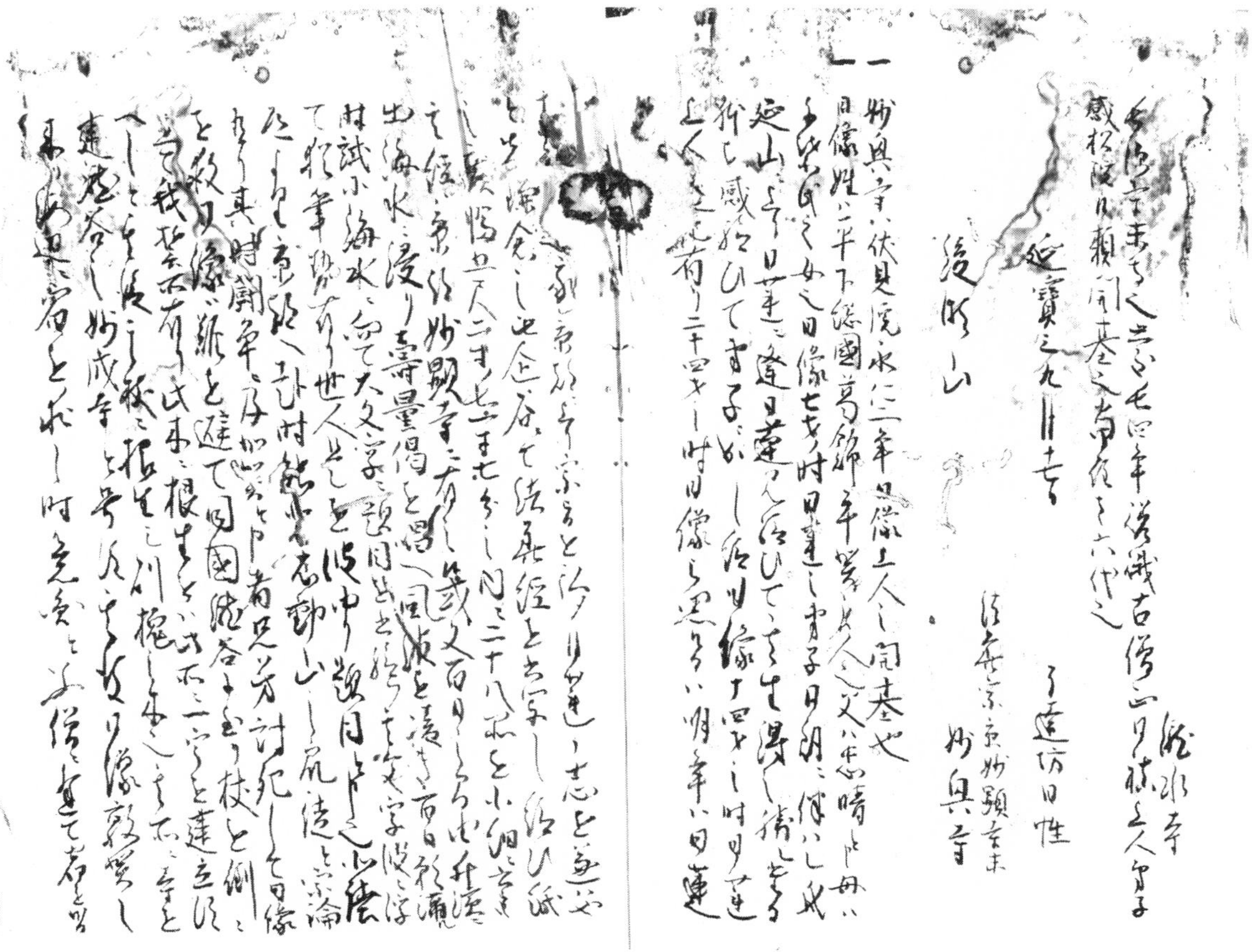

瀧水寺
一長源寺末寺也　慶長四年嵯峨古僧正日禎上人弟子
感松院日頼開基也　当住迠六代也
延寶三九月十七日　了達坊　日性
後瀬山　法華宗京妙顕寺末
妙興寺
一妙興寺ハ伏見院永仁二年日像上人之開基也
一日像姓ハ平下総国葛飾平賀の人也　父ハ忠晴と申母ハ
千葉氏之女也　日像七才ノ時日蓮之弟子日朗ニ伴ハレ身
延山ニ上り日蓮ニ逢日蓮見給ひて其生得之勝レたる
躰を感給ひて弟子ニ成し給　日像十四才之時日蓮
上人遷化有り　二十四才之時日像被思召ハ　明年ハ日蓮
十三□（年忌カ）□也　我レ京都ニ上り宗旨を弘メ日蓮ノ志を遂ハや
と先鎌倉之比企谷ニて法華経を書写し給ひ紙
之廣幅五尺二寸長一寸七分之内ニ二十八品を小細ニ書き
其經ハ京都妙顕寺ニ有之候　或又百日之間由井濱ニ
出海水ニ浸り壽量偈を唱へ風波を凌き願満ル
時試ニ海水ニ向て大文字ニ題目を書給フ　其文字波ニ浮
て猶筆勢有り　世人是を波ゆり題目と申也　北陸
道より京都へ赴時能登石動山之衆徒と宗論
有り　其時闘争ニ及加賀と申者兄弟討死して日像
を救　日像ハ難を避て同國瀧谷に至り杖を倒に
立て我誓所有り　此木ニ根生せハ此所に一宇を建立す
へしと　其後其杖ニ根生シ則槐之木也　其所ニ寺を
建瀧谷之妙成寺と号す　其後日像敦賀に
來り海辺ニ宿を求し時　覚圓といふ僧ニ逢て宿をかる

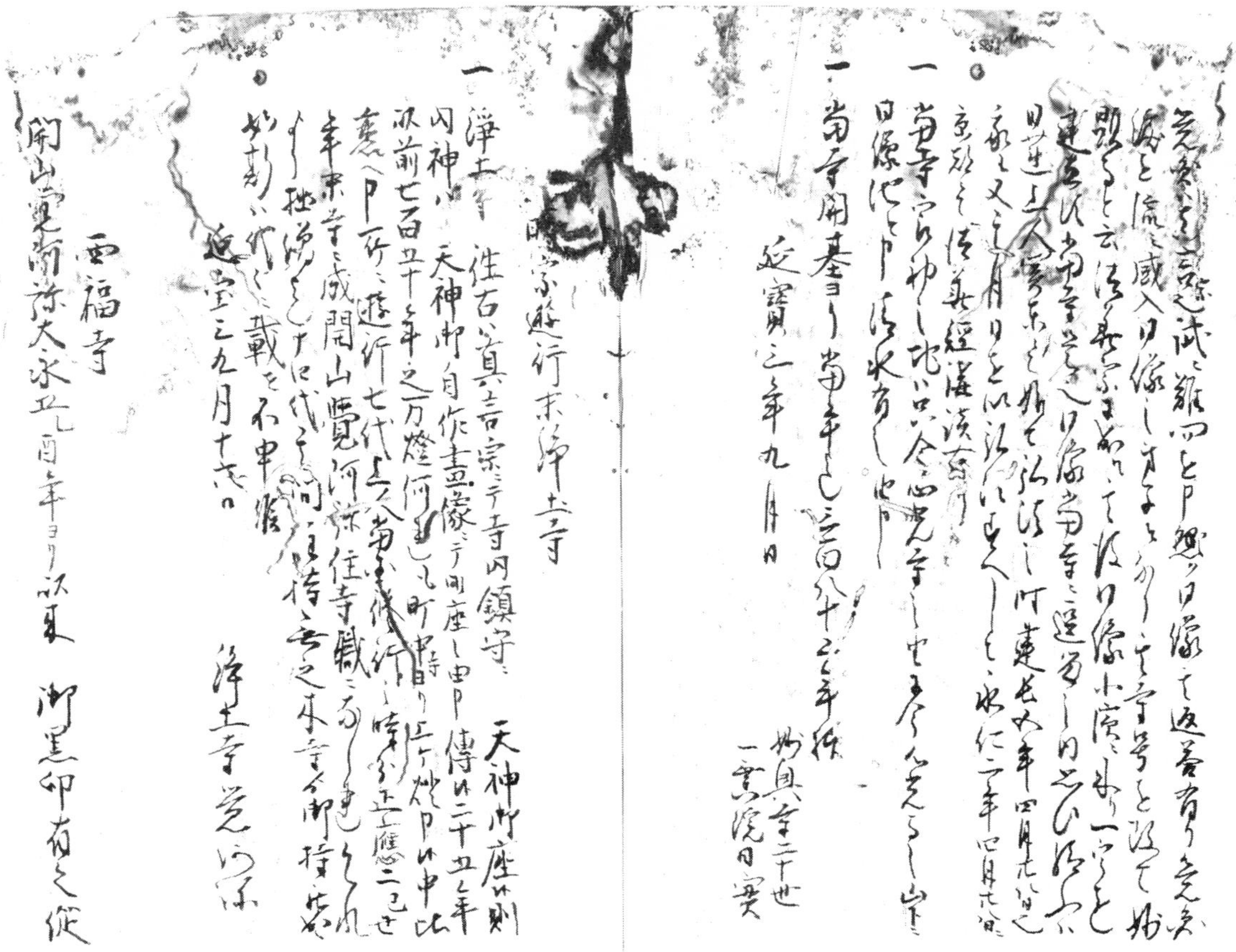

覚圓ハ真言宗也　試ニ難問を申懸ク　日像其返答有り覚圓
涙を流シ感入　日像之弟子となり其寺号を改て妙
顕寺と云　法華宗ニ成ル　其後日像小濱ニ來り一宇を
建立す　当寺是也　日像当寺ニ逗留之内思い給ふハ
日蓮上人関東ニて始て弘法之時　建長五年四月廿八日也
我も又其月日を以弘法すべしと　永仁二年四月廿八日ニ
京都ニて法華經講談有り

一当寺寂初之地ハ只今心光寺之由　于今心光寺之山下ニ
日像池と申清水有之由申候

一当寺開基ヨリ当年迠三百八十二年欤

延寳三年九月日　　妙興寺二十世
一乗院　日實

時宗遊行末浄土寺

一浄土寺　往古ハ真言宗ニて寺内鎮守ニ天神御座候　則
内神ハ天神御自作画像ニテ御座候由申傳候　二十五年
以前七百五十年之万燈何レも町中寺ヨリ上ヶ燈申候　中比
衰へ申所ニ遊行七代上人当国修行之時分　正應二己丑
年末寺ニ成　開山覺阿弥住寺職ニなられそれ
より拙僧迠十四代　其間住持無之本寺ゟ御持被成
如斯ハ代々ニ載せ不申候

延宝三九月十六日　　浄土寺覚阿弥

西福寺

開山覚阿弥　大永五年ヨリ以來御黒印有之　従

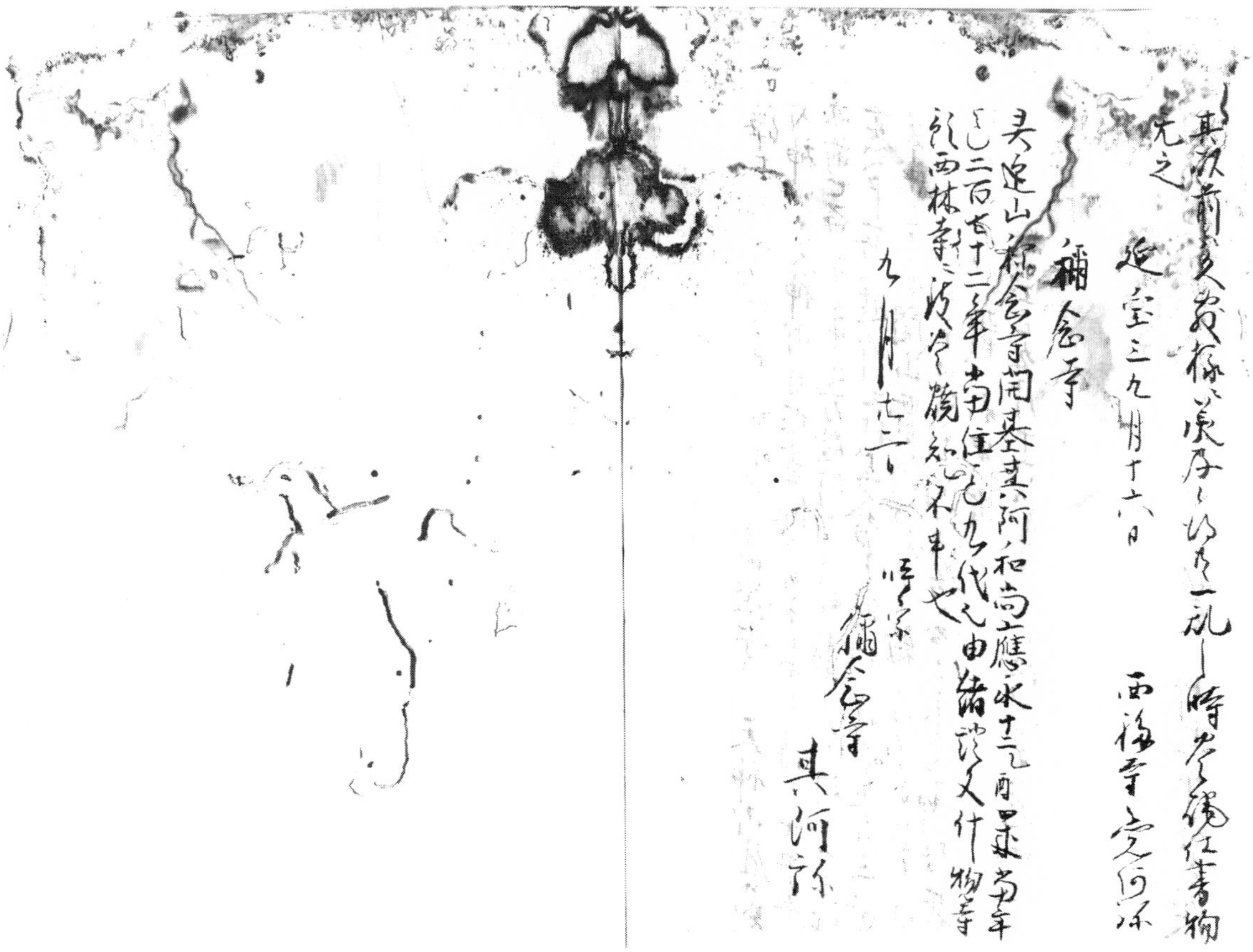

其以前ハ久敷様ニ兼及候得共一乱之時炎焼仕書物
无之
延宝三九月十六日　　西福寺　覚阿弥
稱念寺
灵迎山称念寺　開基其阿和尚　應永十二乙酉歳当年
迠二百七十二年　当住迠九代也　由緒證文什物等
預西林寺ニ致炎焼知レ不申也
九月廿二日　　時宗
稱念寺
其阿弥

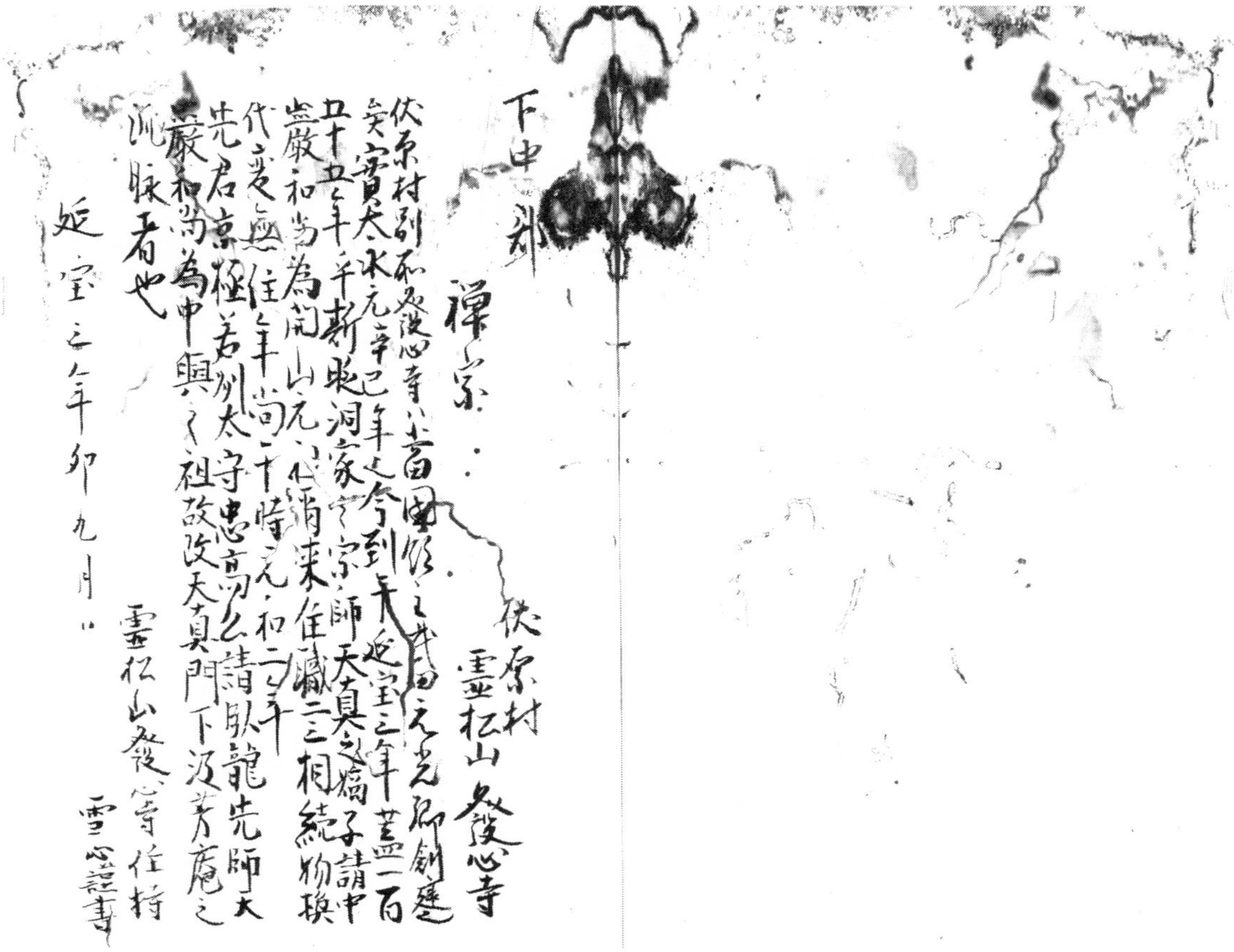

下中郡　　　　伏原

禅宗　　霊松山　發心寺

伏原村別所發心寺ハ當國領主武田元光卿創建也
矣實太永元辛巳年也　今到干延宝三年蓋一百
五十五年乎　斯時洞家之宗師天真之嫡子請中
巖和尚為開山　元祖爾来住職二三相讀物換
代変無住年尚　于時元和二年
先君京極若州太守忠高公請臥龍先師天
巖和尚為中興之祖　故改天真門下汲三芳庵之
派脉者也

延宝三年卯九月日　　霊松山發心寺住持

雪心　謹書

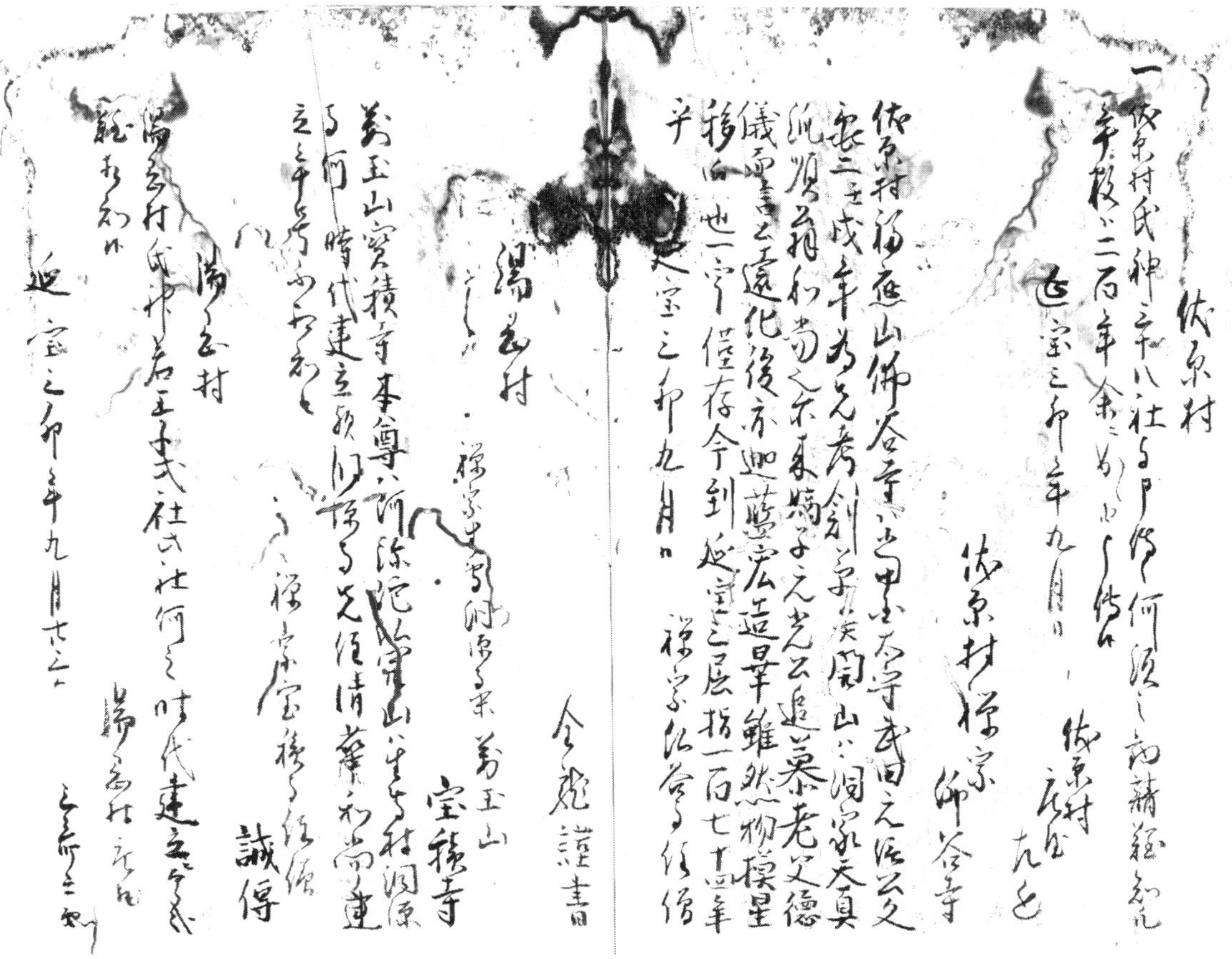

伏原村

一伏原村氏神三十八社与申傳候　何頃之勧請難知凡
年数ハ二百年余ニ成候由申傳候

延宝三夘年九月　日　伏原村庄屋
左近

伏原村禅宗
佛谷寺

伏原村福應山佛谷寺ハ当国太守武田元信公文
亀二壬戌年為先考創草矣　開山ハ洞家天真
派順翁和尚也　尓來嫡子元光公追慕老父徳
儀而言公遠化　後亦伽藍宏造畢　雖然物換星
移近世一宇僅存今到　延宝三屈指一百七十四年
乎

延宝三夘九月日　禅宗　仏谷寺住僧
全龍　謹書

湯岡村

禅宗生守洞源寺末　萬玉山　宝積寺
萬玉山宝積寺本尊ハ阿弥陀仏　開山ハ生守村洞源
寺　何之時代建立欤　洞源寺先住清華和尚ノ建
立　年号不相知候

禅宗　宝積寺住僧　誠傳

湯岡村

湯岡村氏神若王子式社　此社何之時代建立ニ而候哉
難相知候

延宝三夘年九月廿三日　湯岡村庄屋
三郎兵衛

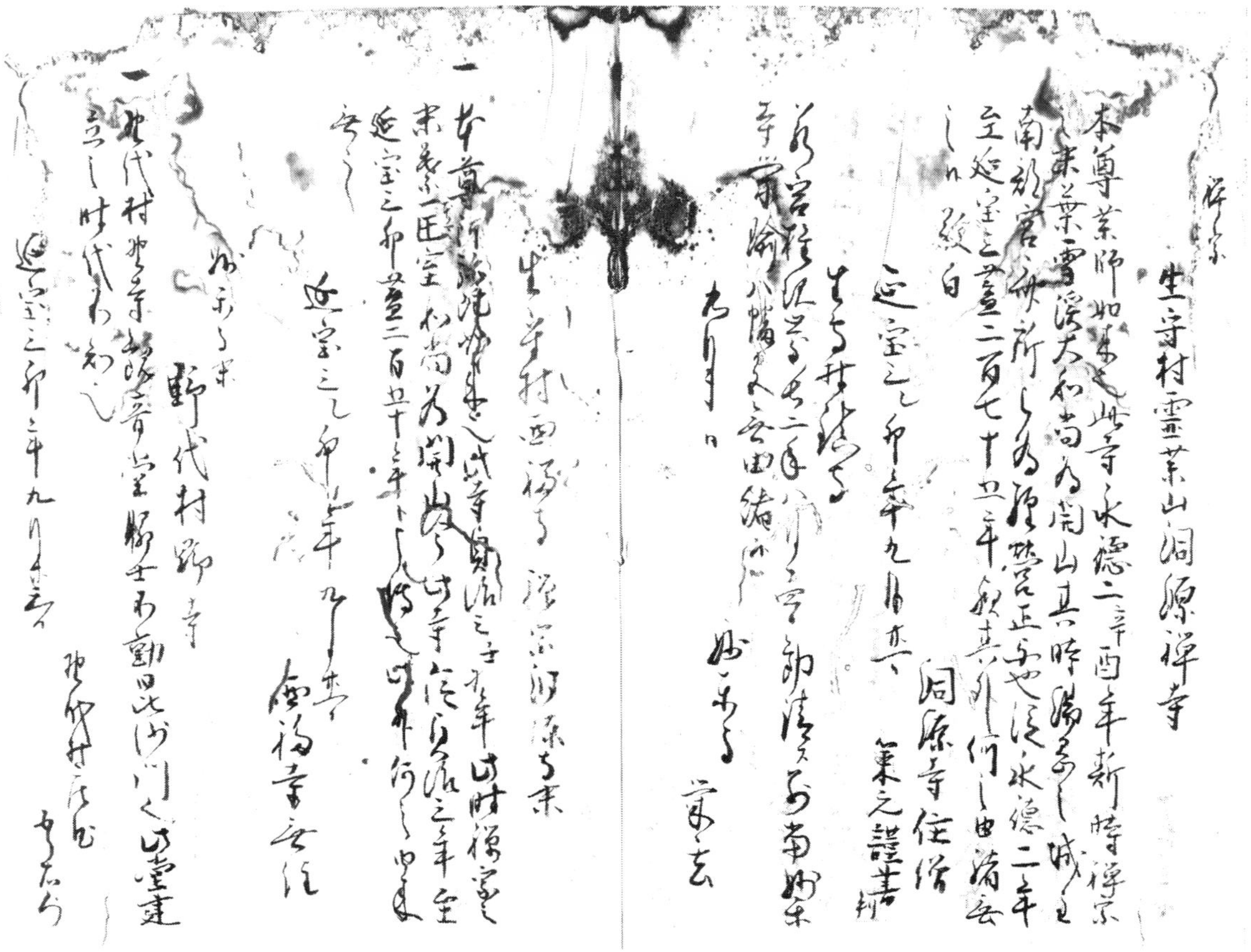

生守村　霊薬山　洞源禅寺
本尊薬師如來也　此寺永徳二辛酉年斯時禅宗
之末葉　雪溪大和尚為開山　其時湯岡之城主
南部宮斎所被為經營与也　従永徳二年
至延宝三蓋二百七十五年欤　其外何之由緒無
之候　敬白
延宝三乙夘年九月廿一日　洞源寺住僧　策元謹書判
生守村鎮守
若宮権現　慶長二年八月十四日勧請ス　別当妙楽
寺栄瑜八幡宮無由緒候
九月　日　妙楽寺　栄玄
生守村　西福寺　禅宗洞源寺末
一本尊阿弥陀如來也　此寺貞治三壬刁年此時禅宗之
末葉匡(本ノマ)室和尚為開山　今此寺従貞治三年至
延宝三夘　蓋二百五十年と申傳也　此外何之由來
無之
延宝三乙夘年九月廿一日　西福寺　無住
妙楽寺末　野代村　野寺
一野代村野寺観音堂脇士不動毘沙門也　此堂建
立之時代不知也
延宝三夘年九月廿三日　野代村庄屋　五郎右衛門

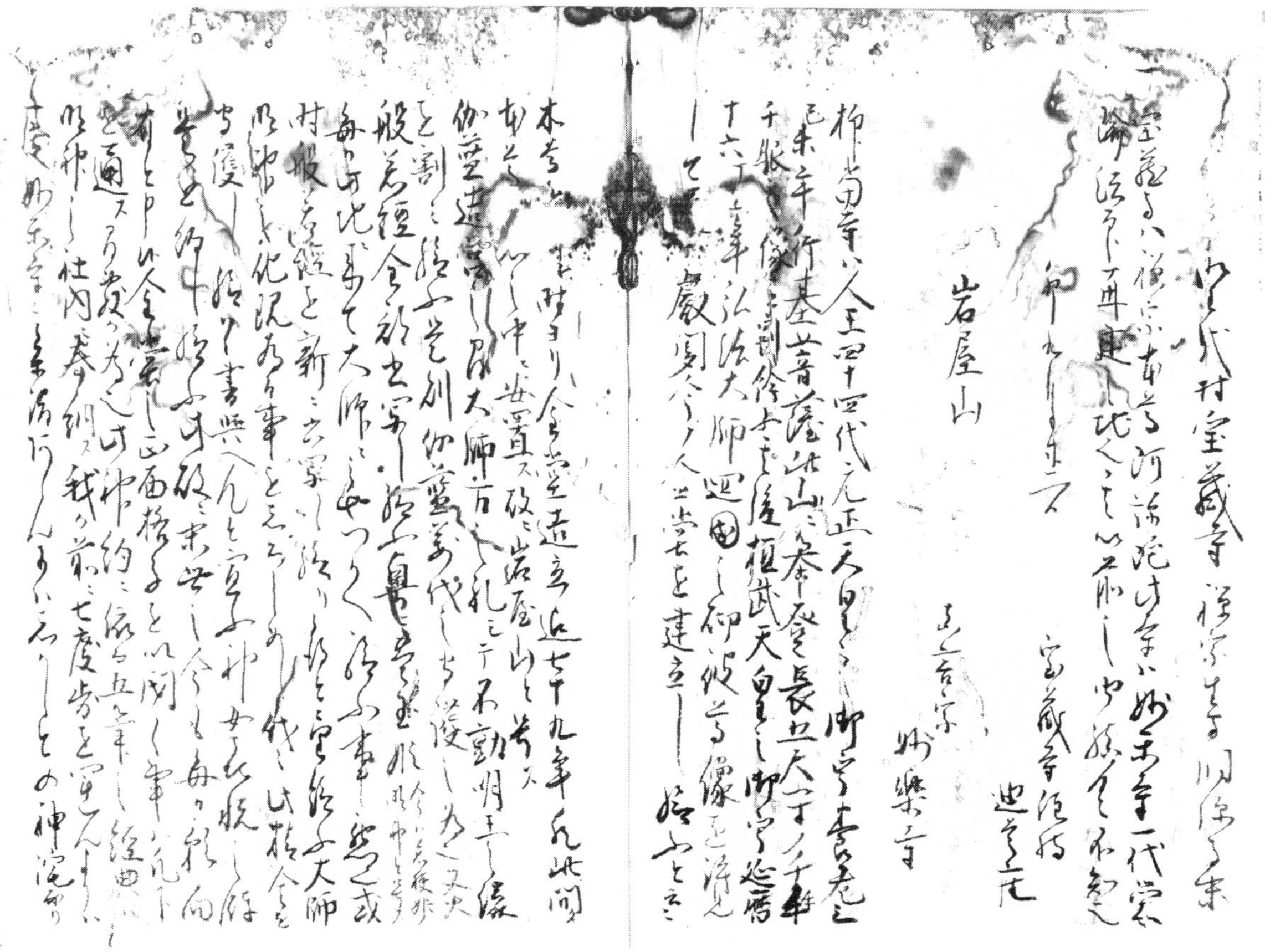

野代村宝藏寺　禅宗生守洞源寺末

一宝藏寺ハ禅宗本尊阿弥陀　此寺ハ妙楽寺一代栄
瑜法印再建之地也　其以前之由緒具不知也
　卯九月廿二日　　宝藏寺住持
　　　　迪首坐

岩屋山　　真言宗　妙樂寺

抑当寺ハ人王四十四代元正天皇之御宇　養老三
巳未年行基菩薩此山ニ挙登　長五尺一寸ノ千手
千眼之像を刻給ふ　其後桓武天皇之御宇延暦
十六丁丑年弘法大師廻国之砌　彼尊像を拝見
して□叡聞　今ノ金堂を建立し給ふと云々
本尊を□□（刻給カ）時ヨリ金堂造立迠七十九年欤　此間
本尊□□之中ニ安置ス　故ニ岩屋山と号ス
伽藍造営之間大師一刀之礼シテ不動明王之像
を刻ミ給ふ　是則伽藍萬代之守護之為也　又大
般若經全部書写し給ふ　粤ニ豊玉姫今ハ（若狭姫ノ明神ト号ス）
毎日此地ニ來て大師ニみやつかへ給ふ事懇也　或
時般若經を新ニ書写し給り候得と望給ふ　大師
明神之化現為る事をしろしめし　代々此精舎を
守護し給ハゝ書與へんと宣ふ　神女㐂悦之餘
是を約し給ふ　此故ニ末世之今も毎日影向
有と申候　金堂之正面格子を以閉く事ハ凡下
を通ス間敷が為也　此神約ニ依而五筆之經典ハ
明神之社内ニ奉納ス　我か前ニ七度歩を運んよりハ
一度妙楽寺ニ参詣あらんにハしかしとの神託なり

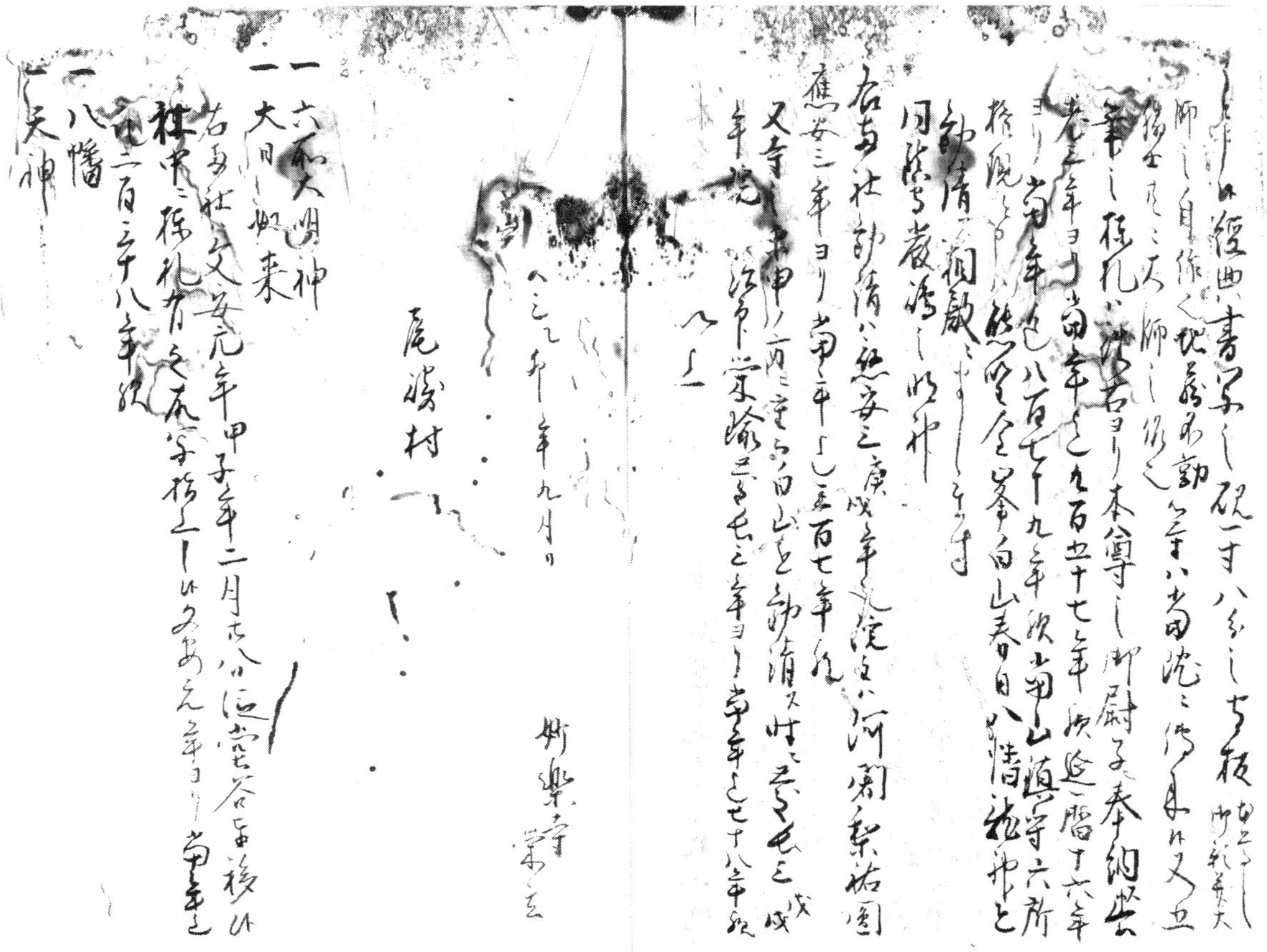

と申候　經典書写之硯一寸八分之守板本尊ノ御影并大師之自作也地蔵不動脇士共ニ大師ノ作也　等ハ当院ニ傳來候　又五
筆之棟札ハ往古ヨリ本尊之御厨子ニ奉納ス　養
老三年ヨリ当年迠九百五十七年歟　延暦十六年
ヨリ当年迠八百七十九年歟　当山鎮守六所
権現と申ハ熊野金峯白山春日八幡龍神を
勧請ス相殿にまします
同鎮守厳嶋之明神
右両社勧請ハ應安三庚戌年也　院主ハ阿闍梨祐圓
應安三年ヨリ当年三百七年歟
又寺之未申ノ方ニ重而白山を勧請ス　時ニ慶長三戊戌
年院□（主カ）ハ法印栄瑜　慶長三年ヨリ當年迠七十八年歟

以上

延宝三乙夘年九月　日　　妙楽寺　栄玄

尾崎村

一六所大明神
一大日如來
右両社ハ文安元甲子年二月廿八日従堂谷奉移候
社中ニ棟札有之故　写指上申候　文安元年ヨリ当年迠
凡二百三十八年歟
一八幡
一天神

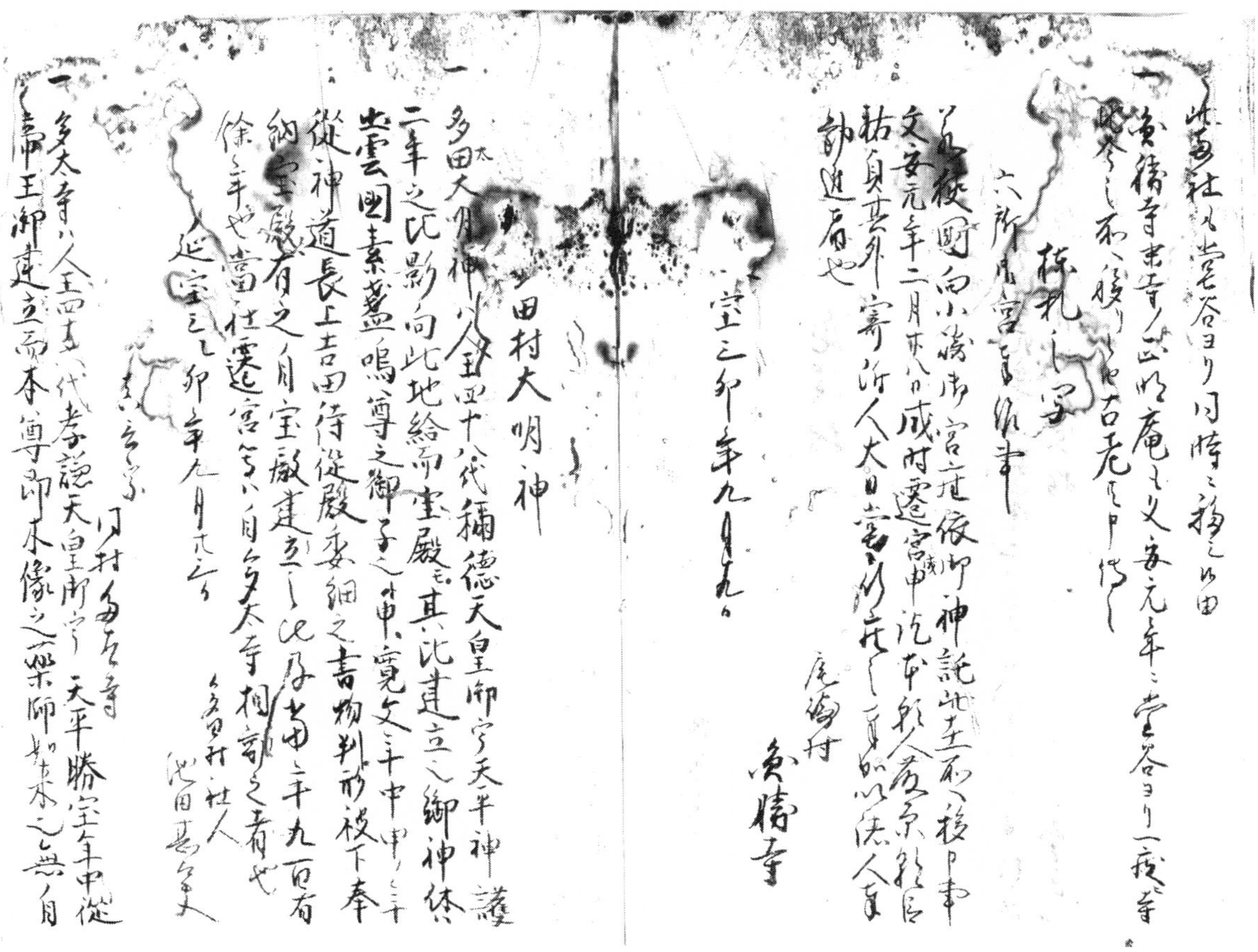

此両社も堂谷ヨリ同時ニ移シ候由
一圓勝寺　末寺ノ正明庵も文安元年ニ堂谷ヨリ一度ニ寺
地今之所へ移り候由　古老共申傳候
　　　棟札之写
　六所御宮奉作事
若狭國向小崎御宮座依御神託此在所へ移申事
文安元年二月廿八日成時遷宮成申訖　本願人藤原朝臣
祐貞其外寄附人大日堂行座之奉加以諸人奉
勧進者也
　　　　　　　　　　　　尾崎村
　　延宝三夘年九月十九日　　　圓勝寺
　　多田村　大明神
一多田（太）大明神ハ人皇四十八代稱徳天皇御宇　天平神護
二年之比影向此地給而　宝殿モ其比建立也　御神体ハ
出雲國素盞嗚尊之御子也ト申　寛文年中申ノ年
従神道長上吉田侍従殿委細之書物判形被下奉
納宝殿有之　自宝殿建立之比及当年九百有
余年也　当社遷宮等ハ自多太寺相勤之者也
　延宝三年乙夘九月廿三日　　多田村社人
　　　　　　　　　　　　　　　池田甚太夫
　　　真言宗
　　　　　同村　多太寺
一多太寺ハ人王四十六代孝謙天皇御宇　天平勝宝年中従
帝王御建立而　本尊即木像之薬師如來也　無自

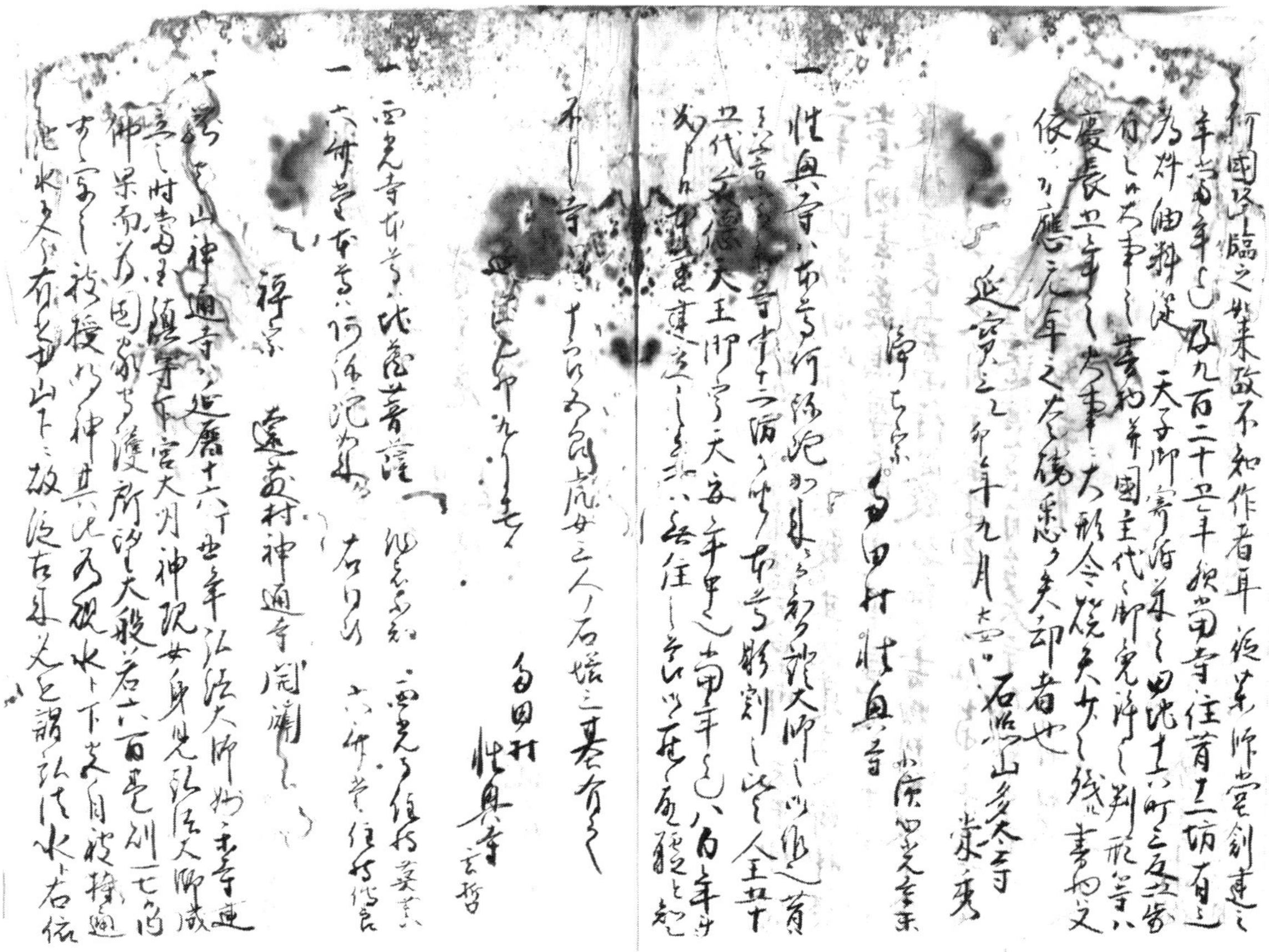

何國降臨之如來故不知作者耳　従薬師堂創建之
年当年迠及九百二十五年欤　当寺往昔十二坊有之
為灯油料従天子御寄附米之田地十六町三反五歩
有之候　大事之書物并國主代々御免許之判形等ハ
慶長五年之火事ニ大形令焼失少々残ル書物ハ又
依承應元年之炎焼悉ク失却者也

延宝三乙夘年九月廿四日　石照山多太寺

栄秀

浄土宗　小濱心光寺末

多田村　性興寺

一性興寺ハ本尊阿弥陀如來ニ而智證大師之御作也　昔ハ
真言宗ニ而寺中十二坊御座候　本尊彫刻之比は人王五十
五代文徳天王御宇　天安年中也　当年迠八百年斗ニ
成申候　本堂建立之年ハ無住之節御座候故　聢と知レ
不申候　寺内ニ十郎五郎虎女三人ノ石塔三基有之

延宝乙夘九月十七日

多田村

性興寺　玄哲

一西光寺　本尊ハ地藏菩薩　作者不知

西光寺住持　英薫

一六斎堂　本尊ハ阿弥陀如來　右同断

六斎堂住持　傳良

禅宗　遠敷村　神通寺開闢

一龍雲山神通寺ハ延暦十六丁丑年弘法大師妙楽寺建
立之時　当國鎮守下宮大明神現女身見弘法大師成
佛果而為國家守護所望大般若六百巻則一七日ノ内
書写之被授明神　其比為硯水ト下宮自被持通
池水于今有　当山下ニ故従古來名を謂弘法水ト右依

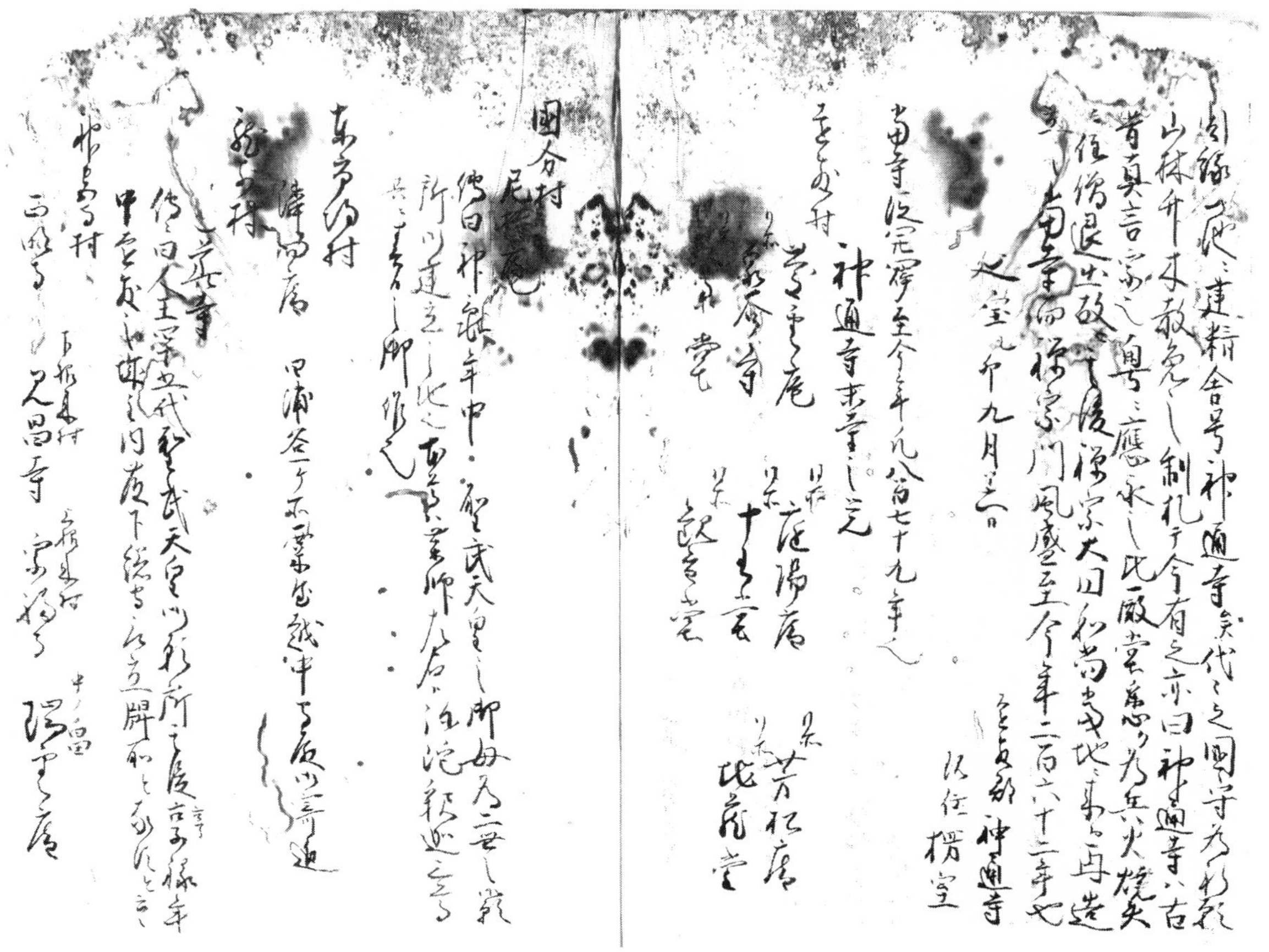

因縁此池ニ建精舎　号神通寺矣　代々之国守為祈願
山林竹木赦免之制札于今有之　亦曰神通寺ハ古
昔真言宗也　粤ニ應永之比殿堂悉ク為兵火焼失
而住僧退出　故ニ其後禅宗大円和尚当地ニ来而再造
立（之カ）□　當寺而禅宗門風盛至今年二百六十二年也
延宝乙夘九月十六日　　遠敷郡神通寺
現住　楞室

当寺従開闢至今年凡八百七十九年也
神通寺末寺之覚
遠敷村　慶雲庵　同所　庭陽庵　同所　芳松庵
同所　泉谷寺　同所　十王堂　同所　地蔵堂
同所　六斎堂　同所　観音堂

国分村　尼持庵
傳曰神亀年中聖武天皇之御母為二世之御願
所御建立之地也　本尊薬師左右ハ弥陀釈迦三尊
共ニ春日之御作也

東市場村
隣向庵　四浦谷一ヶ所粟屋越中守殿御寄進

龍前村
□（蓮）華寺　傳ニ曰　人王四十五代聖武天皇御願所　其後享禄年
中遠敷之城主内藤下総守取立牌所となすと云々

神宮寺村　下根来村　上根来村　中ノ畠
正明寺　見昌寺　宗福寺　瑞雲庵

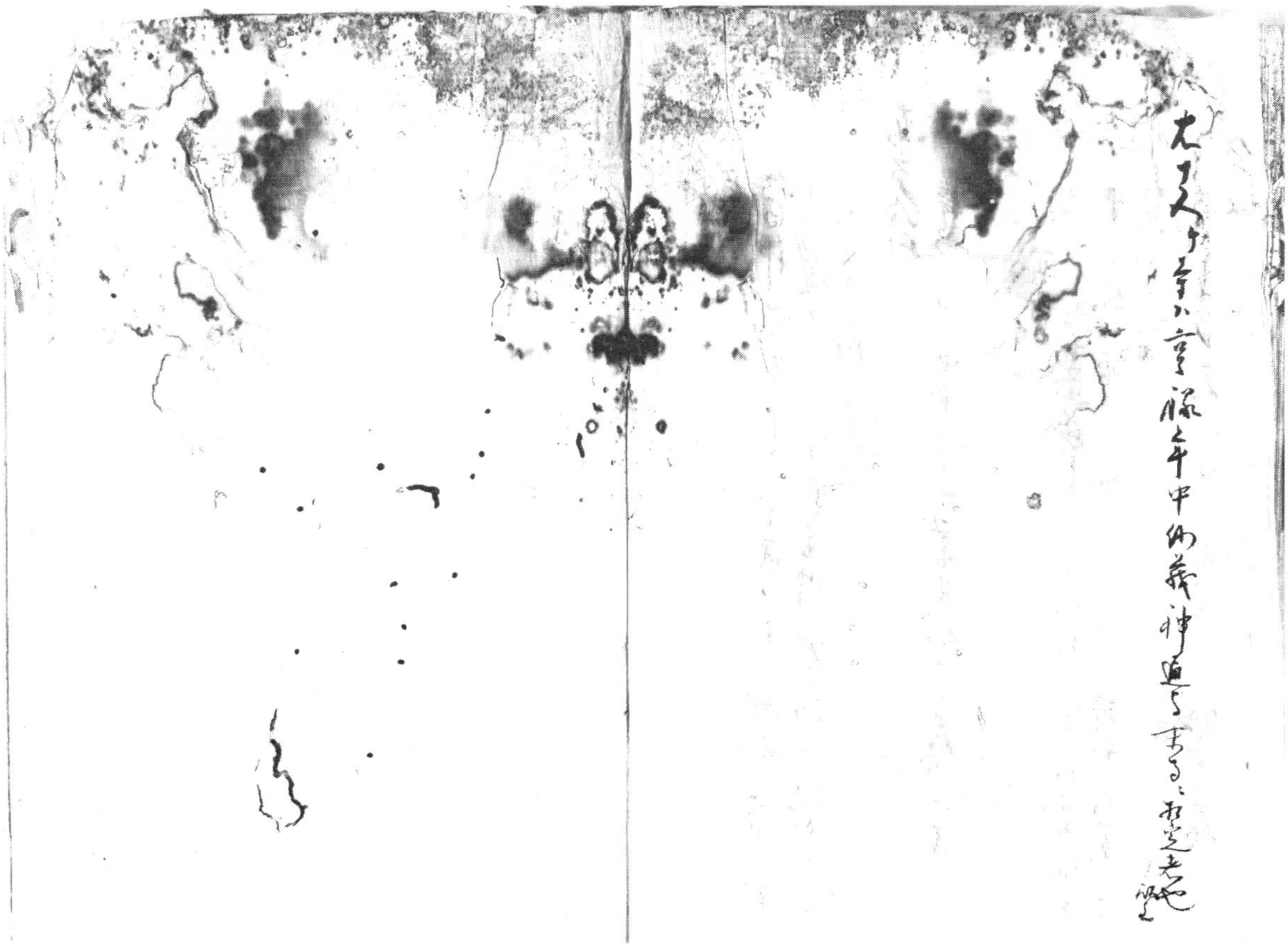

右十五ヶ寺ハ享禄年中紗蔵神通寺末寺ニ相定者也　以上

若州管内寺社什物記 全

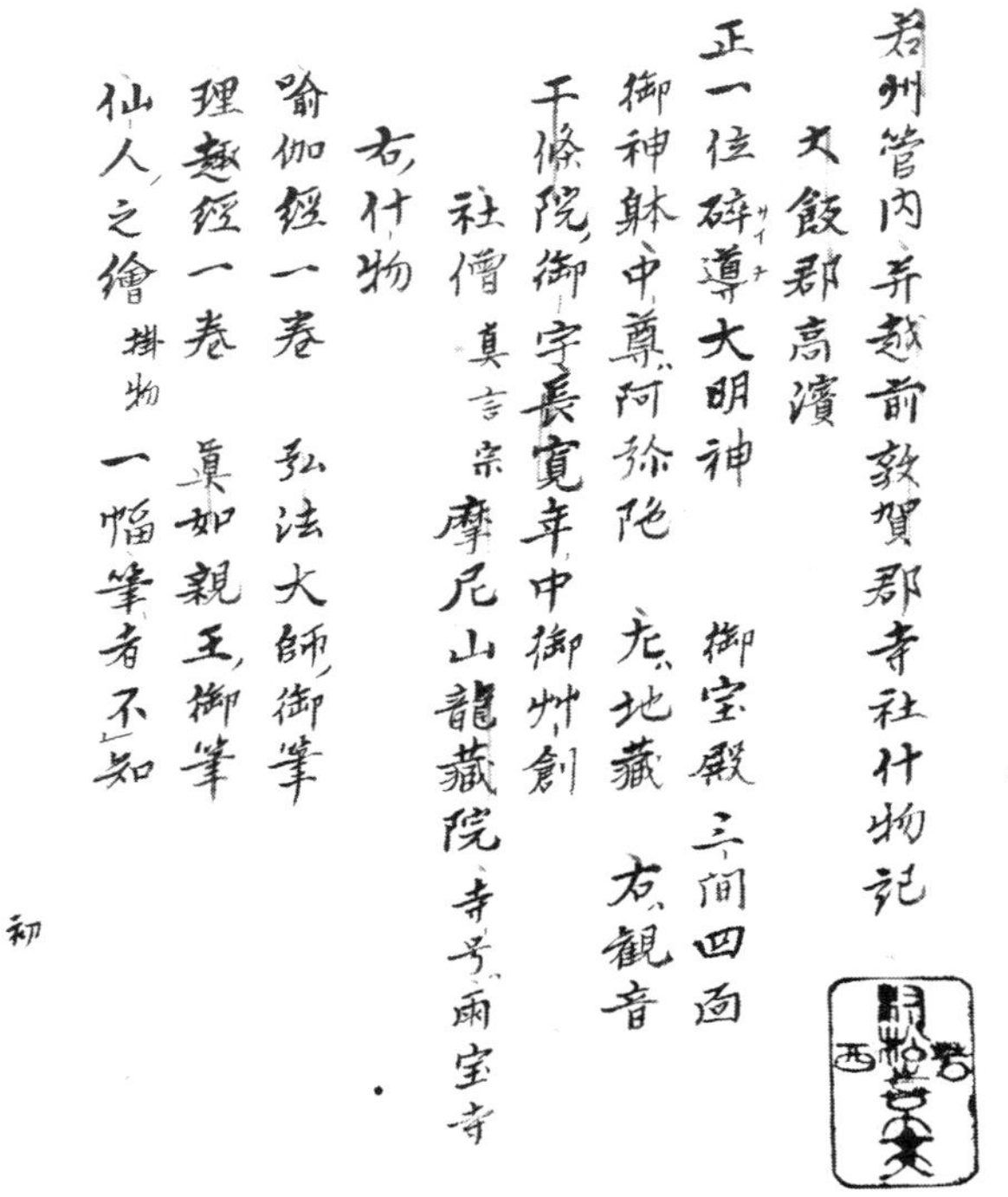

若州管内并越前敦賀郡社寺什物記

大飯郡高濱

若
村松喜太夫
西

一正一位碎導（サイチ）大明神　御宝殿三間四面

御神躰中尊ハ阿弥陀　左ハ地蔵　右ハ観音

二條院ノ御宇長寛年中御艸創

社僧　真言宗　摩尼山龍藏院　寺号ハ雨宝寺

右ノ什物

喩伽經一巻　弘法大師ノ御筆

理趣經一巻　真如親王ノ御筆

仙人之繪掛物一幅筆者不知

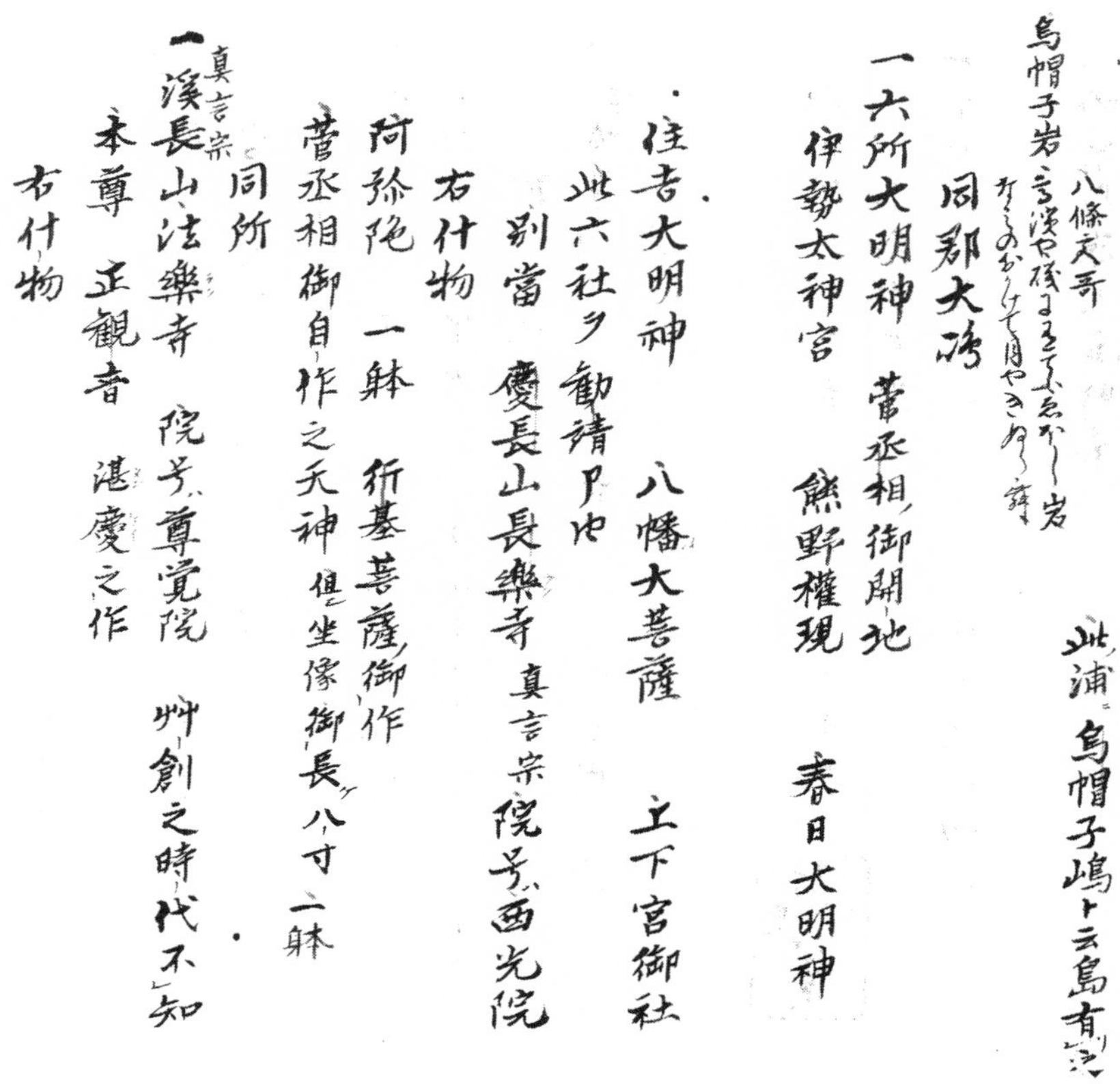

佛繪　三尊ノ弥陀　地藏　中将姫ノ曼荼羅
両界曼荼羅　弘法大師ノ御影
十三佛　七佛　一致之繪
鑵子　一ツ　盤銅　一ツ　大般若經印本　一部
十六善神印本　一幅
　一禅宗　元興寺
（貼紙）
「八條宮哥　此ノ浦ニ烏帽子嶋ト云島有リ之
烏帽子岩　高濱や磯に有てふゑほし岩
　なみのおかけて月やきぬらむ」
同郡大嶋
一六所大明神　菅丞相ノ御開地
伊勢太神宮　熊野権現　春日大明神
住吉大明神　八幡大菩薩　上下宮御社
此六社ヲ勧請申由
別當　慶長山長樂（ラク）寺真言宗　院号ハ西光院
右什物
阿弥陀　一躰　行基菩薩ノ御作
菅丞相御自作之天神　但シ坐像御長ケ八寸　一躰
同所
真言宗
一溪長山法樂寺　院号ハ尊覚院　艸創之時代不知
本尊　正観音　湛慶（タンケイ）之作
右什物

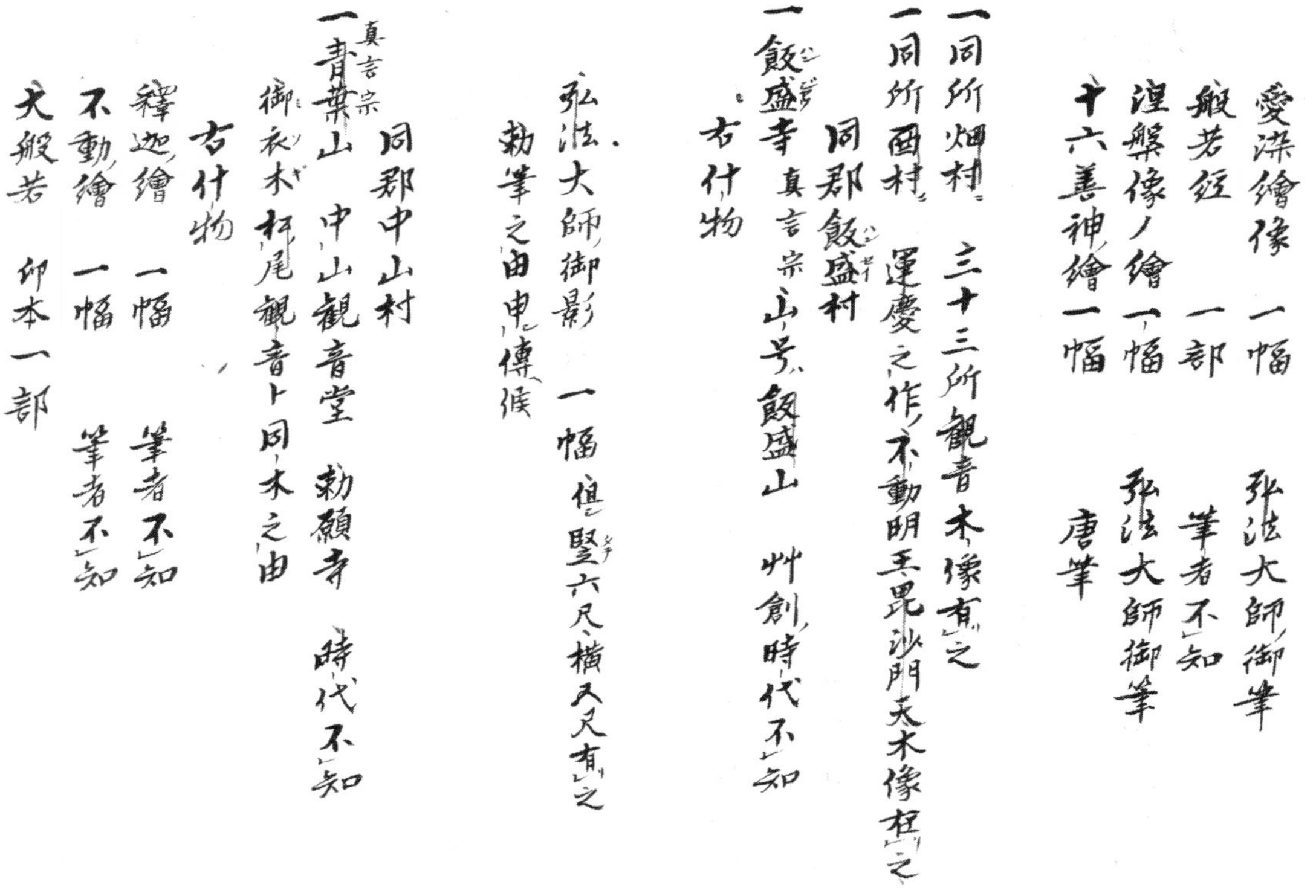

三

愛染繪像　一幅　弘法大師ノ御筆
般若經　一部　筆者不知
涅槃像ノ繪　一幅　弘法大師御筆
十六善神ノ繪　一幅　唐筆
一同所　畑村ニ三十三所観音木像有之
一同所　西村ニ運慶之作ノ不動明王　毘沙門天木像在リ之
同郡飯盛(ハンセイ)村
一飯盛(ハンジョウ)寺真言宗山号ハ飯盛山　艸創ノ時代不知
右什物
弘法大師ノ御影　一幅　但シ竪(タテ)六尺横五尺有リ之
勅筆之由申シ傳ヘ候
同郡中山村
真言宗
一青葉山　中山観音堂　勅願寺　時代不知
御衣(ミソギ)木松ノ尾観音と同木之由
右什物
釈迦ノ繪　一幅　筆者不知
不動ノ繪　一幅　筆者不知
大般若　印本　一部

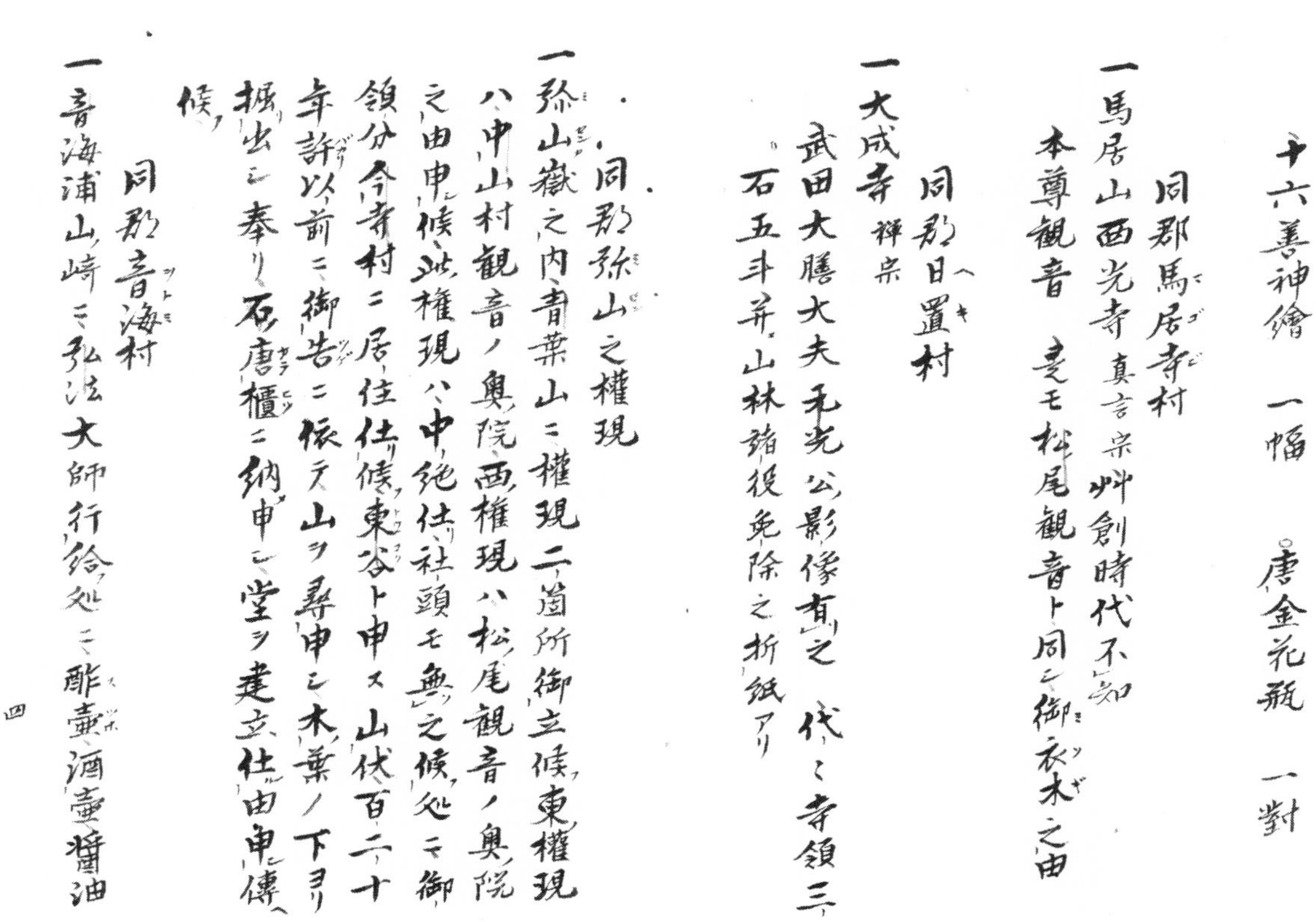

十六善神繪　一幅　　唐金花瓶 一對
同郡馬居寺（マゴジ）村
一馬居山西光寺真言宗　艸創時代不知
本尊観音　是モ松ノ尾観音ト同シ御衣木（ミソギ）之由
同郡日置（ヘキ）村
一大成寺禅宗
武田大膳大夫元光公ノ影像有リ之　代々寺領三
石五斗并ニ山林諸役免除之折紙アリ
同郡弥山（ミセン）之権現
一弥山（ミセン）嶽之内青葉山ニ権現二箇所御立候フ　東ノ権現
ハ中山村観音ノ奥ノ院　西ノ権現ハ松ノ尾観音ノ奥ノ院
之由申シ候　此ノ権現ハ中絶仕リ　社頭モ無リ之候フ処ニ御
領分今寺村ニ居住仕リ候フ東谷（トウコク）ト申ス山伏百二十
年許（バカリ）以前ニ御告（ツゲ）ニ依テ山ヲ尋申シ木ノ葉ノ下ヨリ
掘リ出シ奉リ石ノ唐櫃（カラヒツ）ニ納メ申シ堂ヲ建立仕ル由申シ傳ヘ
候フ
同郡音海（ヲトミ）村
一音海浦山ノ崎ニ弘法大師行給フ処ニ酢壺（スツボ）酒壺醤油

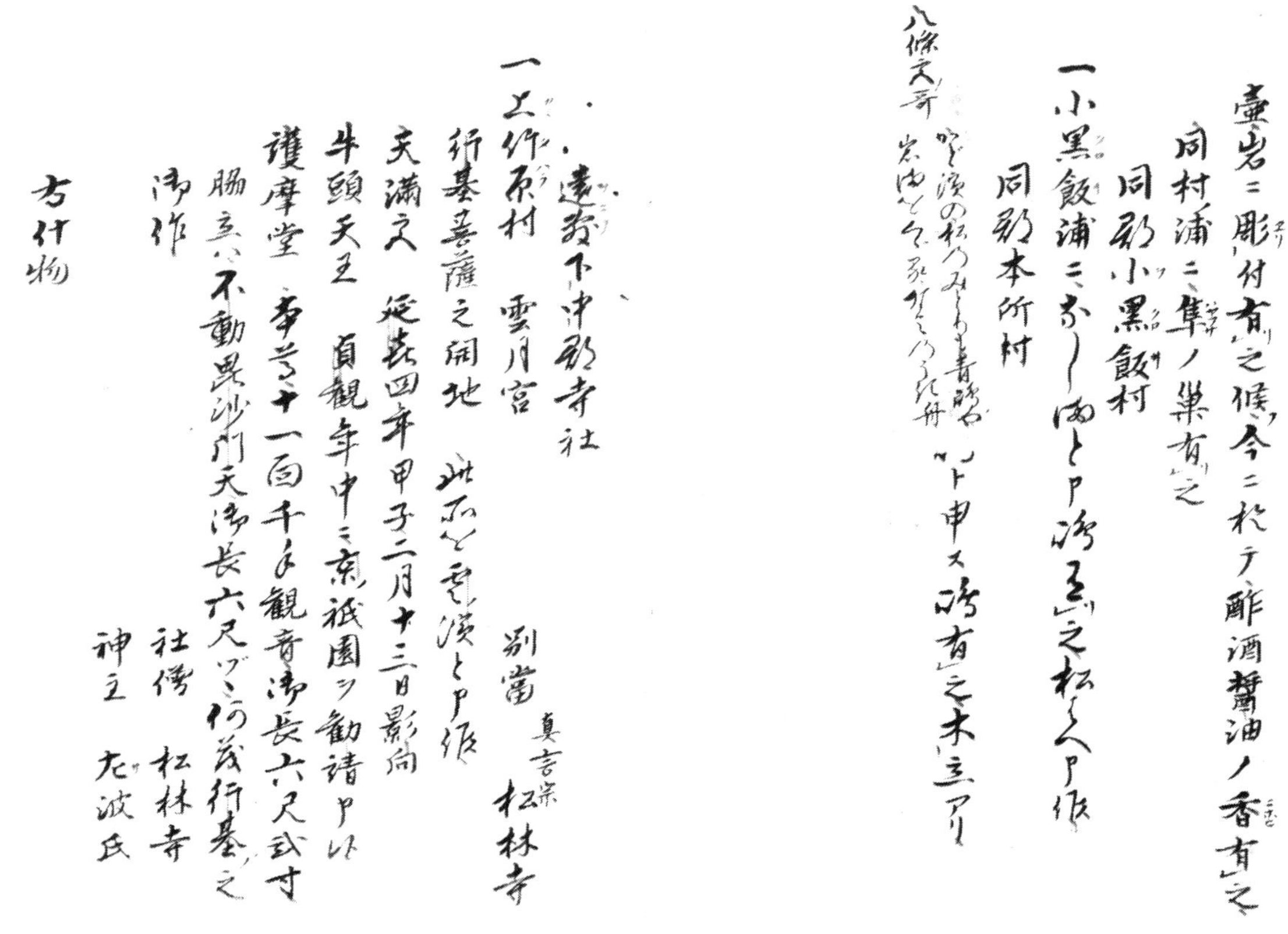

壺岩ニ彫(ホリ)付有リ之候フ　今ニ於テ酢酒醤油ノ香(ニホヒ)有之
同村ノ浦に隼(ハヤフサ)ノ巣有リ之
　同郡小黒飯(オクロ井)村
一小黒飯(クロイ)ニなしまと申嶋有リ之　松はへ申候
　同郡本所村
(貼紙下)
一本所村ノ前海中ニ青嶋ト申ス嶋有之木立アリ
(貼紙)
「八條宮哥　かど濱の松のみとりも青嶋や
岩まをくゞるなみのうき舟　」
　遠敷(オニフ)下中郡寺社
一上竹原(カミタハラ)村　雲月宮　別當真言宗松林寺
行基菩薩之開地　此所を雲ノ濱と申候
天満宮　延㐂四年甲子二月十三日影向
牛頭天王　貞観年中ニ京ノ祇園ヲ勧請申候
護摩堂　本尊十一面千手観音　御長六尺二寸
脇立ハ不動毘沙門天御長六尺ヅヽ何も行基ノ之
御作　社僧　松林寺
　神主　佐波氏
右什物

天神　自画自讃　　一幅
渡唐ノ天神　　一幅　土佐筆
千躰ノ阿弥陀　　恵心ノ御作　大津千躰とも申候
心経　　一巻　弘法大師ノ御筆　神主所ニ有之
大不動　　一幅　智証ノ御筆

同郡府中(フチウ)村
一西念寺時宗　本尊阿弥陀　春日(カスカ)ノ御作
右之村ニ弘法大師ノ之笈掛(ヲヒカケ)石有リ之

同郡木崎(キサキ)村
一山鼻に隠里(カクレサト)の岩穴あり

同郡多田村
一石照山多田寺真言宗
本尊薬師如来立像天平勝宝元年九月八日降リ来ル
三尊坐像ノ阿弥陀　聖徳太子ノ御作
多田カ嶽ニ蛇谷岩山布カ瀧アリ高サ十丈許(ハカリ)
同村に曽我兄弟虎女三人ノ之石塔有リ之　三方郡気山村上瀬社ニモ曾我氏ノ石塔アリ

同郡遠敷(オニフ)村ニ
一上下宮　上ノ宮　本地薬師如来
霊亀元年九月十日ニ始テ垂迹

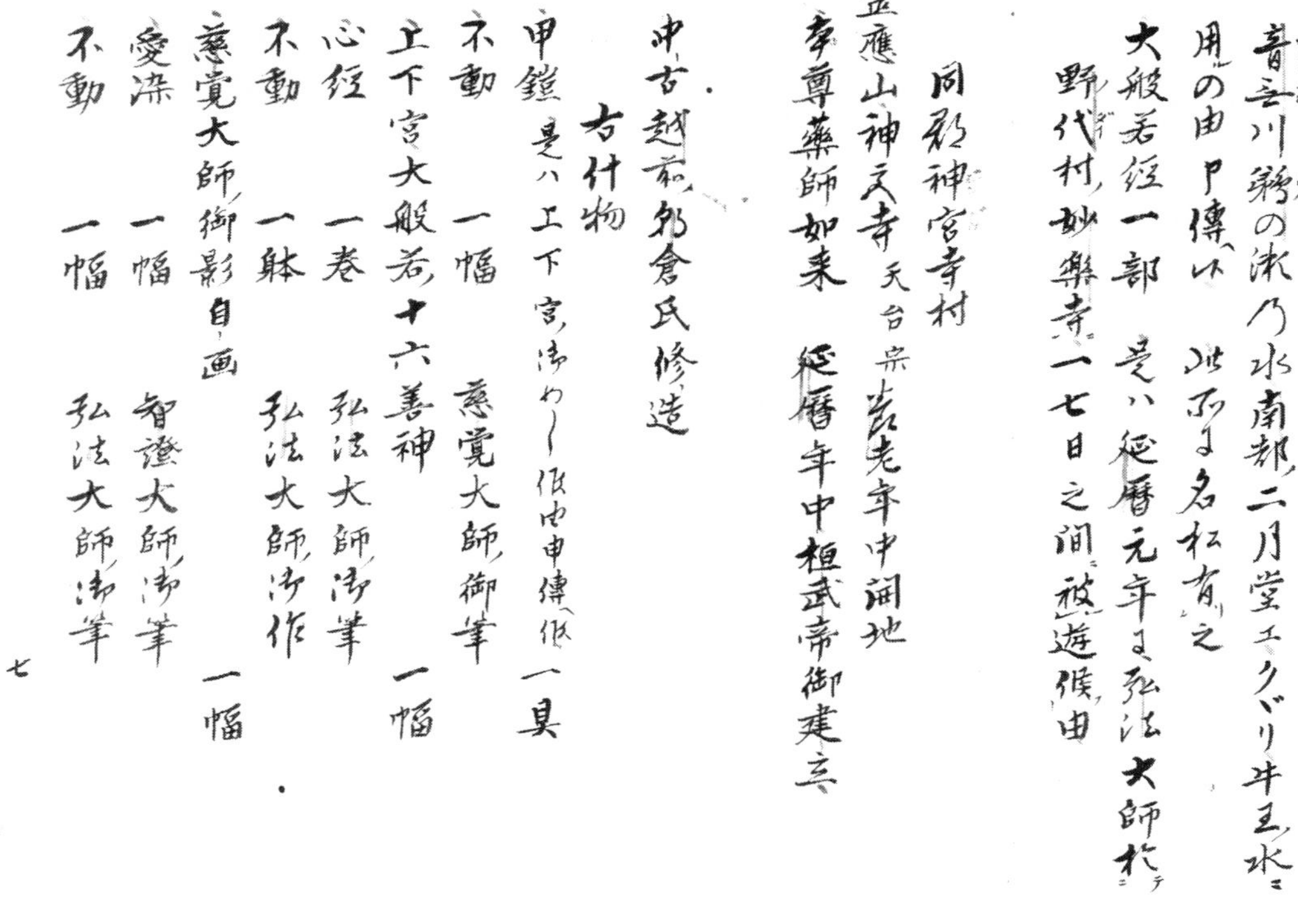

下ノ宮　養老五年二月十日ニ垂迹
　本地千手観音
音無(オトナシ)川鵜(ウ)の瀬乃水南都ノ二月堂エクベリ牛王ノ水ニ
用ルの由申傳ヘ候　此所ニ名松有リ之
大般若經一部　是ハ延暦元年に弘法大師於テ
野代(ノダイ)村ノ妙樂寺ニ一七日之間ニ被遊候フ由
　同郡神宮(ジングウ)寺村
一霊應山神宮寺天台宗　養老年中開地
本尊藥師如来 延暦年中桓武帝御建立
中古越前ノ朝倉氏修造
　右什物
甲鎧　是ハ上下宮ノ御めし候由申傳へ候　一具
不動　一幅　慈覚大師ノ御筆
上下宮大般若ノ十六善神　一幅
心經　一巻　弘法大師ノ御筆
不動　一躰　弘法大師ノ御作
慈覚大師ノ御影自画　一幅
愛染　一幅　智證大師ノ御筆
不動　一幅　弘法大師ノ御筆

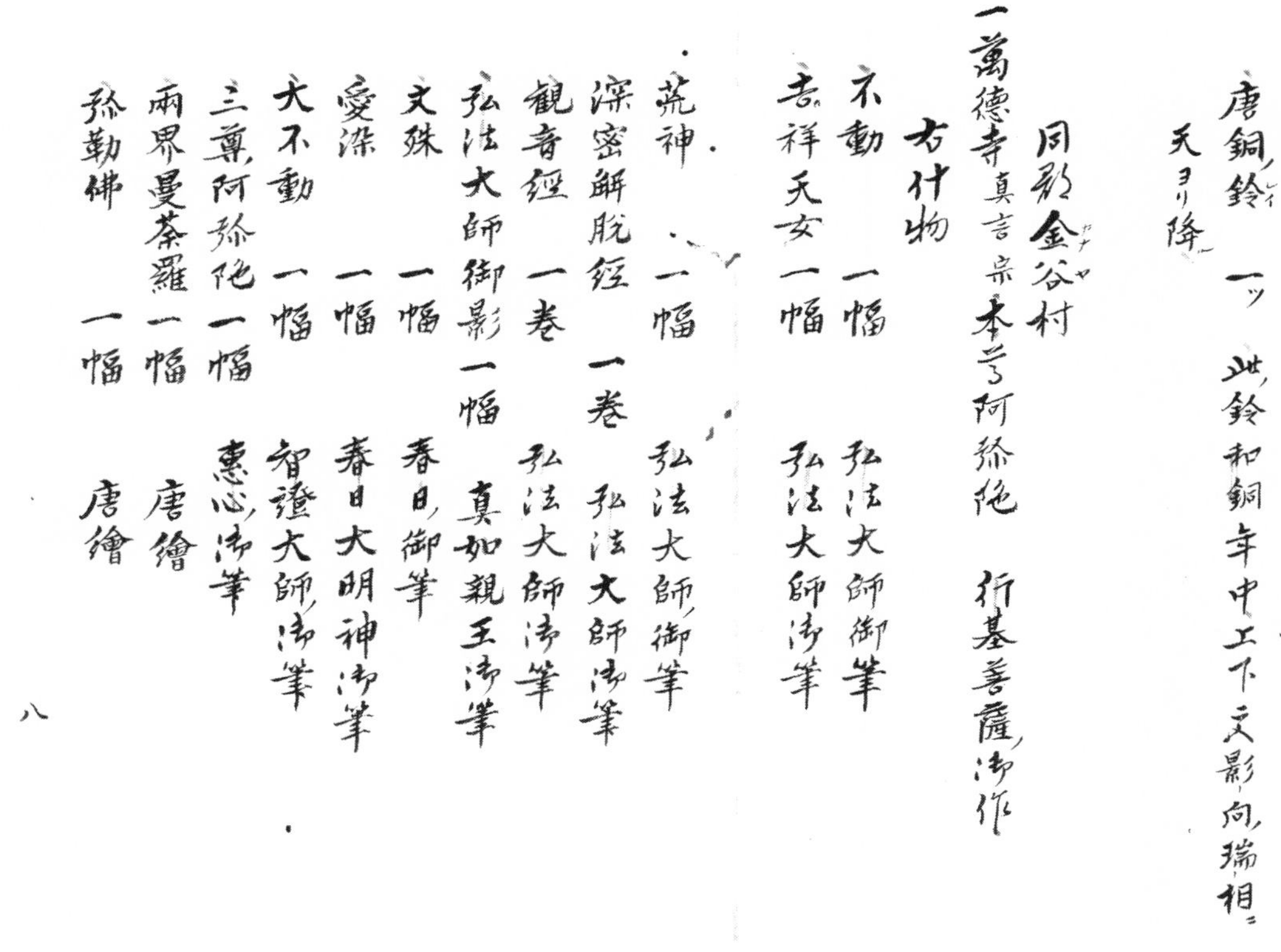

五大導　一幅　智證大師ノ御筆
阿弥陀　一幅　惠心ノ之御筆
唐銅ノ鈴（レイ）一ツ　此ノ鈴和銅年中上下宮影向ノ瑞相ニ
天ヨリ降ル
同郡金谷（カナヤ）村
一萬徳寺真言宗　本尊阿弥陀　行基菩薩ノ御作
右什物
不動　一幅　弘法大師御筆
吉祥天女　一幅　弘法大師御筆
荒神　一幅　弘法大師ノ御筆
深密解脱經　一巻　弘法大師御筆
観音經　一巻　弘法大師御筆
弘法大師御影　一幅　真如親王御筆
文殊　一幅　春日ノ御筆
愛染　一幅　春日大明神御筆
大不動　一幅　智證大師ノ御筆
三尊ノ阿弥陀　一幅　恵心ノ御筆
兩界曼荼羅　一幅　唐繪
弥勒佛　一幅　唐繪

愛染曼荼羅一幅　唐繪
千手観音　一幅　金岡筆
十三佛　一幅　金岡筆
訶利帝母　一幅　土佐筆
乾闥婆明王一幅　土佐筆
大不動　一幅　白道上人ノ筆
深密解脱經一幅　弘法大師ノ御筆
中阿含鈴梵志品婆羅經一巻　魚養ノ御筆

同郡國分村

一國分寺釋迦堂　本尊御長一丈六尺坐像并ニ七堂
伽藍ノ之跡有リ之

同郡明通寺村

一椢山明通寺　真言宗
本尊藥師　脇立八日天月天降三世明王身ノ蛇大
王　五尊ナガラ獨住居士ノ作是則チ藥師如来ノ変化
也　大同元年坂ノ上田村将軍之建立

右什物

兩界曼陀羅一幅　弘法大師ノ御筆
八ノ祖ノ繪像　八幅　弘法大師自画自讃

九

愛染曼荼羅　一幅　唐絵
千手観音　一幅　金岡筆
十三佛　一幅　金岡筆
訶利帝母（カリテイモ）　一幅　土佐筆
乾闥婆明王（ケンタツバ）　一幅　土佐筆
大不動　一幅　白道上人ノ筆
深密解脱經　一幅（ママ）　弘法大師ノ御筆
中阿含（アゴン）鈴梵志品婆羅経　一巻　魚養ノ御筆

同郡国分村

一国分寺釋迦堂 本尊御長一丈六尺坐像并ニ七堂
伽藍ノ之跡有リ之

同郡明通寺村

一椢（ユズリ）山明通寺真言宗
本尊藥師　脇立八日天月天降三世明王身ノ蛇大
王　五尊ナガラ獨住居士ノ作　是則チ藥師如来ノ変化
也　大同元年坂ノ上田村将軍之建立

右什物

両界曼陀羅　一幅　弘法大師ノ御筆
八祖ノ繪像　八幅　弘法大師自画自讃

宝塔　本尊釈迦文殊普賢　　運慶ノ之作ニテ有リ之
候ヘ氏紛失仕リ只今ノ者(ハ)新仏也
仁王　　運慶ノ作也
上下宮ノ縁起六巻　此寺ニ有リ之
同郡太良(タラ)ノ庄村
一日置山小野寺真言宗　養老年中行基菩薩ノ開地
本尊薬師如来　行基ノ御作
右什物
弘法大師御影　一幅　真如親王ノ御筆
不動　　一幅　願行上人ノ筆
同郡羽賀(ハガ)村
一本浄山羽賀(ハガジ)寺真言宗霊亀二年行基菩薩艸創
本尊　十一面観音　行基之作
右什物
縁起ハ陽光院太上天皇誠仁(サネヒト)ノ芳翰　奥書ハ後(ゴ)
陽成院周仁(チカヒト)ノ宸筆　　尊円第六代ノ遺弟也
勧進帳　土御門ノ院ノ王子青蓮院　宗傳親王ノ御筆(尊円第六代ノ遺弟也)
奥書ハ定法寺公助大僧正ノ御筆
奉(ウケタマハリマデノ)　萬里小路殿綸旨　　一通
名(后カ)の宮かな書御文　　一通

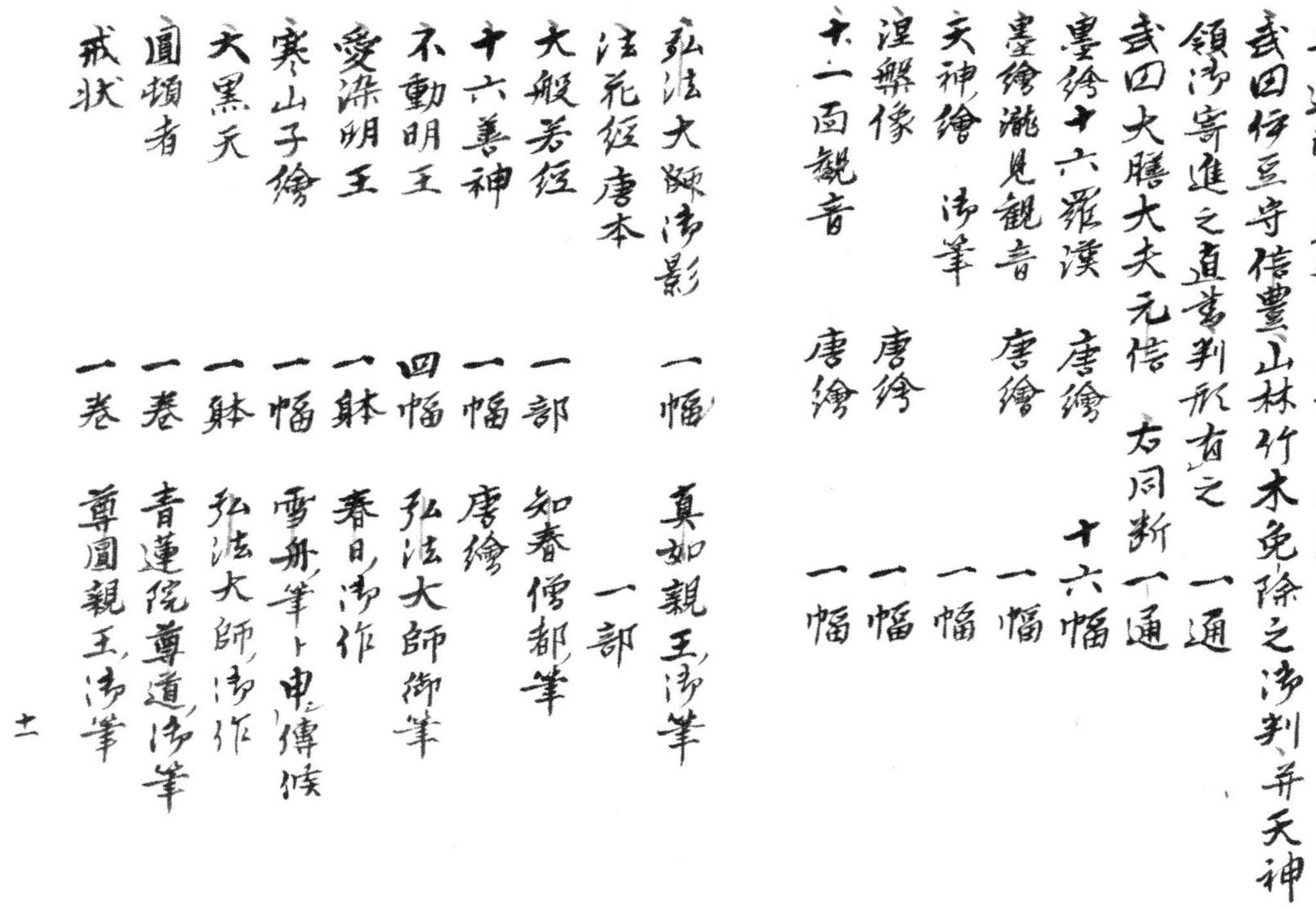

長橋御局之真書　一通
青蓮院尊朝親王ノ真書　二通
武田伊豆守信豊山林竹木免除之御判并天神
領御寄進之直書判形有之　一通
武田大膳大夫元信　右同断　一通
墨繪十六羅漢　唐繪　十六幅
墨繪瀧見觀音　唐繪　一幅
天神ノ繪　御筆　一幅
涅槃像　唐繪　一幅
十一面観音　唐繪　一幅
弘法大師御影　一幅　真如親王ノ御筆
法花經唐本　一部
大般若經　一部　知春僧都ノ筆
十六善神　一幅　唐繪
不動明王　四幅　弘法大師御筆
愛染明王　一躰　春日ノ御作
寒山子繪　一幅　雪舟ノ筆ト申シ傳候
大黒天　一躰　弘法大師ノ御作
圓頓者　一巻　青蓮院尊道ノ御筆
戒状　一巻　尊圓親王ノ御筆

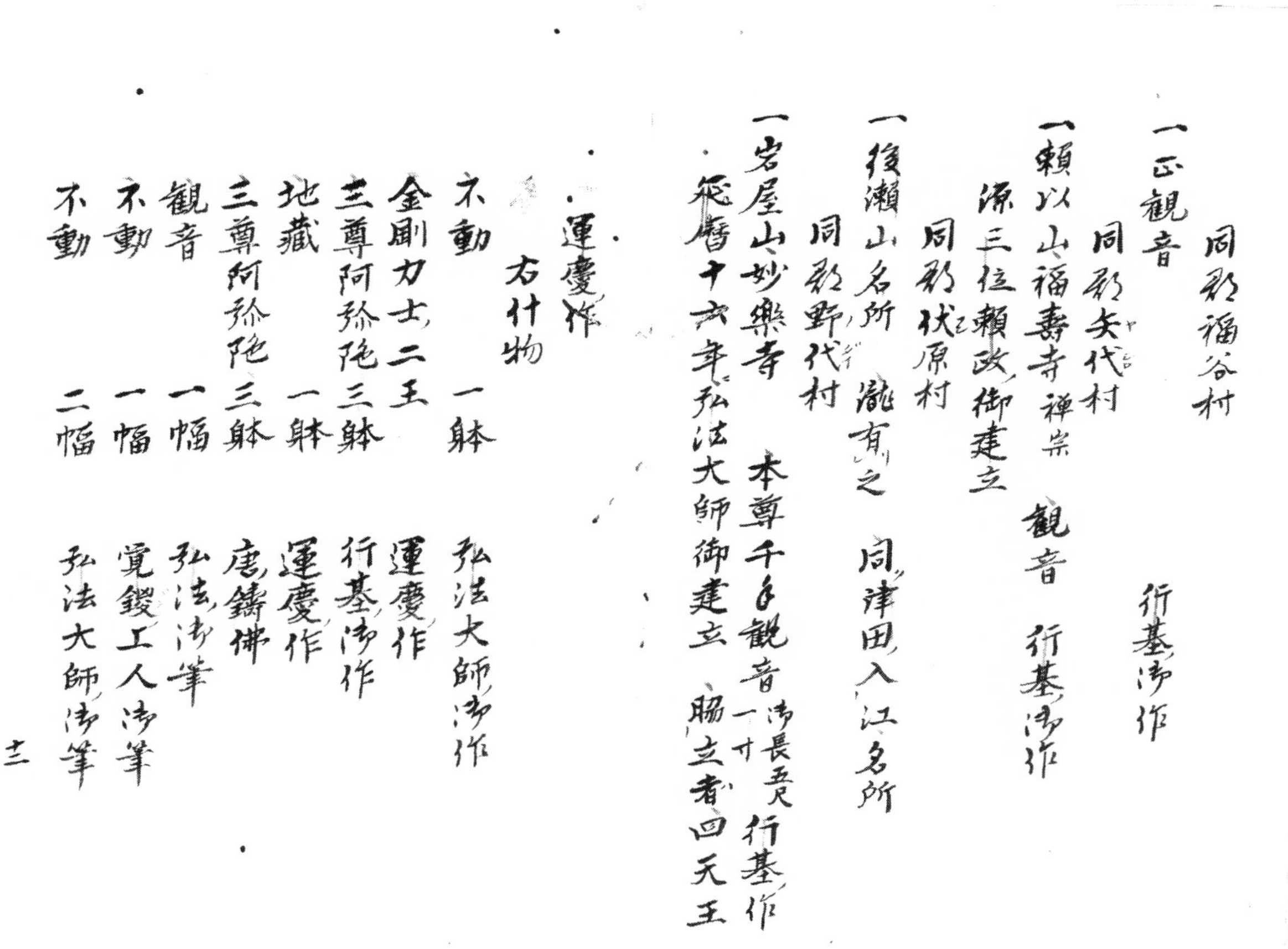

同郡福谷村

一正観音　行基ノ御作

同郡矢代村(ヤシロ)

一頼以山福寿寺 禅宗 観音　行基ノ御作

源三位頼政ノ御建立

同郡　伏原村(フシ)

一後瀬山名所　瀧有リ之　同ク津田ノ入江名所

同郡　野代村(ノダイ)

一岩屋山妙樂寺　本尊千手観音(御長五尺一寸)行基ノ作

延暦十六年ニ弘法大師御建立　脇立者四天王

運慶ノ作

右什物

不動　一躰　弘法大師ノ御作

金剛力士ノ二王　運慶ノ作

三尊阿弥陀　三躰　行基ノ御作

地藏　一躰　運慶ノ作

三尊阿弥陀　三躰　唐ノ鑄佛

観音　一幅　弘法ノ御筆

不動　一幅　覚鑁ノ上人御筆

不動　二幅　弘法大師ノ御筆

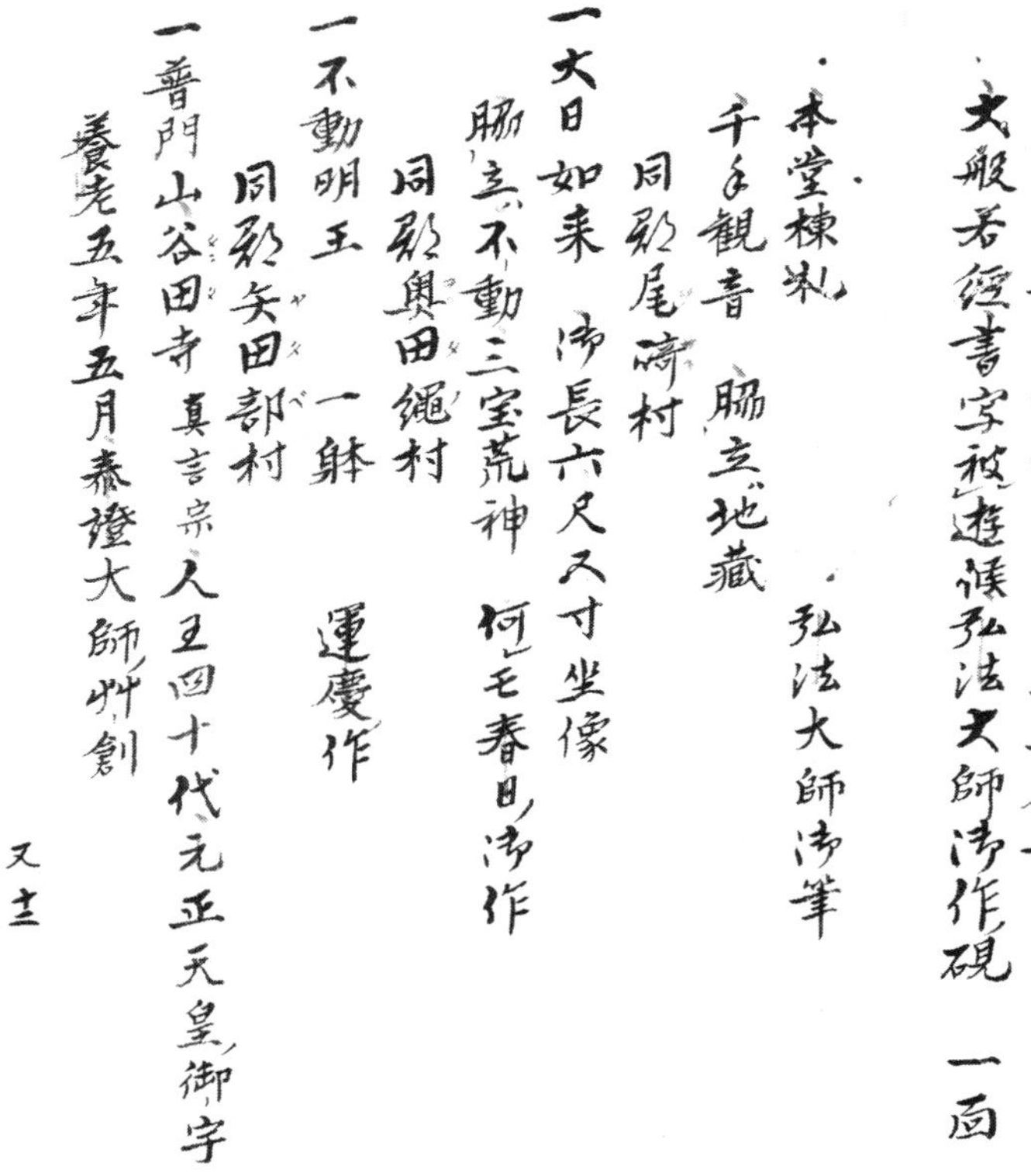

不動　一幅　智證大師ノ御筆
不動　一幅　りきんの御筆
不動并二童子　一幅　明澤ノ御筆
不動　一幅　傳教大師ノ御筆
十六善神　二幅　元慶ノ筆
涅槃像　一幅　唐繪
文殊　一幅　作首座(シュソ)ノ筆
渡唐ノ天神　一幅　りきんの筆
春日ノ御影　一幅　明恵上人ノ筆
大般若經書写被レ遊候弘法大師御作ノ硯　一面
本堂棟札　弘法大師御筆
千手観音　脇立ハ地藏
同郡　尾崎(ヲサキ)村
一大日如来　御長六尺五寸坐像
脇立ハ不動　三宝荒神　何レモ春日ノ御作
同郡　奥田縄(ヲクナノ)村
一不動明王　一躰　運慶ノ作
同郡矢田部(ヤタベ)村
一普門山寺谷田(タニタ)寺真言宗　人王四十代元正天皇ノ御宇
養老五年五月泰澄大師ノ艸創

本尊　千手観音　脇立ハ不動毘沙門泰澄大師ノ
御作　鏡石小岩尾ト申ス石有リ之
右什物
涅槃像　一幅　唐繪
不動　一幅　弘法大師ノ御筆
不動　一幅　根来（ネゴロ）ノ覚鑁（バン）上人ノ筆
同郡　桂（カツラ）村
一西行法師ノ清水　此清水西行修行之時掘被ル申由シ
一薬師堂　多古木山長田寺　延暦十二年田村将
軍之御建立　本尊薬師如来大和ノ國高市郡小
嶋寺ノ圓鎮（チン）上人之御作
右什物
大般若經　六百巻　筆者不知
十六善神　一幅　筆不知
涅槃像　一幅　筆不知
十王　十幅　筆不知
薬師御影板木（ハンギ）　一枚
同郡　深谷村
一笠松　三本柳

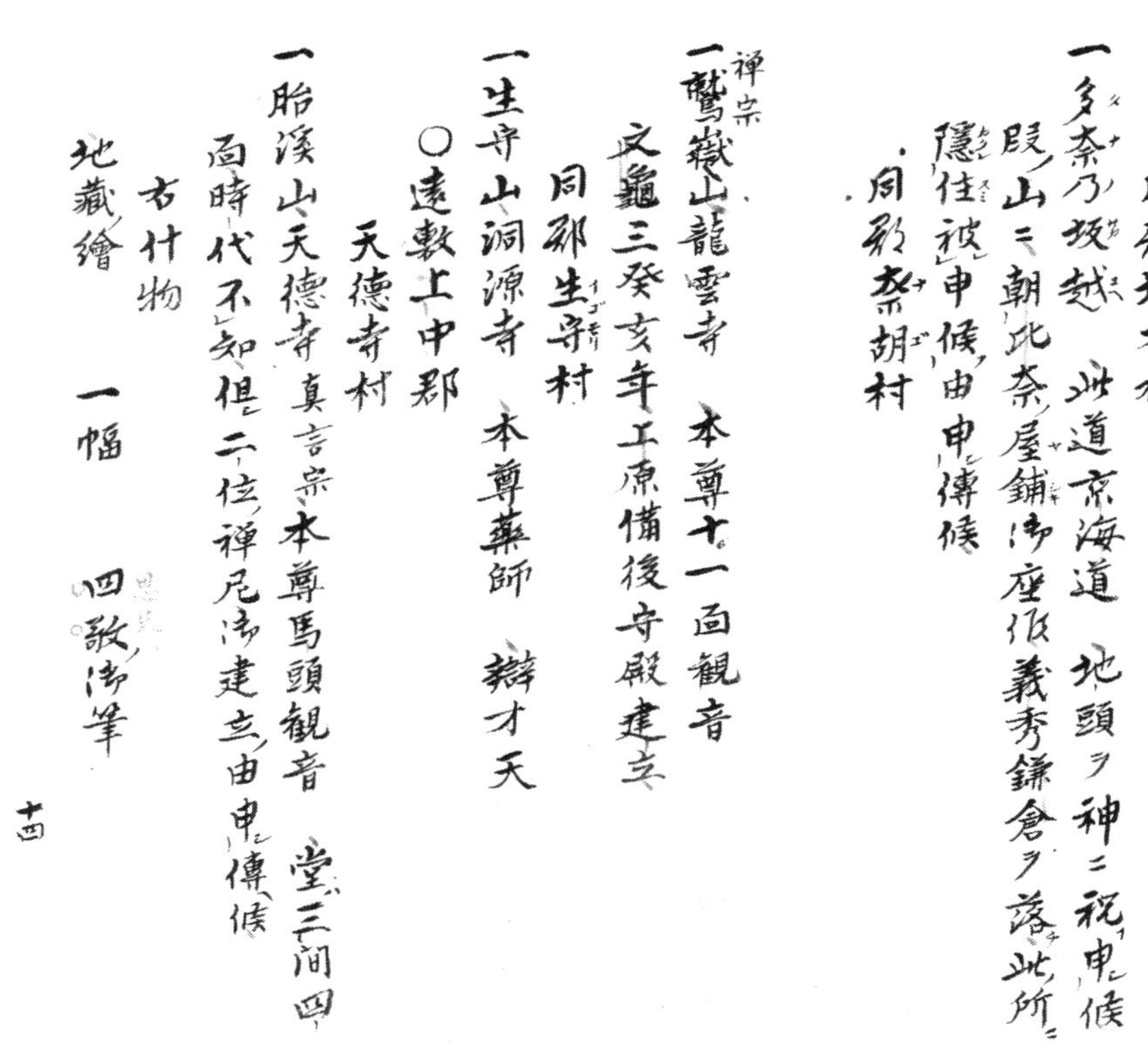

同郡堂本(ドモト)村
一千坂越(チサカコヘ)　此ノ道京路
八カ峰　千坂峠　丹波境ニ石塔有リ之
同郡中村　井上村
一中村井上村山一ノ谷ニ朝比奈ノ淵(フチ)大瀧壺有リ之
同郡坂本村
一多奈乃坂越(タナノサカコヘ)　此道京海道　地頭ヲ神ニ祝イ申シ候
段ノ山ニ朝比奈ノ屋鋪(ヤシキ)御座候　義秀鎌倉ヲ落チ此ノ所ニ
隠住(カクレスミ)被レ申候フ由申シ傳候
同郡奈胡(ナゴ)村
禅宗
一鷲嶽山龍雲寺　本尊十一面観音
文亀三癸亥年上原備後守殿建立
同郡生守(イゴモリ)村
一生守山洞源寺　本尊藥師　辯才天
○遠敷上中郡
天徳寺村
一胎溪山天徳寺真言宗　本尊馬頭観音　堂ハ三間四
面　時代不知　但シ二位ノ禅尼御建立ノ由申シ傳ヘ候
右什物
地藏ノ繪　一幅　四敬(思恭カ)ノ御筆

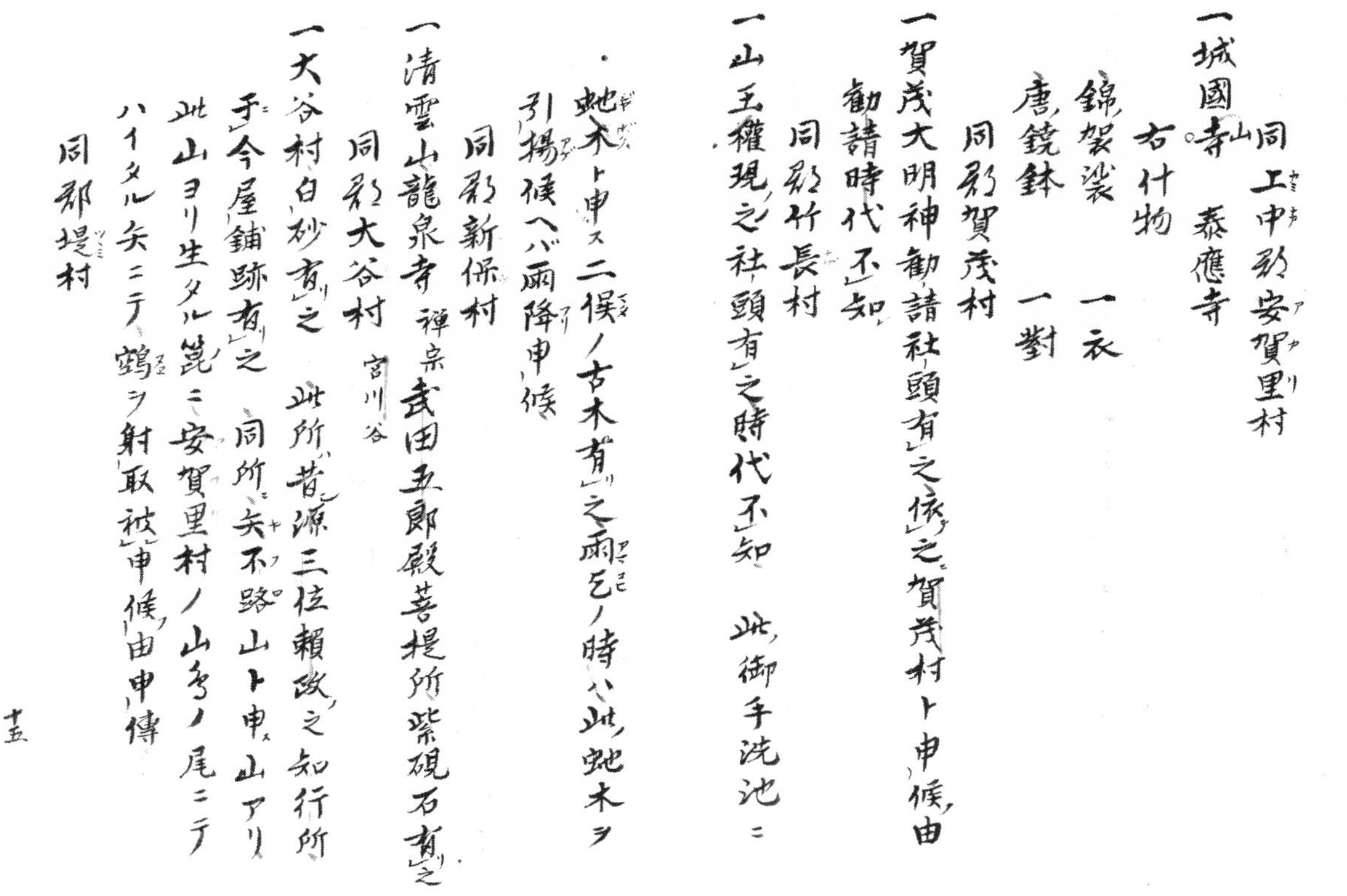

同上中郡(カミナカ)安賀里(アカリ)村

一城國寺　泰應寺

右什物

錦ノ袈裟　一衣

唐ノ鐃鉢　一對

同郡賀茂村

一賀茂大明神勧請社頭有之　依テ之ニ賀茂村ト申候フ由

勧請時代不知

同郡竹長(ナガ)村

一山王權現之社頭有之　時代不知　此ノ御手洗池ニ

蛇木(ジャボク)ト申ス二俣(マタ)ノ古木有リ之　雨乞(アマコヒ)ノ時ハ此ノ蛇木ヲ

引揚(アゲ)候ヘバ雨降(フリ)申候

同郡新保村

一清雲山龍泉寺　禅宗　武田五郎殿菩提所紫硯石有リ之

同郡大谷(タニ)村　宮川谷

一大谷村白砂有リ之　此所ハ昔シ源三位頼政ノ之知行所

于今屋鋪跡有リ之　同所ニ矢不路(ヤフロ)山ト申ス山アリ

此山ヨリ生タル篦(ノ)ニ安賀里(アガリ)村ノ山鳥ノ尾ニテ

ハイタル矢ニテ鵺(ヌエ)ヲ射取被レ申候フ由申傳

同郡堤(ツツミ)村

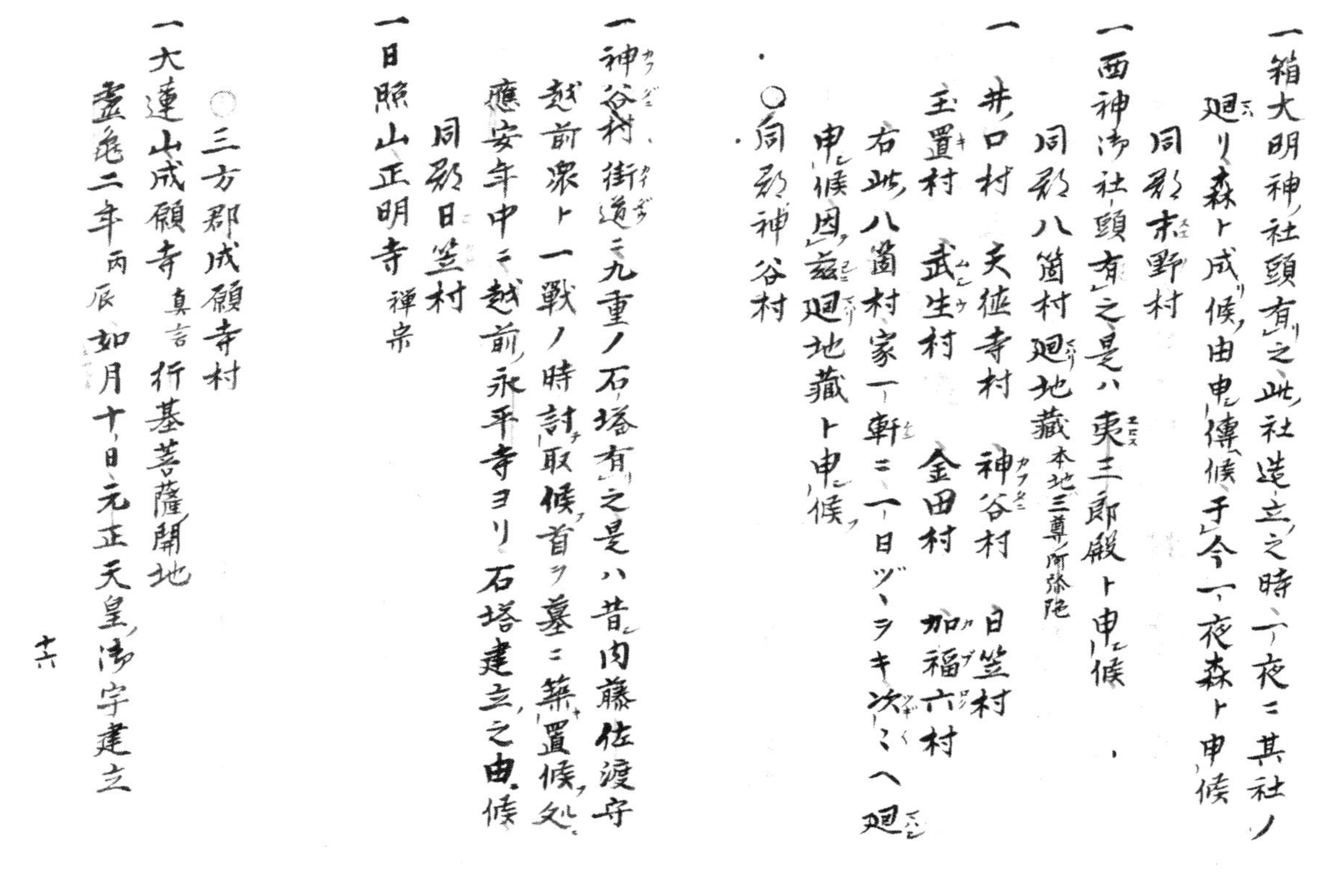

一箱大明神ノ社頭有リ之　此ノ社造立ノ之時一夜ニ其社ノ
廻(マハ)リ森ト成リ候フ由申シ傳ヘ候　于今一夜森ト申候
同郡末野(スエノ)村
一西神御社頭有之　是ハ夷(エビス)三郎殿ト申シ候
同郡八箇村廻(マハリ)地蔵　本地三尊ノ阿弥陀
一　井ノ口村　天徳寺村　日笠村
玉置(キ)村　武生(ムシウ)村　神谷(カフタニ)村　金田村　加福六(カブロク)村
右此ノ八箇村家一軒(ケン)ニ一日ヅヽヲキ次々(ツギ〳〵)へ廻(マハシ)
申シ候　因テ茲(コレ)ニ廻(マハリ)地蔵ト申シ候フ
〇同郡神谷村
一神谷(カフダニ)村街道(カイダウ)ニ九重ノ石塔有リ之　是ハ昔シ内藤佐渡守
越前衆ト一戦ノ時討チ取候フ首ヲ墓ニ築キ置候フ処ニ
應安年中ニ越前ノ永平寺ヨリ石塔建立之由ニ候
同郡日笠(ヒカサ)村
一日照山正明寺　禅宗
三方郡成願寺村
一大蓮山成願寺　真言　行基菩薩ノ開地
霊亀二丙辰年如月十日　元正天皇ノ御宇建立

本尊正観音　行基ノ御作
　右什物
愛染御長一寸八分　弘法大師大峯ニテ一刀三
礼藤ヲ御衣木(ミソギ)トシテ御作
不動　一幅　恵心僧都ノ御筆
辯才天女　一幅　弘法大師ノ御筆
　同村
一大蓮山岡本坊　真言宗
　右什物
一夜白髪天神　一幅　金岡ノ筆
天神　一幅　弘法大師筆
愛染　一幅　新羅ノ恵日上人ノ筆
　同郡三方村
一三方湖名所(ナリ)也
　同村
一無位山臥龍院禅宗
　同郡　毛山(ケヤマ)村
一上瀬(ウハセ)大明神

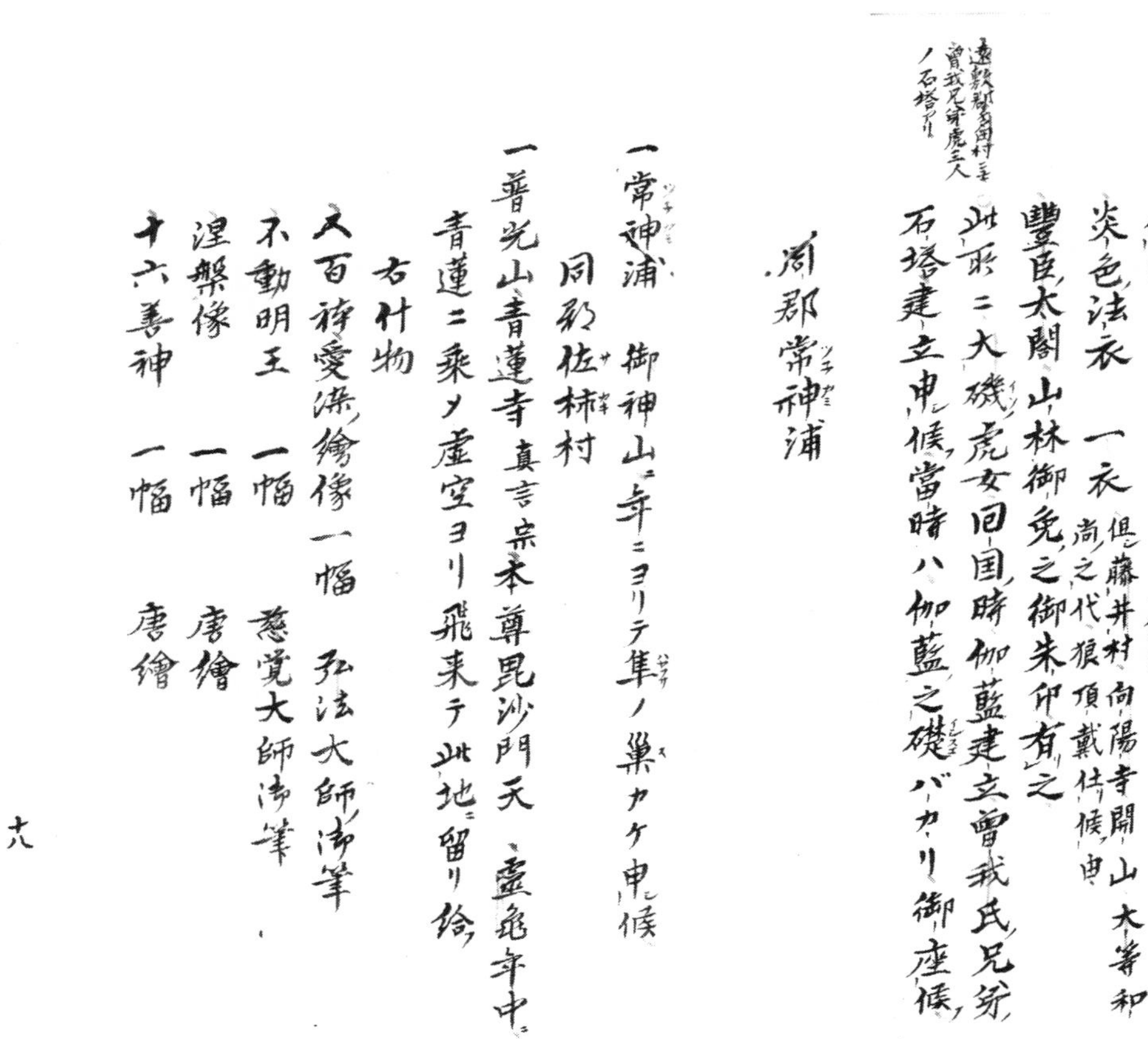

右什物
御太刀　二振　名作ノ之由　但シ作ハ不知レ
十三佛　一幅　唐繪
鉢皷　唐物
炎色ノ法衣　一衣　但シ藤井村向陽寺開山大等和
尚ノ之代狼頂戴仕リ候フ由
豊臣ノ太閤山林御免之御朱印有リ之
此所ニ大磯（イソ）ノ虎女回国ノ時伽藍建立曽我氏ノ兄弟ノ
石塔建立申シ候フ　當時ハ伽藍之礎（イシスヱ）バカリ御座候フ

(頭注)
「遠敷郡多田村ニモ
曾我兄弟虎三人
ノ石塔アリ」

同郡常神（ツネカミ）浦
一常神（ツネガミ）浦　御神山ニ年ニヨリテ隼ノ巣（ス）カケ申シ候
同郡佐柿（サカキ）村
一普光山青蓮寺　真言宗　本尊毘沙門天　霊亀年中ニ
青蓮ニ乗ゾ虚空ヨリ飛来テ此地ニ留リ給フ
右什物
五百躰愛染ノ繪像　一幅　弘法大師ノ御筆
不動明王　一幅　慈覺大師御筆
涅槃像　一幅　唐繪
十六善神　一幅　唐繪

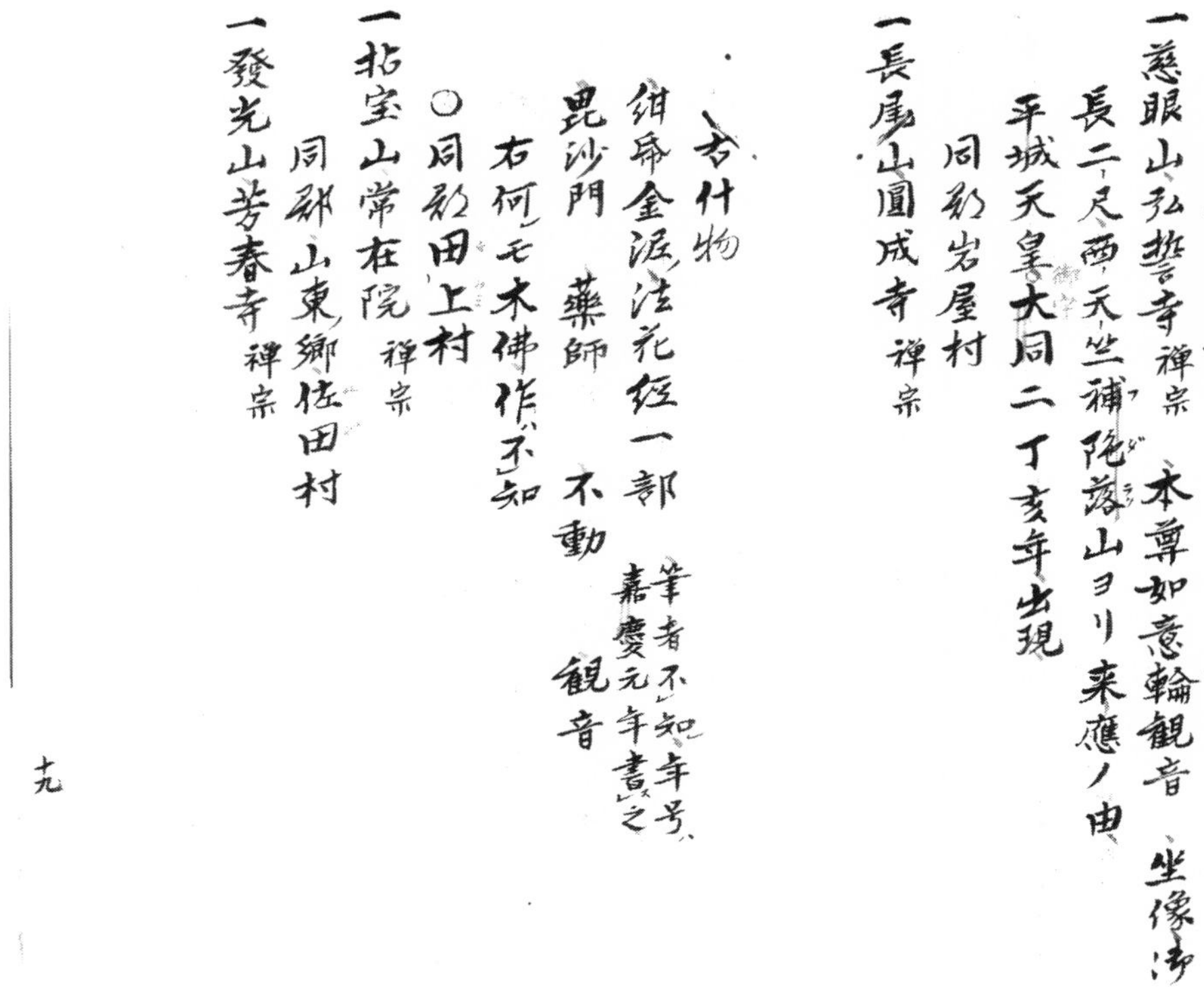

一平板山德賞寺　禅宗
　同郡御社(ゴシャ)村　宮代村属邑
一八幡山園林寺　真言宗
　同郡黒田村
一慈眼山弘誓寺禅宗　本尊如意輪観音　坐像御
長二尺西天竺補陀落(フダラク)山ヨリ来應ノ由
平城天皇〇(御宇)大同二丁亥年出現
　同郡岩屋村
一長尾山圓成寺　禅宗
　右什物
紺帋金泥ノ法花經一部　筆者不知年号ハ嘉慶元年書ス之
毘沙門　薬師　不動　観音
右何レモ木佛作ハ不知
同郡田上(タカミ)村
一拈宝山常在院　禅宗
　同郡山東ノ郷佐田(サダ)村
一發光山芳春寺　禅宗

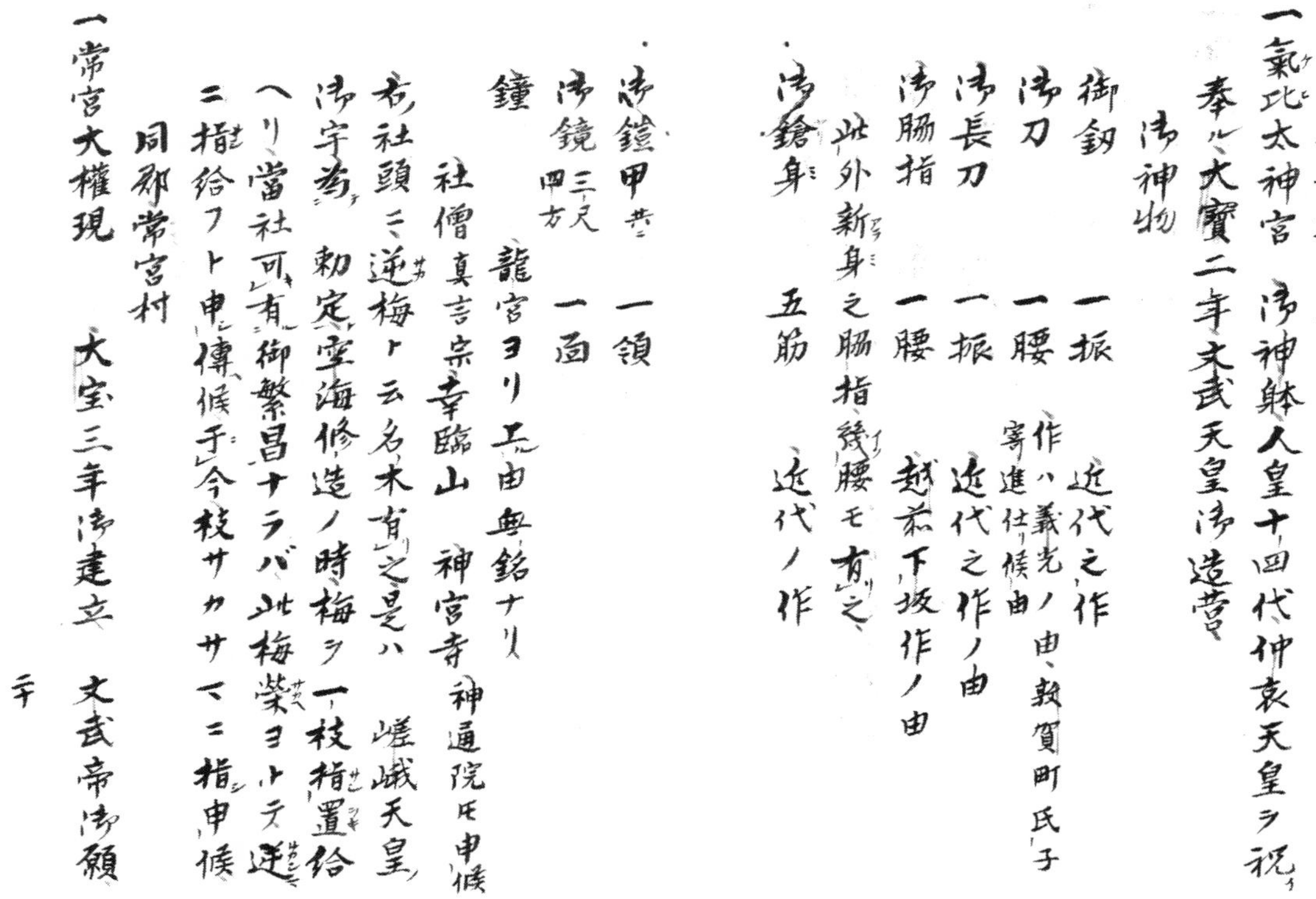

越前敦賀(ツルガ)郡

一氣比太神宮　御神躰人皇十四代仲哀天皇ヲ祝イ
奉ル　大寶二年文武天皇御造営

御神物

御釼　一振　近代之作
御刀　一腰　作ハ義光ノ由敦賀町氏子寄進仕リ候由
御長刀　一振　近代之作ノ由
御脇指　一腰　越前下坂作ノ由
此外新身(アラミ)之脇指幾(イク)腰モ有リ之
御槍身(ヤリミ)　五筋　近代ノ作
御鎧甲共ニ　一領
御鏡三尺四方　一面
鐘　龍宮ヨリ上ル由無銘ナリ
社僧真言宗　幸臨山　神宮寺　神通院𪜈申候
右ノ社頭ニ逆梅(サカウメ)ト云名木有リ之　是ハ嵯峨天皇ノ
御宇為テ　勅定空海修造ノ時梅ヲ一枝指置(サシオキ)給
ヘリ當社可キ有ル御繁昌ナラバ此梅栄(サカエ)ヨトテ逆(サカシマ)
ニ指(サシ)給フト申シ傳ヘ候　于今枝サカサマニ指シ申候

同郡常宮(ジャウグウ)村

一常宮大權現　大宝三年御建立　文武帝御願

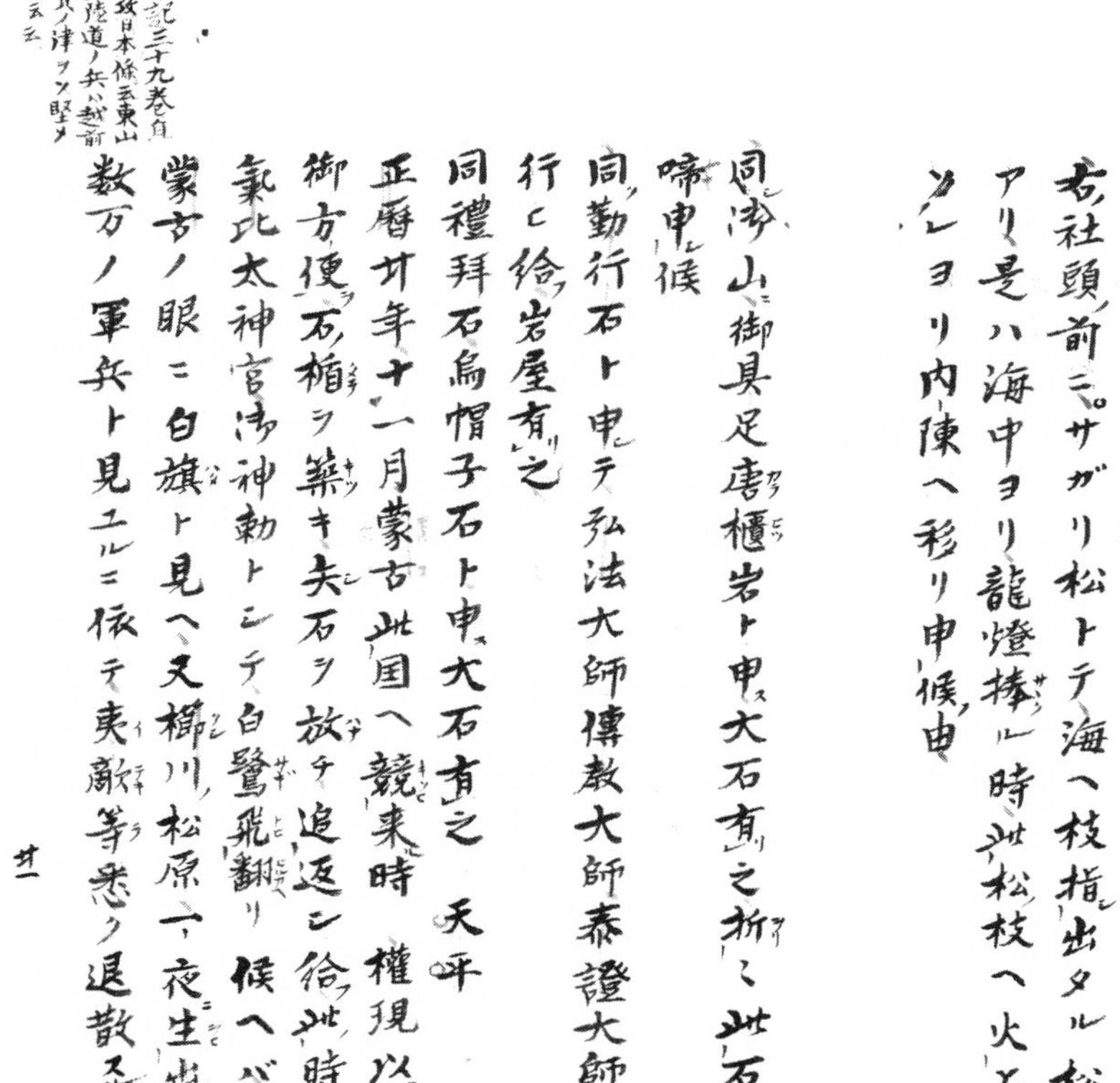

御神躰人王十五代神功皇后ヲ祝ィ奉ル
御神宝
御劔　二振　近代ノ作
御太刀　一振
鐘　鐘樓在之　是ハ太閤様高麗陣御手遣(テツカヒ)乃
時大谷刑部ノ少輔(フ)承(ウケタマハ)リ候テ御寄進
社僧　幸臨山　神宮寺
右ノ社頭ニ前ニサガリ松トテ海へ枝指シ出タル松
アリ　是ハ海中ヨリ龍燈捧(サク)ル時　此松ノ枝へ火上リ
ソレヨリ内陣へ移リ申候フ由
同シ御山ニ御具足唐櫃(カラヒツ)岩ト申ス大石有リ之　折(オリ)々此石
啼(ナキ)申シ候
同ク勤行石ト申シテ弘法大師傳教大師泰澄大師
行ヒ給フ岩屋有リ之
同禮拝石烏帽子石ト申ス大石有之　天平
正暦廿年十一月　蒙古(モウコ)此国へ競(キソヒ)来ル時　權現以テ
御方便ヲ石ノ楯(タテ)ヲ築(キツ)キ矢(シ)石ヲ放(ハナ)チ追返シ給フ　此ノ時
氣比太神宮御神勅トシテ白鷺(サギ)飛翻(トヒヒルガヘ)リ候ヘバ
蒙古ノ眼ニ白旗(ハタ)ト見へ　又櫛(クシ)川ノ松原一夜ニ生(ヲヒ)出テ
数万ノ軍兵ト見ユルニ依テ夷敵(イテキラ)等悉ク退散スル

（頭注）
「太平記三十九巻自
大元攻日本條ニ云東山
道北陸道ノ兵ハ越前
敦賀ノ津ヲソ堅メ
ケル云々」

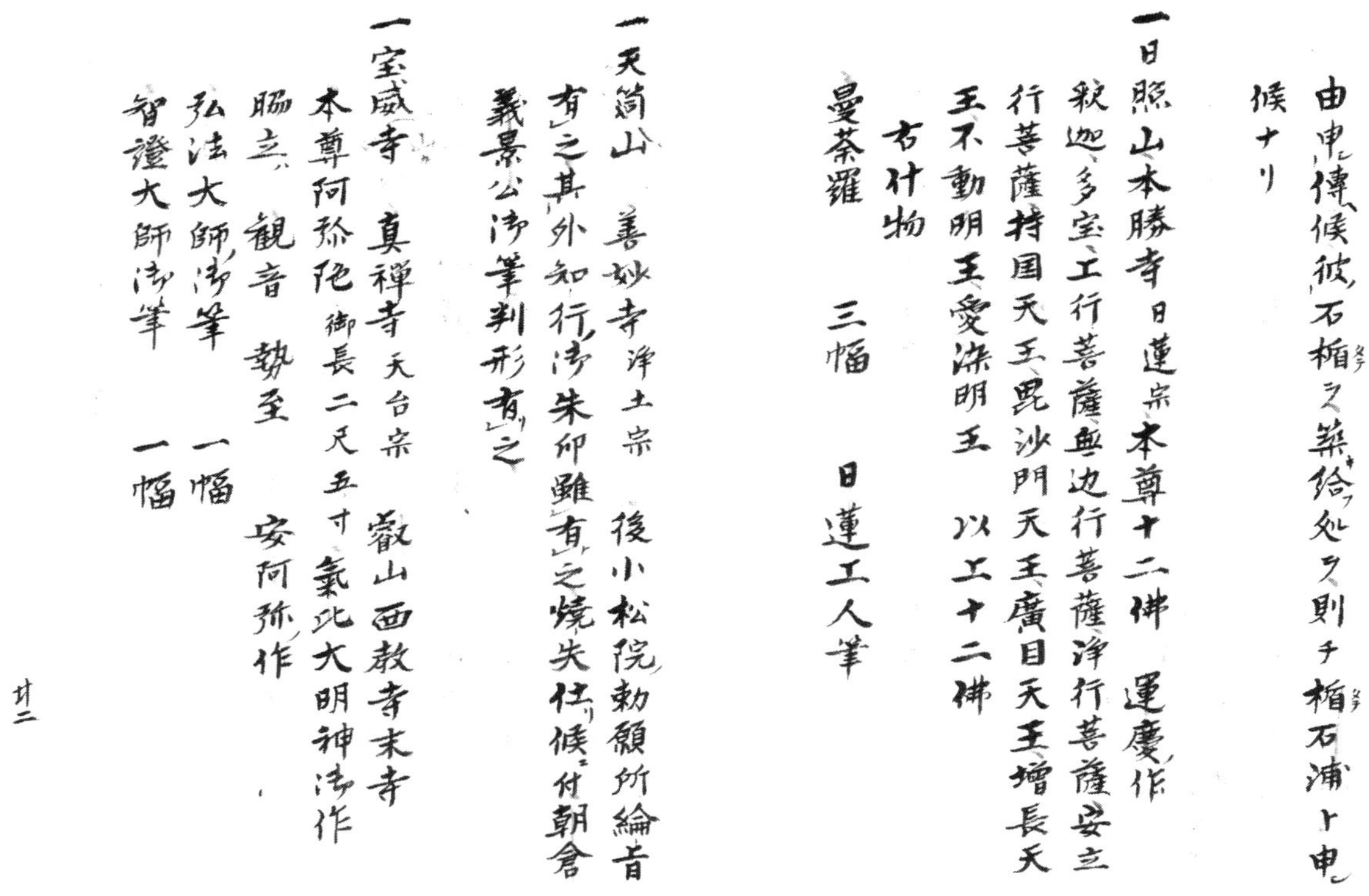

由申シ傳ヘ候　彼ノ石楯(タテ)ヲ築キ給ッ処ヲ則チ楯石浦ト申シ
候ナリ

一日照山本勝寺日蓮宗　本尊十二佛　運慶ノ作
釈迦　多宝　上行菩薩　無辺行菩薩　浄行菩薩　安立
行菩薩　持国天王　毘沙門天王　廣目天王　増長天
王　不動明王　愛染明王　以上十二佛
　右什物
曼荼羅　　三幅　　日蓮上人筆
一天筒山　善妙寺浄土宗　後小松院ノ勅願所　輪旨
有之　其外知行ノ御朱印雖有之焼失仕リ候ニ付朝倉
義景公御筆判形有リ之
一宝威寺(山カ)　真禅寺　天台宗　叡山西教寺末寺
本尊阿弥陀御長二尺五寸　氣比大明神ノ御作
脇立ハ　観音　勢至　安阿弥ノ作
弘法大師ノ御筆　　一幅
智證大師御筆　　一幅

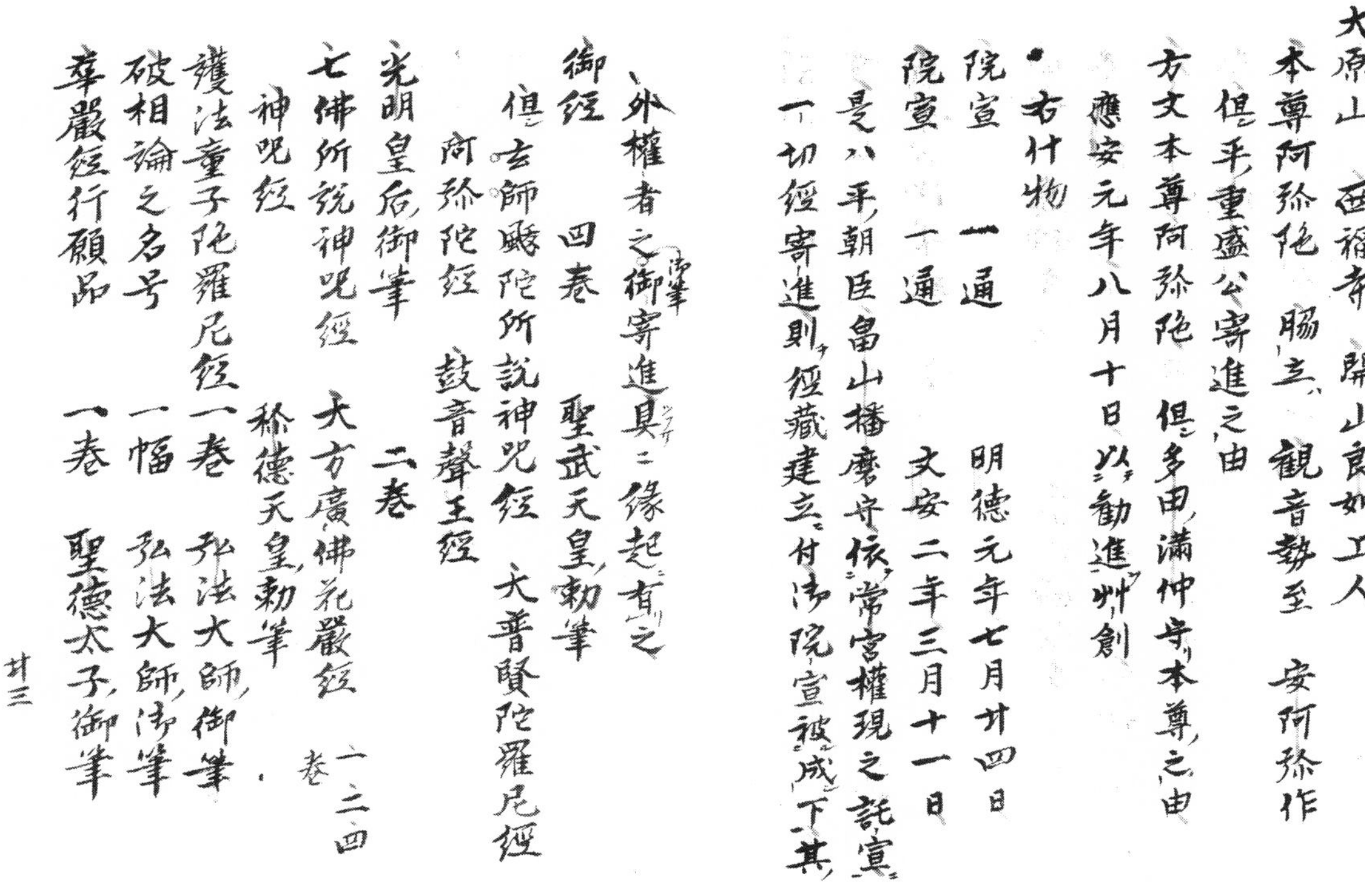

一大原山　浄土宗西福寺　開山良如上人
本尊阿弥陀　脇立ハ観音勢至　安阿弥作
但シ平ノ重盛公寄進之由
方丈本尊阿弥陀　但シ多田ノ満仲守リ本尊之由
應安元年八月十日以勧進ヲ艸創
右什物
院宣　一通　明徳元年七月廿四日
院宣　一通　文安二年三月十一日
是ハ平ノ朝臣畠山播磨守依テ常宮權現之託宣
一切經寄進　則チ經藏建立ニ付御院宣被成シ下　其ノ
外權者之〇(御筆)御寄進具(ツブサ)ニ縁起ニ有リ之
御經　四巻　聖武天皇ノ勅筆
但シ玄師颰陀所説神咒經　大普賢陀羅尼經
阿弥陀經　鼓音聲王經
光明皇后ノ御筆　二巻
七佛所説神咒經　大方廣佛花嚴經　一　二　四巻
神咒經　称徳天皇ノ勅筆
護法童子陀羅尼經　一巻　弘法大師ノ御筆
破相論之名号　一幅　弘法大師ノ御筆
華嚴經行願品　一巻　聖徳太子ノ御筆

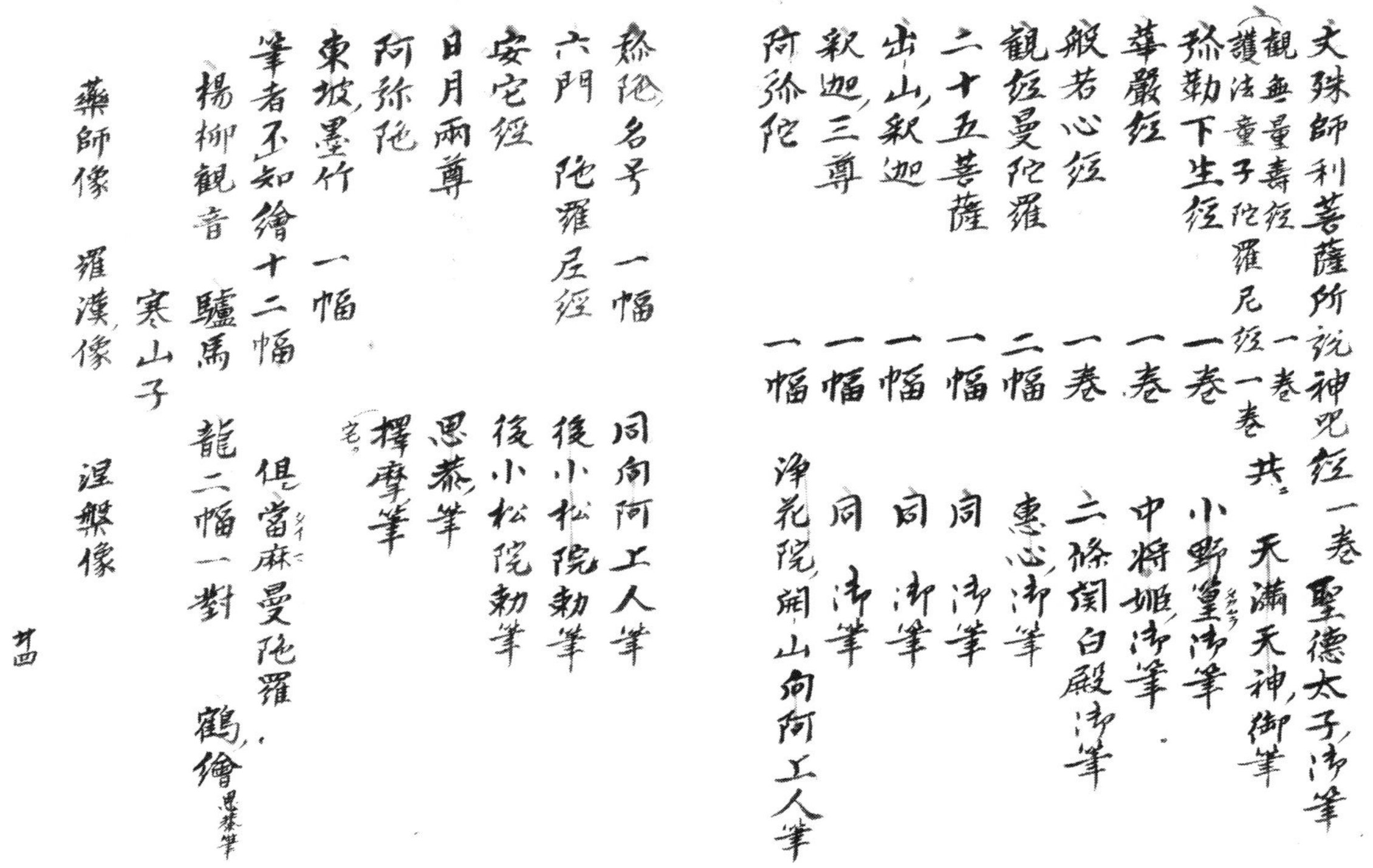

文殊師利菩薩所説神咒經　一巻　聖徳太子ノ御筆
（観無量壽經　一巻共ニ　天満天神ノ御筆
護法童子陀羅尼經
弥勒下生經　一巻　小野篁（タカムラ）御筆
華嚴經　一巻　中将姫ノ御筆
般若心經　一巻　二條関白殿御筆
観經曼陀羅　二幅　恵心ノ御筆
二十五菩薩　一幅　同　御筆
出山ノ釈迦　一幅　同　御筆
釈迦ノ三尊　一幅　同　御筆
阿弥陀　一幅　浄花院ノ開山向阿上人筆
弥陀ノ名号　一幅　同向阿上人筆
六門　陀羅尼經　後小松院勅筆
安宅經　後小松院勅筆
日月両尊　思恭ノ筆
阿弥陀　擇（宅カ）摩ノ筆
東坡ノ墨竹　一幅
筆者不知繪　十二幅　但シ當麻（タイマ）曼陀羅
柳観音　驢馬　龍二幅一對　鶴ノ繪　思恭筆
寒山子
藥師像　羅漢ノ像　涅槃像

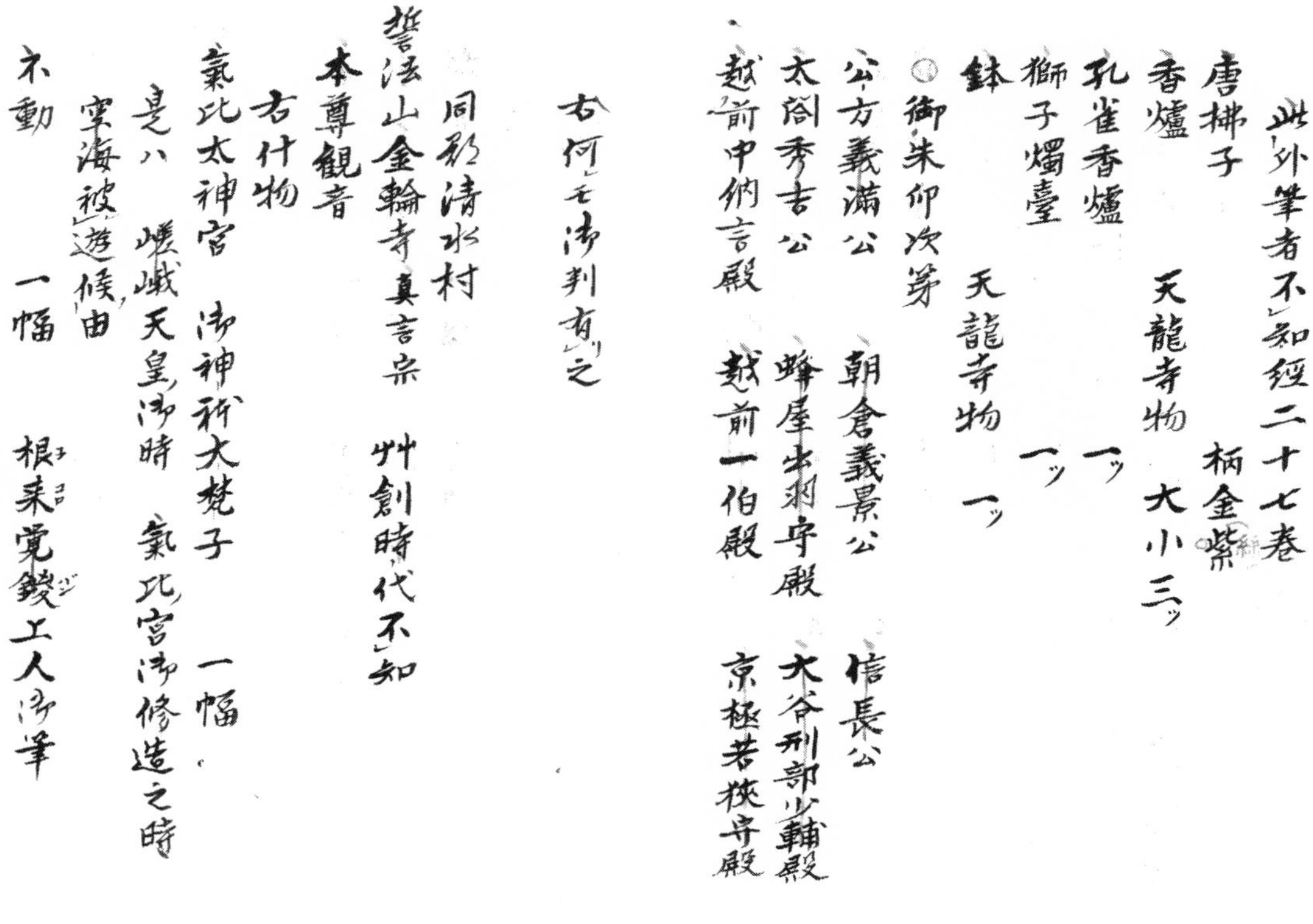

此外筆者不知經　二十七巻

唐拂子　柄金紫（絲カ）◦

香爐　天龍寺物　大小三ッ

孔雀香爐　一ッ

獅子燭臺　一ッ

鉢　天龍寺物　一ッ

御朱印次第

公方義満公　朝倉義景公　信長公

太閤秀吉公　蜂屋出羽守殿　大谷刑部少輔殿

越前中納言殿　越前一伯殿　京極若狭守殿

右何レモ御判有之

同郡清水村

一誓法山金輪寺　真言宗　艸創時代不知

本尊観音

右什物

氣比太神宮　御神躰大梵子　一幅

是ハ　嵯峨天皇ノ御時　氣比ノ宮御修造之時

空海被遊候ッ由

不動　一幅　根来（ネゴロ）覚鑁（バン）上人御筆

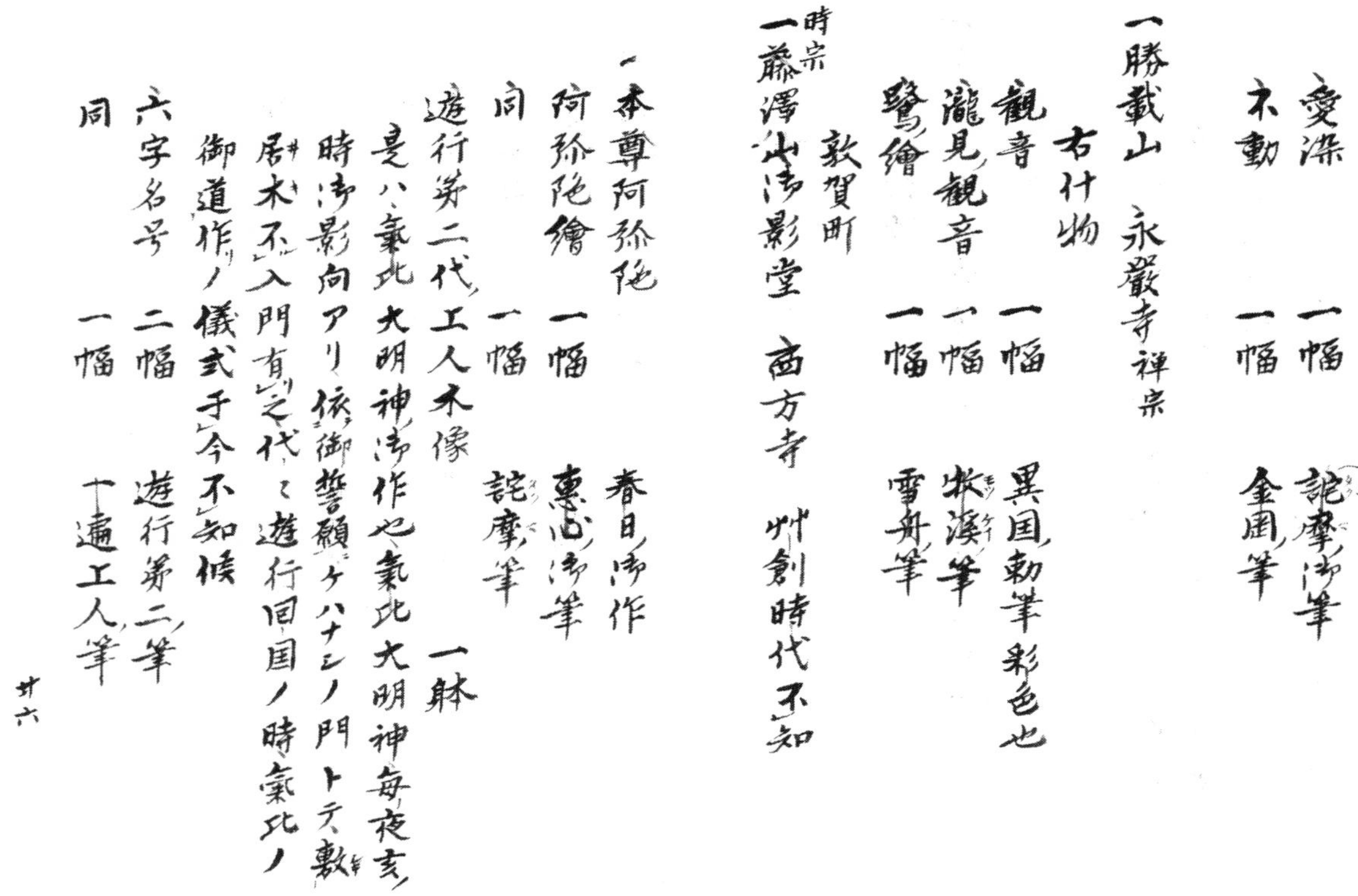

愛染　一幅　詑(宅カ)摩ノ御筆
不動　一幅　金岡ノ筆
一勝載山　永嚴寺　禅宗
右什物
観音　一幅　異国ノ勅筆彩色也
瀧見ノ観音　一幅　牧溪(モツケイ)ノ筆
鷺ノ繪　一幅　雪舟ノ筆
敦賀町
時宗
一藤澤山御影堂　西方寺　艸創時代不知
本尊阿弥陀　春日ノ御作
阿弥陀繪　一幅　恵心ノ御筆
同　一幅　詑摩(タクマ)ノ筆
遊行第二代ノ上人木像　一躰
是ハ氣比大明神ノ御作也　氣比大明神毎夜亥ノ
時御影向アリ　依テ御誓願ニケハナシノ門トテ敷(シキ)
居(井キ)木不ル入門有リ之　代々遊行回国ノ時氣比ノ
御道作リノ儀式于今不知候
六字名号　二幅　遊行第二ノ筆
同　一幅　一遍上人ノ筆

藥師　坐像一躰　恵心ノ御作
神農繪　一幅　唐繪
誕生釈迦ノ像　唐ノ鑄仏　一躰
仏舍利
釈迦坐像　一躰　運慶ノ作
獨吟千句　一冊　遊行廿五代自筆
香箱　一ツ　唐ノ張成カ作
火口ノ天目　一ツ
香爐　一ツ　天龍寺物
花瓶　一瓶　唐ウスバタ
古キ釜　一ツ
　右此寺ニ源三位頼政鷹ニカハレ候　堀井ノ水今
ニ有リ之
一一法山大心院　什物
小曼陀羅　中将姫蓮ノ絲ニテ織給フ由申シ傳候
　嶋ノ江
一曹紹山永建寺
　右什物
出山ノ釈迦　一幅　雪舟ノ筆

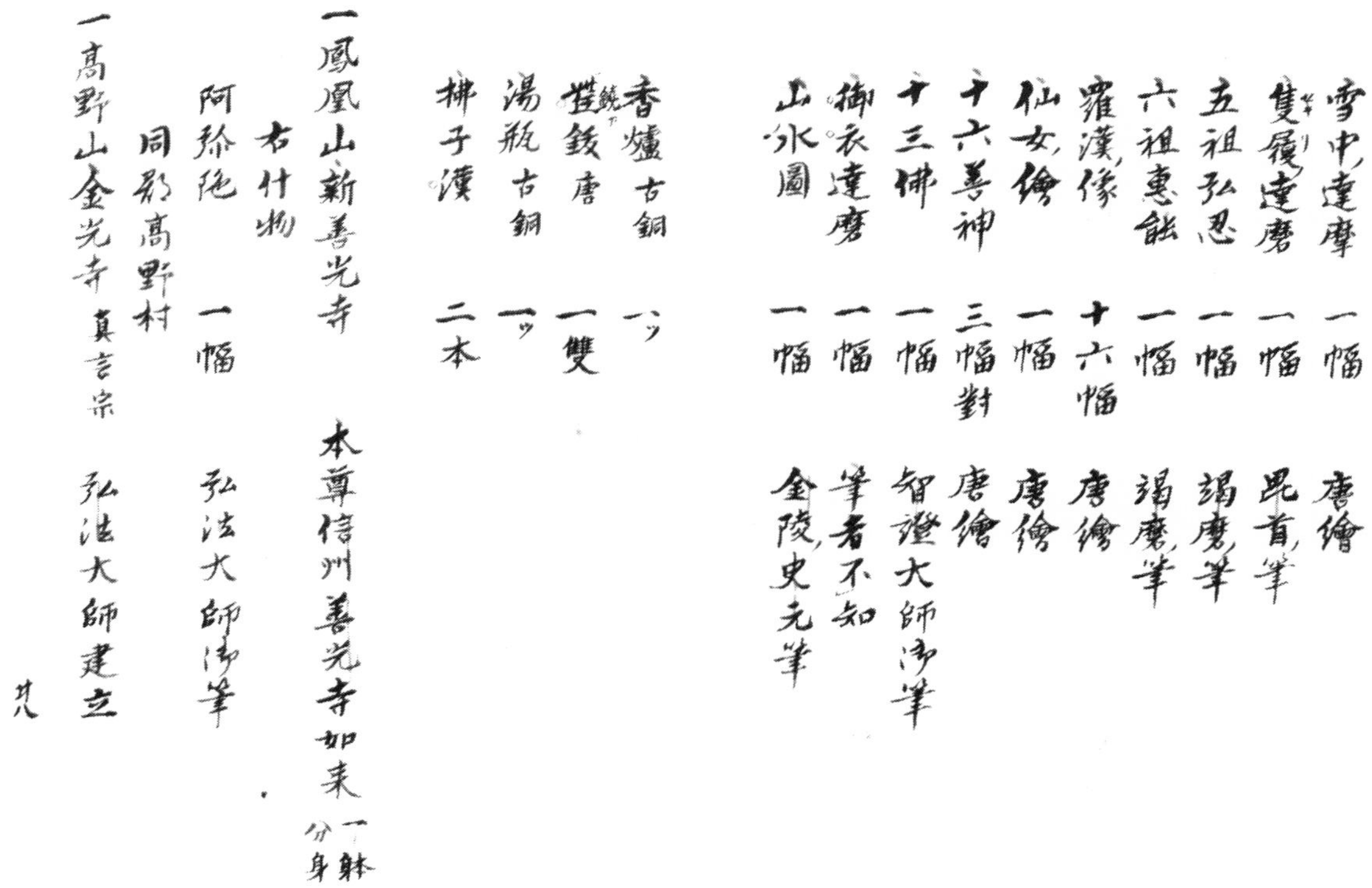

雪中ノ達摩　一幅　唐繪
隻履（セキリ）ノ達摩　一幅　毘首ノ筆
五祖弘忍　一幅　竭磨ノ筆
六祖恵能　一幅　竭磨ノ筆
羅漢ノ像　十六幅　唐繪
仙女ノ繪　一幅　唐繪
十六善神　三幅對　唐繪
十三佛　一幅　智證大師御筆
御衣達摩　一幅　筆者不知
山水圖　一幅　金陵ノ史元筆
香爐古銅　一ツ
□（鏡カ）鈸唐　一雙
湯瓶古銅　一ツ
拂子漢　二本
一鳳凰山新善光寺　本尊信州善光寺如来一躰分身
右什物
阿弥陀　一幅　弘法大師御筆
同郡高野村
一高野山金光寺　真言宗　弘法大師建立

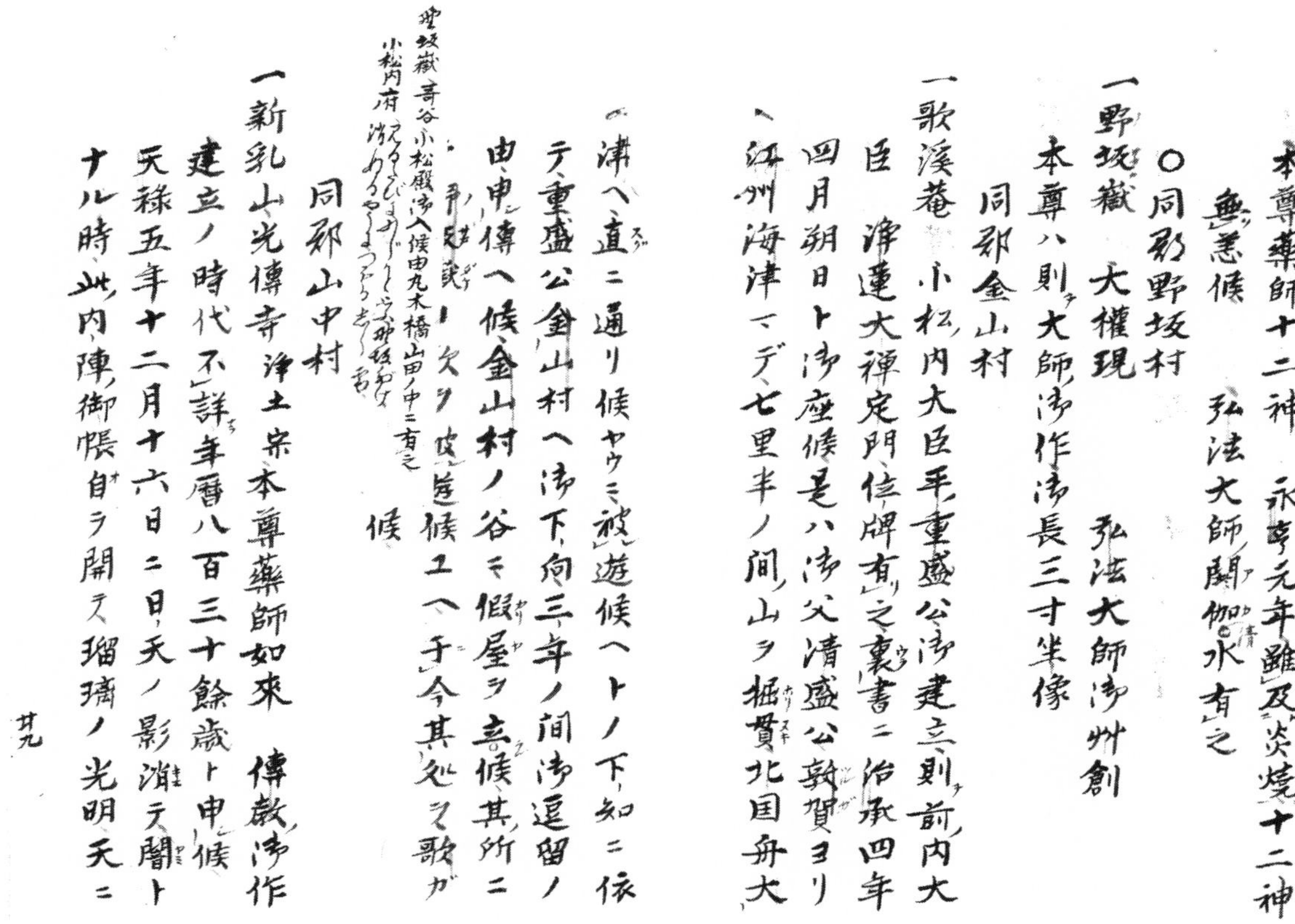

本尊薬師十二神　永亨元年雖及ト炎焼ニ十二神
無ク恙候　弘法大師ノ閼伽(アカ)〇(清)水有之
同郡野坂村
一野坂(ノサカ)嶽　大權現　弘法大師御艸創
本尊ハ則チ大師ノ御作　御長三寸坐像
同郡金山村
一歌溪菴　小松ノ内大臣平ノ重盛公御建立　則チ前ノ内大
臣　浄蓮大禅定門位牌有リ之　裏(ウラ)書ニ治承四年
四月朔日ト御座候　是ハ御父清盛公敦賀(ツルガ)ヨリ
江州海津マデ七里半ノ間ノ山ヲ掘貫(ホリヌキ)　北国舟大
津ヘ直(スグ)ニ通リ候ヤウニ被レ遊候ヘトノ下知ニ依
テ重盛公金山村ヘ御下向三年ノ間御逗留ノ
由申シ傳ヘ候　金山村ノ谷ニ假屋(カリヤ)ヲ立ラレ候　其ノ所ニ
テ野坂嶽ノ歌ヲ被遊候ユヘ　于今其処ヲ歌ガ
渓ト申シ候石塔モ御座候
（付箋）
「野坂嶽(ノザカダケ)哥谷小松殿御入候由丸木橋山田ノ中ニ有之
小松内府　見るたびにふじかと思ふ野坂だけ
消ぬるやうにつもるしら雪　」
同郡山中村
一新乳山光傳寺　浄土宗　本尊薬師如来　傳教ノ御作
建立ノ時代不詳ナラ　年暦八百三十餘歳ト申シ候
天禄五年十二月十六日ニ日天ノ影消(キエ)テ闇(ヤミ)ト
ナル時　此ノ内陣ノ御帳自ラ開テ瑠璃ノ光明天ニ

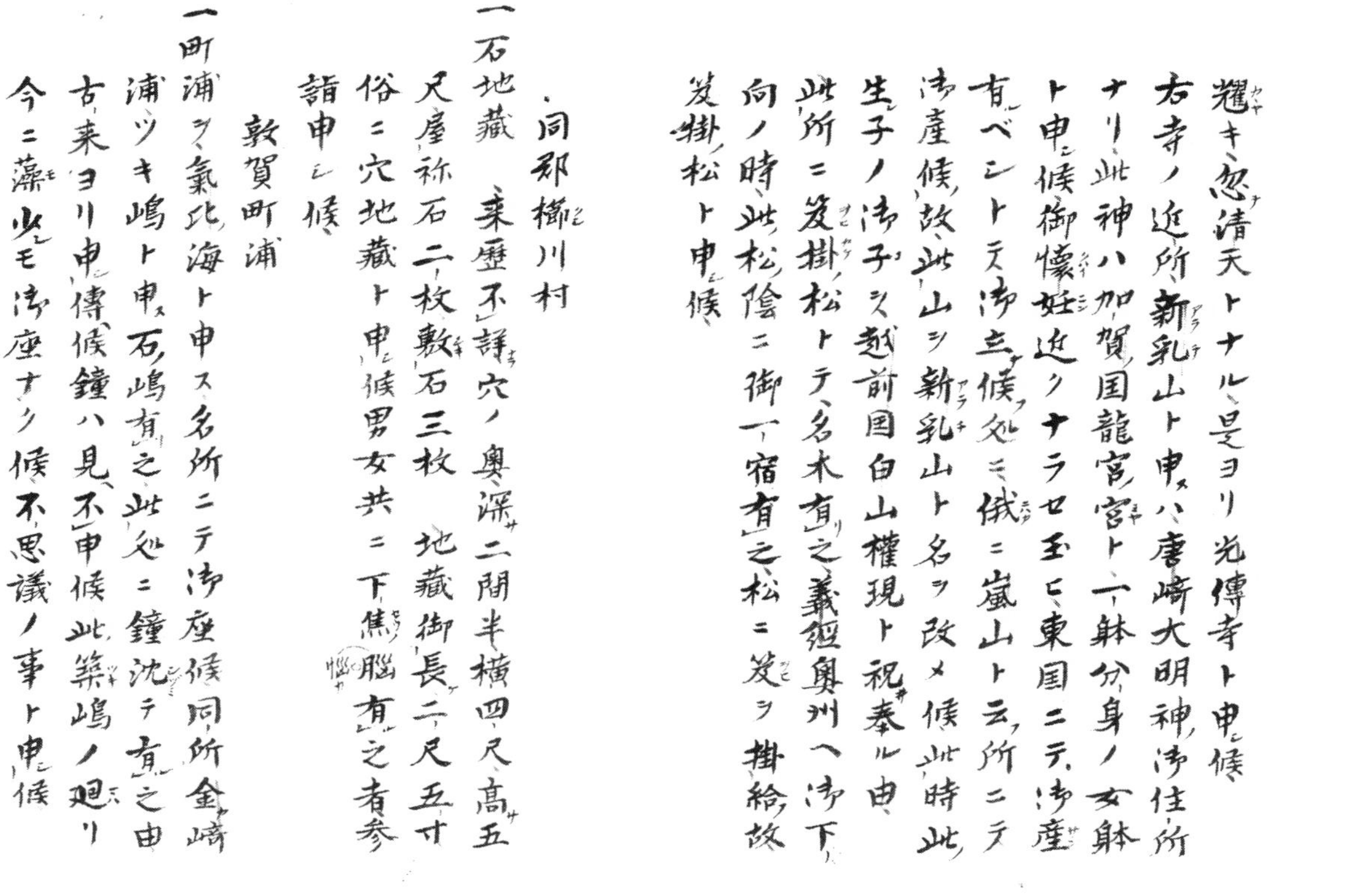

輝(カヽヤ)キ忽チ清天トナル　是ヨリ光傳寺ト申シ候
右寺ノ近所新乳(アラチ)山ト申スハ唐崎大明神ノ御住所
ナリ　此神ハ加賀ノ国龍宮(ミヤ)ノ宮ト一躰分身ノ女躰
ト申シ候　御懐妊(クハイニン)近クナラセ玉ヒ　東国ニテ御産(ザン)
有ルベシトテ御立チ候フ処ニ　俄(ニハカ)ニ嵐山ト云フ所ニテ
御産候ノ故　此山ヲ新乳(アラチ)山ト名ヲ改メ候　此時此ノ
生レ子ノ御子(コ)ヲ越前国白山権現ト祝キ奉ル由
此所ニ笈掛(ヲヒカケ)ノ松トテ名木有リ之　義經奥州ヘ御下
向ノ時　此ノ松ノ陰ニ御一宿有之　松ニ笈(ヲヒ)ヲ掛給フ故
笈掛ノ松ト申シ候

同郡櫛(クシ)川村

一石地藏　来歴不詳ナラ　穴ノ奥深サ二間半横四尺高サ五
尺屋祢石二枚敷(シキ)石三枚　地藏御長ケ二尺五寸
俗ニ穴地藏ト申シ候　男女共ニ下焦(セウ)ノ脳(悩カ)有ルノ之者参
詣申シ候

敦賀町浦

一町浦ヲ氣比ノ海ト申ス　名所ニテ御座候　同所金カ﨑
浦ツキ嶋ト申ス石ノ嶋有之　此処ニ鐘沈(シヅミ)テ有ル之由
古来ヨリ申シ傳ヘ候　鐘ハ見ヘ不申候　此ノ築(ツキ)嶋ノ廻(マハ)リ
今ニ藻(モ)少シモ御座ナク候　不思議ノ事ト申シ候

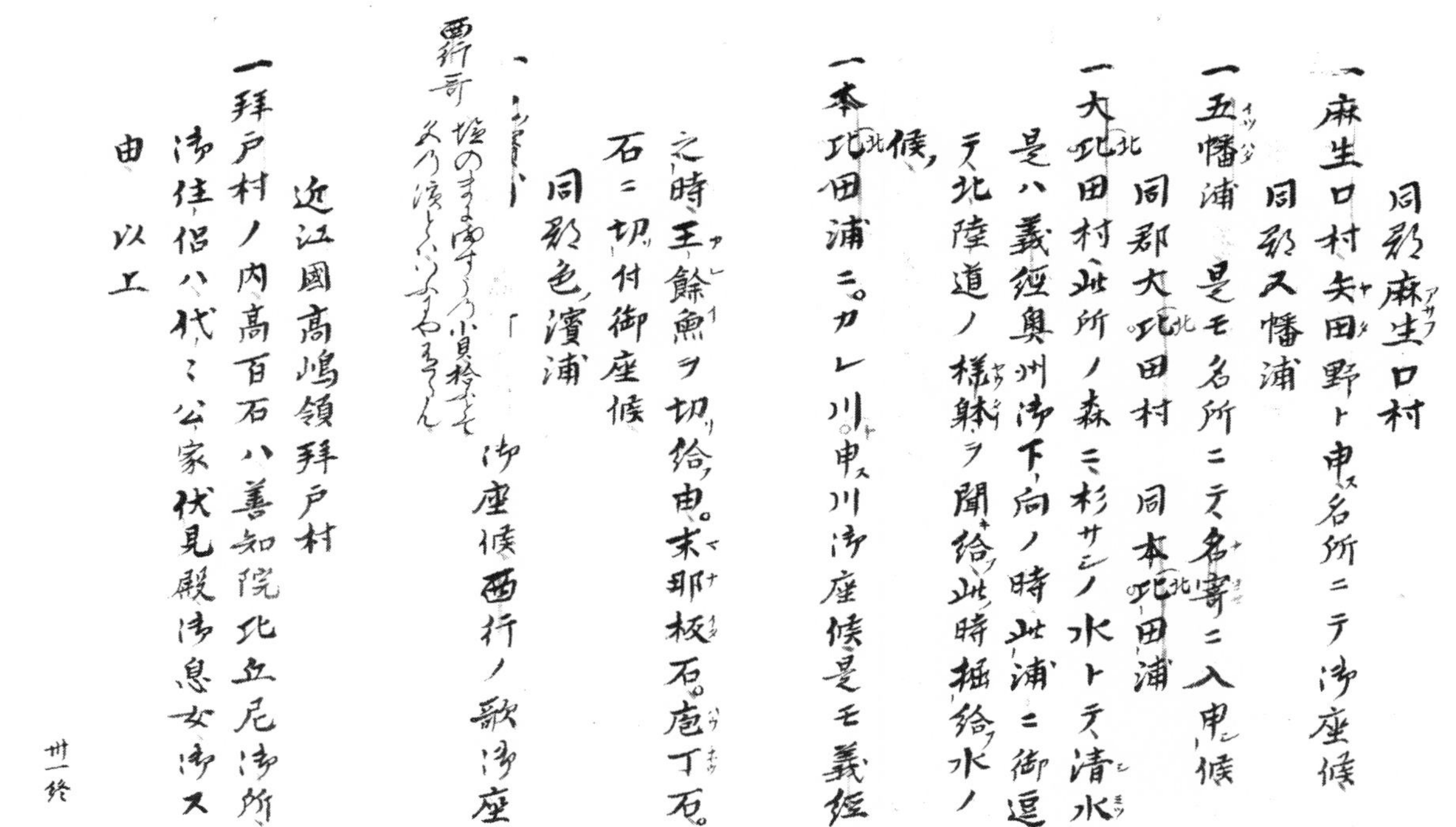

同郡麻生(アサフ)口村

一麻生日村矢田野ト申ス名所ニテ御座候

同郡五幡浦

一五幡(イツハタ)浦　是モ名所ニテ名寄(ナヨセ)ニ入申シ候

同郡大比(北)田村　同本比(北)田浦

一大比(北)田村　此所ノ森ニ杉サシノ水トテ清水(シミツ)御座候フ
是ハ義經奥州御下向ノ時此浦ニ御逗留アリ
テ北陸道ノ様躰(ヤウタイ)ヲ聞キ給フ　此ノ時掘給フ水ノ由申シ傳ヘ
候フ

一本比(北)田浦ニ　カレ川ト申ス川御座候　是モ義經御逗留
之時　王餘魚(カレイ)ヲ切リ給フ由　末那板石(マナイタ)　包丁石(ハウチヤウ)　生膾箸(マナハシ)
石ニ切リ付御座候

同郡色ノ濱浦

一色ノ浜浦　名所ニテ御座候　西行ノ歌御座候

(付箋)
「西行哥　塩のまにますうの小貝拾ふとて
色乃濱とはいふにや有らん　」

近江国高島領拝戸村

一拝戸村ノ内　高百石ハ善知院比丘尼御所知行
御住侶ハ代々公家伏見殿御息女御スハリ○候(ナサレ)
由　以上

右者若州小濱城主酒井修理太夫源忠直公
仰ニ依テ処々ヨリ書上候寫ナリ時ニ
寛文七年五月日

右一冊借大谷氏藏本而謄寫焉原本寫誤頗
多矣無善本可以校訂姑仍舊本後覧之君子
正其誤云旹
寛延二己巳年季秋初四日東海僧月山叟援筆
乎若州遠敷下中郡内荘甲崎村艸舎

右者若州小濱城主酒井修理太夫源忠直公
仰ニ依テ処々ヨリ書上候写シナリ　時ニ
寛文七年五月

右一冊借テ大谷氏ノ藏本ヲ謄寫ス焉　原本写誤頗ル
多シ矣　無善本ノ可キ以テ校訂ス　姑ヲ仍ル舊本ニ後覧ノ之君子
正セト　其ノ誤ヲ云旹ニ
寛延二己巳年季秋初四日　東海ノ僧月山叟援ル筆ヲ
乎　若州遠敷下仲郡内ノ荘甲崎（カフカ）村ノ艸舎
（印影）

若
村松喜太夫
西

◉解題

若州管内寺社由緒記について

本書の成立年については、記載されていないが、延宝三年（一六七五）に管内の社寺や庄屋から提出されたものであるとされている。活字本は、昭和三十三年、『若州管内社寺由緒記・若州管内寺社什物記』として、福井県教育委員会若狭局内の若狭地方文化財保護委員会で刊行された。編者は，当時大飯町在住の山口久三氏である。

その刊本の巻末に

「右者、若州小浜城主酒井修理太夫源忠直公仰に依て処々より書上候写しなり、時に

寛文七年五月　日

右一冊借テ大谷氏蔵本而謄写焉、原本写誤頗ル多シ矣、無シ善本ノ可キ以テ校訂ス、姑ク仍ル旧本ニ、後覧之君子正セト其誤ラ云ノ、時ニ　寛延二巳己年季秋四月、東海僧月山叟　援ル筆ヲ乎　若州遠敷下中郡内ノ荘甲ヶ崎村ノ艸舎ニ

とあり、もとは寛文五年（一六六五）の原本を寛延二年（一七四九）に写したものであることが判ります。

このことを示すように原本の表題に

「上下二冊の中

若州管内社寺由緒記（仮称）上

延宝三年秋小浜藩の調査により社寺

又村方から調査報告したものを集録

したものの写しである

郷土史料として大切に保存されたい」

との付箋が貼り付けてある。

この社寺改めのもととなった宗門改めは、江戸幕府が慶長十七年（一六一二）に禁教令を発布し、以後、キリスト教を禁制としてキリシタンの捜査や摘発、強制改宗政策を取っていくようになるなか、各藩で宗門改めが行われた。

当初、幕府は、やがてキリシタンではないことを仏教寺院に請け負わせてその証明とした寺請制度を創設する。

その寺請制度が完成するのは寛文十一年（一六七一）に宗門人別改帳が法整備されてからで、これ以降、武士・町民・農民など階

級問わず民衆は原則として特定の仏教寺院（不受不施派を除く檀那寺、藩によっては神社もあった）に属することが義務となり、その情報は全て寺院に把握された。

また、寛文五年（一六六五）には日蓮宗のうち強硬派である不受不施派が禁制となったことにより、他宗派に改宗させる宗門改の対象となった。

この「若狭管内社寺由緒記」の作成についての藩主忠直の指示は、酒井家文庫中の「御自分日記」（四－六・三九九・一五）の延宝元年七月五日の記事に

「一切支丹當改奉行被仰出之覚

　下中郡　村田勘左衛門　　上中・高島郡　杉原藤兵衛

　三方郡　佐野権左衛門　　大飯郡　黒宮清左衛門

右之者共御代官共指隠可相改之旨也

右之外御家中當町幷敦賀町在々之儀者

　亥ノ歳之御改を用、品替之者斗可相改之候

右五ヶ所之儀者入組、右之通ニ依不罷成候

　亥之年之通大改ニ可仕之旨被仰出候　」

とある（別紙写真のとおり）。

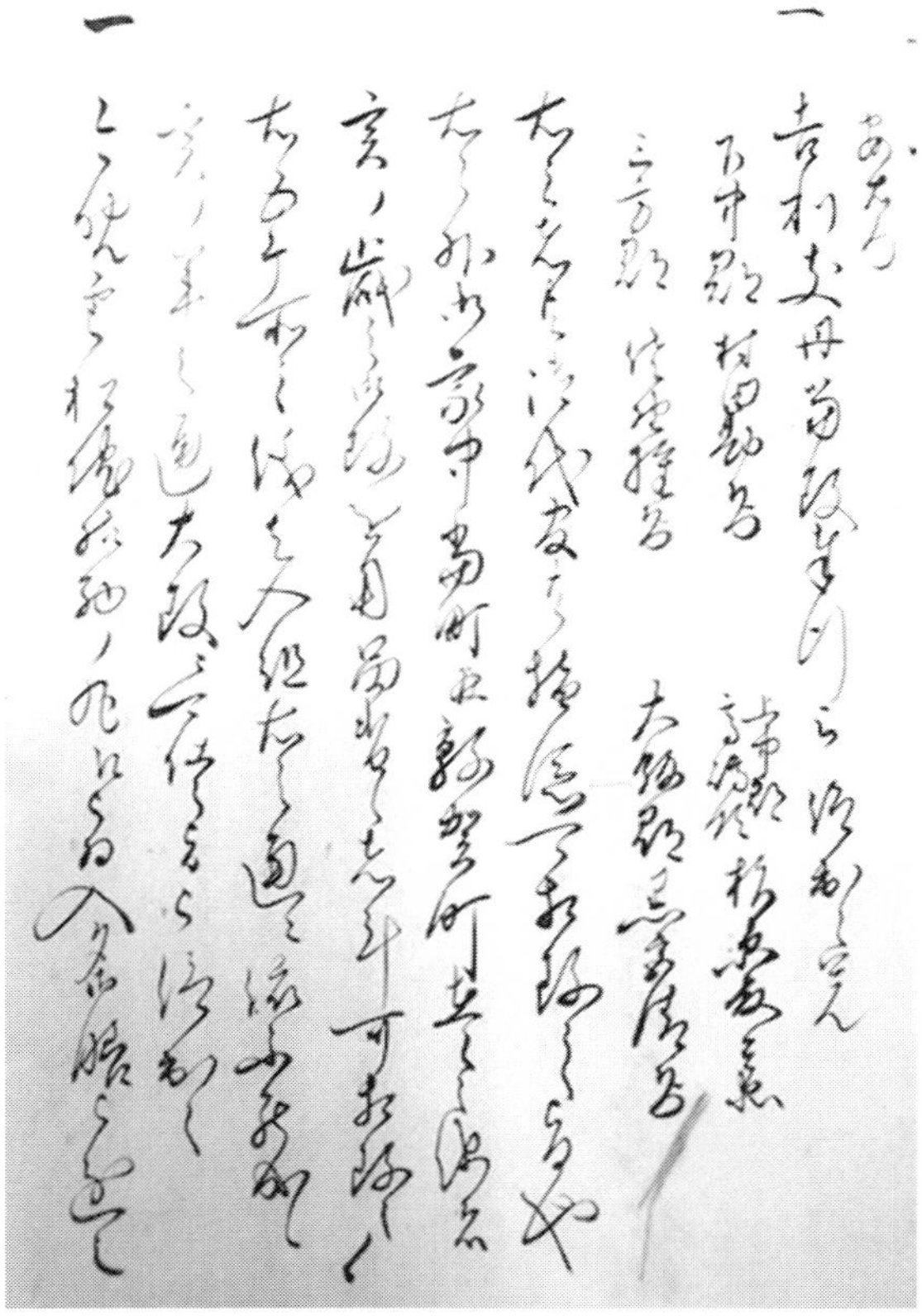

このように領内の社寺の調査担当は、右に示したように下中郡は、村田勘左衛門、上中・高島郡は杉原藤兵衛、三方郡は佐野権右衛門、大飯郡は黒宮清左衛門と四人の郡奉行または代官と思われる者に対して藩主が指示したようである。

三方郡佐野権左衛門と下中郡村田勘左衛門、上中郡杉原藤兵衛は「寛文二年分限帳」に、それぞれ百五拾石馬廻り、百三拾石馬廻り、百六拾石馬廻りとあり、大飯郡黒宮清左衛門は、万治元年分限帳に百五拾石と見えている。さらに、杉原籐兵衛は、正保二年には大津蔵奉行を勤めたとある。これら四名の者が宗門改めを担当し、領内の社寺由緒記が作成されたようである。

実際、この領内の社寺に対する調査については、「神宮寺日記」に（左記の写真のとおり）

「延宝三年、今年国中寺社方来歴御改有之候ニ付、当山よりも委細国主へ書上申候」との記述があり、実際に各社寺から来歴が書き上げられたようである。

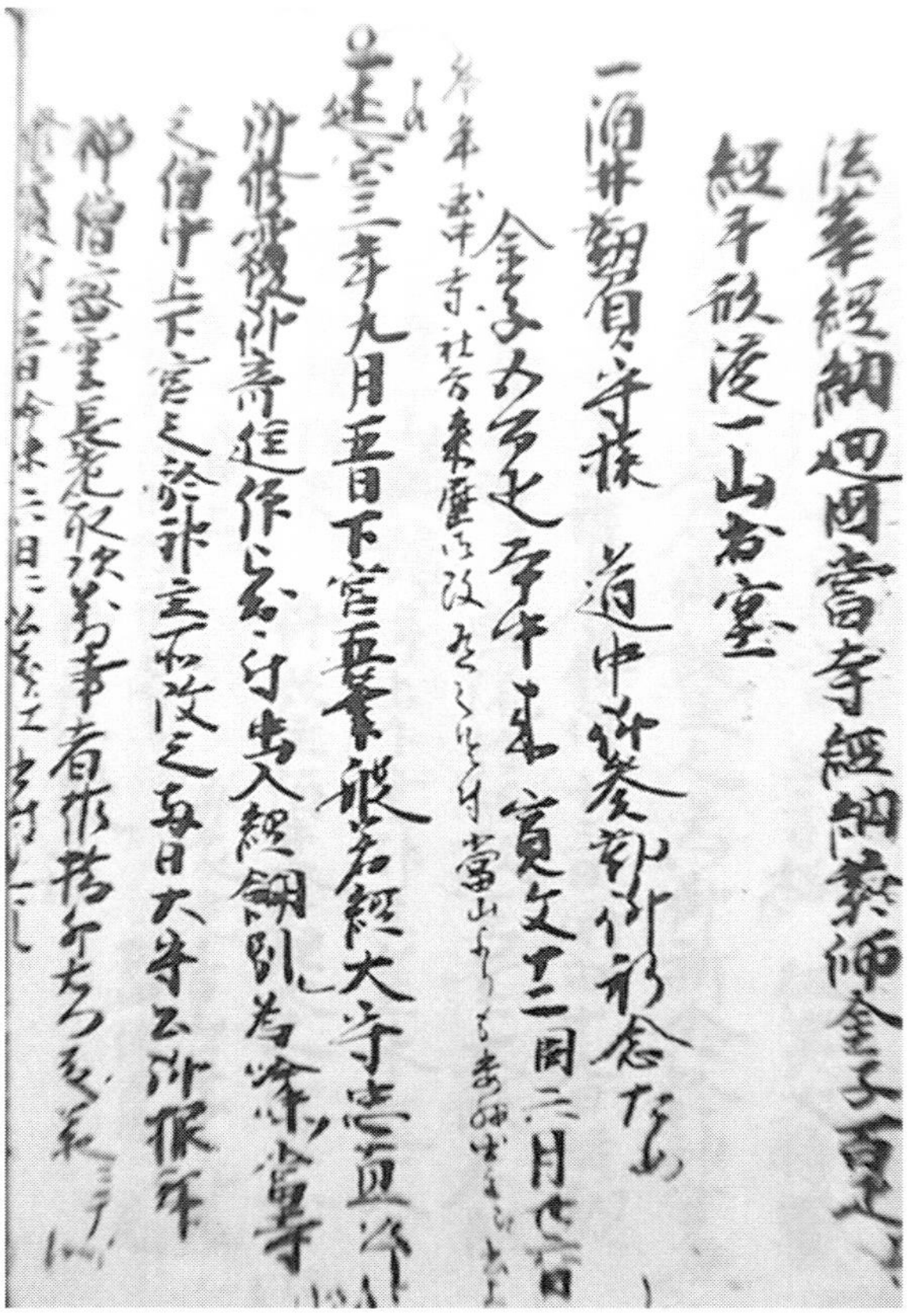

なお、「正保郷帳に見える領内の村名で、「社寺由緒記に書上げられていない村名は、

下中郡では、堂本・虫谷・虫賀野・納田終・坂本・井上・上野・龍前・忠野・栗田の十か村。

大飯郡では、芝崎・安井・佐畑・小車田・広岡・上車持・下車持・笠原・子生・坂田・畑・鐘寄・高屋・広野・上瀬・下鎌倉・神野浦村の十八か村。

三方郡では、上野・田名・金山・大藪・宮代村の五か村である。

なお、上中郡で書上げられていない村はない。

さらに文化五年（一八〇八）三月に纏められた「雲浜鑑」（「安政六年、松宮三太夫所持」と奥書のある）に見える領内各村に所在した社寺名と、延宝三年（一六七五）に成立した「社寺由緒記」とに見える社寺を比較するために別紙のとおり一覧表にまとめてみた。参考までに「雲浜鑑」の記載状況を左記に示しておきます。

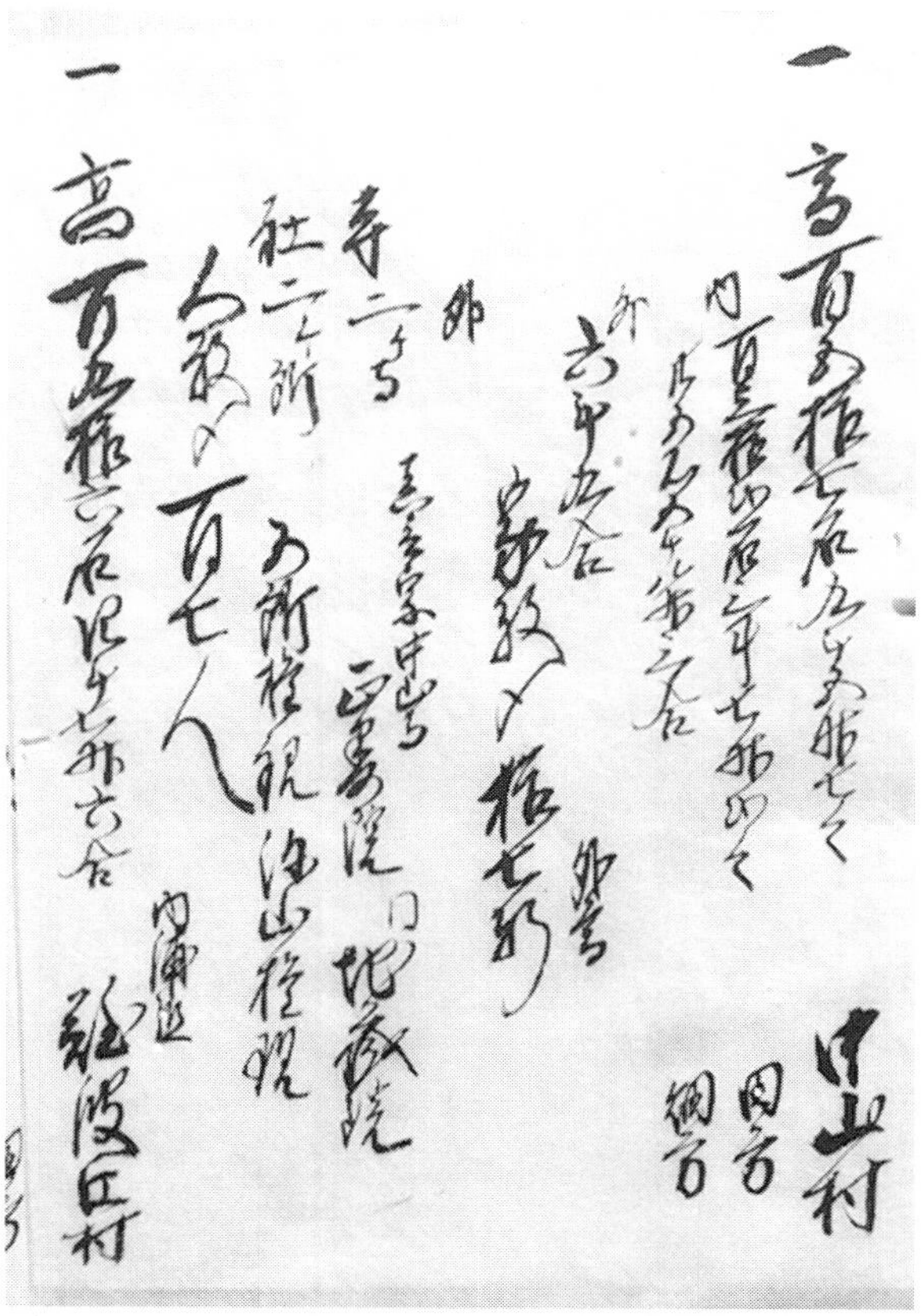

◉雲浜鑑寺社一覧

大飯郡

郡名	組名	村名	「雲濱鑑」上巻に見える社寺 宗旨	寺名	社名	管内社寺由緒記（別当寺） 寺院名	神社名
大飯	加斗	東勢	法花	本徳寺	七面大明神	本徳寺	黒駒社大明神
			法花	真珠庵	六所大明神	真珠庵	
大飯	加斗	西勢	法花	妙厳寺	黒駒大明神	妙厳寺	黒駒社大明神
大飯	加斗	飯盛	真言	飯盛寺同池ノ坊・上ノ坊	黒駒大明神	飯盛寺	黒駒
			禅宗	宝寿寺	山王宮	宝寿庵	山王
			禅宗	清林庵	乗海明神	清林庵	
大飯	加斗	本所	禅宗	円通寺		宝幢庵	
			禅宗	松原寺		隣松庵	
大飯	加斗	岡津	禅宗	海林寺		海林庵	南宮十羅刹女
			禅宗	地蔵院		地蔵院	毘沙門
大飯	加斗	鯉川	禅宗	徳雲寺	春日八王宮	徳運庵	天日八王子
大飯	加斗	長井	禅宗	龍虎寺	黒駒大明神	龍虎庵	船穂
					私府大明神		黒駒
大飯	加斗	大嶋	真言	法楽寺	六所大明神	法楽寺	六所宮
			真言	長楽寺	八幡宮	長楽寺	八幡
			禅宗	海岩寺	天神	海岩庵	天満宮
			禅宗	境林庵	余永大明神		
			禅宗	禅源寺		藤源庵	
			禅宗	東源寺		禅源庵	
			禅宗	清雲寺		清雲庵	
			禅宗	常禅寺		常禅庵	
大飯	本郷	尾内	禅宗	浄眼寺		浄眼寺	
大飯	本郷	上下	禅宗	潮音院		潮音院	山王宮・天神宮
	本郷	市場	禅宗	慈眼庵		慈眼庵	
	本郷	下園	時宗	稱名寺	山王宮	稱名寺	
	本郷	山田	禅宗	玉正寺	七社大明神	玉正寺	七社大明神・正八幡宮
	本郷	芝崎		なし			
	本郷	岡田	禅宗	西安寺		西安寺	八幡・若宮
	本郷	小堀	禅宗	向陽庵		向陽庵	高森宮
	本郷	犬見	禅宗	海印寺	八幡宮	海印庵	若宮八幡
大飯	佐分利	野尻	禅宗	西廣寺	六所大明神	西広治	六所大明神
	佐分利	父子	禅宗	海元寺	山王宮	海元寺	
	佐分利	万願寺	禅宗	意足寺	熊野権現	意足寺	熊野権現
			禅宗	松叡寺		正覚院	
	佐分利	広岡		なし	なし		
	佐分利	神崎		なし	なし		熊野権現
	佐分利	岡安	禅宗	實相寺	恵古大明神	實相寺	依居大明神

	佐分利	笹谷		なし	なし		熊野権現
	佐分利	鹿野	不明	鹿野寺	なし	慶正庵	八幡宮
	佐分利	小車田		なし			
	佐分利	佐畑		なし			
	佐分利	石山	禅宗	西方寺		西方寺	熊野権現
			一向	浄土寺		浄土寺	
	佐分利	福谷	禅宗	長福寺	天神宮	長福寺	際興寺天満天神
	佐分利	川関		なし	なし		若宮八幡宮
	佐分利	安井		なし	なし		
	佐分利	久保		なし	なし		熊野権現・釈迦堂
	佐分利	三つ森		なし	なし		
	佐分利	川上	禅宗	清源庵	棟梁大明神	清源寺	新鞍大権現
			禅宗	歓喜寺		歓喜寺	宝尾山光明寺蔵王権現
大飯	高浜	下車持	禅宗	海蔵寺	笠懸大明神	海蔵庵	高森宮
					拾六所大明神		拾六所大明神
					天日八王子		天日八王子
大飯	高浜	上車持	禅宗	正法庵	牛頭天王	正法庵	牛頭天王
大飯	高浜	馬居寺	真言	馬居寺		馬居寺	
大飯	高浜	和田	禅宗	真乗寺	新宮	真乗庵	神宮大権現・諏訪大明神・薬師
大飯	高浜	岩神	禅宗	妙祐庵		妙祐庵	
大飯	高浜	園部	禅宗	正善寺		正善庵	
			禅宗	圓福庵		圓伏庵	
大飯	高浜	笠原		なし			
大飯	高浜	子生	禅宗	蔵身寺		蔵身庵	
大飯	高浜	坂田		なし			
大飯	高浜	高浜	禅宗	南陽庵	砕導大明神	南陽庵	砕導大明神
大飯	高浜	高浜	禅宗	久昌寺	牛頭天王	久昌寺	天神（念光寺）
大飯	高浜	高浜	禅宗	園松寺	山王宮	園松寺	
大飯	高浜	高浜	禅宗	元興寺	真乗山権現		
大飯	高浜	高浜	禅宗	長福寺		長福寺	
大飯	高浜	高浜	禅宗	長養庵		長養庵	
大飯	高浜	高浜	禅宗	養江寺		養江寺	
大飯	高浜	高浜	禅宗	寿福寺		寿福寺	
大飯	高浜	高浜	浄土	西福寺		西福寺	
大飯	高浜	高浜	浄土	浄国寺		浄国寺	
大飯	高浜	高浜	一向	専能寺		専能寺	
大飯	高浜	高浜	一向	西恩寺		西恩寺	
大飯	高浜	高浜	真言	龍蔵院		龍蔵院	
大飯	高浜	高浜	真言	永福寺		永福寺	
大飯	高浜	高浜	法花	妙長寺		妙長寺	
大飯	高浜	高浜	法花	妙光寺		妙光寺	
大飯	高浜	立石		なし	なし		赤松大明神
大飯	高浜	畑		なし	なし		

郡名	組名	村名	宗旨	寺名	社名	寺院名	神社名
大飯	高浜	鐘寄		なし	なし		
大飯	高浜	中津海	禅宗	常津庵		常津庵	
大飯	高浜	三松	禅宗	玉雲寺	山王宮	玉雲寺	山王権現・八幡宮
大飯	青郷	日置	禅宗	大成寺	青海大明神	大成寺	青海大明神
			禅宗	金剛寺		金剛寺	
			禅宗	桂久庵		桂久庵	
			禅宗	正源庵		正源庵	
大飯	青郷	青		なし			
大飯	青郷	横津海	禅宗	龍泉寺		龍泉寺	
大飯	青郷	関屋	禅宗	石雲寺			
大飯	青郷	蒜畠		なし	なし		正八幡
大飯	青郷	六路谷		なし	新宮		杉森大明神
大飯	青郷	上津		なし	なし		八幡宮
大飯	青郷	今寺		なし	なし	今林寺	熊野権現
大飯	青郷	高野	禅宗	瑞高寺		瑞高寺	
			禅宗	清住庵		清住庵・西明寺	
大飯	青郷	小和田		なし	金劔大明神		金劔大明神
大飯	青郷	高屋		なし			
大飯	青郷	中山	真言	正寿院	五所権現	中山寺	
			真言	地蔵院	弥山権現		
大飯	内浦	難波江	禅宗	海見庵	山王宮	海見庵	山王
大飯	内浦	小黒飯	禅宗	寿奎庵	天神宮	寿桂庵	天神
大飯	内浦	神野	禅宗	桃源寺	若宮八幡	桃源庵	気比大明神・若宮八幡
大飯	内浦	神野浦		なし			
大飯	内浦	音海	禅宗	洞昌庵	気比大明神	洞昌庵	気比大菩薩
大飯	内浦	上瀬	禅宗	海門庵	なし	海門庵	
大飯	内浦	日引	真言	正楽寺	気比大明神	正楽寺	気比大明神
大飯	内浦	宮尾	禅宗	宝珠庵	妙見大菩薩	宝珠庵	若王子ヵ
大飯	内浦	下	禅宗	養源寺	妙見大菩薩	養源寺	妙見大菩薩
大飯	内浦	下鎌倉		なし	なし		
大飯	内浦	上鎌倉	禅宗	永源寺	熊野権現	永源寺	三社権現
大飯	内浦	山中	禅宗	福田庵	山王宮	福日庵	山王権現・八幡宮
			禅宗	洞永庵		洞泉庵	
			禅宗	西林庵		西林寺	

上中郡

「雲濱鑑」中巻に見える社寺						管内社寺由緒記（別当寺）	
郡名	組名	村名	宗旨	寺名	社名	寺院名	神社名
上中	野木	下野木		なし	稲荷大明神		
					山神		
					荒神		
					石唐城権現		
					不動明王		

上中	野木	中野木		なし	泉岡一言大明神	常泉寺坊	泉岡一言大明神
					八幡宮		若宮・八幡
					上下宮二社		荒神
					山神祠無		
上中	野木	上野木	禅宗	盛雲寺	河原大明神	盛雲寺	川原大明神
					一言大明神	聖観音	大将軍
					山神		弁才天
上中	野木	玉置	禅宗	玉雲寺	若一王寺	宝玉寺	若王子
					蛭子	玉泉寺	山神
					大黒		
					八幡宮		
					金毘羅大権現		
					役行者		
上中	野木	武生	禅宗	昌寿寺	金劔大明神	昌寿寺	金劔大明神
					不動明王	薬師如来	
					大将軍		大将軍
					山神祠無		
上中	野木	兼田	禅宗	桂林庵	山王宮	唐林寺ヵ	山王権現
					山神		
上中	野木	加福六		なし	岩神大明神	阿弥陀堂	岩上大明神
					山神祠無		
上中	野木	堤	禅宗	桂雲寺	大神宮	桂雲寺	
					筥大明神		箱大明神
					田中権現		田中権現
					天満宮		
					蜂函嶽宮		
					秋葉権現		
					山神		
					大将軍		
					八幡宮		
					不動明王		
上中	野木	杉山				小野寺	蔵王権現
						清月寺	
					蔵王権現		
					奥ノ院		
					天神		
					八幡宮		
					上下宮		
					山神		
上中	野木	杉山	禅宗	清月寺	蔵王権現		
					奥ノ院		
					天神		
					八幡宮		

						上下宮		
						山神		
上中	野木	加茂	禅宗	長泉寺		加茂大明神	長泉寺	加茂大明神
			禅宗	耕雲寺		高森大明神		高森明神
			禅宗	長徳寺		馬場御前	長徳寺	
			禅宗	持福寺		若宮八幡宮	持福寺	若宮八幡
						貴船大明神	福寿庵	
						大戸大神祠無	常徳寺	八幡大菩薩
						愛宕大権現二ヶ所	瑠璃寺	三十三夜神
						天神	前山寺	愛宕菩薩
						大軍二ヶ所祠無	為星寺	
						三社御神		天神
						才ノ神		内宮
						多賀大明神		
						上ノ宮祠無		外宮
						毘沙門		
						多加大明神		多賀大明神
						稲荷大明神		
上中	野木	新保	禅宗	龍泉寺		山王宮	龍泉寺	大幡姫大明神
			禅宗	久源庵		山神祠無	久源庵	山の神
			禅宗	東照庵		熊野権現	東照寺	
						彦姫大明神	大幡寺	
						稲荷大明神		
						八幡宮		
						愛宕大明神		
						弁財天		
上中	野木	大谷	禅宗	霊沢寺		六社大明神	霊沢寺	六社大明神
			禅宗	休安寺		山神祠無	□□寺	
			禅宗	慶上庵無庵		山王宮二ヶ所	上庵	
			禅宗	慶谷寺		八幡宮二ヶ所	慶善寺ヵ	
			禅宗	霄雲寺		天満宮	霄雲寺	若宮
						岩神祠無	長命寺	天神
						不動明王	地蔵堂	不動明王
						諏訪大明神祠無		諏訪大明神
						熊野権現二ヶ所		
						貴船大明神		貴船大明神
						愛宕大権現		
						別当太神		
						大将軍三ヶ所祠無		
上中	野木	本保	禅宗	良継寺		大月大明神	良継寺	大月大明神
						八幡宮	保中寺	八幡宮
						弁財天	明通寺	
						御霊社		御霊の宮

					金毘羅大権現			
					大将軍十三社内十二社祠無			
上中	野木	竹長	禅宗	竹林庵	山王権現	西山瑠璃光寺	山王大権現	
					若一王子			
					熊野三社			
					愛宕大権現		愛宕大権現	
					佐野大明神		佐野大明神	
					山神祠無			
					神明宮			
上中	三宅	日笠	禅宗	正明寺	牛頭天王	正明寺	牛頭天王	
					六社大明神	与楽寺	六社大明神	
					山王宮	大地蔵	護王	
					五王宮	辻堂	弥勒菩薩	
					毘沙門		毘沙門天	
					三躰蛭子			
					天神			
					八幡宮			
					山神四ヶ所祠無			
					熊野権現			
					稲荷大明神祠無			
上中	三宅	神谷	禅宗	曹福寺	宝鏡山大明神	曹福寺	宝鏡権現	
					鹿島大明神	阿弥陀如来		
					大月四社大明神		大月明神	
					八幡宮二ヶ所			
上中	三宅	天徳寺	真言	天徳寺	稲荷大明神	天徳寺		
			一向	良念寺	白山大権現	良念寺		
					弁財天			
					開社祠無			
					瓜割水木頭斗			
					山神祠無			
					岩神大明神		岩上大明神	
					開社大明神			
					桂大明神			
					堅牢地神			
					山神			
上中	三宅	井ノ口	禅宗	常源寺	稲荷大明神	常源寺		
					毘沙門	霊山寺	毘沙門堂	
					弁財天			
					金毘羅大権現			
					熊野権現			
					山神		山の神	
					若宮八幡宮		若宮殿	
					神明宮		御神宮	

上中	三宅	市場		なし	市姫大明神		
					金毘羅大権現		
					山神		
上中	三宅	三宅	禅宗	久永寺	偉王大明神	久栄寺	八幡宮
					山神二ヶ所祠無	地蔵菩薩	天神
					稲荷大明神		若王子
					天神		市姫
					弁財天		三十八社
					秋葉大権現		
					赤松大明神		赤松
					春日大明神		
					金毘羅大権現		
上中	三宅	刈谷		なし	八幡宮		
					金毘羅大権現		
					山神		
					若一王子		
					二拾八社神		
上中	有田	有田	禅宗	永昌寺	玉斉大明神	永正寺	斎大明神
			一向	覚永寺	山神	覚永寺	山王
					牛頭天王	地蔵堂	天王
					正八幡宮		八幡
					宇佐八幡宮		
上中	有田	持田	一向	西教寺	熊野権現		熊野権現
					山神祠無		
上中	有田	長江		なし	なし	長江寺	二十八社
							乙神
上中	有田	麻生野	禅宗	雲岳寺	山王宮	雲岳寺	山王
					貴船大明神	延吟寺	
					天神		天神
					八幡宮		
					紅梅神		
上中	有田	海士坂	禅宗	大蔵寺	妙理権現	大蔵寺	妙理権現
					紅梅神	阿弥陀堂	
					若一王子		
					天神		天神
					天神		山王
					山神		
					愛宕大権現		
					火防権現		
					朝根神		
					白山大権現		
					八幡宮		
上中	山内	三生野	禅宗	吉祥院	瀧倉権現	吉祥院	瀧倉権現

					八幡宮		
					毘沙門		
					山神		
上中	山内	無悪	禅宗	安楽寺	二十八宕社	安楽寺	二十八社
					鎮守	観音仁王門	鎮守
					天神		天神
上中	山内	大鳥羽		なし	なし	妙慶院	岩倉大明神
							稲荷大明神
上中	山内	黒田		なし	なし		八幡
							山の神
上中	山内	三田	禅宗	香等院	若宮八幡宮	香等院	八幡社
					山神		
					毘沙門		
					姫大明神		
					御武権現		御瀧権現社
					岩神祠無		
上中	山内	小原	禅宗	徳成寺	岩倉大明神	徳成寺	岩倉大明神
					天神		
上中	山内	山内	一向	照応寺	岩倉大明神	明応寺カ	岩倉大明神
			一向	妙覚寺	不動明王	妙覚寺	
					蛭子		
上中	山内	末野	一向	寶重寺	西神	宝重寺	西神
					弁財天		
					八幡宮		八幡
					山王宮		山王
上中	瓜生	安賀里	禅宗	諦応寺	山王権現		山王権現
			一向	極楽寺	山神		
上中	瓜生	脇袋	一向	法順寺	白山権現	法順寺	白山権現
					山神		
					勝手大明神		勝手大明神
上中	瓜生	下吉田	一向	永願寺	春日大明神	永知寺カ	山王
					天神		天神
					山神祠無		春日小社
上中	瓜生	上吉田	一向	正覚寺	春日大明神		春日大明神
					不動明王		
					山神		
上中	瓜生	瓜生	禅宗	長源院	上下大明神	長源院	上下大明神
			禅宗	良昌寺	山神	良昌寺	天神
					若一王子	念仏堂	若王子
					月読大明神		月世見大明神
					天神		
上中	瓜生	関	一向	福乗寺	なし		
上中	瓜生	新道	一向	真覚寺	白石大明神	真覚寺	

郡名	組名	村名	宗旨	寺名	社名	寺院名	神社名
					山神		
					天龍大明神		
上中	瓜生	熊川	一向	得法寺	国津白石大明神	得法寺	白石大明神
			一向	覚成寺	白石大明神	覚成寺	
					白鬚大明神		
					役行者		
上中	瓜生	河内	一向	圓成寺	白石大明神	円成寺	白石大明神

下中郡

郡名	組名	村名	「雲濱鑑」中巻に見える社寺 宗旨	寺名	社名	管内社寺由緒記 寺院名	神社名
下中	今富	上竹原	真言	松林寺	天王宮	松林寺	雲月宮
			禅宗	徳雲寺	天神社	徳雲寺	
下中	今富	府中	禅宗	福泉寺	想社権現	福泉寺	氏神惣社大権現
			禅宗	西念寺	天神社	西念寺	天神小宮
			禅宗	十輪寺	山神	十輪寺	
下中	今富	和久里	禅宗	西方寺	八幡宮	西方寺	八幡
			一向	常福寺	稲荷	常福寺	稲荷
					若一王子		若王子
下中	今富	木崎		なし	なし		八幡
下中	今富	多田	浄土	照光寺	多田大明神	性興寺	多太大明神
			真言	多田寺		多太寺	
			禅宗	宗傳寺			
			禅宗	西光寺			
下中	今富	青井	禅宗	高成寺	大神宮		
			禅宗	瑞雲寺	八百姫		
			禅宗	知足軒			
			禅宗	妙徳寺		妙徳寺	
			禅宗	龍谷寺		龍谷寺	
下中	今富	伏原	禅宗	発心寺	三十八社大神	発心寺	三十八社
			禅宗	佛国寺	若宮	佛国寺	
					八幡		
					山神		
下中	今富	湯岡	禅宗	宝積寺	若一王子	宝積寺	若王子
下中	今富	生守	禅宗	洞源寺	若宮八幡宮	洞源寺	若宮権現
			禅宗	安養寺	大将軍	西福寺	
					山神		
下中	今富	野代	真言	妙楽寺	厳島弁財天	妙楽寺	
			禅宗	寶蔵寺	白山権現	寶蔵寺	
						野寺	
下中	今富	尾崎	禅宗	圓照寺	六所王大明神	円勝寺	六所大明神
			禅宗	正明庵	八幡宮		八幡、天神

下中	今富	須縄	禅宗	大智寺	熊野権現	大智禅寺	滝の権現、白山権現、さいく神
					児権現	長瀧寺	
下中	今富	奥田縄	禅宗	勝元庵	山王権現	観音堂寿福寺	山王
			禅宗	東明庵		東明庵、勝元庵	十善神
			禅宗	浄證寺		浄證寺	氏神
下中	今富	口田縄	禅宗	大光寺	春日大明神	大光寺	春日大明神、若宮
下中	遠敷	遠敷	禅宗	神通寺	上下宮大明神	神通寺	あり、
			禅宗	慶雲寺	山王宮	慶雲庵	山王権現
			禅宗	庭陽庵	中宮	庭陽庵	中宮玉依大明神
			禅宗	芳春庵	玉守宮	芳春庵	玉守明神
			法花	妙行寺		妙引寺	
下中	遠敷	革屋	一向	西光寺		革屋道場	
下中	遠敷	国分	禅宗	尼寺庵	聖宮	尼持庵	聖の宮
					桜姫御前宮		桜姫明神
					清水御前宮		清水明神
					大将軍宮		鎮守
下中	遠敷	金屋	真言	万徳寺	熊野権現	萬徳寺正照院	熊野若一王子大権現、貴船、八幡
			真言	正傳庵	惣社権現		惣社権現（遠敷村）
下中	遠敷	龍前	曹洞	蓮華寺	上下大明神	蓮華寺	
					山神		
下中	遠敷	神宮寺	曹洞	正明寺	なし	正明寺	山王社、八幡社、天神社
			天台	杉本坊			
			天台	常住坊			
			天台	円蔵坊			
			天台	蓮如坊			
			天台	明乗坊			
			天台	桜本坊			
下中	遠敷	忠野		なし	八幡宮		八幡宮
					山ノ神		吉野権現
					天王宮		牛頭天王
下中	遠敷	下根来	曹洞	見昌寺	八幡宮	見昌寺	八幡小社
					白石大明神		白石大明神
					権現		
					愛宕山		
					山神		
下中	遠敷	上根来	曹洞	宗福寺	祇園	宗福寺	祇園牛頭天王
下中	遠敷	中ノ畑	曹洞	瑞雲寺	天神宮	瑞雲庵	北野天満宮
					西ノ神		
					愛宕山		
下中	遠敷	東市場	曹洞	隣向院	日吉山王権現	隣向院	日吉山王権現
下中	遠敷	上野	曹洞	永福庵	天神宮		天満宮
			法花	本長寺	山王宮	本長寺	六斎堂
					八幡宮		八幡宮

下中	遠敷	池河内	曹洞	法泉寺		天王宮	天台宗法泉寺	大梵天王宮	
						山神	阿弥陀堂		
下中	遠敷	門前	真言	明通寺		山神	明通寺		
			曹洞	福泉寺		権現			
						三所権現			
下中	遠敷	三分市	曹洞	恵林寺		泉大明神	徳林庵	泉大明神、紅梅姫明神	
下中	遠敷	四分市	曹洞	法雲寺		山神	松歩庵、阿弥陀堂	山神宮	
下中	遠敷	大興寺	曹洞	栄松寺		山王宮	栄松寺	大興寺山王	
下中	遠敷	平野	曹洞	長福寺		桜大明神	吉祥庵	桜大明神宮	
						白鬚大明神	観音堂	白鬚大明神	
						岩神明神			
下中	国富	羽賀	真言	羽賀寺		姫大明神	羽賀寺	姫の宮	
			曹洞	玉泉寺		蔵王権現	玉仙庵		
						王上権現			
						五位宮			
						太子			
下中	国富	奈胡	曹洞	龍雲寺		山王権現	龍雲寺	山王権現（羽賀寺）	
			禅宗	慈眼寺		姫宮大明神	慈眼庵	下の宮（羽賀寺）	
			禅宗	耕月寺		御霊八所大明神	長徳庵		
			禅宗	正法庵		山祇神	正宝庵		
						若宮八幡	洞雲庵		
						大将軍			
下中	国富	熊野	曹洞	天養寺		田中大明神	天養禅寺	田中大明神（羽賀寺）	
			曹洞	福寿院		大軍宮	福寿院	熊野大権現（羽賀寺）	
			曹洞	東陽寺		若王子権現	東陽禅寺	若一王子（羽賀寺）	
			禅宗	長福寺		山神	長福庵		
下中	国富	次吉	曹洞	新福寺		泉岡一言大明神	新福寺	泉岡一言大明神（羽賀寺）	
						山神二ヶ所			
下中	国富	栗田	曹洞	慶林寺		三十八社蔵王権現	慶林寺（羽賀寺）	西神、二十八所の宮	
下中	国富	高塚	曹洞	瑞伝寺		なし	瑞伝寺		
下中	国富	太良庄	曹洞	長英寺		山王宮	長英寺	山王宮	
			曹洞	正林庵		若宮大明神		八幡宮	
			曹洞	観音寺		一ノ宮大明神	観音寺	一ノ宮	
			曹洞	阿弥陀寺		稲荷大明神	阿弥陀寺	天神の小社、稲荷の小社	
			真言	小野寺			小野寺		
下中	浦方	大湊	一向	西徳寺		釣姫宮	西徳寺	津姫大明神（羽賀寺）	
			一向	善教寺		玉津嶋	善教寺		
			禅宗	寶林寺			法林庵		
			一向	唯念寺			薬師堂（羽賀寺）		
			法花	源応寺			源応寺		
			禅宗	長応寺			長応寺		
下中	浦方	北塩屋	禅宗	清厳寺		山神	清厳寺		
			禅宗	円通寺		若一王子	円通寺	若王子（羽賀寺）	

			禅宗	光徳寺	山王権現	光徳寺、亀泉庵	山王大権現（羽賀寺）
			禅宗	松福寺		松福寺	
			禅宗	松源寺		松原寺	
			禅宗	意通庵		意通庵	
下中	浦方	福谷	禅宗	真珠庵	若一王子		
			一向	念正寺		念正寺	
			浄土	法界寺			
下中	浦方	堀屋敷		なし	なし		
下中	浦方	下竹原		なし	なし		
下中	浦方	小松原	禅宗	松福寺	弁才天		弁才天
下中	浦方	甲ケ崎	法花	海瀧寺内明林坊	なし	海龍寺	
			法花	海瀧寺内本乗坊			
			法花	海瀧寺内圓明坊			
			禅宗	慈松庵			
			禅宗	瑞月寺		瑞月庵	
			禅宗	慈昭寺		慈松庵	
下中	浦方	阿納尻	禅宗	海蔵寺	白山権現	海蔵禅寺	白山権現
			禅宗	寶珠寺	若宮八幡	徳林庵	
			禅宗	妙音寺		薬師堂	
下中	浦方	古津		なし	なし		
下中	浦方	阿納	禅宗	蓮性寺	白山権現	蓮性禅寺、潮音堂	権現
下中	浦方	犬熊		なし	得良大明神	阿弥陀堂	得良御前神宮
					山神		
					若宮		
下中	浦方	志積	禅宗	宝積寺	山王	宝積禅寺	山王十禅師
					山神		客人宮
下中	浦方	矢代	禅宗	西福寺	加茂大明神	西福寺、福寿寺	加茂大明神、末社十四社
下中	浦方	田烏	禅宗	永源寺	天満天神	永源禅寺	田烏天神宮
			禅宗	法末寺	恵比須	法楽寺	
			一向	元海寺	多沙御前	元海寺	
			一向	正福寺	釣姫大明神	西福寺	釣瓶大明神宮
					山神		
					同社		
					寺高宮		
					八幡宮		
下中	浦方	加尾	禅宗	宗善寺	白山権現	薬師堂	白山権現
					天満天神		
下中	浦方	西小川	禅宗	常福寺	斎大明神	常福寺、弘誓寺観音	斎宮権現、奇田権現
下中	浦方	宇久	禅宗	長福寺	久須夜大明神	長福寺	
下中	浦方	若狭	禅宗	法雲寺	山王大権現	法雲庵	山王権現（羽賀寺）
下中	浦方	佛谷	禅宗	佛谷寺	若一王子大権現	仏谷寺	若王子
			禅宗	西光寺	山神	西光寺	
下中	浦方	堅海	禅宗	長慶寺	久須夜大明神	長慶院	久須夜大明神

			禅宗	法泉庵	白山権現		
			法花	海恵寺	山王	海恵寺	
					山神		
					天王		
					天神		
下中	浦方	泊り浦	禅宗	永昌庵	日吉大明神	永昌庵	日之宮大明神
			禅宗	海照院	山神	海照院	
					荒神		
下中	名田庄	谷田部	真言	谷田寺	八幡宮	谷田寺	白山権現、天神稲荷
			法花	長徳寺	山王宮	長徳寺	八幡山王
			禅宗	雲外寺		雲外寺	
			禅宗	西方寺		西方寺	
			禅宗	禅正寺		禅正寺	
下中	名田庄	瀧谷		なし	天神		天神
下中	名田庄	新瀧谷		なし	讃岐権現		
下中	名田庄	飛川	一向	西廣寺	なし	西光寺	若宮三所大明神
下中	名田庄	五十谷	法花	妙祐寺	なし	妙祐寺	
下中	名田庄	窪谷	曹洞	隣慶寺	西神宮	隣慶院、観音堂	西ノ神、ニノ宮
			曹洞	香梅寺		香梅庵	
下中	名田庄	桂木	曹洞	興禅寺	若宮三所大明神	興禅寺	
			曹洞	天桂寺		桂目庵	
			曹洞	泉涌寺		久昌庵	
			一向	了源寺		聞源寺	
下中	名田庄	深谷（深野）	曹洞	法泉寺	山王	法泉寺	苅田彦明神
					権現		権現堂
					山神		
下中	名田庄	和多田	曹洞	禅応寺	なし	禅応寺	
下中	名田庄	田村	曹洞	長田寺	山崎賀茂大明神	長田寺	
		（上田・下田）	曹洞	玉岸寺	本宮権現	正雲庵	
			曹洞	徳雲寺	福大明神	徳雲庵	
			曹洞	法琳寺	熊野権現	慶周庵	
			曹洞	福寿寺	稲荷	玉林庵	
			曹洞	正光寺		高雲庵	
			曹洞	昨蔵庵		喜蔵庵	
			曹洞	善蔵庵		退蔵庵	
			曹洞	慶因庵		泰増庵	
下中	名田庄	小屋	曹洞	地蔵院	熊野権現	地蔵院	熊野権現
下中	名田庄	三重	曹洞	寶積寺	苅田彦明神	東照庵	
			曹洞	正寿寺	三所大明神	正寄寺	三社大明神
			曹洞	性山寺		徳林庵	
			曹洞	慈眼寺			
下中	名田庄	小倉畑	一向	光久寺	なし		
下中	名田庄	虫鹿野	曹洞	栖園寺	光王大明神		

			曹洞	極楽寺	神明		
下中	名田庄	木谷	曹洞	玉林院	南宮高山大明神		
下中	名田庄	出合	曹洞	福寿庵	山神	福寿庵	山の神
下中	名田庄	挙原（上原）		なし	山神		山の神
下中	名田庄	永谷（長谷）	曹洞	長泉庵	牛頭天王	長泉庵	広宗天王
					山王権現		
下中	名田庄	虫谷	曹洞	慶蔵寺	高月明神		
下中	名田庄	挙野	一向	光徳寺	なし	光徳寺	
下中	名田庄	久坂	禅宗	慶林庵	なし	広林庵	
			法花	法泉庵		法泉庵	
			法花	妙谷寺		妙善寺	
下中	名田庄	堂本	禅宗	見性寺	なし		
			禅宗	宝珠寺			
下中	名田庄	染ケ谷	禅宗	安楽寺	山神		
下中	名田庄	槙谷	禅宗	慶雲寺	八幡宮	渓雲庵	八幡
下中	名田庄	小倉（小倉畑）	禅宗	圓福寺	苅田彦大明神	光久寺・休耕庵	
			禅宗	東光寺	神明宮	東光院	
下中	名田庄	下	曹洞	知足寺	苅田姫明神	慶林庵	苅田姫明神
			曹洞	寶境寺	西ノ神	保寿庵	
					天神		
下中	名田庄	中	禅宗	永昌寺	虫王大明神		
			一向	妙応寺	天神宮		
下中	名田庄	西谷	禅宗	興福寺	山王宮	興福寺	山王
					若宮		若宮
下中	名田庄	井上	曹洞	曹源寺	疵川大明神		
下中	名田庄	坂本	曹洞	禅勝寺	末多明神		
			曹洞	常英寺	吉田権現		
			曹洞	圓明寺	賀茂大明神		
					のつたて明神		
					天神		
下中	名田庄	納田終	真言	玉泉坊	賀茂大明神		
			曹洞	禅定寺	泰山府君		
			曹洞	檀渓寺	牛頭天王		
					御霊		

「雲濱鑑」上巻に見える社寺						管内社寺由緒記	
郡名	組名	村名	宗旨	寺名	社名	寺院名	神社名
下中	小浜	小浜	禅宗	常高寺塔頭一坊	八幡	高成寺	八幡宮
			禅宗	空印寺	神明		神明宮
			禅宗	栖雲寺	愛宕	栖雲寺	後瀬山愛宕大権現
			禅宗（真言）	正法寺	天神但し浄土寺境内ニ有之	正法寺	役行者祠
			天台	極楽寺		極楽寺	水無月御祓社
			天台	新福寺			
			時宗	西福寺		西福寺	

「雲濱鑑」下巻に見える社寺						管内社寺由緒記（別当寺）	
郡名	組名	村名	宗旨	寺名	社名	寺院名	神社名
三方	十村	田上	曹洞	常在院	八幡 弁財天	常在院	常在院

三方郡

郡名	組名	村名	宗旨	寺名	社名	寺院名	神社名
						庚申堂	
						専宗寺	
						真福寺	
			法華	本福寺		本福寺	
			法華	瀧水寺 無且ニ付村長原寺ゟ支配有之		瀧水寺	
			法華	本法寺 先年焼失後本堂ニ有之無且ニテ本行寺ゟ支配有之		本法寺	
			法華	本承寺			
			法華	本行寺		本行寺	
			法華	妙興寺 塔頭八坊当時三坊有之余ハ明坊廃寺		妙興寺	
			法華	本境寺 塔頭七坊当時三坊有之余ハ明坊廃寺		本境寺	
			法華	長源寺 塔頭十六坊当寺六坊有之余ハ明坊廃寺		長源寺	
			一向	永教寺		永教寺	
			一向	浄光寺		浄光寺	
			一向	正誓寺		正誓寺	
			一向	願慶寺		願慶寺	
			一向	蓮興寺		蓮興寺	
			一向	立光寺		立光寺	
			一向	西宝寺			
			一向	妙光寺		妙光寺	
			一向	證明寺		證明寺	
			一向	妙玄寺			
			浄土	専光寺		専光寺	
			浄土	常然寺		常然寺	
			浄土	浄安寺		浄安寺	
			浄土	誓願寺 塔頭一坊		誓願寺	
			浄土	願勝寺 但し心光寺塔頭在所門前ニ有之			
			浄土	心光寺 塔頭一坊			
			時宗	浄土寺		浄土寺	
			時宗	常福寺		常福寺	
			時宗	称念寺 塔頭一坊但し在所西林寺門下ニ有之		称念寺	
			時宗	西林寺		西林寺	

					住吉		
					若宮		
三方	十村	倉見	西本願寺	信行寺	住吉大明神	信行寺	住吉大明神
			東本願寺	佛行寺	山神		
			曹洞	永正院	愛宕		
三方	十村	白屋又西路村●云	西本願寺	浄泉寺	加茂	浄泉寺	
					若王子		
					神明		
					八王子		
					山王		
					山神		
三方	十村	成願寺	真言	岡本坊	天神	成願寺	天満宮
			真言	大坊	若宮		
			西本願寺	蓮生寺	上下宮		
					愛宕		
三方	十村	上野	西本願寺	専照寺	諏訪大明神		
三方	十村	能登野	曹洞	長福寺	八幡	長福寺	八幡宮
			曹洞	圓通寺	山神		
					山王		
					弁財天		
					大将軍		
三方	十村	横渡	曹洞	玉泉院	加茂大明神	玉泉院	若宮八幡
					若宮		
					八幡		
					山神		
三方	十村	井崎	曹洞	心月寺	稲荷	心月寺	稲荷大明神
					田中大明神		
					神明		
					山神		
					熊野		熊野大権現
三方	十村	黒田	曹洞	弘誓寺	八幡	如意輪観音	
					聖御前		
三方	十村	岩屋	曹洞	圓成寺	八幡	円成寺	山王権現
					上下宮		
					若宮		
					山神		
					山王		
					春日		
三方	八村	相田	曹洞	伝法院	春日大明神	伝法院	天満天神宮
					権現		大明神
					山神		
					天神		
					八幡		

					山王		
					王子		
三方	八村	藤井	曹洞	向陽寺	若宮	向陽寺	
			曹洞	玉寿寺	上下宮		
					白山		
					春日大明神		
					山王		
					神宮寺		
					山神		
					大髪宮		
三方	八村	南前川	曹洞	正傳庵	山王	地蔵菩薩	山王新宮十禅師
			曹洞	西方寺	山神		
					春日大明神		春日大明神
					間宮		
三方	八村	北前川	曹洞	宗傳寺	山王	宗傳寺	日吉山王十禅師
					稲荷大明神		
					八幡		
					山神		
三方	八村	三方	曹洞	臥龍院	明神		明神
			曹洞	地蔵院	蛭子宮		
					山王		山王
					神明		神明
					八幡		八幡
					奥宮		
					愛宕		
					若王子		若王子
三方	八村	鳥浜	東本願寺	浄蓬寺	加茂大明神	浄蓮寺	加茂大明神
					市姫宮		春日大明神
					山神		郡上大明神
					弁財天		弁才天
三方	三方	生倉		なし	山王		
					春日大明神		
三方	三方	田名（種村）	西本願寺	安養寺	白山権現	安養寺	白山権現
					若宮		
					山王		
三方	三方	佐古	西本願寺	常徳寺	天神	常徳寺	天神
					山王		山王
三方	三方	向笠	真言	月輪寺	八幡天神春日	月輪寺	
			曹洞	浄輪寺	国津	浄林寺	国津大明神
					祇園		弓矢八幡
					火御示		山神
					愛宕		牛頭天王
					稲荷		

					弁財天		
					田神		
					金毘羅		
					多賀山王		
					神明		
					大姫		
三方	三方	気山	曹洞	向福寺	上瀬大明神	向福寺	上瀬大明神
			曹洞	観音寺	泉明神		日吉山王十禅神
			曹洞	宝徳寺	山王		
			曹洞	泉原庵	天王		
			曹洞	福昌庵	愛宕		
			真言	宝泉院千潟観音別当	権現		
					山神		
					八幡		
三方	三方	大藪（野寺）	曹洞	龍澤寺	牛頭天王	龍澤寺	
			曹洞	久昌寺	山神		
三方	三方	金山	曹洞	長谷寺	山王	長谷院	山王
					神明		
					山神		
					八幡宮		
					若王子		若王子
					沖ノ神		
					愛宕		
三方	三方	新金山		なし	なし		
三方	三方	早瀬	曹洞	瑞林寺	水無月	瑞林寺	皆月御神
			曹洞	宝樹庵	弁才天		七水戸之大神
			曹洞	養徳寺	山王		山王
			東本願寺	浄妙寺	若王子		沖堂
					蛭子		
三方	三方	笹田	曹洞	阿弥陀寺	風神	阿弥陀寺	風宮
三方	三方	日向	曹洞	長久寺	稲荷大明神	長久寺	稲荷大明神
					弁財天	佐々田千手観音	
					山神		
三方	三方	久々子	真言	万福寺	江本大明神	毘沙門堂	江本大明神
			曹洞	久童寺	愛宕	久音寺	
			曹洞	瑠璃寺	弁財天	瑠璃寺	弁才天
					若宮八幡宮		
三方	三方	松原	曹洞	松栄院	山王春日大明神		
三方	三方	郷市	曹洞	寶積寺	春日大明神	宝積寺	春日宮
					金銀子宮		権現宮
					諏訪大明神		
					八幡宮		八幡宮
					大明神		

					伊屋ノ宮		
					権現市ノ宮		
					山神		
三方	三方	興道寺	西本願寺	妙寿寺	山王宮	妙寄寺、薬師	山王
三方	三方	佐野	曹洞	玉傳寺	間ノ神	玉傳庵	間の神
			曹洞	西方寺	天神	西方寺	天神
三方			曹洞	幽高庵	山ノ神	迷高寺	
			西本願寺	西誓寺	検殿神	西誓寺	
			西本願寺	直宗寺	八幡	真宗寺	
三方	耳庄	新庄	曹洞	西雲寺	山神		
			曹洞	永福庵	八幡		
			曹洞	福寿庵	山王		山王権現
			曹洞	松月寺	日吉	松月寺	
			曹洞	岸泉庵	天王		
			曹洞	景雲庵			
			曹洞	栄粟庵			
三方	耳庄	寄戸	曹洞	龍源寺	なし	龍源院	不動明王宮
三方	耳庄	五十谷	曹洞	大沢寺	八幡大	大沢寺	八幡宮
三方	耳庄	安江		なし	山神		
三方	耳庄	宮代	真言	園林寺	二十八社大明神		
			真言	成就院	大峠権現		
					藝司		
					山神		
					地主権現		
三方	耳庄	麻生	曹洞	全洞院	八幡	全洞院	八幡宮
			曹洞	永泉院	道六神		
三方	耳庄	中寺	不明	香春寺	西ノ宮	香春庵	西宮
三方	耳庄	河原市	曹洞	秀栄寺	市姫明神	秀栄寺、水生観音	市姫明神
三方	耳庄	和田	曹洞	寶壽院	八幡宮	宝珠庵	若宮八幡宮
					子安大明神		袴かけすの大明神
三方	耳庄	木野		なし	二ノ宮大明神	大方庵	二ノ宮明神
					八幡宮	京口庵	
三方	耳庄	佐柿	曹洞	徳賞寺	山王宮	徳賞寺	山王
			曹洞	福寿院	天王		牛頭天王
			曹洞	医王寺	愛宕		
			曹洞	洞源寺	山神		
			真言	青蓮寺		青蓮寺	
			浄土	光祢寺		光照寺	
			東本願寺	了賢寺			
			西本願寺	圓行寺			
			法花	光明寺			
三方	山東	坂尻	曹洞	龍海寺	織姫	龍海寺	
					若宮		

					愛宕		
					山神		
					一言明神		一六ノ大明神
三方	山東	山上	曹洞	満願寺	天神	満願寺	
			曹洞	松雲庵	八幡宮		
					愛宕		
三方	山東	太田	曹洞	清方院	八幡宮	清芳院	八幡宮
			曹洞	芳傳庵	山神		山王
三方	山東	佐田	曹洞	永泉寺	二十八社大神宮		二十八所宮
			東本願寺	正覚寺	愛宕		
			真言	諦釈寺	若宮八幡	帝釈寺	
			西本願寺	願正寺			
			西本願寺	芳春寺		芳春寺	
			西本願寺	芳永寺			
			西本願寺	芳村庵			
			西本願寺	宗寿寺			
三方	山東	北田	曹洞	東禅寺	織田明神	薬師堂	織田ノ明神
			曹洞	東光寺	乙見権現		
					愛宕		
					間ノ神宮		
					神明宮		
三方	山東	菅浜	曹洞	長継寺	世永大明神	長継寺	世永大明神
			曹洞	光明庵	麻気大明神	光明庵	馬上大明神
			曹洞	長泉庵	愛宕		
三方	山東	竹波	曹洞	栄林寺	十膳御師		山王
			曹洞	法源寺	山王御所大明神		御所大明神
			曹洞	遍照庵			
三方	山東	丹生	曹洞	龍渓院	賀茂大明神	向陽庵	加茂大明神
			曹洞	泰清院	児子神	泰清寺	
			東本願寺	恵言寺	明神		
					神明		
					信吉大明神		
					十善宮		
					奇宮		
					山神		
					若宮		
					春日大明神		
					愛宕		
					御姥宮		
					山ノ神		
					松尾宮		
					多賀大明神		
					今宮		

					天満天神		
					木船明神		
					角権現		
					八幡		
三方	浦方	常神	曹洞	宗徳寺	荒神	宗徳寺	常神大菩薩
					上瀬大明神		
					山神		
					神明		
					天神		
					愛宕		
					常神社		
					上下大明神		
					三社明神		
					渡津松		
三方	浦方	神子	曹洞	海源寺	日吉	海源寺	日吉十禅寺宮
					大音明神		
					諏訪大明神		
					山王宮		
三方	浦方	小川	曹洞	海蔵寺	祇園天王	海蔵寺	牛頭天王宮
					濱宮		
					稲荷大明神		
					松本明神		
					愛宕		
					蔵王権現		蔵王権現宮
三方	浦方	遊子	曹洞	善昌院	権現	善昌院	大菩薩宮
					祇園		
					愛宕		
					山神		
三方	浦方	塩坂越	曹洞	瑞泉院	山神	瑞泉寺	
					愛宕		
					八幡宮		八幡
					八王子権現		
三方	浦方	海山	曹洞	徳寿院	山王	寿徳院	
					上瀬宮		
					若王子		若王権現宮
					若宮		
					広峰		
					龍神		
三方	浦方	田井	真言	慈眼寺	八幡	大乗寺	八幡宮
			曹洞	寶寿庵	白鬚大明神	寶寿庵	
			曹洞	養命庵	相大明神	養命庵	
			曹洞	徳林庵	天神	徳林庵	
					稲荷		

					大髪大明神		
					天満宮		天満宮
					権現		
					春日		
					山神		
					権現		
					山神		
三方	浦方	成出		なし	なし		
三方	浦方	世久見	曹洞	良心寺	五社大明神	良心寺	五社大明神
			東本願寺	立徳寺	山王宮	立徳寺	山王
					火打権現		家永御前
					稲荷大明神		須波大明神
					石動大明神		天満天神
					八幡宮		不動大明神
					覧波		乱波御前
三方	耳庄組中寺村末二可入	細工	西本願寺	浄圓寺	なし		

※下巻の以下は「敦賀郡」の各村があるが省略した。

若狭路文化叢書　第19集

影印翻刻対照

若州管内寺社由緒記・若州管内寺社什物記

2023年12月18日 発行

編集・発行………若狭路文化研究所
〒 919-1203　福井県三方郡美浜町菅浜70-8-2
解　　題………杉本 泰俊（すぎもと やすとし）
校　　訂………杉本 泰俊・多仁 照廣（たに てるひろ）
協　　賛………（公財）げんでんふれあい福井財団
〒 914-0051　福井県敦賀市本町2丁目9－16
電話 0770-21-0291
制　　作………山本編集室
〒 918-8013　福井県福井市花堂東1丁目4－15
電話 0776-34-7178　FAX 0776-50-1663

発 売 元………有限会社 岩田書院
〒 157-0062　東京都世田谷区南烏山4－25－6－103
電話 03-3326-3757　FAX 03-3326-6788
http://www.iwata-shoin.co.jp

ISBN978-4-86602-831-6　C3321

若狭路文化叢書の本

若狭路文化叢書　第一集
影印本
福井県神社明細帳
—敦賀郡・三方郡・遠敷郡・大飯郡—
A4判　524頁
頒価

若狭路文化叢書　第二集
若州良民伝
B5判　376頁
頒価

若狭路文化叢書　第三集
錦　耕三遺稿集Ⅰ・別冊
若狭路の祭りと芸能
A5判　550頁
別冊155頁　頒価

若狭路文化叢書　第四集
錦　耕三遺稿集Ⅱ
若狭路の暮らしと民俗
A5判　531頁
頒価

若狭路文化叢書　第五集
福井県三方郡編
若狭路の民話
田中文雅　編著
B5判　304頁
頒価

若狭路文化叢書　第六集
岡田孝雄遺稿集
近世若狭湾の海村と地域社会
A5判　456頁
頒価

若狭路文化叢書　第七集
影印本
滋賀県物産誌
—首巻・敦賀郡—
B5判　396頁
頒価

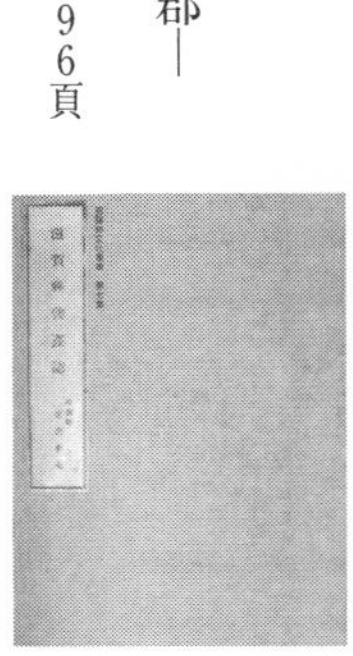

若狭路文化叢書　第八集
影印本
滋賀県物産誌
—三方郡—
B5判　272頁
頒価

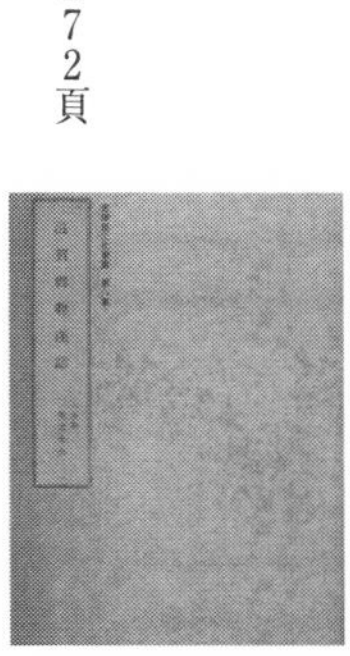

若狭路文化叢書　第九集
影印本
滋賀県物産誌
—大飯郡—
B5判　308頁
頒価

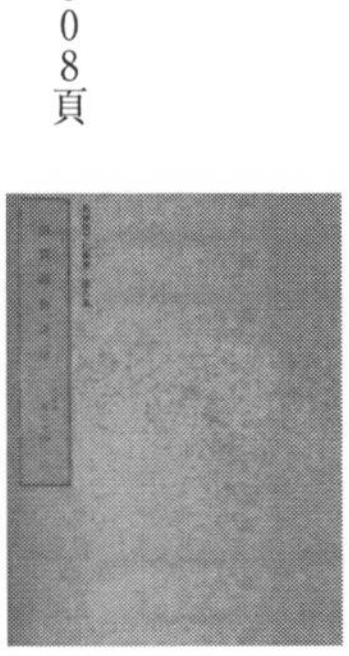

若狭路文化叢書　第十集
島山神社社記　大島村漁業組合沿革誌
大谷信雄　著
A5判　198頁
頒価

若狭路文化叢書の本

若狭路文化叢書　第十一集
若狭湾沿岸の
産小屋資料集成
Ａ５判　３５６頁
頒価

若狭路文化叢書　第十二集
水戸天狗党敦賀関係史料
Ａ５判　３７０頁
頒価

若狭路文化叢書　第十三集
福井県のまつり
健康と諸願成就を祈る庚申さん
Ａ４判　１４４頁
頒価

若狭路文化叢書　第十四集
影印本　氣比宮社記（上巻）
Ａ４判　３４０頁
頒価

若狭路文化叢書　第十五集
影印本　氣比宮社記（下巻）
Ａ４判　３８０頁
頒価

若狭路文化叢書　第十六集
敦賀湊北前船主
大和田日記
Ｂ５判　３１６頁
２４００円（税別）

若狭路文化叢書　第十七集
若狭あどうがたり集成
採話・編集／金田久璋　改題／田中文雅
再話／ふくい昔ばなし大学再話研究会
Ａ５判　３０２頁
２４００円（税別）

若狭路文化叢書　第十八集
写真で綴る　若狭南川流域の民俗行事
写真・文／須川建美
Ａ４判　１２８頁
２４００円（税別）